ちくま学芸文庫

沖縄戦記 鉄の暴風

沖縄タイムス社 編

筑摩書房

終戦直後、関係者によって建立されたひめゆりの塔

「いはまくら　かたくもあらむ　やすらかに
ねむれとぞいのる　まなびのともは」と刻まれた石碑

戦後、初めて住民によって建立された納骨塚「魂魄の塔」

観光団が絶えない現在のひめゆりの塔

戦後数年たって収集班によって発見された戦没者の遺骨

沖縄本島へ向け、ものすごい砲弾を浴びせる米艦隊

「10・10空襲」で燃え上がる街

沖縄本島へ上陸するため集結した米軍の艦艇

戦車を先頭に進撃する米軍と普天間付近の攻防

東風平村富盛の石彫大獅子のかげで八重瀬岳攻略をはかる米軍

破壊された首里教会にひそむ日本軍狙撃兵と交戦する米兵
（沖縄県公文書館所蔵）

村を焼き払い進撃する米軍兵士

日米両軍が死闘を演じた南部丘陵地帯

住民の「集団自決」（強制集団死）の惨状と思われる米軍の記録写真

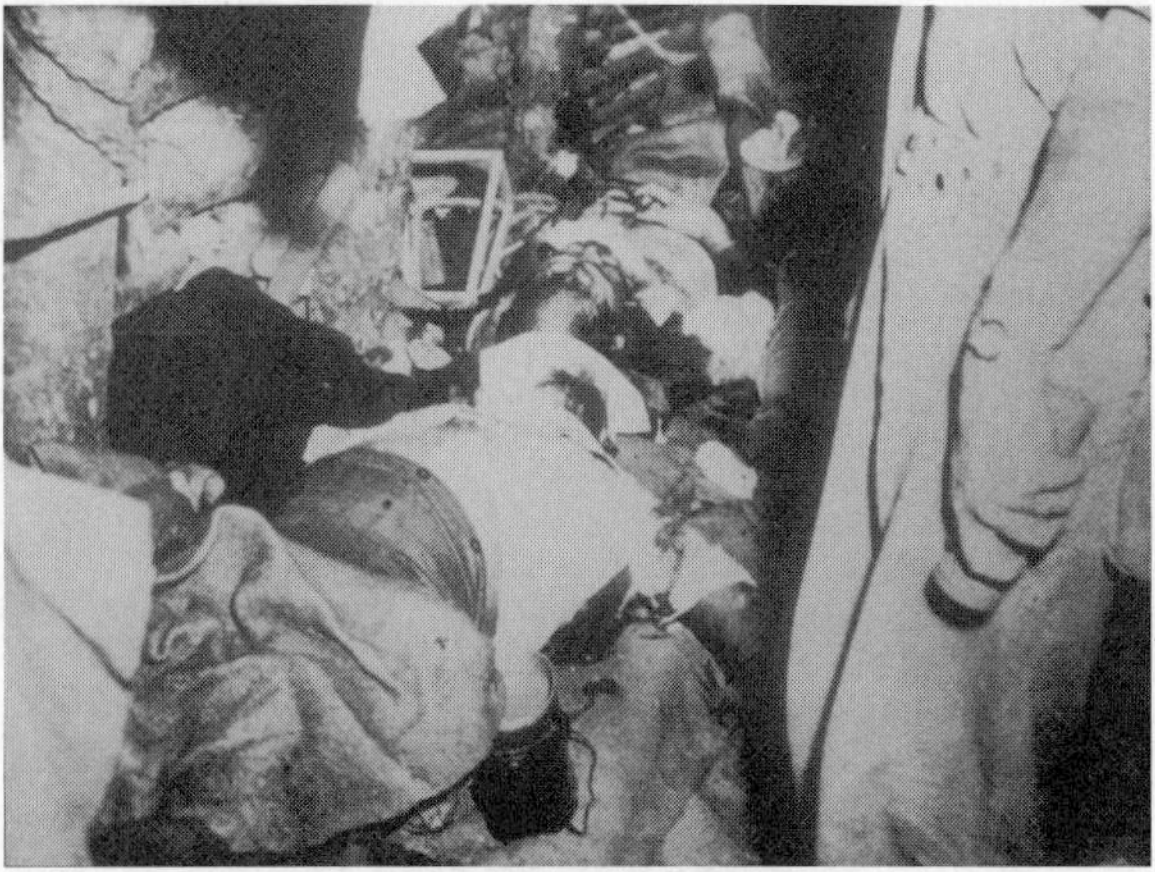

自決した牛島司令官と長参謀長（手前）

米軍の不意討ちを食った日本軍機の残骸

戦火を生きのびて傷の手当をする少年と少女

硝煙の中を出て来た男性と銃を持つ米兵（左上）

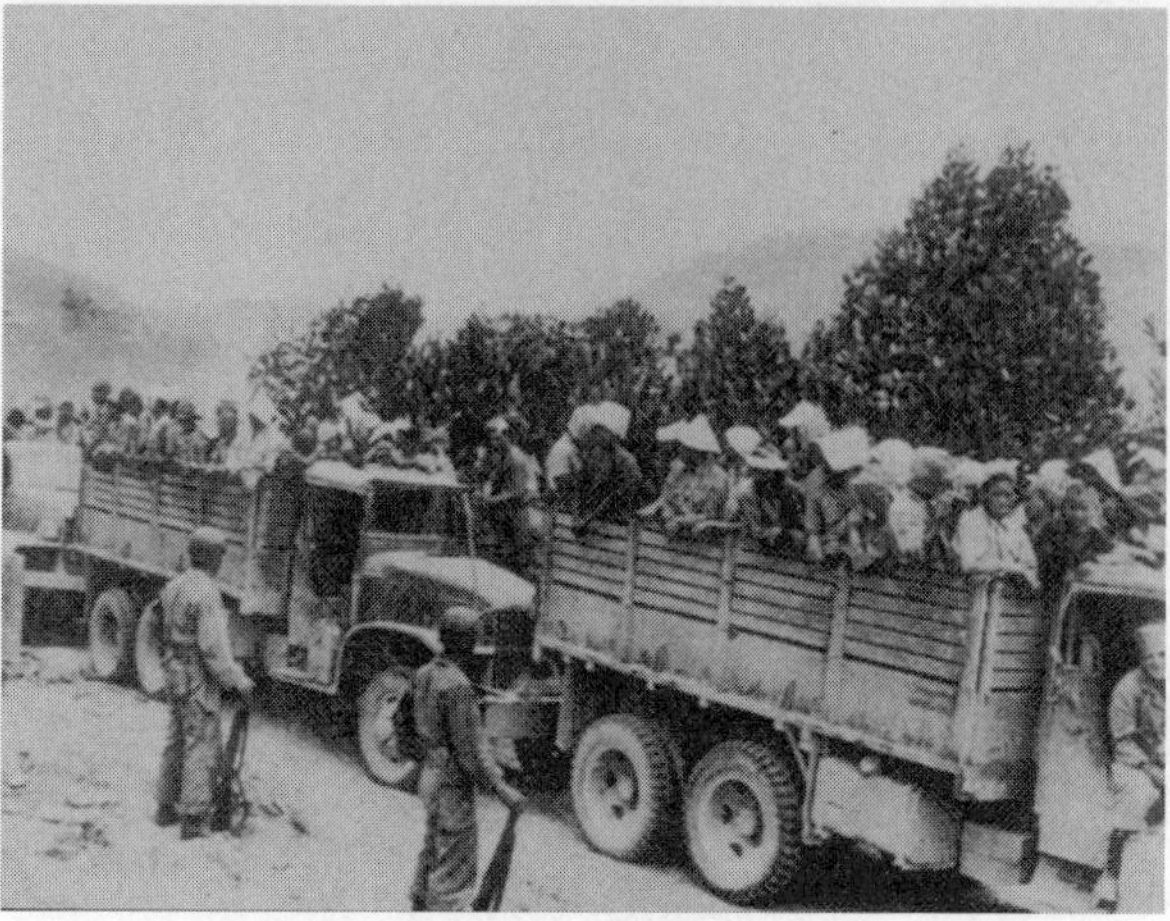

捕えられてハワイの収容所へ送られる日本軍兵士ら。少年兵も多い

白旗を掲げて洞穴から出る男性

廃墟と化した那覇上空を偵察する「トンボ」と呼ばれた米軍軽飛行機

激戦のあと焦土と化した首里城周辺

米軍が使った砲弾の薬莢の山。物量戦の激しさを物語る

石造の比謝橋は幅員が狭いため鉄橋を架設して輸送路を確保した米軍

米軍上陸後間もなく捕えられ難民収容所に向う住民

収容所での集団テント生活。物資の配給をうける住民の列

ちくま学芸文庫版『鉄の暴風』まえがき

沖縄タイムス社が戦後まもない一九五〇年に出版し、以来十版三刷を重ねて読み継がれてきた『沖縄戦記　鉄の暴風』が、ちくま学芸文庫として出版されることになった。

筑摩書房から収録の要請を受け、役員会で複数回にわたって検討した。沖縄タイムス社の「魂」であり「原点」である『鉄の暴風』は、沖縄タイムス社が出し続けることに意義があるのではないか、との意見があった。それを筑摩書房に託すことにしたのは、日本全国にこの「魂」を改めて送り出す意義を重く見たからである。

七十九年前の地上戦で焦土と化した沖縄で今、再び戦争の準備が進んでいる。辺野古に新基地の建設が進み、琉球弧の島々に自衛隊の拠点が新設され、強化され、攻撃を受けることを想定した避難訓練や疎開の計画まで持ち上がり、まるで戦前の新聞を読んでいるような感覚に陥る。

沖縄戦では大量の砲爆弾が岩を砕き、森を、家を、町を、命を焼いた。そのさまを「鉄の暴風」と表現したのは、砲爆弾が吹きすさぶ中、壕と壕を行き来して新聞を作った「沖縄新報」の元社員たちである。新聞統制下の「沖縄新報」は、日本軍司令部が首里城の地下壕から撤退を始めたことを機に解散、廃刊となった。

「沖縄新報」の元社員たちは、国や軍に都合のいい情報を批判することなく住民に伝えたことを反省し、沖縄を二度と戦場にしないという覚悟をもって「沖縄タイムス」を一九四八年七月一日に創刊した。そういう覚悟を、私たちは創刊七十五年を経て引き継いでいる。

その覚悟に立つと、戦後沖縄の政治、経済、教育、思想など、あらゆる面に影響している沖縄戦を記録した『鉄の暴風』を、筑摩書房と共有し、日本全国に広め、戦後八十年の新たな読者に届けることが重要だと考えた。

『鉄の暴風』が出版された一九五〇年の紙面を見ると、「絶え間ないツチの音　那覇の街に「建築時代」」と復興を伝える記事がある一方、「テント張り那覇中校　ボロボロの天井焼きつく中でも元気よく」と、建物がなく太陽が照りつける中で学習する中学生の様子や、九歳の子どもが「戦争ごっこ」をしていて拾った「鉄の器物」をたたきつけたところ爆発し、全身やけどを負って死亡した事故を伝えている。「鉄の暴風」はやんでも沖縄戦が地続きになっている時代であった。

初代社長の高嶺朝光は「首里の壕から島尻への逃避行に砲煙弾雨をくぐって九死に一生を得た新聞人として、その体験を記録しておくのは当然の責務であるということと、また、沖縄戦は沖縄人によって書かれることで、平和への道標になり得るというのが、私たちの考え方だった」(『新聞五十年』一九七三年)と回想している。四九年に出版を企画し、記者の牧港篤三と太田良博が、市町村や一般に呼び掛けて日記や手記を集め、各地で座談会などを開いて取材し、三カ月で原稿をまとめあげたと記録されている。それを専務の座安盛徳が東京の朝日新聞社に持ち込み、出版を取りつけた。

原稿は米軍の検閲を経て一九五〇年六月中旬に出版許可が下り、八月に発行された。「沖縄タイムス」(一九五〇年九月二十六日付)は「同書は既に朝日社によって現地版とは別に発行初版三千部二版四千部をまたたく間に日本で売捌き、近々第三版の準備を急いでおり」と反響を伝えている。

同じ記事に、創刊メンバーが『鉄の暴風』に託した思いを垣間見ることができる。「編纂については既報の通り全般的沖縄戦の様相を余す処なくつたえたところに苦心があり、平明簡潔な文章は誰にでも読める点全住民必読の書たるにふさわしい体裁を整えている、ことにあの尊い体験が個人的におのおのまちまちであり、同書を一読することによって始《ママ》めて沖縄戦の全貌を掴むことが可能である」――。「おのおのまちまち」な「尊い体験」を、すべての沖縄住民の財産として共有したいという願い。何が起きているのか、まったく分からぬままに戦場をさまよった住民に、自分たち新聞人が伝えられなかった真実とは何なのか、それを解き明かす責任感も感じられる。

このような願いのもとに語られ、記録された『鉄の暴風』が、資料としての信頼性を巡って裁判で争われたことがある。大江健三郎氏の著書『沖縄ノート』に、沖縄戦で住民に「自決」を命令したと書かれて名誉を毀損されたと、元戦隊長らが大江氏と発行元の岩波書店を二〇〇五年八月に訴えた裁判だ。裁判は名誉毀損の形を取っていたが、住民が自ら死を選んだという殉国美談に仕立て上げる狙いが透けて見えた。沖縄の住民が『鉄の暴風』で語った体験がなかったことにされる危険があり、沖縄タイムス社は被告ではなかったものの、当事者意識をもって一連の動きを報道した。

二〇〇八年三月の大阪地裁、同十月の大阪高裁判決は、「元隊長が自決を命令したことが真実と信じるのに相当な理由があったと認められる」などとし、大江氏と岩波書店が勝訴した。二〇一一年に最高裁が上告を棄却し、『鉄の暴風』についても「渡嘉敷島への米軍の上陸日時に関し、誤記が認められるものの、戦時下の住民の動き、非戦闘員の動きに重点を置いた戦記として、資料価値を否定できないものと認めるのが相当である」という判決が確定した。

沖縄戦の全容を知る資料がない時期に、それぞれ色濃い記憶を体験者が語ったことそのものに価値がある。『鉄の暴風』を出版し続けることの意義を確信した出来事であった。

七十四年前、創業メンバーはなぜ朝日新聞社に『鉄の暴風』の出版を依頼したのか。それは印刷・製本の体制が沖縄に十分でなかったことがあるだろう。しかし当時に思いを致すと、米軍に占領され、日本と切り離され、政治的な位置付けが定まっていない沖縄から、生き残った住民が沖縄戦でどんな体験をし、今何を語っているのかを、日本全国の人々に伝えたい、という願いがあったのではないだろうか。

日本に復帰して五十年が過ぎ、沖縄と日本本土との交流は盛んになった。一方で沖縄戦の記憶はどんどん遠くなり、日本の軍事化が沖縄に集中して現れ、心の距離は離れているようにも感じる。今、改めて、沖縄戦で何が起きたのか、沖縄の人々が語った生々しい記憶を届けたい。私たちは沖縄を二度と戦場にしない、という思いを込め、七十四年ぶりに『鉄の暴風』を日本全国に送り出す。私たちの志をくんで出版を申し出てくださった筑摩書房に心より感謝申し上げる。

二〇二四年三月二十八日　沖縄タイムス社

重版に際して

住民側からみた太平洋戦争（沖縄戦）の記録『鉄の暴風』は、一九五〇（昭和二十五）年八月十五日、初版を世におくりました。

初版は米軍統治下という悪条件下の刊行でしたが、執筆にあたっては、米軍の意図、あるいは受け取り方がどうあろうと、これに拘泥することは一切控えたつもりです。その後、版を重ねること四度、沖縄における唯一のロング・セラーとして読みつがれてきましたが、ここに第二版以来散見された誤りを訂正し、決定版として本書を刊行することにしました。

戦後五十年の歳月を経過するなかで、沖縄戦に関する新しい事実の発見や資料の発掘もすすんでおります。しかし、第二版刊行の際に削除した数行の字句および、あきらかな事実の誤りを訂正したほかは、すべて初版のとおりにしました。また、巻頭のグラビアは一部を残して、大半を入れ替えました。

『鉄の暴風』は、沖縄の歴史の証言をきょうまで語りつづけてきました。これからも沖縄戦記の原典として存在し、歴史の証言を語りつづけていくことと思います。

一九九三年七月一日

沖縄タイムス社

まえがき

ここに、米軍上陸から、日本軍守備隊が潰滅し去るまでの、住民側から見た、沖縄戦の全般的な様相を描いてみた。生存者の体験を通じて、可及的に正確な資料を蒐集し、執筆し、書きおろし戦争記録として、読者諸賢におおくりするものである。

軍の作戦上の動きを捉えるのがこの記録の目的ではない。飽くまで、住民の動きに重点をおき、沖縄住民が、この戦争において、いかに苦しんだか、また、戦争がもたらしたものは、何であったかを、有りのままに、うったえたいのである。このことは、いかなる戦場にもなかったことであるし、いかなる戦記にも書かれなかったことである。

最高度の破壊的科学兵器による立体戦、しかも前線も銃後もなかった沖縄戦は、残酷な近代戦が、最も圧縮されたかたちにおいて行われた唯一の実例である。陸、海、空の立体陣を布いた攻撃軍の前に、日本軍守備隊が、地下戦術で終始した、この戦闘では、一方は、質量ともに圧倒的な科学兵器の破壊力に自信をもち、他方は、自然洞窟壕の堅牢さに信頼をかけて、物量の限界を見とどけようと、空しい期待に一縷の望みを託するだけだった。

それに、逃げ場のない幾十万の住民が、右往左往して、いたずらに砲爆弾の犠牲となり、食に飢え、人間悲劇の極致を展開した。沖縄には、自然の洞窟が、いたる処にあった。また、直ちに掩蔽壕になりうる堅固な墓があった。住民は、洞窟から洞窟へ、墓から墓へ、わずかな荷物を抱えて、死の彷徨をつづけた。あるいは、一族が、先祖の墓の中で死を待ち、あるいは、一つの洞窟の中に、何百の老幼男女が、押しこまれて、陰惨な生活をつづけた。砲爆撃のあい間をみては、食を、水を、漁りに、穴をはい出して、負傷したり死んだりする者が続出した。

沖縄戦が終了したとき、ことに激戦地たる、沖縄島の、中南部は一木一草もとどめぬほど、赤ちゃけた地肌を表わしていた。そして、辛うじて死をまぬかれた人々は、極度の緊張と、栄養失調と、不自然な壕生活のために、生きた人間の姿とは、思えないほどだった。それは、人間の体力を維持するには、余りに無理な、ながい疲労と、不潔と、暗黒の生活だった。死ぬことを教えられて、しかもたえず、死の恐怖に戦慄しつつ、生を求めつづけようとした人間の、最悪のあがきであった。ここに、どたん場までおい詰められた人間の、いろいろな姿がある。ここに真実の物語がある。

もちろん、われわれは、日本軍国主義の侵略戦の犠牲となったが、われわれがいわんとするものは、もっと、深いところにある。

『民族を越えた、人間としての理解と友情』われわれは、それを悲願し、永遠の平和を希求する。さらに、われわれ沖縄人としては、すぎ去った『悪夢のような戦争』を、忘れることなく、もう一度、当時を顧みて、一つの猛省の機とし、あわせて、次代への新しい発展を期する資料となし、後世に伝えて、再びあの愚をくりかえさぬよう熱願したい。
幸か、不幸か、当時一県一紙の新聞紙として、あらゆる戦争の困苦と戦いながら、壕中で新聞発行の使命に生きた、旧沖縄新報社全社員は、戦場にあって、つぶさに目撃体験した、苛烈な戦争の実相を、世の人々に報告すべき責務を痛感し、ついに、終戦四年目の、一九四九年五月、本書編纂を、旧沖縄新報社編集局長、現沖縄タイムス社理事豊平良顕【監修】、旧沖縄新報社記者、現沖縄タイムス記者牧港篤三【執筆】、現タイムス社記者伊佐良博【執筆】、の三人に託し、一年を経て、上梓の運びに至った。前述のごとく、この記録は、軍の作戦上の動きをとらえるのが目的ではなく、あくまでも、住民の動き、非戦闘員の動きに重点をおいたという点、他に類がなく、独自な性格をもつゆえんである。

一九五〇年七月一日

沖縄タイムス社

目次

ひめゆり塔の歌

仲宗根政善 作詞
仲本朝教 作曲

ひめゆり塔の歌

仲宗根政善 詞

いわまくら
かたくもあらん
やすらかに
ねむれとぞいのる
まなびのともは

「ひめゆり塔の歌」は『鉄の暴風』出版のために作曲された

沖縄戦記　鉄の暴風

第一章　嵐の前夜

一、揺らぐ常夏の島

1

　第二次世界大戦、太平洋戦争終止符の地、珊瑚礁の島、沖縄島——。一九四五年三月から、六月まで、約四カ月の間、この島の上皮に吹きまくった鉄の暴風は、いかに激しく、いかに荒々しく、五十万住民を飢餓と、恐怖と、死の地獄に叩き込んだことであろう。そして、ついに、神風は吹かなかった。九死に一生を得た人々は、やがて、米軍の収容の手が差しのべられるまで、呆然として、ただ呆然としたまま、つかれきった蒼白の体を、壕の外に運んだのである。故山のかわりはてた廃墟の中に、多くの同胞たちの骨が埋もれた灰燼の中に。……顧みれば一九四一年（昭和十六年）十二月八日いくたの悔恨と、悲劇を生んだ、太平洋戦争開幕を知らせる運命の扉は、日本天皇の宣戦詔勅となって開かれた。開戦一歩手前の十月、中央では近衛内閣の総辞職、東条内閣の出現など、政変が起こり、国際的には、泰仏印共同防衛、日蘭印会商決裂、野村駐米大使の、近衛メッセージの手交等々、めまぐるしい動きがあり、とかく、日米両国間の感情は、穏やかならぬものがあった。そこへ、予期せぬ、宣戦布告である。十二月八日。この日は、朝から快晴だった。首都那覇市は、暖冬に恵まれ、いつもと少しも変わらぬ、平静な朝を迎えたところであった。あと二旬を余す大晦日を控えて、きょうこの頃の窮屈な物資の、動きにもかかわらず、街は年の瀬の表情を楽しく湛えて、新春を迎える装いに、市民の顔は心なしか浮き浮きとしていた。つい最近、ラジオや、新聞は、日米国交紛争を極力外交の手で裁こうと、日本の平和使節、来栖大使が、急遽米国へ渡ったことを、大々的に伝えた直後のこととて、突如として伝えられた日米開戦の報は、まったく住民の心胆を寒からしめたのである。

沖縄県庁では、直ちに、早川知事が、全庁員を正庁広場に集め、必勝不敗の信念を吐露した訓辞を行った。ラジオの、戦果発表真珠湾攻撃の興奮を、そのまま顔にみなぎらした知事は、官吏に似合わぬザンギリ頭、誰よりも率先して着こんだカーキー色の国民服が、この日の訓辞を一層際立たせた。

「五十万県民、早川に続け」の戦争行進は、こうして、死の深淵に向かって、開始された。ところが、正にその訓辞が終ろうとしたときだった。突如として、那覇市役所の尖塔に取り付けられた、サイレンが消魂《けたたま》しく咆哮した。開戦と同時に鳴りわたる空襲警戒警報である。初めて体験する空襲の予感に、人々は、戦争の渦中に立たされたという、緊迫感に襲われた。翌九日、続いて十日、十一日、日本大本営はマレー上陸、マレー沖海戦、比島及びグアム島上陸と相つぐ戦果とともに、日本軍の進出を発表した。住民の戦争への不安も、連日放送される「皇軍大勝利」「われ勝てり」の興奮が高まるにつれ、しだいに薄らぎはじめた。上ずったアナウンサーの声、威勢のよい軍艦マーチの狂熱譜が、住民を虜にし、麻薬のように、戦勝感に人々をしびれさせたのであった。

翌九日の朝、夜も明け初めぬ中から、那覇の波上宮《なみのうえぐう》社頭は、戦場にある肉親の安全を祈る人々に混ざり、戦果に酔った官庁団体職員、学校生徒の、勇み立った早起参拝の群れで埋まり、神宮職員達は、神道普及の波に乗って、吾が世の春を謳歌した。前線勇士の耐乏を偲べと、学校では、教師の呼びかけで、生徒が争って日の丸べんとうを携行したり、暁の神社参拝、早起き体操等が、病みつきのように行われ、皮相な戦争協力型は、導く者、導かれて踊る者の別なく、大河のせきを切ったように、沖縄に流れていった。

2

ジャワ沖海戦、シンガポール占領、スラバヤ沖海戦、と戦争は、緒戦の勢を駆ったまま、一九四二年(昭和十七年)に突入した。戦争の様相は、しだいに激しくなり、ソロモン沖海戦が終ったころは、戦勢の容易ならぬことを見てとった中央の指令のもとに、指導層では、自治体、教育者、翼賛会支部、国防婦人会、警防団、在郷軍人等が主体となって活動を開始し、天皇帰一の旗印の下、一人の傍観者も、一人の非協力者も見逃すまいとする監視の眼を互いの背後に配りつつ、眼に見えぬ力に追い立てられるようにして漸次戦争態勢は整えられていった。

戦場で消耗する人的資源を埋め合わせるため、中央では、陸軍防衛召集、青壮年国民登録等を実施、住民は、これらの、次々とのしかかってくる、強圧支配に、呻吟しつつも、これに呼応していった。続出する戦死者の家を誉れの家と無理に讃え、喜んで悠久の大義に生きよの掛声に、若者達は、戦場をめざして、兵役を志願し、軍需工場へと出発した。那覇港では名誉の戦死者をむかえて奏でる葬送曲の荘重なメロディの中に慰霊祭が行われ、住民の男という男は一人残さず駆り立てずにはおかぬ応召兵の壮行会などで彩られていった。

おりから、日満支を一環とし大東亜を包容して、自給戦力を図ろうという、大東亜共栄圏は、東条首相のビルマ独立承認となり、南方掌握の気運は激しく昂まって、一九四三年(昭和十八年)四月、東条首相の比島訪問となり、七月に入っては、再び、同首相の、泰国《タイ》訪問となったが、その帰途、首相は沖縄を訪問した。戦時首相の、沖縄訪問を迎えて、早川元知事以下全住民は、官庁団体、警防団員、学校生徒、隣組をすぐって、飛行場から沖縄ホテル、県庁から首里市の沿道視察コースに堵列、盛夏の陽の照りつける下、緊張に面を輝やかしながら、いちいち首相の閲兵を受けたのであった。滞在一日の日程を割いて同日午後沖縄工業指導所を視察した首相は、たまたま、同所の陳列台に吊した、紅型《びんがた》織物を、「こんな優美な織物が戦争と、何の関係があるか」と指摘し、首里城では、出むかえのため並んだ、国民学校生徒をとらえて激励するなど、今を時めく戦争号令者を目のあたりにして、無心な学童達は、感激に、頰を燃やした。十一月にはいって、戦争は、しだいに、日本軍に不利な兆を見せ、マキン、タラワの陥落で、中央は徴兵適齢一年引下げ、学徒動員、女子挺身隊等の戦時態勢強化を行い、サイパンが、米の手中に陥ちた頃は、醜敵撃滅の、スローガンを掲げた、竹槍訓練、防空訓練が強制的に実施された。月の夜を利用して、部落や、街に、展開する夜間の竹槍訓練が、のどかな月光を浴びながら、いつ果てるともなく繰り返され、人々は、サイパン最期の日を想って戦慄した。学園では、校門即営門の、合言葉の下に、軍事教育が行われ、校門には、銃を握った生徒が、歩哨に立たされた。生徒達は、学業を中途で放擲、軍関係学校や、少年兵募集に、相呼応し、軍人志願熱は、熱病のように、全島の学園を冒した。

ことに警防団、翼賛壮年団は、勢の余りをかって波上護国寺《なみのうえ》のベッテルハイム記念塔を、斧を揮って破壊し、映画館では、巻ゲートル、戦闘帽の、軽装者以外の入場を、木戸口で断わり、暁の海岸には、寒中に肌を曝した団員達のみそぎが、行われた。「敵機は不意打にやってくる」と、称する不意打の防空訓練は、警防団、隣組の、幹部の手で、老人や、妊産婦までも、かり出され、これを拒む者は、国賊の汚名を浴びせられた。訓練をきらって演習に出ぬ者の家は容赦なく、放水目標に晒され、散々な目にあう等、目に余る狂態は、処きらわず、随所に、演じられる始末だった。緒戦の戦果に酔い、戦争謳歌に、憂身をやつしたのも、束の間、無秩序な戦争指導は、いつとはなしに、不満や、焦燥に変り、徒ら《いたず》な、怒号の声が、住民にみちみちた。かてて加えて、海外の資産凍結令は、海外からの送金が、まったく杜絶し、物資の統制は、弥《いや》が上《うえ》にも、沖縄に、「闇」を氾濫させた。供出命令の蔭に、農家は、労力不足、農機具、肥料の入手難で、増産は、意のままにならず、それに、債券の押売り、貯蓄などが、輪をかけたので、住民の生活は、さすがに堪えがたいものになっていった。

3

戦争は、一九四四年（昭和十九年）に入り、緒戦の不振を、もりかえした米軍は、クェゼリン、ルオット両島の進攻に成功、太平洋を、飛石づたいに、日本本土侵攻の態勢をしめし、外電もまた、米本国の、世論を、しきりと伝えた。二月に、入るに至って、トラック島の攻撃が、開始されるや、ここに、マリアナ基地から行う、米の進攻が、硫黄島を衝いてそのまま、日本本土に上陸するか、あるいは、沖縄を黙殺、一気に東支那海を押しわたって、支那大陸に上陸するか。米のその後の、進攻路を繞《めぐ》って、内外の、軍事専門家の説は、紛々として、定まらなかった。この間、日本大本営では、迫りくる、本土攻撃の危機に備えて、ようやく、沖縄その他の諸島に、兵力を配備することを決意、沖縄方面守備軍の司令官として、渡辺陸軍中将、参謀長に、北川少将を起用した。首脳部は、幕僚をしたがえ、三月二十九日午後、那覇飛行場に到着した。沖縄守備の軍隊とは、名ばかり、わずかの飛行場設営隊と、作戦首脳者ばかりの、頭があって、手足のない、奇妙な軍隊をむかえて、住民は、「これで、一体、戦争ができるのか」と、いぶかった。着任と同時に、渡辺軍司令官は、宿舎である勧銀支店長社宅から飛び出し、軍司令部の庁舎探しに、自ら奔走する有様であり、北川参謀長は、工事中の北飛行場を視察して、工事が八分通りも出来上っていない現状に、驚くしまつだった。

中央では、航空作戦を基幹として沖縄の防備を固める意味で、既に沖縄島及びその離島に、十余の飛行場工事を下命していたが、期待をかけたはずの飛行場工事が、遅々として進まぬことに対して、現地軍の苦悩は大きかった。住民も不吉な予感に襲われて、「軍は一体何をしているのか」という不安が、持上り、それが軍の耳にも伝わった。そこで、俄然、軍は、飛行場工事へ、住民をかりたてることになり、徴用や、奉仕作業に、拍車がかけられた。北川参謀長は、モッコやツルハシを使っての原始的な、飛行場作業に従っている住民を、馬上から励まし、自ら軍服を脱いで、モッコを、担いだりした。毎日飛行場へ繰出す、学徒や隣組の長蛇の列を縫って、日本軍のトラックは、土煙をあげ、南島は遅まきの軍工事で、火の付いたような、活気を呈し出した。

4

島内の、個人、団体の、建物は、都市、農村の別なく、目ぼしい建物は、殆んど、将兵の宿舎に振り当てられ、続々兵員を増す軍隊のために、何れの学校校舎も、兵舎に提供、いたいけな学童達は、校庭に氾濫する軍隊に押しやられるようにして、わずかに空いた教室を見つけ出して、窮屈な、苦しい、授業が続けられた。兵員配備に当って、満足すべき、何の設備も持たぬ日本軍は、住民の日常生活の中に、割込み、物資不足に悩む未亡人や、若い娘達の間に、いまわしい問題を起こし、道義の頽廃が、目立ってふえ、軍の横暴は、漸く、住民の反感を買いはじめた。

渡辺軍司令官は、事態の収拾に頭を悩まし、「この期に及んで、軍民は、ますます一致協力、敵にあたれ」と強調、連日各地に、悲痛きわまる、講演会を開いた。那覇市公会堂において、渡辺中将は、「敵は、かならず、この島に、上陸する。その時は、全県民、軍と運命を共にし、玉砕の、覚悟を決めて、貫いたい」と、絶叫し、涙ながらに胸中を訴えた。感極まってか、激しく卓上を叩く、彼の固く握りしめた拳には、悲憤の涙が、光っていた。飛行場附近にある仮住いの軍司令部を訪問した新聞記者を前にして、急に、近くで、爆音がきこえたのにたいし、矢庭に、窓から上半身を乗り出した彼は、飛行機をたしかめ、ほっと安堵の表情をした。中将は、記者達に向い「いや、今頃の爆音は、必ずしも味方機ばかりのものとは限りませんからね」と嘯《うそぶ》き、新聞記者達を驚かした。軍司令官の恐怖は、そのまま、全住民の恐怖につづいた。病に倒れた、軍司令官は、やがて、その任を解かれ、北川参謀長も、台湾へ転じた。折角膳立ができた、首脳部は、上陸を目近に控えて、総入替りとなり、陸軍士官学校長、牛島満陸軍中将が、軍司令官として着任した。参謀長には、長勇《ちょういさむ》少将が選ばれて乗りこんだ。

米の、沖縄上陸必至の機運が、濃くなったので、現地軍では、兵備増強を必死となって中央部に説き、それが、やっと容れられ六月には、初めて、本格的兵力配備の手が、打たれた。那覇港内や、港外の、海上には、南方に赴く、輸送船の中に、混ざって、兵員武器を運ぶ大小無数の輸送船群が碇泊し、波止場には、これらの、軍需物資が、積まれ、これを、各地に、運ぶ、車輛や、人馬の騒音は、沖縄を、戦場直前の慌しい空気で、押し包んだ。

かつて、住民の祖先が、自ら体験した、薩摩の来攻、ペルリ来航等、歴史上の事件に較べて、今度の動きが、余りに大きく、宿命的な、兇悪さを、湛《たた》えていることに、住民は、いまさらのように、郷土に、負わされた、運命の皮肉と、地理的な宿命を歎いた。否応《いやおう》なしに展開する現実の動きに、多くの住民は、ただ放心の目を瞠《みは》るのであった。

守備兵力の増強とともに、中央軍部の無理解に悩みつつも、現地軍将兵の自棄的な行動は、やがて、非戦闘員に対し、強圧的態度に出る将兵が、数を増し、行政面を握るはずの、沖縄県庁の機能は、形ばかりとなり、役人は、現地軍に聊《いささ》かも頭が上らず、役人対軍人の無言の反目は、意外に激しく、何かにつけて小競合《こぜりあい》を演じ、住民を顰蹙《ひんしゅく》させた。

六月二十九日、日本本土から、沖縄に向った、配備軍独立混成四四旅団約四千人の兵員を積む輸送船や、四月二十四日、大東島へ向う、横田支隊の兵員は、いずれも、米潜水艦の餌食となり、兵力増強に大痛棒を蒙ったが、中央も、現地軍も、固くこれを隠蔽した。しかしいつの間にか、これを知った住民は、事態の悪化に、サイパン島の悲運が、再びこの郷土を襲うのではないかという、悲嘆が、敗戦の予感となって、心を暗くした。電光のように、人々の頭をよぎる微かな敗戦の予感、それは、南方引揚同胞達の、帰還によって、一層たしかめられるような気がした。ことに、きょうこの頃、現地軍将兵が、毎夜のように、辻遊廓に、たむろしての、騒ぎを、見せつけられるにつけ、これが、自国の軍隊かと、疑った。あたかも、住民にとっては、無秩序な、外国軍隊によって占領され、植民地と化した錯覚を、軍靴高鳴る郷土の新しい姿に、見出したのであった。

新任の長勇少将は、「沖縄では、日本軍は、未曾有の大決戦を、企図しており、米軍が、上陸したら、守備軍の全兵力を挙げて、海岸で、これを撃滅する」と、豪語しだした。半信半疑のままこれを期待する五十万県民の胸には、「敵よ、上陸するな」の祈りが、秘められ、万一上陸したら、「皇軍が一挙に撃滅」の悲願が交錯した。こうして、屠所に曳かれる羊のように、多数の沖縄住民は、男女の別なく、やがて、戦場と化すであろう郷土に、踏み止まり、ひしひしと、迫りくる、戦いの宿命に戦《おの》のいていた。

5

一九四二年（昭和十七年）七月のある日、盛夏に近い強烈な夏の陽が直射する、うだるような沖縄県庁牧経済部長の一室には、固く窓を閉ざし、給仕を室外に追い出して、西部軍司令部よりわざわざ出向した防空専門の角参謀外数人の軍人が、県庁首脳部と、卓をはさんで密談に耽っていた。その時、「大東亜戦争の事態は、実のところ悪化を辿るばかり、後二年もすれば、沖縄の様相も驚くべく変貌をとげずにはおかぬだろう。それほど、ことは、容易でないのに、中央政府や、陸海軍は、沖縄が持つ、戦略上の地位ということを少しも理解しない事実は、実に危惧すべきことだ」と、角参謀は、一段と声を落して語った。それより数日後、那覇市の目抜通り山形屋百貨店前で行われた軍官民合同の防空演習で、空襲体験のない幼稚な演習振りを強く指摘して、西部軍の参謀一行は、引揚げた。二年目沖縄の事態は同参謀がいったように、悪化を辿りつつあった。中央軍部では、俄かに、沖縄の国防的使命に気付いたかのように、琉球列島内に、航空作戦基地を強化することとなり、飛行場群建設に本腰を入れるようになった。そうして、沖縄本島を始め宮古、八重山、伊江各島に十余の飛行場建設が始められることになり、猫の手も借りたいほど繁忙を極める原始的飛行場造りに、一枚の徴用令書で続々と住民がかり出されていった。那覇を本拠とする、各地の動員署は、とみに活気づき、陸海軍の係り将校が朝からつめかけて、一人でも余計に自分の隊の労力を増そうといぎたない徴用者の争奪戦を演じた。事態の緊迫化につれ、戦略的に大写しされる南西諸島の日本軍飛行場が、いつ米機の空襲目標となるかも知れぬ今、広い飛行場に身を晒して、終日こき使われる、飛行場作業は危険だった。それを知っている住民にとって、飛行場作業の徴用は、恐怖の的であった。

七月下旬のある日、「八重山飛行場工事に要する一千五百人の人夫徴用したし、至急たのむ」と、大舛八重山支庁長が発した、急電を受けとった沖縄県庁小松崎動員課長は、同島へ下調査のため出向くことになり、出先海軍に、飛行機を出してくれるよう嘆願して、無事八重山に渡ったが、その帰途、搭乗機の海軍新鋭機が、故障し、墜死騒ぎが持ち上った。住民は今度は更に新しい悲報に接した。八重山飛行場工事に従事、やっと徴用を解かれた、約五百人の徴用者達の乗った船が、十月八日八重山を出発、後一日で懐かしい妻子の待つ沖縄へ着くというその夜、久米島沖合海上で、米潜水艦の魚雷攻撃を受け、沈没したことであった。米機動部隊が、沖縄に加える、最初の本格的空襲、十月十日を、後一日に控えて、無謀にも、那覇へ向かった、同船の悲劇は、大空襲のあることを、全く知らぬ、現地軍の、無能と、弱点振りを、思い切り、住民の前にさらけ出すこととなり、軍への期待は期せずして惹起した非戦闘員の海上における集団的受難によって裏切られた。

二、十・十空襲

一九四四年（昭和十九年）十月十日午前六時半、バラ色に染まる暁の沖縄東南海上を低く機種不明の編隊機群が現われ、金属性の爆音をとどろかせた。初秋の空は、高く晴れ、千切れ雲が淡く流したようにたなびいていた。編隊機群が、大きく旋回、島の上空に達したかと思うと、その一隊は、北（読谷山村《ゆんたんざ》）中（北谷村《ちゃたん》）飛行場方向を目指し、他の一隊が、那覇飛行場や、港湾上空に迫った。キーン、という金属性の音と、鈍い急降下の爆音。前夜の防空演習の疲れで、那覇市民の、眠りは深かった。「久し振りに、朝っぱらから、友軍機の演習か」高をくった住民は、朝の静けさを破る、空の騒音を、気にしつつも、起き出そうとはしなかった。パチパチと、豆をいるような、機銃音と、交錯して、高射砲の音も、きこえる。つづいて消魂《けたたま》しいサイレンの咆哮、それがいかにも慌てたように、騒音の中に消えた。はじめて聴く、高射砲音に、床を起き出た市民達は、「実戦さながらの演習を見る」ため、おのおの屋上にはい上った。南の方向、那覇飛行場上空のあたり、黒煙が、立ちのぼっている。刻々と、数を増すらしい爆音が、今や轟々と空を蔽い始めた。ズシーン、と胸に応える嫌な地響が、しきりと、耳朶に伝わる。「爆弾投下の音だ。演習にしちゃおかしいぞ」と思っているところへ、俄かに爆音が近づき、ズングリとした、黒い胴体の飛行機が、市民の視界に飛びこんだのも束の間、三、四十機の姿が、那覇市の上空に躍り込んだ。「ほんものの空襲だぞ」……それから数分後、那覇市は忽ち米機の足下に蹂躙された。かねてから「空襲必至」と叫ばれたものの、目の前に敵機を見、素掘りの、浅い防空壕に押しこめられた市民は、恐怖に青ざめた顔を、互いにすり寄せ、親子や、姉妹が、石のように抱き合ったまま、天蓋《てんがい》から洩れる強い陽光をよぎる、米機の翳りと、大地を伝わって来る炸裂音と叫喚の中に、おびえながら、じっと、空襲の退くのを待ちつづけた。「やがて友軍機がやって来て、この敵を追っぱらってくれるに違いない」。だがこうして、手放しに、米機の侵入を、みすみす黙って許すということがあるものか。不安の中にも、日本空軍の出動に、全ぷくの期待をかけて、市民は、じっと壕内に身を潜ませたまま、じりじりと時の流れるのを待った。

比島上陸に際し、先ず空軍中継地沖縄の首の根を押さえるため、南西諸島近海に忍び寄った米機動部隊から発した大空軍は、現地軍や、住民の油断に乗じて、沖縄攻撃の火蓋を切ったのである。

南西諸島方面最高指揮官牛島中将が催す、麾下《きか》全軍の各兵団長や県庁首脳部等、それに民間代表も加える大招宴は、空襲前日の九日夜、那覇市波上通り、沖縄ホテル大広間で、何の警戒もなしに行われた。席上酒の勢いにまかせて、「敵が攻撃して来たら、せんめつあるのみ」と長参謀長は大気焔をあげ、酒宴は、深夜までつづけられた。将兵の多くは、酒気を帯びたまま不覚の朝を迎えたのである。明けると、敵の空襲である。「大編隊、沖縄の東南方数十キロを進行中」の情報を手にした、現地軍首脳部の驚きは大きかった。性能の悪い、電波探知機に、米機の来襲らしいものが、感知された時は既に遅かった。米機の波状攻撃第一波は、島の上空を蔽いはじめていた。

住民が血を絞るような、悲痛な叫びと共に、あれほど、期待をかけた日本機は、――その日、完成してまもないばかりの、読谷山飛行場の滑走路上に独立飛行中隊に属する三式戦闘機が五機、修理を終えたばかりの機が機体を休ませていた。その日の未明、台湾に飛び立った、海軍雷撃機隊の、整備を終えたばかりの整備兵の一隊も滑走路上に、屯《たむろ》して朝食をとっていた。第五野戦航空修理廠第一分哨員を始め、飛行場勤務員は、朝の点呼のためにちょうどバラック兵舎を出たところだった。突如梯団を組んだ飛行機が、東北の空から姿を現わした。飛行場一帯の軍陣地では、一週間前から警戒警報が出ており、空襲に万全の備えをしていたとはいうものの、先刻友軍機が飛びたったばかりの飛行場上空に敵の編隊機群が、かくも、堂々と現われようとは……、誰かが「飛行機が引返して来た」と叫んだくらいだった。一同の視線が、それを見守っている中に、さっと飛行場目がけて殺到した。見たことのない、黒い胴体や機首から、真赤な火を吐くのが見えた。瞬間、地軸を揺がす大爆音が起こり、身を隠すまもなく、滑走路上にいた兵隊が、弾幕に包まれた。敵襲とわかって遅ればせに咆《ほ》える飛行場附近台上の高射砲弾が、敵機の過ぎた上空に、パッパッと徒労な煙をあげた。機関砲と、叫喚の交錯する中に、米機は、航空本部、発動機工場、部分品工場、各倉庫を次々と狙い撃ちした。あわてふためいた兵員が、飛行場周辺の蛸壺壕に飛び込んだ時は、嵐のような第一波はすでに止んでいた。滑走路上の五機は、ヨタヨタと、米機迎撃のために離陸したがそのまま帰らなかった。機材の散乱した滑走路に、大穴が無数にあけられた。血泡が流れ、首のない胴体が、蛸壺壕に転がった。山と積まれた燃料は次の第二波攻撃の米機をあたかも誘うかのように濛々《もうもう》たる大火焰の環を空に吹き上げた――。

新手の第二波は、第一波が退いて、嵐の止んだしじまに、やっと蘇生の思いで壕から出た住民を、再び暗い壕に追いやった。第三波、つづいて第四波、息もつかせぬ強襲は、午後の陽射《ひざし》が傾くにつれて勢いを増し、地上砲火の応戦がわずかに住民の絶望を繋ぎ止めるだけで、それさえ何の効果もない。最終波の第五波で、那覇市は焼夷弾を浴び、強風の煽《あお》りを喰って忽ち猛火に包まれた。那覇港埠頭に野積した軍需品中の弾薬は、爆弾投下と機銃音、高射砲音と入り混ざって、紅蓮《ぐれん》の焔と共に盛んな誘発音を発した。港内深く身を隠していた、待避中の駆逐艦を含む数隻の艦艇群は、たまりかねたように、ジグザグコースを取って、港外に遮二無二《しゃにむに》、逃げ出したが、襲いかかる十四、五機によって、猛襲を加えられ、全艦が、わめくように身をふるわして、応戦をつづけつつ、遂に米機の餌食となって沈んだ。女たちや、警防団員を中心とした特設防衛団が、必死となって猛火を消そうと駆けまわったが、米機の執拗な攻撃に約一千近くのこれらの人々は、辻町の地下空洞に逃げ込んだ。これを危険と見た那覇署員が、抜刀して威しつけ、辛うじて大空洞から追い出した。集団蒸焼きの悲劇を未然に防いだのである。いつまでまっても来ぬ友軍機、薄れる軍への期待、長時間の連続空襲に、歯を喰《く》い縛《しば》って長嘆息する市民の群れは、銃爆撃の激しさと、一日中つづく攻撃に、「敵上陸」の恐怖に襲われ出した。那覇脱出──第四波の攻撃が一段と激化した午後四時すぎ、市民はおのおの自分の壕から脱出しはじめた。泣き喚く老人を背負った男、両手に子供を抱え、幼児を背にした婦人、学童、モンペの娘たち、市内の学校に宿営していた兵隊の群れ、それらが、降りかかる火の粉をくぐって、市内の主要な道路に氾濫し、雪崩れを打って、動き出した。全市を蔽う猛火のほてりが、青ざめた人々の頬を焼いた。第五波の攻撃が行われた。市街を縦断する水量のすくない運河の向う岸の石垣やセメント塀に、機銃弾が、刺さって弾《はじ》けた。空を蔽う煙のために、米機の姿は見えず、濃い煙の層を透かして、日輪が朱盆のように曇った。

袋叩きの空襲は、攻撃開始第一波(午前六時半)から、第二、第三、第四、第五波と、午後六時に至るまで、間断なく続けられ、赤い屋根瓦の夥しい民家、西洋建の諸官衙《かんが》、その他すべてのものが焼きつくされて、那覇市街は見るも痛ましい荒涼たる焼野原と化した。死者は、軍民合わせて七百余人、軍隊は、多量の弾薬糧秣を失った。この日、沖縄県庁では、ひとり、警察部を部署につけただけで、泉知事は空襲と同時に普天間に、自動車を走らせ、洞窟内の奥ふかく身を潜ませて難を逃がれたが、狼狽した知事は、当日の空襲を米軍上陸と早合点し、洞窟内から、南部住民婦女子の、即時北部避難を示達した。ただでさえ耳をふさがれ、情報に疎い住民は、この指示に接して、度を失い、盲滅法の、北部避難行を開始した。空を焦がして終夜燃えつづける、街の火焔の反射を受けて、悽惨に夜空を焦がす明るみを頼りに、わずかな食糧や、鍋釜類を、肩や手にした、南部住民の、気抜けた縦列が、首里那覇街道を経て、島尻中頭《なかがみ》街道を、北へ北へと移動する姿が夜を徹して見られ、翌十一日早朝から、夜に入るまで、これらの青ざめた群集の北部行の姿は陸続として跡を断たなかった。南、北部間三十里の行程を、昼は次の空襲の不安に怯え、夜は中途の民家に一夜の宿を乞い、或いは野に臥し、飢えと闘いながら、数万の老幼婦女子住民が、十五日までには北部国頭《くにがみ》へ避難を終わった。「本土や、台湾に、空軍力の備えがあるなら、あんなに敵の蹂躙にまかせる筈がない」空襲直前、那覇市香蘭食堂二階で開いた軍民懇談会席上、沖縄の指導者達を前にして云い放った、長参謀長の、沖縄を、断じて、敵の攻撃から守るという、あの自信たっぷりな言語は、単なる豪語にすぎなかったのか。一日の空襲で、見る影もない、瓦礫の堆積と化した、那覇市の残骸を、目にして、住民の軍に対する信頼感は、更に薄れていった。空襲翌十一日、本土では、航空捷号《しようごう》作戦が発せられ、九州基地を飛び立った、数百機にのぼる日本空軍の主力編隊が、皮肉にも、十二日早朝、突如として、沖縄上空に姿を現わした。そして、廃墟の那覇上空を旋回しつつ一路南の空へその機影を没した。それがいかにも勝ち誇れる常勝空軍のように。これは一体どうしたことであろうか。きのうまで米機が思う存分に暴れた同じ郷土の空を、きょうは、爆音を轟かせながら悠々と過ぎ去る友軍機の姿を振り仰いで、軍隊も、住民も、疑いの目を瞠ったが、しかし涙をぬぐって狂喜した。皮肉と云えば皮肉、悲運といえば悲運の、沖縄の姿であった。

三、死の道連れ

「若し米軍が、上陸するとすれば、一体島のどの地点を、選ぶだろうか」軍司令部から、筒抜けに洩れてくる、猫の目のように変わる、作戦方針をめぐって、住民の臆測は、勝手に飛んだ。そこへ十一月初旬、主として南部要衝の配備についていた、全軍中でも、最も精鋭を謳われた、第九師団の、移動騒ぎが持ち上った。同師団将兵の殆どが、学校や、民家に、泊っていただけに、住民の間に、その秘報がパッと伝わった。

「沖縄島に在る兵団中、最精鋭師団を、急遽、台湾に移せ」の中央部の命令に接した第三十二軍では、直ちに、移動軍を、武部隊に、指定したものである。ただでさえ、守備手薄な沖縄から「武部隊を抜かれては」の不安が、軍隊や、住民の間に、たかまった。現地召集となった新兵の多数が、同部隊に配属されたので、この島が戦場化した暁は、吾が子と共に故郷の守りについて死のうと、覚悟をきめた親達の、せめてもの慰めが、儚《はかな》く断たれた。精鋭去る。住民の愛惜の中に、同部隊の重い軍靴は、しずしずと那覇埠頭に運ばれ二十三日、名残りを惜しみつつ台湾へ出発した。十二月に入ると、北部避難先から廃墟の那覇市へ帰る市民も多く、難をまぬかれた、市の近郊には、急ごしらえの小屋が、立ち並び、辻町《つじまち》焼跡には、軍の慰安所が建ち、校舎を失った、学童達は、焼け残りの民家や、樹蔭を利用して、細々ながら授業を始めた。「兵隊さん、有難う」の歌声が、学童の口から流れた。雨後の筍のようにふえた、しる粉屋には、甘味の足りないしる粉にたかる貧しい市民の姿が見られた。

現地軍首脳部の作戦は第九師団の抜き取りで大きなひびがはいった。それでは、残った兵力で、島の防備力を最大限に発揮するには、どう作戦を進めたらよいか。軍司令部の、窮余の案はつぎつぎと、建てられ、そして崩された。最後に次の二案が生れた。A案として、宜野湾東西の線以南の島尻南部に、主力を配し、その沿岸に、上陸を企てる米軍に対し、橋頭堡で殲滅を図る、中部嘉手納《かでな》に、上陸して、南下する敵に対しては、首里北方台地において、持久出血作戦を行う。B案としては、沖縄守備軍は、主力を以て、北方国頭山嶽地帯にたて籠り、長期持久作戦を行い、伊江島や北谷、嘉手納両飛行場の、敵軍利用を努めて妨害する。——A案によると、軍首脳部の考えでは、主力移動の自由な、中南部の重畳《ちょうじょう》たる丘陵にこしらえた自然の複廓陣地に兵力を匿し、敵の上陸への反撃態勢をとる、持久出血戦法をとるのが共に地形上有利であること、しかも、防禦する正面の幅は、それに配る兵力の現況に凡そぴったりしているが、読谷山、北谷両飛行場を早目に敵に占領される怖れもある。B案の通り行けば、北部山嶽地帯に主力を置くには現在の配備兵力の少ない欠点を補うという実情にもあてはまる。——ところがB案の通りで行けば、米軍は必ず山嶽地帯の、日本軍を相手にせず、日本本土攻撃の足場となる、南部平野の、重要地帯を、一気に占領するかも知れない。そうなれば、日本本土の死期を一段と早めることになる。多数のための少数の犠牲、本土を生かすための、一島嶼を捨石にする作戦A案は、何も知らぬ無辜な、四十万住民を、死の道連れに、十一月二十三日、牛島軍司令官によって採用された。

四、逃避者

一九四五年（昭和二十年）一月三十日、住民は慌しい空気の中に、新任の知事を迎えた。戦場化する任地に、踏み止どまることを怖れるかの如く泉守紀《いずみしゆき》知事は、倉皇《そうこう》として、他に転じ、その後任として間もなく、島田叡《あきら》知事が、悲壮な覚悟に面を輝かせながら、風雲急を告げる、沖縄に、最後の高級官吏としての使命を果すべく、乗りこんだのである。島田知事は、大阪府内政部長から特に第一線型の知事として、起用された。県庁は那覇郊外楚辺《そべ》（県立第二中学校の廃墟に面した）城岳《ぐすくだけ》下に壕を掘り、庁員は附近に急造した小舎で、執務していた。赴任と共に、彼が先ず直面した仕事は、戦場化必至に伴う住民の食糧確保だった。席温まる暇もなく彼は、部下の呉我食糧課長を伴って急遽台湾へ飛んだ。戦争中、住民を賄う食糧米買付のためだった。その次に、住民の日本本土疎開問題が彼を悩ました。

これより先一九四四年（昭和十九年）六月十六日、米空軍Ｂ29の、初空襲を喫した日本本土では、一九四三年（昭和十八年）十二月、既に開始した都市疎開を、しだいに強化、遅ればせながら、沖縄島にも、疎開の指示が、同年六月沖縄県庁に舞いこんだ。島外疎開の事実は、県庁の役人達の家族の、抜けがけ的な、引揚げによって、やっと、一般に、知らされ、疎開の警鐘は、住民の頭上で、激しく乱打された。その後、正式な疎開運動が、県庁の呼び掛けによって、物々しく開始された。多くの寄留商人が、あたふたと、店をたたみ、逃げ去るように沖縄を引揚げていった。市町村自治体や、隣組などあらゆる機関を通じての島外疎開運動は、県庁内に、新たに設けられた特別援護室の手で開始された。わけても、「少国民を戦火の犠牲に晒すな」の学童疎開奨励が、学校や、父兄を通じ、積極的に行われたため、疎開先や、途中の米潜水艦の脅威を危惧する、父兄の不安を押しきって、きおいたつ、約六千人の集団疎開学童たちを乗せた疎開船団が、極秘裡に、那覇港を出発した。一九四四年（昭和十九年）八月二十一日午前二時〔八月二十二日午後十時すぎ〕、大島を距《へだた》る北方屋久島附近海上で、船団の中の一隻対馬丸が米潜水艦の魚雷攻撃の目標となり、撃沈されて、沖縄の悲劇は、直接戦争とは何のかかわりもない、子供達の海上犠牲によって、その運命の幕をひらいたのである。沖縄県庁では、人口課を急設して、住民の本土疎開に本腰を入れ始めたが、住民は、割りきれない思いでしゅんじゅんし、おいそれと、腰を上げぬ実情だった。敵機と、敵潜水艦が海と空に、待ちもうける、二重の災厄に飛び込むことは、たとえ死地を脱するためとは云え、自ら死地に赴くようなものであったからである。婦女子を中心とする、疎開者達がその去就に迷う今一つの原因は、親や、夫や、子弟と生死を共にできないという心のこりからであった。婦女子と老幼者以外の疎開は固く禁じられ、その他の青壮年は殆ど義勇隊に加えられ、防衛召集をうけていた。それにまた、異郷の見知らぬ土地で、馴れない、不安な生活をはじめることを想えば、むしろ、親や子弟とともに故郷の島に残っていたい、という悲痛な気持が疎開者達をかたくなにした。だが刻々に迫る敵上陸の気配と、追いたてるような強制疎開の掛声に脅かされ、しぶしぶながら、疎開手続をとる人々の姿が楚辺の、県庁疎開事務所の前に、しだいに増えていった。

出発が那覇港と指定されたため、疎開者は、廃墟の、那覇市周辺を、先ず出発待機の足場にしなければならなかった。当時空襲警戒警報が、出しっ放しにされたまま、いつ解かれるかも知れぬ状態にあったため、疎開者は、戦々兢々の想いで、危険な、埠頭に、集まった。いつ何時襲いかかるかも知れぬ、敵機の幻影に怯えつつ、三々五々と、埠頭を目指す疎開者の疲れ切った姿は惨めであった。折角埠頭に集結を終えても、疎開船の出港まぎわに、疎開者たちは消魂《けたたま》しい空襲警報のサイレンが鳴ると空しく四散した。再び集結しては、「敵潜水艦の跳梁激し」の情報で、また出港を見合わさなければならぬ。かくして埠頭をさ迷うこと数日間、いよいよ乗船という日、小雨の煙る埠頭に、疎開者の一団が悄然と佇み、役人の訓辞をうけて、やがて、駆逐艦や汽船（七、八千トン級）に乗って出発した。頼りない機帆船に呑まれて、怯えながら旅立つ疎開者もいた。大型汽船や駆逐艦は流石に船足が早く二、三日で目的地に着いたが、機帆船や海軍徴用の十二トン小型船の場合は、全く生命がけの危難にさらされた。島蔭伝いに蹌踉とした航海を続けること十数日目に、やっと目的地の日本本土に辿りついた。それから事態は、いよいよ悪化の一途をたどり島田知事を迎えた頃は米軍の上陸必至が予想され、疎開を躊躇していた住民は、競って那覇埠頭に殺到し、目も当てられない阿鼻叫喚の、凄惨な疎開風景をくりひろげた。

三月二十二日、最後の疎開船が決死行を冒して出発の予定であったが、その日の空襲に見舞われて撃沈され、ついに島外疎開も終幕を告げた。こうして疎開した住民は、三月上旬までに、約六万を数えた。住民の本格的疎開と相まって、役人、指導者の中には、出張の名目でこっそり死の島を脱出する者が増えた。伊場内政部長は、住民に配給する乳幼児用ミルクを携《さ》げて島を抜け出たまま、再び帰任しなかった。それを皮切りに、西郷衛生課長が、疎開船で無断に脱走を企て、沖縄聯隊区司令官、吉田大佐が、「沖縄などに敵が上陸するものか」と、云い残して、飛行機で本土へ飛ぶなど、県庁員、医師、学校長が、ぞくぞく島を後にした。二月上旬、島田知事は、本土にいる伊場内政部長から「病気で静養中につき、すぐは帰任できぬ」の、電報に添え、「海軍々令部を始め、沖縄出身の親泊大佐（大本営参謀）、渡名喜大佐の話では、敵は沖縄上陸の企図は聊かもなく、国頭疎開は、即時中止しても良い」という情報を受けた。明らかに、自らの逃亡を糊塗する、伊場内政部長の心底を見抜いた島田知事は、逃避者の非を鳴らす部下達の怒りをなだめ、伊場の情報を握り潰して、住民の国頭疎開を急がせた。「沖縄に敵は上陸せぬ」……それは、危機一髪のところで、死地を脱していく役人や、軍人が、島内に踏み止どまる人々に対する、最後の、苦しい、云いのがれであり、あいさつの常套語でさえあった。「去る者を追わず」島田知事は、ひそかに、居残る部下を励ました。その頃二月二十三日、二十四日の二日間に亙り、米艦載機群が、久し振りに、本格的空襲を、沖縄に加えた。それに相ついで海岸偵察機が頻々と飛び、この情勢から推しても上陸は必至である。「米艦隊は補給を終え、続々、ウルシー島に、次期攻撃のために、集結中」との情報もそれを裏書きした。軍司令部では、住民の処置に、頭を悩ました揚句、島内疎開を強硬に主張し、県当局は、これに応えて一段と拍車をかけた。軍に直接協力できぬ、十七歳以下、四十五歳以上の、老幼婦女子は、即時国頭へ立退けの、命令が下された。県庁の、疎開呼掛けは、畑で耕作中の、農夫を摑まえて、「何故国頭へ行かぬか」と怒鳴るほど、強圧的となり、うろたえ騒ぐ人々は、唯《ただ》厳しい当局の命に追いたてられるようにして、北部国頭への移動を開始した。住み馴れた家や、畑を捨てて、屈強な男の庇護もなく、子を負った可弱《かよわ》い女たちが、手車に、足腰立たぬ、老人を乗せ、飢えに泣く子を叱りつけながら、両手に幼児の手を引いた人々の群が、鍋釜類や、わずかな食糧を抱えて、国頭目指して、移動していった。米軍上陸直前までに、約八万五千の住民が北部へ移り、約二万五千人は義勇隊となって南部に止どまり、軍関係の各部署へ配置されたが、約十余万の住民は依然として中、南部に止どまった。

配備を急ぐ、守備軍の動きも、三月に入るや活発化し、これに配する、防衛義勇隊員や学校生徒が加わって、軍隊と共に、壕掘り、陣地構築作業が、昼夜をわかたず強行された。同軍司令部では、劣勢とは云え、既に独立混成旅団の全兵員を知念半島の守備につかせ、同地区にいた第六十二師団（石部隊）を、宜野湾《ぎのわん》東西の線に、第二十四師団（山部隊）を糸満以南の線にそれぞれ配置を終り、船舶工兵隊、飛行場設営隊、兵站部隊を含む特科隊が、新たに戦闘部隊に編入されて那覇港附近の守備についた。小禄《おろく》附近には、沖縄根拠地司令部に属する山根、厳、風、白石の各海軍部隊が守備につき、現地徴集の防衛隊、朝鮮人軍夫等あわせて約十万の兵力配備が完全に行われた。住民は陣地と化して行く墓や、居村の道路、岡のふもとなどに、次々と掘られていく、蛸壺壕や、銃眼の姿に、ますます事態が緊迫したことを知り、敵の幻影におののいた。

第二章　悲劇の離島

惨敗した日本兵は民家に押入り：
米や味噌をさらひ 口々に斬込みと称した

一、集団自決

1

設営隊の球一六七〇部隊（約一個大隊、兵員一千人）が引揚げてから、慶良間《けらま》列島の渡嘉《とか》敷《しき》島には、陸士出身の若い赤松大尉を隊長とする、海上特攻隊百三十人と、整備兵百二十人、島内の青壮年で組織された防衛隊員七十人、設営隊転進後配備された朝鮮人軍夫、それに通信隊員若干名が駐屯していた。この劣勢な戦力に、男女青年団、婦人会、翼賛壮年団員などが参加した。三月二十五日、未明、阿波連《あはれん》岬、渡嘉敷の西海岸、座間味《ざまみ》島方面に、はじめて艦砲がうち込まれ同日〔二十六日〕、慶良間列島中の阿嘉《あか》島に、米軍が上陸した。これが沖縄戦における最初の上陸であった。

渡嘉敷島の入江や谷深くに舟艇をかくして、待機していた日本軍の船舶特攻隊は急遽出撃準備をした。米軍の斥候らしいものが、トカシク山と阿波連山に、みとめられた日の朝まだき、艦砲の音をききつつ、午前四時、防衛隊員協力の下に、渡嘉敷から五十隻、阿波連から三十隻の舟艇がおろされた。それにエンジンを取りつけ、大型爆弾を二発宛抱えた人間魚雷の特攻隊員が一人ずつ乗り込んだ。赤松隊長もこの特攻隊を指揮して、米艦に突入することになっていた。ところが、隊長は陣地の壕深く潜んで動こうともしなかった。〔上官の命令があった〕出撃時間は、刻々に経過していく。赤松の陣地に連絡兵がさし向けられたが、彼は、「もう遅い、かえって企図が暴露するばかりだ」という理由で出撃中止を命じた。舟艇は彼の命令で爆破された。明らかにこの「行きて帰らざる」決死行を拒否したのである。特攻隊員たちは出撃の機会を失い、切歯扼腕したが、中には、ひそかに出撃の希望をつなごうとして舟艇を残したのもいた。それも夜明けと共に空襲されて全滅し、完全に彼らは本来の任務をとかれてしまった。翌二十六日の午前六時頃〔二十七日午前九時八分から四十三分〕、米軍の一部が渡嘉敷島の阿波連、トカシク、渡嘉敷の各海岸に上陸した。住民はいち早く各部落の待避壕に避難し、守備軍は、渡嘉敷島の西北端、恩納河原《うんながーら》附近の西山A高地に移動したが、移動完了とともに赤松大尉は、島の駐在巡査を通じて、部落民に対し「住民は捕虜になる怖れがある。軍が保護してやるから、すぐ西山A高地の軍陣地に避難集結せよ」と、命令を発した。さらに、住民に対する赤松大尉の伝言として「米軍が来たら、軍民ともに戦って玉砕しよう」ということも駐在巡査から伝えられた。

軍が避難しろという、西山A高地の一帯、恩納河原附近は、いざという時に最も安全だと折紙をつけられた要害の地で、住民もそれを知っていた。

住民は喜んで軍の指示にしたがい、その日の夕刻までに、大半は避難を終え軍陣地附近に集結した。ところが赤松大尉は、軍の壕入口に立ちはだかって「住民はこの壕に入るべからず」と厳しく身を構え、住民達をにらみつけていた。あっけにとられた住民達は、すごすごと高地の麓の恩納河原に下り、思い思いに、自然の洞窟を利用したり、山蔭や、谷底の深みや、岩石の硬い谷川の附近に、竹をきって仮小屋をつくった。

その翌日、再び、赤松大尉から、意外な命令が出された。「住民は、速やかに、軍陣地附近を去り、渡嘉敷に避難しろ」と言い出したのである。渡嘉敷には既に米軍が上陸している。それに二十八日には、米軍上陸地点においては、迫撃砲による物凄い集団射撃が行われていた。渡嘉敷方面は、迫撃砲の射撃があって危険地帯であるとの理由で、村の代表たちは、恩納河原に踏みとどまることを極力主張した。

同じ日に、恩納河原に避難中の住民に対して、思い掛けぬ自決命令が赤松からもたらされた。

「こと、ここに至っては、全島民、皇国の万歳と、日本の必勝を祈って、自決せよ。軍は最後の一兵まで戦い、米軍に出血を強いてから、全員玉砕する」というのである。

この悲壮な、自決命令が赤松から伝えられたのは、米軍が沖縄列島海域に侵攻してから、わずかに五日目だった。米軍の迫撃砲による攻撃は、西山A高地の日本軍陣地に迫り、恩納河原の住民区も脅威下にさらされそうになった。いよいよあらゆる客観情勢が、のっぴきならぬものとなった。迫撃砲が吠えだした。最後まで戦うと言った、日本軍の陣地からは、一発の応射もなく安全な地下壕から、谷底に追いやられた住民の、危険は刻々に迫ってきた。住民たちは死場所を選んで、各親族同士が一塊り一塊りになって、集まった。手榴弾を手にした族長や、家長が「みんな、笑って死のう」と悲壮な声を絞って叫んだ。一発の手榴弾の周囲に、二、三十人が集まった。

住民には自決用として、三十二発の手榴弾が渡されていたが、更にこのときのために、二十発増加された。

手榴弾は、あちこちで爆発した。轟然たる不気味な響音は、次々と谷間に、こだました。瞬時にして、――男、女、老人、子供、嬰児――の肉四散し、阿修羅の如き、阿鼻叫喚の光景が、くりひろげられた。死にそこなった者は、互いに棍棒で、うち合ったり、剃刀で、自らの頸部を切ったり、鍬で、親しいものの頭を、叩き割ったりして、世にも恐ろしい状景が、あっちの集団でも、こっちの集団でも、同時に起り、恩納河原の谷川の水は、ために血にそまっていた。

古波蔵村長も一家親族を率いて、最期の場にのぞんだ。手榴弾の栓を抜いたがどうしても爆発しなかった、彼は自決を、思いとどまった。そのうち米軍の迫撃砲弾が飛んできて、生き残ったものは混乱状態におち入り、自決を決意していた人たちの間に、統制が失われてしまった。そのとき死んだのが三百二十九人、そのほかに迫撃砲を喰った戦死者が三十二人であった。手榴弾の不発で、死をまぬかれたのが、渡嘉敷部落が百二十六人、阿波連部落が二百三人、前島部落民が七人であった。

この恨みの地、恩納河原を、今でも島の人たちは玉砕場と称している。かつて可愛い鹿たちが島の幽邃《ゆうすい》な森をぬけて、おどおどとした目つきで、水を呑みに降り、或は軽快に駆け廻ったこの辺り、恩納河原の谷間は、かくして血にそめられ、住民にとっては、永遠に忘れることのできない恨みの地となったのである。

恩納河原の自決のとき、島の駐在巡査も一緒だったが、彼は、「自分は住民の最期を見とどけて、軍に報告してから死ぬ」といって遂に自決しなかった。日本軍が降伏してから解ったことだが、彼らが西山A高地に陣地を移した翌二十七日、地下壕内において将校会議を開いたがそのとき、赤松大尉は「持久戦は必至である、軍としては最後の一兵まで戦いたい、まず非戦闘員をいさぎよく自決させ、われわれ軍人は島に残った凡ゆる食糧を確保して、持久態勢をととのえ、上陸軍と一戦を交えねばならぬ。事態はこの島に住むすべての人間に死を要求している」ということを主張した。これを聞いた副官の知念少尉（沖縄出身）は悲憤のあまり、慟哭し、軍籍にある身を痛嘆した。

恩納河原の集団自決で志を得なかった、渡嘉敷村長は、途方に暮れてしまったが、軍陣地に行った。村民も知らず知らずのうちに、また軍陣地の近くに蝟集していた。赤松は村民の騒々しい声を耳にして再び壕から姿を現わし「ここは軍陣地だ、村民が集まるところではない、陣地が暴露するぞ」と荒々しくどなりつけた。しかたなく住民は、日本軍陣地をはなれて谷底に降り、三日間飲まず喰わずでさ迷った。乾パンや生米を齧《かじ》り、赤子には生米を噛んで、その汁を与えたりした。水だけ飲むこともあった。張りつめていた気力が、急に体から抜け、山峡の道を歩む足はふらふらと浮いていた。迷い歩いたあげく、住民はふたたびもとの恩納河原に集結した。無意識のうちにみんなの足がそこに向いて行った。あの忌わしい自決の場所、しかしそこには食糧がいくらか残っていることを誰も知っていたからだ。村民はそこで一応解散した。その頃列島海峡には、飛行艇約百五十隻が常駐、駆逐艦二隻、艦載機二〇機ばかりを搭載した小型空母一隻が周辺に屯していた。巡洋艦は時々、夕刻にやってきて食糧を補給したりして、直ぐどこかへ引返した。輸送船は絶えず海峡に出入していた。とにかく大小の艦船総数約一三〇隻が、慶良間海峡には常時碇泊していた。艦隊は、昼間は海峡に碇泊して戦闘準備をしたり、本島攻撃に出たりするが、夜間は日本の特攻機を避けて、大型艦船はどこかへ忽然と消えて行った。昼間海峡の艦船からはレコード音楽が拡声機を通じてはっきりと流れてくる。小高い所からは通信兵の手旗信号が望められる位の近距離にあった。細長い沖縄本島の遥か残波《ざんぱ》岬から、喜屋《きやん》武岬に至る対岸は、舷を列ねた鉄の浮城に囲繞《いにょう》されている。そして本島攻撃の艦砲の音は数秒おきに轟いて、この小さい島を揺るがせていた。四月一日頃、渡嘉敷島に上陸していた一部米軍は一応撤退し、それからは毎日、午後になると舟艇二、三隻でどこかの海岸に上陸し、島の様子を偵察しては即日引揚げるのだった。

そのころから渡嘉敷島住民は漸く平穏を取りもどした。空襲もなかった。弾も落ちなかった。米軍からしばし放任されていたのである。しかし死にまさる住民の困苦は降伏の日までつづいた。住民はいよいよ飢餓線上を、さまよわねばならなくなったのである。

それに、米軍に占領された国頭《くにがみ》の伊江《いえ》島から、伊江島住民が二千余人、渡嘉敷島の東端の高地に、米軍艦によって送られて来た。島の農作物は忽ちにして喰いつくされ、人々は野草や、海草や、貝類を、あさって食べるようになった。その間赤松大尉からは独断的な命令が次々と出された。四月十五日、住民食糧の五〇%を、軍に供出せよという、食糧の強制徴発命令があり、違反者は銃殺に処すという罰則が伝えられた。

住民の食糧の半分はかくして、防衛隊員や朝鮮人軍夫等により陣地に持ち運ばれた。日本軍は食糧の徴発命令のほかに、家畜類の捕獲、屠殺を禁じ、これも違反者は銃殺刑に処す、ということであった。

ある日のこと、既に捕虜になっていた伊江島住民の中から、若い女五人に、男一人が米軍から選ばれて、赤松の陣地に降伏勧告状を持っていくことになった。彼らは渡嘉敷村民とは隔絶されていたため島の内情がわからない。それで白昼堂々と白旗をかかげて、海岸づたいに赤松の陣地に向った。彼らは日本軍陣地につくと直ちに捕縛されて各自一つずつ穴を掘ることを命ぜられた。それがすむと、後手にしばられて、穴を前にして端坐させられた。赤松は彼らの処刑を命じて、自らは壕の中にはいってしまった。日本刀を抜き放った一人の下士官が「言いのこすことはないか」と聞いた。彼らは力なく首を横に振った。三人の女が、歌を、うたわせてくれと言った。「よし、歌え」と言いおわらぬうちに女たちは荘重な「海ゆかば」の曲をうたった。この若い男女六人は遂に帰らなかった。

それから渡嘉敷島の住民で、十五、六歳の少年二人が日本軍によって銃殺された。二人の少年は恩納河原の玉砕のときに、負傷し、人事不省に陥ったが、のちに意識を取りもどして、彷徨しているうちに、米軍にとらわれ、降伏勧告のために赤松の陣地にやられたのが、運のつきであった。彼らは、自決の場所から逃げ出したという理由と、米軍に投降し、米軍に意を通じたという理由で処刑されたのである。

その他防衛隊員七人が命令違反のかどで斬られ、また島尻郡豊《と》見城《みぐすく》村出身の渡嘉敷国民学校訓導大城徳安は注意人物というので、陣地にひっぱられて、斬首された。

日本軍の将校をのぞいては、島におるものは、兵も、民も、やせさらばえて、全神経を食物に集中するようになっていた。老人たちは、栄養失調でつぎつぎにたおれた。また食糧をあさって山野をさまよっているうちに、日本軍の斬込みに備えて、米軍が、山中の所々に、敷設した地雷に、ふれて死ぬものも少なからずいた。その間、舟艇を爆破されて、特攻出撃の機会を失っていた決死隊の少尉達は、赤松隊長と離れてそれぞれ別行動をとり、五、六人宛の決死隊を組んで独断で、ときどき上陸してくる、米軍の監視兵のところに、斬込みに行ったりして、地雷にふれ、迫撃砲の餌食となって相ついで戦死した。

こんな状態が八月までつづいた。住民の食生活はいよいよ苦しくなった。じりじりと死の深淵に追いやられていくのを、坐視するに忍びず、遂に島の有志たちは集団投降の決意を固めて、十三日には七十人ばかりの住民が投降した。

それから渡嘉敷村長が米軍の指示に従い村民を壕から誘い出して、どしどし投降させた。八月十五日、米軍機から日本軍陣地の上空にビラが散布された。それにはポツダム宣言の要旨が述べられ、降伏は、矢尽き、刀折れたるものの取るべく賢明な途だ、という意味のことが書かれてあった。十七日には、防衛隊員が全部米軍に降伏し、十九日に到って初めて、日本軍は山の陣地を降りた。知念少尉が軍使として先頭に立ち、次いで赤松大尉以下が武装して米軍指定の場所に向った。彼は蒼白な顔をしていたが態度はあくまでも鷹揚だった。

渡嘉敷国民学校跡で、渡嘉敷島の日本軍と、米軍との、降伏に関する最後の会談がなされた。その会談には、民間側からは只一人、国民学校の宇久校長が参席した。会談中、赤松大尉は、通訳のもどかしさを叱りつけたりした。会談は終った。日本軍の部隊降伏と武装解除ということになった。降伏式は、紳士的な方法で行われた。一人一人が武器を差し出して米軍に渡した。

かくして、本島作戦と切離されていた渡嘉敷島戦線は、独特の様相と、経過を示しつつ、沖縄島の降伏におくれること二カ月近くの八月十九日に終幕した。

2

渡嘉敷島とともに座間味島《ざまみ》は慶良間列島戦域における、沖縄戦最初の米軍上陸地である。座間味島駐屯の将兵は約一千人余、一九四四年九月二十日に来島したもので、その中には、十二隻の舟艇を有する百人近くの爆雷特幹隊がいて、隊長は梅沢少佐、守備隊長は東京出身の小沢少佐だった。海上特攻用の舟艇は、座間味島に十二隻、阿嘉島に七、八隻あったが、いずれも遂に出撃しなかった。その他に、島の青壮年百人ばかりが防衛隊として守備にあたっていた。米軍上陸の前日、軍は忠魂碑前の広場に住民をあつめ、玉砕を命じた。しかし、住民が広場に集まってきた、ちょうど、その時、附近に艦砲弾が落ちたので、みな退散してしまったが、村長初め役場吏員、学校教員の一部やその家族は、ほとんど各自の壕で手榴弾を抱いて自決した。その数五十二人である。

この自決のほか、砲弾の犠牲になったり、スパイの嫌疑をかけられて日本兵に殺されたりしたものを合せて、座間味島の犠牲者は約二百人である。日本軍は、米兵が上陸した頃、二、三カ所で歩哨戦を演じたことはあったが、最後まで山中の陣地にこもり、遂に全員投降した。

二、運命の刳舟

1

伊江島には一個大隊（兵員約七百人）の陸軍航空隊と歩兵一個大隊（兵員約二千三百人）の守備隊が駐屯し、飛行場が二つあった。同島西海岸の中飛行場と、ゴブス山東方の東飛行場である。

伊江島飛行場警備に当った防衛隊は兵力約五百人、これら防衛隊員は北部沖縄の、恩納、久志、東、羽地の各村から召集された。彼らは最初西北海岸の真謝原《まじゃばる》に屯所を置き、そこから飛行場警備に出ていた。

四月十六日、米艦隊は伊江島を包囲、激しい艦砲射撃と空襲を行いつつ、上陸を開始した。

米軍は悠々、強圧的に伊江島上陸の機会を奪取した。即ち、四月十五日、上陸準備を完了、水陸両用戦車群に護衛された、無数の上陸用舟艇が、翌十六日払暁、ハマチ、新波止場、ナガラ、ガクマ、小浜、真謝、ワヂリの七カ所から上陸した。日本軍は塹壕に拠り、上陸軍を迎えたが、いささかも応戦の気配がなかった。米軍三万の兵員が無血に上陸し、数十の火砲、及び戦闘資材が揚陸されて、直ちに飛行場を占領、更に、米戦車隊は日本軍陣地を到る所で破砕した。日本軍は各所で最後的抵抗を試み、残存兵力を駆って遊撃斬込みを行ったが、四月二十二日の夜襲を最後として、一週間の伊江島陸上戦に終止符を打った。この一週間の戦闘で、日本軍二千人、防衛隊九百人、住民二千二百人が戦死したと推定されている。

防衛隊員平良専哲らの防衛隊本部は、真謝原に置かれていたが、一九四五年一月に、山口という所に移動した。空襲がはげしく、昼間は出られないので、夜間、地雷敷設、飛行場作業、蛸壺壕陣地構築、などに使役された。米軍上陸のとき、彼らは山口の本陣地から各洞窟陣地へ移され、直ちに戦闘配置についた。

艦砲は、それから間もなく、寸尺《すんしゃく》の土地を残さぬ、絨緞攻撃に移った。十七日、伊江島南側の砂浜附近の当面陣地にいた、飛行場整備中隊の兵隊達が、白昼、斬込みにゆき、火網に捕捉されて全滅、一人の生還もなかった。

その日の夕方、本隊と合するつもりで彼らが丘に上って見ると、すでに各高地が米軍に占領され、思ったより、圧倒的な兵力が揚陸されたことがわかった。

奪われた飛行場は、煌々と照明され、米軍が修理に着手していた。彼らは夜の中に城山(伊江島中央の岩山)に避難し、なるべく大部隊に合しようという、戦場の心理から、井川部隊の陣地に合流した。午前三時頃、井川隊将校の斬込みがあった。伊江島の女子救護班四、五人が、この将校団の斬込みに参加を希望した。真栄田節子（二十三歳）、大城ハル子（二十三歳）、大湾寿美子（二十六歳）、永山ハル子（二十四歳）、崎山ヨシ子（二十一歳）の五人だった。彼女達は、頭髪を剪《き》り戦闘帽を被り、軍靴をはき、男装した。そして赤十字カバンと爆雷とマッチを持って、壕を飛び出した。夜間行動のために、皆、白布で背中に円形の標識をしていた。この斬込みで井川少佐以下幹部級が殆んど全滅した。夜が明けると、防衛隊員五、六人は、谷間の樹木にかくれた諸江隊の速射砲陣地に飛びこんだ。上陸三日目、十八日の朝であった。米軍は学校高地に進出した。学校高地には井川部隊、独立機関銃隊の陣地あり、米軍は戦車と歩兵の協力で白兵戦に転じ、日本軍また、擲弾筒《てきだんとう》や重火機で頑強に抵抗、伊江島における最大の激戦が展開された。陸上、海上、空中からの立体攻撃に、全島の緑が、またたくまに吹き飛ばされた。平良は強い好奇心に駆られ、危険を忘れて壕をとびだし小高い丘に這い上った。あたりは四、五間先も見定められぬ濃厚な煙幕に包まれ、銃声と叫喚がはげしく乱れ、飛行機の爆音、艦砲の響音が入り混っていた。平良は壕にかえると、本島へ泳いで渡る画策をした。自分の周囲に落ちこぼれた未教育な補充兵をかき集めたとて戦争になるものか、それに指揮者と名のつくのもいない始末だ。まず、東海岸にいき、それから本島へ逃げようと、彼は思った。幸い、伊江島出身の防衛隊員が道案内してくれることになった。彼の家族が東海岸にいるとのことで全く都合がよかった。

包囲陣をぬけて、ある四叉路までくると、兵長に伴われた四人の兵隊と出くわした。各自、片手に一升瓶をさげて、水汲みにゆくのだと言っていたが、いずれの顔も炭だらけで真黒だった。彼らの後についてきた、一頭の山羊が、今度は平良たちの後を追い、その白い山羊が、夜間の攻撃目標になるおそれがあった。石で何度も、追払ったが、投げつけるときだけ、立止ったり、後へ引返したりするが、すぐまた後をつけてくる。何だか、その執拗さに、腹が立ってくるし、死の恐怖につきまわされるような露骨な不快感が起きてきた。とうとう、一人が棒切れをさがしてきて、山羊の足を払い、その場になぐり倒して、歩けないようにしてしまった。夕闇の中に、足を折られた山羊の哀しい鳴き声が、妙に彼らの印象に残った。後から戦車砲弾が追ってきたので、黄色く熟した麦畑の中に伏した。

東海岸の住民は、まだ、米軍が上陸したことを知っていなかった。道で一人の老婆に会った。「どこへ行くのか」ときくと、「食糧を取りに」と答える。「大変だ。敵はもう上陸している。すぐ壕にかえりなさい」と教えた。平良達を案内している、島袋という防衛隊員の家族の壕に行き、そこに落ちつくことになった。

壕の外のメシタキ小舎が焼き払われた日の夕方、防衛隊員の喜屋武が、つるはしのような音がきこえると、言い出した。しばらく、耳を傾けたが何も聞えない。気のせいだろうと、別に気にも止めなかった。起きて小銃を手にして壕の外に出ると、銃を手にした二人の人影が、こっそり近づいてくるのを発見した。様子を見ていたが、ずっと接近してくるので「風」と呼んで見た。

相手はギョッとしたように銃をかまえたが、すぐ「神」と答えた。一人は破甲爆雷を持っていた。戦車攻撃にゆき、時間がおくれ、機会を失したと言うのである。夕方、女が壕外に出て、捕えられた。捕虜になったというのは老婆で、その夫の老人はモリを持って血相を変えて飛び出して行った。誰も止めなかった。

防衛隊員たちは、住民の壕を出て、夜間を期して、海上脱出をしようと画策した。二十四日はかくして、本島に脱出を試みる兵隊が多かった。ある者は、木材で、筏を組み、本《もと》部《ぶ》半島の備瀬崎に渡ろうとした。が、備瀬崎と伊江島間の海峡は潮流速く、成功が覚束なかった。この辺の海流をよく知っていた防衛隊員たちは筏に身を託して、万一を期するよりは、刳舟《くりふね》をさがすことにした。一方、住民も脱出を考えていたらしく、やっと、彼らがさがしてきた一隻の刳舟があった。

この刳舟で、まず婦女子を第一陣に渡し、備瀬崎にゆけば刳舟がたくさんあるから、それを引張ってきて、第二陣、第三陣と、脱出することに決めた。しかし、それも第二回目のとき、刳舟が哨戒艇の銃撃によって、転覆し、計画が挫折した。

残った防衛隊員は、また、壕をさがしてさまよい歩いた。このとき彼らは四人になっていた。本隊がどうなっているのか、戦況全般がどんな風であるか、彼らは少しも知らなかった。ふたたび、東海岸に戻ってみると、住民の影が見あたらない。その頃、城山がすでに米軍に占領されたこと、住民が大方投降したこと、防衛隊の中隊長、知念少尉らが捕虜になったことなどを聞いて、彼らは首をうなだれて絶望した。絶望の中から、もう一度、海上脱出の一縷《いちる》の希望をつなぎ止めようとした。夜がふけわたる頃、壕近くの波打際に捨てられた一艘の刳舟が、おぼろげに彼らの目にとまった。全く天佑と思い、近づいて行こうとすると、その横に一人の鉄帽をかぶった人影が動いて、いきなり誰何《すいか》した。飛上って、思わず、駆け出すと、後から発砲された。日本兵だとわかったが、咄嗟のことで、相手を制することができず、無我夢中に逃れ、附近に適当な場所を見つけて一夜を明かした。翌日、その壕に行くと、日本兵が数名いた。「昨夜射ったのはあんた方か」ときいた。古参らしいのが、「中に新兵が居ってね。そいつらが射ったんだよ。どうも済まなかったな」と弁解した。平良達が交わした沖縄語をきくと、わけもなく落着きを失って、誰彼の差別なく射ったものらしい。翌日は、干潮で、空はよく晴れていた。珊瑚礁の上に完全な刳舟が一艘置かれ、岩にくくりつけてあるらしかった。そこは海岸近くに屏風のような断崖が迫り、その断崖の側面は、無数の自然洞窟によって、えぐられていた。そのいくつかの洞窟は敗残兵の最後の逃避場所であり、断崖の上にはすでに米兵が迫っていた。洞窟の中の敗残兵たちの目に映じたのは、百四、五十メートルばかり離れたリーフの上の刳舟だけだった。その刳舟と彼らの居る洞窟との間に、目に見えない生と死の一線が引かれているように思われた。もし、その刳舟が目に止らなかったら、彼らは早く絶望と諦めに到達していたかも知れない。しかし、生きる手段が目の前に浮かんでいる。それは彼らにとって大きな誘惑であった。

平良たち四人の防衛隊員も、断崖下の自然洞窟の一つから、刳舟を凝視していた。断崖に面した洞窟内の人々にとって、刳舟の誘惑は、だんだん強烈で必死なものとなってきた。彼らは刳舟のところに達する、あらゆる手段を考えた。もし、それが手に入れば、白昼、敵の中を脱出する決死的な冒険を試みようという大胆さが誰の胸にも企てられた。日暮れまではとても待てないような気がした。敵が断崖上まできていることを彼らは知っている。この一帯の海岸に米兵がくるのは、もう時間の問題である。夜になれば、必ずその刳舟の争奪をめぐって友軍同士の間に血闘がくりひろげられるにちがいない。生きるためには九死に一生の僥倖を期待しなければならぬ。しかし、誰も一生を得るための、九死の危険を冒そうとするものは居なかった。そのうち、やがて満潮になり、刳舟は軽く波に浮かんだ。そのとき、防衛隊員の隣りの壕から、一人の裸体の兵隊が飛び出し、海岸めがけて走ってゆこうとしたが、途中で立止り、彼方を振り返り、俄かに吃驚したように逃げかえってきた。断崖の上に佇む米兵の姿を認めたからである。海岸洞窟の中から彼の所作を見ていた日本兵たちは、その誘惑物に対する絶望的な諦めをもち出した。二十分近く、刳舟はのどかに波にゆられていた。と、裸体の日本兵が、また、どこからか飛び出した。彼は、走るのでもなく悠々として、刳舟の位置に達し、落ち着いて岩にくくりつけた綱をはずし始めた。すると、もう一人同じ姿の日本兵が、横合いから飛び出してきた。そのとき、岩壁に、連続的な銃弾の音響が反響し、刳舟の周囲に、水しぶきがあがった。断崖上から米兵が射撃したのだ。

やがて二人の兵隊の死体が刳舟の横で波に弄ばれているのが目についた。

それから一時間ほどたったと思われる頃、鉄帽を冠った一人の大男が、防衛隊員たちのいる壕の入口にきて中をのぞき、壕の中に一発小銃弾を打込んだ。中からは、二、三発応射した。銃声はそれだけで、はたと止んだ。米兵だ！　こっちの放った弾丸で殺られたのだろうか。いや、仲間を呼びに逃げかえったのかも知れない。この壕に居たら、……「殺される」……「自決」……「脱出」……瞬間、狂暴な思念が彼らの頭の中をかけ廻った。外の状況を見るため、壕入口に出た上原という隊員が、「来た！」と、穴の中に駆け込んできた。いきなり、腹ばいになった上原は、壕の入口めがけて、一発小銃をはなった。それにつれて、平良が一発射った。そのとき、彼らはものすごい熱気と、壕の中に螺旋状に渦巻いてくる光の波を感じたと思った。時間はどの位たったか分らない。漸く意識を取り戻した、平良の目に、壕の入口で壕を背にして何やら声高に話している米兵の後姿がうつった。

彼は、側に置いてある銃のところに手を伸そうとした。が、その手は急に力なくたれてしまった。二十六日の朝である。

第三章　中・南部戦線

一、米軍上陸

1

南部港川海岸か、それとも、中部北谷読谷山海岸か、――何れともつかぬ米軍の上陸予想地点をめぐって、軍隊や住民の間には種々もっともらしい当て推量が行われていた。もうその頃は北谷、読谷山、両村海岸説に強力に傾いていた。

三月二十五日。せっぱつまった、慌しい空気の中に、県立第一中学校卒業式が、同校の構内からあまり遠く離れぬ養秀寮で行われた。コンクリート建の同校々舎は、大型爆弾のために、無残に破壊しつくされていた。戦争下にふさわしい、形ばかりの卒業式は、学徒か、兵隊か、わからぬ少年達を前に、来賓達の気負った激励の言葉で埋まった。現地軍隊に入隊する筈の、新兵と同様、彼ら少年達は、間もなく軍務に服することになっていた。

県庁員は那覇市郊外の城岳の壕に集結していた。毎朝島田知事を中心に、本土に向って敬虔な頭を下げる皇居遥拝や、軍隊の武運長久と、感謝の祈りが日課となっていた。空襲のある時でも、姿勢をよういに崩さない、端正な島田知事の姿は、全庁員を無言の中に鞭捷した。非難の多かった、前任者に代って、戦場化必至の沖縄に悠々と着任した島田知事を、部下職員は天晴な必勝知事として心から迎え、大きな希望と期待を抱いていたのである。民行政機関として、大半の機能と、人を喪ったとはいえ、まだ、強靭な組織体を保つ県庁は、二十六日、遂に、島田知事以下、内政部員が、城岳の壕を引き払って、この時既に、先発隊として、真和志村字繁多川の、丘陵地帯の中腹に、壕を掘って移り棲んでいた、那覇警察署の壕に合併した。警察部を率いる、荒井退造警察部長も那覇署の壕に先行していた。

島内の交通は空襲で途絶え、中央（沖縄県庁）の指令も、滞り勝ちで、島内疎開をせきたてる指揮命令も、末端になると、デマを伴い勝ちであり、いよいよ敵が上陸するとなると、いの一番に攻撃に晒されるであろう中部地帯の混乱は想像するに難くないものがあった。中頭《なかがみ》郡地方事務所長伊芸徳一の危惧もひたすらこの一点にかかっていた。伊芸所長は、「ここは間もなく前線になるかも知れぬから、早急に後方に退れ」という軍の慫慂を、三月下旬に受けた。

米軍が上陸したら、その時は、君自身の考えで行動してくれ——と、かねて、島田知事より云い含められていた彼は、「最後の場合は、県庁と合流することだ」とはらをすえていた。

三月三十一日、米軍上陸の前夜、伊芸所長は島田知事からの緊急な示達がなされて郡内

各村長会議を開いた。知事の伝達事項は、

「牧港《まきみなと》東西の線は、敵上陸と同時に文字通り第一線となる可能性が強いこと」

「元気な住民は、踏み止どまって軍隊に協力すること」

「いざと云う場合は、重要書類は、みんな焼くこと」

「敵に利用されそうな、建物施設類は、破壊し、井戸はつるべを断ち、石で埋めること」

等々であった。

その日集まった、北谷、読谷山、浦添、越来《ごえく》の各中部地区村長らは、この重要密令を村民に伝えるため、その夜の中に引上げた。

四月一日熾烈な艦砲が、激しい空襲と共に北谷、読谷山一帯を蔽う頃、地方事務所では、解散を一決し、所員は、南か、北か、立ちのき先をめぐって意見が対立した。

老人組は北方を主張し、伊芸所長以下若手組は、南説を唱えた。

二日、北を目指す、老人組と別れた、伊芸所長以下数人の一行は、直ちに西原の壕に移動した。一日米軍は、嘉手納、北谷両村に跨る海岸に上陸、北、中両飛行場を制圧しつつ、次第に戦線を拡大中であるとの情報が、西原の壕にも伝えられた。北谷、読谷山、両村の住民は、三月末頃までに大半は北部へ、避難していたが、残った住民は、二十三日以来の頻々とした空襲で疎開の出足を挫かれたことを知っている伊芸所長としては、両村民の驚愕のほどが察せられた。彼は日本軍の防備陣を回想して顔をくもらせた。「果して敵は、あの日本軍の陥穽に旨く落ちてくれるだろうか」それは三月も半ば頃、敵を迎えるに忙しい日本軍は、防備と称する各種の手を打っていた。普天間《ふてんま》の街道の橋梁には、戦車邀撃のために爆薬を詰め、宜野湾《ぎのわん》街道筋の、松並木の、松の幹には、兵隊がせっせと穴をあけ管を通して、火薬を詰めていたことである。米戦車が迫った時、一斉に、松を倒し、戦車の障害物に役立てようというのである。

　三月も終りに近く、陽はまだ高かった。沖縄新報牧港記者（彼は現地軍に徴用されていた）は懸命となって、軍司令部の壕へ走っていた。「慌てまい」と、彼は、わざと大きく肩で息をした。不安は、彼のこうした虚勢を、突き崩した。胸のあたりが激しく鳴る。道を走る兵隊さえ、血相を変えているではないか。慌てて走る自分が一体どうしたというのだ。しきりに、遠雷のような、音がする。それが飛行機の爆音を縫って、規則的にきこえてくる。三月の微風が樹々にざわめいている。彼はこの音をきくと同時に、首里警察署の壕を飛び出していた。道路上に、一人の女が、男の子の手を握って立っていた。「危い、こんな処をうろついて」……彼の背中を戦慄が走った。夫らしい男が走り寄って来て、子供を抱き上げ、女をうながして走り去った。「何かの情報を掴みたい」彼は軍司令部の壕に向ってつっ走った。首里第二国民学校脇の鬱蒼とした樹蔭を、潜むようにして一心に走った。一人の歩哨が不動明王のように立っている。物資集積所となった、校庭には人影ひとつ見えない。慌てて蔽うたらしい、蔽いの隅から、軍需品の木箱が、のぞいていた。そこへ赤皮の折鞄を携《さ》げた将校が、彼に追いついた。情報参謀の、薬丸少佐だった。「敵艦隊はずいぶん近いですか……」と彼がきく。「自分も知らぬ、たった今、宿舎を出たばかしだ」彼の参謀も歩調を落した。——市内の粗末な壕には、きっと、市民が不安に慄《ふる》えていることだろう。——彼は、そう思いつつ壕の中を、トントンと奈落へ降りていった。千機に近い米航空機は、沖縄上空を蔽い、攻撃目標は、港湾と飛行場で、陣地攻撃なし、との情報がはいる。——「感度弱」「感度弱」——「四四部隊ですか」「砲兵団本部ですか」などと、雑多な声が入り混ざってきこえる。兵隊達は落ちついて部署についている。頭上の外光が、裂け、足早に人が降りてくる、「敵機は三、四十機、首里市を攻撃しています」足音の主がどなった。兵隊の影が、ツルハシの跡のある壁に影を映す、若い女の笑い声が聞える、白いシャツを着けた女達の肢体が彼の目に生々として映った。重い空気が淀んでいた洞窟は、女の体臭で掻き廻された。彼女達は、むしろ、女らしくなく、白粉気さえ目立たなかった。シャツの下に息づいている乳房さえ、悲しいまでに、彼の目を捉えた。

湿った空気を肺臓一杯に吸うために、彼女達の鼻孔は一杯に開いていた。——電波探知機に感応する、米機の数も散じたらしく、しばらくして、敵機退散が報ぜられ、それと同時に、大東島守備隊から「米機動部隊見ゆ」の報告が知らされた。二十二日の

「ウルシイ、レイテ両方面より輸送船団続々北上中」との情報は、米軍の沖縄攻撃を、はっきり伝えたようなものではあるが、今日の情報は「先ず異変なし」と牧港記者を安堵させた。牧港記者は、軍司令部の壕を一刻も早く出たいと思った。一歩一歩階段を上った。最後の段を上り詰めた時、外光がサッと彼の目を射すくめた。壕の外は明るい夕暮れの、柔い光線に包まれ、炊事の煙がゆるやかに立ちあがっていた。

女達は、もう壕から出て炊事の手伝いに取りかかっていた。春光に浸る皮膚の血管が赤く透けて見える健康な両腕に、飯上げ用のたんごを携げて走り廻っていた。壕の入口にこさえた、菰《こも》囲いの便所に、誰も彼もが突進した。収縮神経が、ほだけ、排泄物を不安と共に押し出した。

擬装網の下に、椅子を持ち出した南西諸島守備軍、第三十二軍参謀長、長勇陸軍中将は、体を椅子の背から、のけぞらすようにして、腰掛け、四、五人の参謀達が彼を取り巻いていた。時たま彼の、豪快な、一面ヒステリックな笑声が響いた。短く刈り込んだ口髭の下には、太い葉巻がいぶっている。「閣下、ちょっと写真を撮ります」毎日新聞の下瀬豊記者が彼の前にカメラを持ち上げた。「写真を撮るならあすにしてくれ」と中将は無遠慮に断る。「明日は又、空襲でしょう」と彼が云うと、「構わん。俺は記念撮影がしたいのだ」と例のヒステリックな声で笑った。三月の陸軍異動で中将に進級していたが、生憎その日は、少将の階級章を附けていた。「中将の徽章を附けて写真に納まりたい」という彼の稚気は、かつて、彼が関東軍にいた頃ノモンハン事件の収拾をつけるために、日本軍の使者としてソ軍の使者とまみえた時、正体もなく睡りこけていたという伝説めいた挿話に相通ずるものがあり、彼の狂信者や、多くの日本軍将兵には彼の神秘的な豪快さと稚気が、一つの救いの神となっていた。

2

翌四月二十四日。牧港記者は早朝新聞社の壕を出た。——新聞社の壕は軍司令部の壕に程近い、首里城内旧王城砦拝殿の、左よりの後方にあった。

長さ、約十間、坑道の幅約二間半の、壕内には、一間四方の袋（部屋）が造られ、平版印刷機を運んで、坑道内の両壁には、ギッシリ活字台が並べられた。全員三十人、軍から陣中新聞の発刊を迫られ、戦況を全戦線の軍、民に知らせる使命を負わされた。深夜も休まぬ、印刷機の音が終夜鳴り、しらみと不潔と水の欠乏にせめさいなまれながらローソクや豆ランプの光を頼りに、文選、植字、印刷等、無理な仕事を続けようというのである。タブロイド判の陣中新聞は、小半里も離れた繁多川の壕に集結している、県警察部員や、各部隊の兵員の手で直接配られた。（それは五月二十五日軍司令部が首里戦線を後退する頃まで続けられた。）

軍司令部の壕は異様に緊張していた。その日も、前日に劣らぬ米機の大群が再び南島の空をおおいつくしていた。

その頃、民側としては、首里警察署が、尚侯爵家隣りの土堤に壕を掘り、首里市内の各中等学校は、それぞれ校長の指揮下、思い思いの場所に壕を掘って、その中にこもっていた。これらの学校では、軍事教練の配属将校を隊長に、全生徒が鉄血勤皇隊を組織し、守備軍隊に直属していた。

三月二十三日、「米艦隊現わる」まさしく、米軍は第一上陸予想地点の港川方面へ準備砲爆撃を開始した。恐怖の的となっていた艦砲射撃、——それが愈々、現実となって現われたのである。「知念半島沖に米艦隊を発見す」同方面から知らされた、この情報を摑んだ牧港記者は急いで彼の壕に引き上げた。初めてきく艦砲の音。しかもその主砲弾は、殷々と響く遠雷のような発射音を伴って轟々と大気を押し潰す炸裂音が島尻南部をふるわせた。

港川附近海岸に、上陸すると見えた米軍は、三月二十七日、慶良間列島を攻撃し、戦闘艦、航空母艦、巡洋艦などの主力艦が徐々に、西方海岸の嘉手納北谷沖合に集結しはじめた。しかし、一方港川方面でも艦隊の動きはただならぬものがあり、沖合に屯する輸送船団から吐き出された上陸用舟艇群が、海面に幾百条もの白い航跡を引きながら、一たん岸辺近く押し寄せたかと思うと、くるりと引っ返していった。陽動戦術である。そのたびごとに同方面の日本軍陣地では、迫撃砲や臼砲が海岸を睨んで緊張し、待機していた。

二十五日、北谷村の県道筋には、まっぱじめに巨弾が打ちこまれて炸裂し、岩片土砂まじりの黒煙を吹き上げた。前日、二十四日までに、千余人の村民は殆んど裏手の山の壕に退避していたので米艦隊の動きは誰も知らなかった。翌二十六日、忽然と現われた米艦隊の群れは、黒い牛が臥せったように、かすんで見える慶良間列島より、遠く突出した本部半島に連なる海上を埋めていたが暮色が迫る頃何処とも知れず水平線の彼方に姿を消した。

海岸寄りの丘に立つ監視哨は日本軍の手で取り壊され、兵隊と一緒に詰めていた男女青年団員は直ちに解散を告げられた。これらの青年団は所在守備軍隊の命令で、間もなく各自の壕から義勇隊員として狩り出された。

「艦砲射撃の惧れがあるから、住民は、海岸から一里以上の地帯へ立退け」——二十五日、軍の命令が警防団を通じて、壕の中の住民に伝えられていた。村民の多くは、その夜北部をさして立ち退き、越来、美里、宜野湾、中城方面へも雪崩を打って動き犇《ひし》めいた。淡い希望をつなぎとめていた「水際全滅作戦」も「神風」もなかった。米機の乱舞する白昼下、艦砲の業火が裂け散る凄惨な、北谷街道と裏手の山路は、せっかく辿り着いた避難先に身を託す壕がなく、空からの襲撃はどこにいったって同じものだと諦めて引き返す村民と、判断に迷いながらも、これから逃げようとする避難民たちが入り乱れた。夜が来ると、残留組の村民が、各自の壕から脱け出しては、海に面した、畑や、谷間に出ていって、食糧の甘藷をあさっていた。

二十七日の晩から、艦隊から打ち上げる照明弾が、呪われた上陸地点を青く照らしつづけた。必死となって甘藷を掘りつづける村民の前後左右に、滅多射ちに射つ小さい艦砲弾が、うなりをあげて飛びこんでは炸裂した。頭上に弾けてはパッと光を注ぎかける照明弾の明りで、緩慢ではあるが、平安山《へんざん》部落に落下する砲弾の火が紫色に光り、盛んに黒い土砂を吹き上げるのが見えた。

上陸直前の三月上旬に、北谷村に配備されていた守備の一大隊が、浦添方面に引っこ抜かれて移動した後の、北谷海岸は、もう頼めるような守備兵力がなく、この事実は、村民を不安と不満に駆り立てていた。こういうなかに、上陸地点への艦砲射撃が間断なく続き、四月一日、米航空機は、突如として、その数を増し、早朝から激しい銃爆撃と砲撃が加えられたため、住民は終日壕内に釘付けされた。上陸寸前に米軍が敢行した、大規模の物凄い準備砲爆撃であった。

二、北・中飛行場の潰滅

1

四月一日。——米軍はついに上陸した。壕内に蟠居していた住民が、米軍の上陸を知ったのは、三日後のことであった。住民はその頃壕内で、おののき、おそれ、不安に怯えていた。二、三日来の艦砲が少しも衰えぬばかりか、耳を聾する大編隊の低空する爆音と共に最後の砲爆撃が加えられたかと思うと、それがいつの間にか止み、わずかに飛行機の爆音がきこえるだけであった。昼がすぎ、いつの間にか夜がやってきた。村民は例のように、壕から抜け出て、水汲みに、芋掘りに、部落に残した食糧を取りに、出かけた。そして、途中で、部落まであがってきた米戦車を認め、あっと声を呑み、驚愕した。村民は、慌てふためいて自分の壕に引き返した。防衛隊にとられた若者が、家族に最後の別れを告げるために、各自の壕へ帰った折、その口から初めて、敵の上陸を知るといった風に、多くの村民は、翌二日に至っても、米軍上陸の事実を知らなかった。

楚辺と平安山にある、海軍の二基の長距離砲台は、海上の米軍に一発も射たずに解散した。浜川に配置されていた、独立歩兵第十二大隊の一中隊は、米軍の上陸を知ってか、知らずにか、兵隊が懸命になって壕を拡張している処へ、三方から、米マリン部隊の包囲を受け、猛烈な攻撃を喰って全滅した。平安山の海軍砲台で守備兵と一緒にいた、北谷村出身の娘達（義勇隊員）、十四人は、轍の音を響かせながら迫ってくる米戦車を発見し、いまは、これまでと、砲台下方の、岩蔭の畑の中に、車座に坐り、持っていた手榴弾で自殺した。

　上陸した、野国《のぐに》部落方面の米軍は、翌二日にかけて、無人の境を行くような進出を行い、中飛行場に突入し、砂辺の浜一帯から上陸した一隊は、美里《みさと》村字桃原《とうばる》部落方面に進出、泡瀬《あわせ》を中心とする、約二哩半の地点をまたたくまに確保した。一方他の米陸戦隊は、石川地区の狭隘な地帯を一気に遮断し、ここに、上陸後わずかにして、米上陸軍は、沖縄本島の一番くびれた中部地帯で、沖縄を両断する作戦に成功したのである。

　米軍の上陸カ所は、十数カ所に跨がり、最初楚辺《そべ》海岸を中心に上陸が開始され、三月三十一日夜半から翌一日にかけて、既に一部兵力の揚陸を行ったが、米上陸軍の先陣は第十軍第七師第七十七、第九十六師、海兵隊第一師団、第六師団であり、上陸作戦の規模を、「米軍作戦部隊は一五〇〇台の空軍と一四〇〇隻以上の艦船よりなる」……と当時外電は伝えたが、海岸に接した丘陵の壕にいる住民の大部分は、この大部隊の上陸を膚接《ふせつ》の間にして少しも知らなかった。視界を遮る爆煙と、砲爆撃の音は住民を盲目にしたからである。

　四月三日。朝、北谷村民は壕の外から叫ぶ、「出て来い」という、ききなれぬ米国兵の日本語をきいた。観念の臍《ほぞ》を固め、疑心暗鬼のまま、誘い出されてみると、もう多数の村民が先頭に立つ米兵に引かれながら、ゾロゾロと歩いていた。兵隊は一人残らず退却し、海岸に出る小径は捕虜となった住民の列で溢れていた。砂辺海岸には早くも、米軍の収容所が設けられた。四日までには千を越す村民が、この収容所に、収容されたのである。

米軍の電光的な進出は実に凄かった。三日の午後からは、北谷国民学校に面した飛行場に、米戦闘機が勢いよく着陸するのが眺められた。

その後、戦闘地域は中城村《なかぐすく》一帯に拡大された。砂辺海岸の収容所は閉鎖され、収容されていた住民は、五日までに北方中城村の比嘉、島袋両字に、新たに急設された収容所に送られた。

2

その頃北飛行場には、若干の兵員を有する航空本部（飛行場設営、飛行機整備）と防衛隊を含む青柳中佐の率いる飛行場大隊がいた。

十月十日米航空機の大量空襲を受けた北、中両飛行場は、米軍進攻を前に、すでに日本機を動かすだけの機能と、生命を完全に失っていた。だが奇蹟的にも、この敗戦の飛行場から物悲しい爆音を、夕空に響かせながら、数機の日本小型機が、飛び立った。二十六日夕刻、艦砲の途絶えた頃合だった。これは、奇しくも連日の米軍の攻撃を逃がれて、無疵機として中飛行場に残っていた特攻機だった。

中飛行場寄りの、山手に、設けられた、航空隊員専用の慰安所には、第三十二軍から、乗り込んだ、航空参謀の神少佐を始め、飛行場関係将校が、自殺体当り機の主に祭り上げられた若い将校たちをねぎらう、出発直前の酒宴が張られ、最後に寄せ書きを書き終った特攻隊員は、地上の激励に送られながら、海上に浮ぶ、米艦船群を目指して中飛行場を飛び立った。

日本軍機によって使用された中飛行場の、それは最後の姿でもあった。

「飛行場が危なくなったら、破壊して後退せよ」という、日本軍の作戦予定は、熾烈な艦砲と空爆のため、予定行動を押えられた。青柳飛行場大隊は、後で、第二十四師団の陣地に合することになっていたが、散り散りに北方に後退、青柳中佐は、四、五人の部下と共に、国頭郡恩納岳山中に逃げのびて、後方攪乱の任務を帯びていた村上大尉の率いる護郷隊に合した。

北飛行場（読谷村）には、黒沢部隊がいた。北飛行場周辺の日本軍守備隊兵力は、黒沢少佐が率いる、一個大隊で、大隊は、警備中隊と、補給の任務を負う中隊とに分れ、それに石兵団派遣の一個小隊約三百人と、住民男子で編成された防衛隊員三百人だった。防衛隊の中には北部羽地《はねじ》村の応召者が約八十人参加し、防衛隊の統率を命ぜられた国民学校の訓導達も含まれていた。北部地区国民学校の教師は老校長、病弱者、女教師を除く外は殆んど召集された。彼らは夜具や鍬を肩に、三月十日勤務先の羽地村を出発し、歩き通して三月十二日、北飛行場守備隊黒沢部隊に着いた。隊員の中には、足を引きずるビッコの男もまじっていた。

弾痕修理の使役につく筈の防衛隊員は、飛行場が駄目となったので、教師組は黒沢部隊指揮班に編入され、他は、小隊に分配されて、炊事や運搬に従っていたが、三月二十八日、突如移動命令を受け読谷山国民学校附近の壕から悲壮な思いで、黒沢少佐のいる座喜味《ざきみ》城址（北飛行場北方）の、谷間の横穴壕に移行した。

艦砲と爆撃が日をおって激化し、今まで、飛行場の守備についていた、海軍高射砲と機関砲隊が夜にまぎれて、那覇小禄方面へ移動したので、飛行場は、全く米機のなすがままに放置され、滑走路上は、無数の大穴で埋まった。

三十日残波岬から、崎原《さちばる》灯台にかけての海面上を埋めている米艦隊の帯は徐々に左右に延びつつあった。飛行場西側にある波平《なみひら》部落一帯に仕掛けておいた戦車壕の地雷が、敵が来ぬまに、艦砲を受けて爆発、石兵団派遣の小隊から多数の死傷者を出した。

黒沢少佐は、部隊内で養っていた豚の屠殺を、防衛隊員に命じた。一方部隊の下士官の指揮で「斬込み」が開始された。斬込み場所は、元海軍のいた壕で、斬込みというのは海軍が置き去りにした缶詰や、酒を防衛隊員の手で無断に運び取ることだった。口々に玉砕を叫び、飲めよ歌えの騒ぎが、火が付いたように谷間の壕に展開した。その頃、米艦隊から放たれた快速艇が、比謝《ひじゃ》川下流から残波岬に亙る海岸に迫り、海岸に点在する、岩石や、丘に猛射を浴せては、引っ返し、上陸の機を狙っていた。その日の午後、城間辰蔵隊員の属する指揮班は、部隊長から、急造爆雷造りを命ぜられた。七キロと十キロの爆雷百個を、各隊所属の防衛隊に分配するためだった。黄色火薬に塗れながら、これでいよいよ死ぬんだと、彼は思った。

それに、まだ、仕事が残っている。部隊の倉庫壕を再点検して、使用にたえる、武器を出すことである。倉庫壕には鍛冶器具、旋盤器械、発電機などが詰めてあった。それがすめば、食糧の運搬が防衛隊員を待っていた。

食糧の移動は朝から開始されたとはいえ、なかなかはかどらない。後退と同時に一切の物は爆破された。そこへ監視隊全滅の報告がはいった。

最後の時は刻々迫ってきている。間もなく城間辰蔵は戦闘用の乾パンを渡された。いらだたしい空気が俄かに指揮班内を占めた。壕を発見されたのか、艦砲の主砲らしい巨弾が壕近くで、ドカンドカン炸裂を始める。横穴壕がそのたびに、大地と共にグラグラと揺れる。爆撃も加わって、壕内を、叩きつける爆風が胸にこたえる。

四月一日未明、最も恐れていた、米軍の上陸は開始された。米輸送船団の隊列を離れて、雲霞のような小舟艇群が、夢でなく、今海岸を目指して、怒濤のように押し寄せている。

午前六時、米上陸用舟艇は、海岸につくと、真っ黒い塊のような戦車を吐き出した。吐き出された戦車は、わが物顔に、少しの躊躇の色も見せずに、戦車砲を射ちつづけている。波平海岸は、太古以来の激動に、激しく地をゆすぶらせているのだ。

波平海岸附近にあった小隊は、全員命からがら陣地から後退したことが間もなく報ぜられた。補給中隊は、オアシ附近と、喜名部落東方高地に待機している筈だ。警備中隊は、飛行場北側高地にわずかに、陣地を張っている。

城間辰蔵は、恐怖と、物めずらしさが、ごっちゃになった気持ちをグッと押しつけながら、壕からはい出て、この情景を視つづけた。

彼の位置は、戦線眺望によく、比謝川河口より、残波岬にわたって、一気に上陸し、無人の境を行くような進出をつづける米上陸部隊の動きが、そのまま眼下に展開されたのである。

黒沢少佐が、手兵の全員をまとめて、喜名《きな》山の海軍壕へ、弾雨下を移動させる時、防衛隊長である彼は、他の隊員とともに、唯一の武器として、手榴弾と小銃と、竹槍と、急造爆雷とをあてがわれた。——そして上空を超低空で機銃弾を注ぎ込む米機の弾帯の下を、右往左往しつつ谷間伝いに、転げ廻るようにして、この壕に辿りついたのである。これが戦争の姿だろうか。——それに、上陸の敵のあの悠々たる動きは——。

米軍は何の反撃も受けていない。型の通り、予定通り、兵員を上陸させ戦車までも揚陸している。——五、六十台とおぼしい米戦車が飛行場南側の平坦地を走って行く。飛行場に向って戦車砲を射っている。目標は、北側高地らしい。

戦車の、後方から、歩兵らしい米兵が、一列縦隊で進んでいる。

この時、北方高地にいる日本軍陣地から対戦車砲と機関砲が発砲された。とたんに、米戦闘機数機が低空して、日本軍陣地へ爆弾をほうり込んだ。執拗に何回も、何回も。

米兵が悠々と、前進する姿が手に取るように見える。

皆小型小銃を肩にかけている。午前十時。米戦車は、飛行場北側に一部を停止させたかと思うと、他の一部は、彼のいる喜名方向に向って動きだした。矢張り、その後方には、小銃を肩にした歩兵がつづいている。指揮班のいる壕はその攻撃を受けて、やがて危険にひんするかも知れない。

3

上陸第一日目の四月一日、午前十時過ぎ、各小隊へ、部隊より夜襲命令が下った。白だすきに白鉢巻をした指揮班は、急造爆雷を背負って、喜名部落まできている敵に向うため、海軍壕を出発した。反撃前の足溜りは、喜名部落と相対する医務室の壕である。先発の斬込隊は、出かけたまま帰らず、不成功に終った。本部では、夜襲を思いとどまり、翌朝医務室の壕附近に敵が来たら、一戦を交えようということに決した。壕の中は、負傷者のうめき声にみち、負傷者の手当にその夜を過した。

石兵団派遣の、前哨戦は、喜名、屋良、嘉手納の山にわずかに取りついているだけで、何の消息もない。

翌四月二日、米軍は、喜名、美里村を結ぶ、沖縄両断作戦に出るらしく、早朝喜名陣地へ迫ってきた。敵戦車の轟音に混じって小型砲弾が、タンタンタンと響く。

壕から急造爆雷を背負った数人の兵隊が、飛び出した。米兵は自動小銃を、腰だめにして、急霰《きゆうさん》のように銃弾を注ぎかけた。爆雷の兵が旨く戦車に飛び込んだのか爆発音がする。余りに接近したため、上空からの射撃は、ピタリと止まり、投げ合うらしい双方の手榴弾の音がする。それが間をおいてきこえたかと思うと、やがて静かになった。壕外に反撃に出た者が全滅した証拠である。

午前十一時、迫撃砲の重囲に落ちて壕は身動きもできなくなった。

部隊長の命令は、なかなか出ない。その時、何と思ったか、小針中隊長が、部隊長に軽く目礼したかと思うと、狂ったように、壕外に飛び出していった。四五歩と行かぬ彼の姿が飛んできた砲弾のため、見えなくなった。黒沢少佐は、傍らの井沢という古参准尉に突撃準備の命令を下した。城間辰蔵は無言で爆薬を抱いて武者ぶるいした。

その時、壕の入口附近に、迫撃砲が暴れまわった。いつ忍びよったのか数人の米兵が壕の上に姿を現わしていた。「米兵が……」夢中に口走る彼を誰かが背後から押し出した。七キロ爆薬の木箱を抱えた彼も、彼の同僚達も、黒沢隊長も、皆壕から、押し出されるようにして、壕外に出てしまった。目茶苦茶に、何も考えずに、壕の真上の稜線を目ざして登り出した。自動小銃弾の流れが頂上から降りかかってきた。目をつぶって手榴弾を投げかける。それは投げるというより、ほうり出すようなものだった。ふと城間辰蔵は両臂と両股のところに、焼くような痛みを感じた、銃弾が彼の肉塊に穴をあけていた。彼は灌木の繁みのところに倒れ、そして気がついた時は、傍らの藪がパチパチと燃えていた。彼は反射的に身を転がして、自分の服の赤い焔の舌を消そうと努めた。一瞬、宙に軀が浮いたかと思うと、彼は泥田の中に転げ落ちていた。田圃の中にはおなじくやられた兵隊が三、四十人もバタバタ手足を動かし、口々に何やら叫んでいた。子供の名を呼ぶような声にまじって、口の中で押し殺したような声もきこえた。全身の苦痛を、こらえながら彼は、放心したままこの光景を眺めた。

兵隊も全員殆ど斃れ、田圃の水は、五百人近い人間の血で、赤く腥《なまぐさ》く染まった。城間辰蔵は、ふと田圃の中に這入《はい》ってきた十数人の米兵の姿を見た。彼らは腰をかがめるようにして、ピストルを一発一発泥田に向って放っていた。一弾が彼を見舞った。弾が指の間を通り抜けた。米兵の一群は去った。彼は翌三日、無傷の防衛隊員に救出された。

彼は間もなく、読谷山村オアシの旧日本軍物資集積所附近にいた米軍戦車隊に投じた。そして、北飛行場西方の座喜味部落内の民家に運ばれ、米軍の手厚い、応急治療を受け、かつて彼がきかされ、吹き込まれた筈の鬼畜の米軍の真実の姿が、彼に驚嘆の目をみはらせた。案に相違した彼らの親切振りは、彼の眼前で余りに強く、従来の観念をくつがえされ否定されたからである。

日本軍の手から離れた北飛行場には、数百機に近い、米機が、砂塵を上げて賑やかに離着陸する姿が眺められた。

四日、彼は米軍の手で、飛行場西方の、日本軍が使用していた飛行機掩体壕に、十数人の捕虜と共に、移された。

七日、米軍のトラックで、北部名護町許田《きょだ》附近に運ばれる時、恩納村、仲間、喜瀬、幸地《こうち》一帯の海岸線は、無数の、放列が布かれ、米軍機が激しい砲撃を加えているのを彼は見た。米軍長距離砲は、本部《もとぶ》半島を揺がしていた。

四月十五日、名護町の捕虜収容所で治療中だった彼の傷が再び悪化したので、米兵は、彼を読谷山村に置かれた海軍野戦病院に運んだ。病院は、戦争だというのに、煌々と電灯が輝き、楽しそうな音楽がスピーカーから流れていた。彼の傷は、自国兵の患者同様、親切にとりあつかってくれる軍医中尉や、衛生兵達の手厚い看護にめきめき快癒に向ったのであった。

病院内には、米兵の負傷者が二千人近くもいた。

四月二十日、中飛行場（屋良）南端に捕虜収容所が開設され、城間辰蔵は傷痕の癒えた体を、はじめてこの収容所に運んだ。その頃、飛行場には、断末魔のあえぎを見せた日本軍陣地から野砲弾が、間を置いて落下した。――「米軍が飛行場を使用するのを、他の陣地に拠って妨害する作戦だった」――だがこの砲撃もながくはつづかなかった。時たま、飛行場上空にふらふらと忍び込んでくる自殺機があるだけで、それも米軍の地上砲火に遮られ、飛行場上空をあたふたと遁走していった。

三、神山島斬込み

1

しきりと、北を主張する、老人組と別れて、中頭《なかがみ》地方事務所長伊芸徳一は、数人の部下とともに、野嵩《のだけ》の壕を附近の日本軍隊にゆずり、四月二日、南部へ向って出発した。途中、奥間を経て、一まず西原《にしはら》村役場の壕に入り、待機することになったが、一行は、その壕に一たん落着くことになって、はじめて、米軍の物凄い進出振りを知った。そこの壕へ、血だらけになった四、五十人の兵隊がはいってきて、前線の模様を告げたからである。

戦闘は目下、喜友名《きゆうな》、大山部落附近で行われており、同地一帯の守備についていた、賀谷部隊は、殆どこの戦闘で、大半以上の兵力を失い、宜野湾附近の戦闘が、最初から苦杯を喫していることが、兵隊の口々から伝えられた。兵隊に混じっていた男や女の義勇隊員は、案外平気で、甲斐々々しく負傷兵の手当をしたりした。――戦車を先頭に立て、遮二無二攻めてくる、米軍の前には、堅固な壕も、陣地も、つぎつぎに、潰れるばかりで、強力な空軍の援助がない限り、米軍を押し返すことは難しいと、ひにくの嘆をかこつ者や、「なあに、いまにやっつけて見せるよ」と、豪語する者もいたが、彼らは、もっと義勇隊員を出してもらいたいと、壕内の住民を物色するように、眺め渡した。誰も答えるものがいない。

その時、言いようのない沈黙を破って「私が行きます」と、一人の若い娘が腰を上げながら答えた。兵隊たちは苦笑して黙ってしまった。防兵該当の男は、すっかり出尽して、この壕には一人もいなかった。伊芸徳一一行がこの壕を出て、首里市近くの繁多川《はんたがわ》の、島田知事の本拠に合したのは、それから数日後だった。

首里城の地下深く、掘られた、第三十二軍々司令部の壕は、一〇メートルも地下に潜っていた。幅、二メートル乃至三メートル。高さ、二メートル。全坑道の延長、約一千メートル。ニューギニア、サイパン、テニアン、硫黄島の苦い体験を生かして、袋（部屋）、天井、壁といわず、落盤を防ぐために、松の巨木を胴切りにした、支柱や、梁木が、隙間なく張りまわされ、古今に例のない、洞窟戦闘指揮所として最高指揮官以下、麾下約一千人の兵員が収容されていた。

戦闘指揮所の入口は、弁財天池のほとりにひらけ、坑道が歓会門《かんかいもん》と守礼門《しゅれいもん》のある、地下を、深くくぐって西方に延び、更に一つは南北に、いくつもの支坑道が、大地中を走り、それを結ぶ十字型の坑道が縦横に地中に展け、出口は五カ所、第一坑道入口が男子師範学校に面し、第二、第三坑道が、首里第一国民学校々庭に、第四、第五坑道が首里市金城《きんじょう》町（記念運動場真下）にそれぞれ設けられ、軍司令官の居室、参謀長室、各参謀溜、作戦室、電報班室、通信室などがあった。

それに、望楼に通ずる垂直坑道が造られ、通路には、踏板が置かれ、壕内には、発電機が運ばれて、壕の隅々まで、照明が灯っていた。

空気の汚れを防ぐ換気通風装置が備えられ、第一坑道には、持久籠城を見越し、米俵の山が、積まれ、坑道内の廊下には、事務用の机や、椅子が持ち込まれ、筆太に「必勝不敗」、「敵撃滅」と、書かれた裸電球を灯芯代りに吊した行灯が、並んで、長い廊下を賑やかに彩っていた。

各兵団や、連隊の壕が、作戦の変更と、移動に悩まされつつ、苦しい原始的洞窟戦闘を余儀なくされる戦闘部隊という悪条件下の制約に較べ、軍司令部の壕は、豊かな糧秣と行き届いた施設に恵まれていた。

しかしこの壕も、壕生活に附きものの、太陽光線の飢餓と、高温度と、湿気という悪条件は、他の壕と少しも変わりはなかった。

三十一日、本島沿岸から約五粁《キロ》の慶伊干瀬《ちーびし》の小無人島を占領した米軍は、翌四月一日から、数門の長距離砲を揚陸して、首里市高台一帯を猛烈に射ち出した。軍司令部の壕のあたりが殊に酷く叩かれた。

垂直坑道を上り詰めた観測台からは、絶えず、神山砲台の模様が逐一報告された。米兵は悠々とタバコをくゆらしながら砲の操作にあたっていた。それが観測器のレンズに映った。緩慢な射撃ではあるが、四六時間中休みなしの射撃は、執拗を極めて壕周辺の横腹を叩き、或いは射程が延びて、首里市を遥かに越して、炸裂した。

2

牧港記者は、朝夕六時の、砲撃の絶え間を縫って、軍司令部と、彼の壕を往復した。戦況や、各部隊との交通状態や、通信が、夕刻にならぬと軍司令部に集まらなかった。壕の入口は毎朝ごった返していた。黄色い電話線を背負う、一群の通信兵が入口で空を見上げる。一寸でて躊躇するが、すぐどやどやと外へ出る。洗面器をさげた将校が、ハンタン山の老樹の根元から湧出る水で朝の洗顔をしようと、これも出口でためらう。未明、神山砲が起きぬ前に洗顔を壕外ですまそうという、将校が未だいて、軍司令部の壕は、慌しい中にも、ある落着きを見せていた。濃緑の大木群に囲まれた、ハンタン山一帯の風光は、神山砲を喰うようになっても、未だ幽邃な境地を崩そうとはしなかった。

五月九日、彼は、軍司令部の壕の入口で、又もためらった。壕内の異臭を彼は本能的に嫌っていた。

入口の歩哨は、毎日新鮮な空気と、豊饒な日光に浸ることができ、肺臓を腐らすような、九十度〔華氏。摂氏三二・二度〕近い壕内の温度と、猛烈な湿気から解放されていた。砲撃の絶え間の、朝と夕刻時の数十分を、壕の外に出て外気を胸一杯吸う内部の兵隊に較べて、歩哨達は恵まれていた。

牧港記者は、壕の内部を避けて一日歩哨達と共にいたかった。

勿体ぶった緊張と、威圧に貫かれた作戦室の附近や、参謀の動き、情報係の広瀬、益永両大尉の皮肉に充ちた話、それにあの高温度と湿気に悩まされるより、危険に晒されているとはいえ大らかに、ふざけ合うことができる人間的な歩哨達と共感するのがよかった。

何遍となく補修を要する電話線の修理箇所をさがして、弾の中を出かける通信兵のことを考えると、「人は各々、死に対する位置と、時間が、命令と、組織の中に定められて行くものか」と、思われた。

ところが、彼の歩哨達は、死の時間に隣り合わせていながら、いつでも陽気であり、さながら生命の灯を激しくゆすぶられている生物のように、死をあざけって闊達に動いていた。「歩哨達の傍らに、おりさえすれば、自分の生命も安全に違いない」といった安堵感が、彼の信仰となった。

脆い壕の入口に、巨弾でも喰おうものなら、どんな結果になるか位は歩哨達も知っている。

牧港記者が壕内に一歩足を踏み入れると、中はもう人間の自由を奪う悪気流の渦に充ちていた。百パーセント近い湿気が、体温と熱気で蒸発し、水泡になって人々の皮膚に、衣服に、天井に、壁にベトベトとまとわりついた。それが渦をまきながら壕外へ壕外へと奔騰し、流れた。汗で光る半裸の将兵が、米俵の上に寝ている狭い坑道を、揉み合って通った。坑道には坂があり、降りがあった。やっとのことで、明るい溜りに出ると「作戦室」と書かれた木札が天井にかかっている。

彼は、いつの間にか、人間の壁に押されながら、壁際の長い木の椅子に腰を掛けていた。傍らの人が肘で彼の脇腹を小突き、何かの缶を、彼の鼻の先に突き出した。顔見知りの警部補である。缶はミルクだった。乾き切った彼ののどに、トロリとした甘い液体が降りていった。「有難う、戦況の発表は未だですかね」ねっとりとしたのどの渇きがその柔い流動物で拭われ去るように彼は感じた。「さっきから待っているが、情報室の大尉が来ないのですよ」そこは、ちょうど十字路で、四方の坑道から押しかけた兵隊が、そこを突破しようとして犇めき合っていた。一人の軍曹が、少年達の一群へ、何かを配っている。それは、鉄血勤皇隊を結成した師範学校の生徒達へ、新品の鉄帽や水筒や防毒マスクを支給しているのであった。

永い時間が経っても、ついに発表はない。頭上の送風機の鈍い振動が、発表を待つ以外は用のない彼を深い深い睡りの地底へ引きずり込んだ。

「船舶工兵隊が神山島に挺身斬込みをかけるんだそうだ……」兵隊の声が彼の睡りを突き崩した。神山砲に対抗できる砲のない日本軍として、それを沈黙させるには、夜間の斬込み以外は手がない。

十字路の一角の奥まった場所には、くもの巣のように張り廻された軍用電話線に、白銀色の受話器が、何箇もぶら下っている。八原高級参謀が片手の久葉《くば》うちわを動かしながら叩きつけるような声で命令を出している。

「四月八日、沖縄本島の敵第一線は、概《おおむ》ね、津波、大山各南側を連ねる線に在り兵力を増強中……」益永大尉の現地軍発表を、手帳に控えた一同はただちに軍司令部の壕を引き上げた。

数日後の夜、神山砲台は沈黙した。首里台地に登れば、黒い地帯が眼下に展がり、小禄方面で、砲を撃つらしい火焔が認められた。

3

米軍が侵攻してから約十日後の四月一日、真壁村小波蔵《こはぐら》の船舶工兵隊の壕にいる、防衛隊員の中から、海に経験のある者が六人、使役の名目で召集された。彼らは、大方糸満漁夫であった。毛布と二日分のカンパンを渡され、国吉の船隊本部に連れて行かれ、そこで中隊長の訓示を受けた。任務の内容は分らなかったが、単なる使役ではなく、重大な任務を与えられようとしていることに、彼らは気がついた。金鵄の煙草を二個貰い、氏名を記録され、それから高嶺村《たかみねそん》の大里からトラックに乗せられ、その日の午後六時頃、下士官に引率されて、海上特攻二十六連隊のいる真玉橋《まだんばし》部落に着いた。真玉橋の船舶工兵隊には各所から、防衛隊員が、多数集まっていた。

早速、長テーブルが準備され、酒や御馳走が出された。それから恩賜の煙草が一本ずつ渡された。

食卓に腰を下している彼らの近くで、一人の下士官が白い鉢巻をして、軍刀を揮い、気合をかけていた。一人の兵隊が背後からまわって、彼らに白だすきをかけた。やがて隊長からの訓示があり、目的は「神山砲の斬込み。今晩直ちに出発せよ」と命令が下った。神山砲というのは、那覇港外約五粁《キロ》の海上、珊瑚礁、慶伊干瀬の神山島に据えつけられた長距離砲のことで、数日来、首里高台を砲撃していた。刳舟九隻で、一隻の舟に漕手一人と兵三人が乗込むことになった。

那覇港口近くの南明治橋のたもとの岩かげに待機し、九時半、出発、ということになっていたが、那覇を中心に艦砲が激しく打込まれ、最先頭の刳舟が、ある岩かげに到達した途端、三名の乗組員が砲弾の飛片で斃れ、その日は、決行できず、次の指示を仰ぐために、西岡少尉が、「俺が命令を受領してくる」と、云って一人で真玉橋の隊に帰った。船舶隊長は、怒髪天をつく勢いで西岡少尉を叱りつけた。「馬鹿共ッ。今晩中に直ちに決行しろ。一旦出て行って、おめおめ帰ってくる奴があるかッ。司令部にはもう、今夜決行と報告してあるのだぞ、帰れッ」西岡少尉はすごすご引返した。彼が南明治橋まで帰りついた時はすでに午前五時半頃になっており、東の空が漸く白みかけていたので、命令不履行の責任を感じたのか、腰のピストルをはずして、部下に渡し、「俺を射ってくれ」と言った。第二小隊長の曹長が、「隊長、もう私達は隊に帰れぬ以上、あくまで目的を完遂しなければならない。昼中は適当な場所に待避して、改めてやり直しましょう。今晩できなければ明日の晩、食糧は何とかなります」と言った。

夜が明けると、いささか自棄気味の西岡少尉は、九隻の刳舟を列べて、空襲下、企図暴露もおそれず、白昼堂々と港内を――(三重城と南明治橋の間)三回も往復して、上陸演習を行い「よしこれで今夜直ちに決行だ」と言った。しかし、二日目の晩も失敗だった。やはり、米艦が港口に近接してきて、出られないのである。三重城に一人の監視兵が出されたが、米艦は遂に明け方までそこを動かなかった。三日目の晩がきた。西岡少尉は皆を集めた。「如何なる困難があろうとも、いよいよ今晩は決行したい。皆の命を俺に任せてくれ」と訓示した。午後八時、暗い港内に、西岡少尉の鳴らすベルの音が低くひびき、九隻の刳舟は一斉に、進発した。海上、障害物なく、企図も暴露せず、午前一時頃、神山島に到着、まず第一小隊から砂浜に飛び降り、第二小隊はしばし躊躇していたが西岡少尉にうながされて、それにつづく。このとき何を思ったか、西岡少尉は信号弾を決行前に打ち上げて企図を暴露させてしまった。命令を受領して部隊を出てから三日目である。依然として神山砲は沈黙しない。首里の軍司令部でも、真玉橋の特攻船隊でも、期待した斬込隊の行動に疑惑を感じている。途中で企図発覚して、返り討ちに会ったのか、それとも意志挫折して何処かに潜伏しているのか。とにかく、成功しなかった証拠には神山砲が依然、殷々と轟いている。西岡少尉にとって、事の成不成はもう問題でなかった。

彼らの三日間の行動を、証明することが必要だった。勿論、決行前に信号弾を上げることは、決定的な不利を招くことは自明だったが、彼は自らの軍人としての名分を友軍陣地に知らせたかったのだ。信号弾が上って三分とたたぬうちに、彼らの居る海岸一帯に、三方から雨のような機関銃弾が、集中してきた。刳舟の漕手たちは死物狂に舟を島から遠ざけた。

島はすぐ照明灯で煌々と照らされてしまった。敵陣に突入していく、斬込隊員たちの黒い小さな影が、彼らの目に映った。しばらく、直径三百米《メートル》の浮洲の上で、爆発音や銃声が交錯した。長くて三十分だから必ず舟は海岸近くに待たせておけと命令されていたので、二隻だけは引返して島の岸辺につけた。そのうちに、銃声は止み、島は静寂にかえった。

生存者は、西岡少尉以下、五人だった。真玉橋の部隊に帰ると、西岡少尉は、「重砲三門、重機二挺破壊、人員殺傷多数」と報告した。

4

一九四五年四月のある日、糸満の海岸近くの壕にかくれていた、玉城某外三人の、六十歳近い老漁夫たちが、いきなり壕から捜し出されて、ある任務を与えられた。神参謀脱出につき、協力せよ、とのことだった。夜陰に乗じて彼らは、神参謀と他に見習士官二人を乗せて、摩文仁《まぶに》村の小渡浜にいき、刳舟をあだん葉の中にかくし、そこで暫く待機することにした。一週間ばかりそこにひそんでいる間に二回ほど日本の水上機が附近の海に着水した。即ち、神参謀の脱出機であるが、肝心の参謀は、漁夫たちが、すぐ舟を出しましょうという、言葉を斥けて、今は危ない、しばらく様子を見よう、と云って、岩かげに身をよせ、海をにらむばかりで、容易に出て行こうとしない。そのうちに、敵中着水の離れ業を敢行していた水上機は、あきらめたのか、どこかへ飛び上ってしまい、計画は挫折した。神参謀は今度は刳舟で徳之島まで行けと命じた。これには、いくら、なだめ、すかされても老漁夫たちは頑固に応じなかった。「徳之島どころか、伊江島までも、われわれ老人では舟を漕いでいく元気はない。ことに今は雨季であって雨にうたれては、年とった、この体ではもたない、若い者と交替させてくれ」と言った。

その頃、東風平《こちんだ》村の富盛のある防衛隊員の壕では、海に経験のあるもの六人出ろ、と、隊長から命令された。雨を浴び乍ら夜通し、勝手のわからぬ泥濘の山道や、畑の中を、案内されて、摩文仁の小渡浜に着いた。神参謀たちがかくれている場所である。糸満の若い漁夫上りの防衛隊員達が櫂を取る一葉の刳舟は摩文仁岬をまわって、島の東海岸を一路北上、沖縄本島最北端の辺戸《へど》岬のあたりへ出て、与論、永良部、徳之島へと、黒潮の波濤を乗り切り、夜の海上を、或は順風に帆をはり、或は精根のつづくかぎり力漕した。その冒険と努力は、想像に絶するものがあった。かくして神参謀は戦線を離脱し日本本土へ脱走した。

四、軍司令部の壕

1

首里市を蔽っていた緑は、しだいに薄らぎ、都心の建物は、つぎつぎに壊され、街の姿は、不自然に歪んでいた。物さびた古都の表情は轟音と地鳴りと、叫喚が、充満し、街区は、大抵平ぺったい瓦礫の丘と化した。灰褐色の、雲の壁に、突如姿を現わした、浦添一帯の山々が、グッと迫って眺められるようになった。四月十四日、本部半島に米軍が上陸し、更に、翌十五日には、伊江島が席捲されていた。

軍司令部の壕を中心に、軍隊以外の非戦闘員としての、団体機能を保っているのは、牧港記者の属する新聞社の壕と、繁多川の県庁の壕であり、牧港附近に、米上陸軍が進出してからは、首里台地は、神山砲以外に、東北両海上の艦隊から射つ艦砲のためしだいに恐ろしい程その形を変えていった。

地上を狂い廻る鉄の破片の冷笑を、身を以って防ぐためには、壕は絶対である。だが壕の中の人間達を窒息させるのは、ロケット弾だった。この黒い、細長い鉄塊は壕の中を窺うようにして這入《はい》ってくる。沖縄新報の壕は、野田校長の率いる師範学校鉄血勤皇隊の壕と隣り合わせていた。鉄血勤皇隊員三百六十人は、軍司令部の指揮で、斬込隊、作業隊、宣伝隊の三隊に編入され、作業隊は、軍の野戦築城隊に所属し、橋梁爆破や、壕の内部工作に従い、斬込隊は軍司令部の特編中隊に編入されていた。情報宣伝隊は、軍情報参謀薬丸少佐以下益永、広瀬両大尉の指揮下に入り、各村戦線の住民壕を訪ねて戦況を伝えていた。翼賛会支部組織部長田端一村が、隊員を引具して、南部各村を駆け廻った。

男師範生の歩哨が、次々に艦砲弾の破片を喰って倒れた。深夜勇み立って斬込みに出かける生徒達が日増しにふえていった。その多くは、遂に帰らなかった。東風平という音楽教師が志気昂揚の歌を作曲して全隊員が声を張りあげて合唱し、壕内にその歌声が響いた。しかし、それは挽歌にも似た哀調を帯びたもので、歌っている隊員達も、歌いながら目に涙を浮べた。

野田校長は全隊員の信頼を一身に集めていた。いつも端正な国民服に身を固め、温顔に微笑みを湛えて従容とした態度であった。

部下の仲村男師部長が日本へ逃げ去り、西岡女師部長が、軍にとり入って、軍司令官付きになったので、両部長を失った野田校長は、男師、女師両校の生徒を率い、しかも一方は鉄血勤皇隊、一方は従軍看護婦として、戦線に身を晒している。その悲痛感に打たれて流石の野田校長も、時たま顔を曇らせ、深い思いに浸っている姿を見受ける時があった。その胸の中を察して記者達が、「西岡は酷い奴ですね」と云うと、野田校長は昂奮の色を包みかねたように、「全く酷い奴ですよ、生徒をほったらかして、軍にくっつき、しゃあしゃあと御馳走にあずかっているかと思うと、全く嫌になる、あいつはどうも怪しいと前から睨んでいた。此の際に及んで教え子を見殺しにするとは、教育者の風上にも置けぬ。仲村といい、西岡といい、酷い連中を部下にもった僕が、つくづく不運だと思うよ、僕は戦死を覚悟しているがその事を誰かに遺言したいと思っている」と答えた。

新聞社と師範学校の壕は、最奥部で直結されていた。壕の位置が、首里台地の中でも、高い地形の城址にあるため、二つの壕は神山砲の標的となった。壕の前の、林が砲弾で消え、空に向ってひらいた二つの壕の入口は、まともに直撃弾を受けた。その一弾は、壕の真上の岩に命中し、洞窟を揺さぶった。壕内は、硝煙の匂いに包まれ、爆風除けの石垣を破って吹き込む爆風のために活字台を倒した。壕内には女も混じって、五、六十人の人間が、重なり合うようにすし詰めにされていた。こうした中に、水汲みや、炊事や、排便が行われた。壕の中では人々を、虚脱と緊張が交互に襲った。誰も、彼も、労《いたわ》り合おうとしながら、些細なことにもいきりたった。平和な頃に歌った歌が何度も蒸し返された。それが艦砲の音に和して、戦争の悲歌へと変っていった。

戦争が激化し、壕生活の日を重ねる中に、壕の中の若い女達の姿態は、しだいに、女らしさを喪った。女は月のものがなくなり、生理的にも男と同様になった。

男は腰部神経が麻痺したように、女性に対して抱く、仄々《ほのぼの》とした生命感が消えた。感情はすり減らされ、神経が鋭く尖った。男と女の区別は、ただ肉体の持つ外貌と、衣服と、声のみとなった。

あらゆる魅惑が、女性から微塵もなくなり、追想や、夢にも浮ばぬ、冷酷な現実の中に閉じ込められてしまった。

一番怖れられたのは、排泄中に、弾にやられることだった。全くその恰好は、誰にも想像できた。「尻をまくって、死ぬことは嫌なことだ」と考えた。その半面人々は貪欲にかられた醜い動物のように、喰物を探して、鼻をうごめかした。手あかにまみれた、玄米の握り飯は、排泄を呼び、排泄は、肉体を危険に晒した。こらえられるだけ、こらえた、便意が、不安と共に腹部から胸の辺りへ、こみあげてくる。壕の出口では、バンドをはずし、下着のヒモを緩めた人々が、弾の落下を観測する。同じ思いの者が数人壕の出口にかたまる。便所は、壕外の通路の突当りで、散兵壕のように掘られていた。四、五人は、いつも尻をむいて並んでいる。排泄物は、溜りを溢れ、通路までも延びて足の踏場さえない程である。男と並んで、若い女がしゃがむ。用を足した女達は、そのまま脱兎のように壕に駆けこむと、放心のままズロースを持ち上げた。

2

未明、牧港記者は、自分の壕を飛び出した。眼前の、海上には灰色の米主力艦の群が浮んでいる。その胴腹からは、絶えず、茶褐色の煙が湧き、陸地に向って砲撃を加えている。艦砲弾は主として仲間、前田、石嶺《いしみね》後方辺りに落下している。同じく、仲西、内間、沢岻《たくし》の線上にも白煙がたちこめている。彼は、ここから五町と離れぬ軍司令部の壕へ行こうというのである。赤木や、がじまるの森は見る影もなく、折重なって砲弾のために片づけられ、倒れた幹が障害物となって横たわっている。彼の弱り切った肉体では、これを一つ一つ跨ぐことは苦しかった。今先まで、地中の養分を吸っていた樹根のつるが、足にからむ。土をつけた木の根が、弾の暴虐振りを物語っている。左手の首里城正殿は、既に瓦礫の堆積と変っていた。首里城とともに、博物館も、師範学校も、孔子廟も、焼け爛れて灰になっていた。ハンタン山に下る、ダラダラ坂の石畳道は、もう破壊の跡の、むかつくような石の累積である。城砦の石垣は、日一日と破壊され、崩れ重なり、人間の全身を呑みそうな穴をこさえて前方に拡がっている。

生々しい石の焼ける匂いが鼻を衝く。青い海の色が、横に彼の目をかすめ、海上の米艦が彼を睨むようにぐっと迫った。天も地も朝の微光に蔽われ、上空には早くも、観測機が一機二機浮んでいる。一気に走る。ピューンと銃弾が彼の頭をかすめた。石嶺あたりから射っている敵の狙撃に違いない。右手の灰色の風景の中から、赤い尾を引いた曳光弾が飛び込んでくる。彼はハッと伏した。人間の両手が宙に躍っている。石と石の凹みに鉄帽が動く。「何をしているのだ」「電話線の補修だ」うめくような声が答えた。構わずどんどん走る、それは走るというより、ノロノロと唯全身を前に運んでいるのに過ぎぬ。切れた馬の胴が石の上に乗っている。二、三日前見た、放れ馬の最期の姿だ。ハンタン山まで一気に駆け下る。第一坑道の入口が眼前に迫る。兵隊の死体がある。「情報はどうだね」歩哨があべこべに彼にきく、歩哨は前線の模様を知らぬのだ。そうだ前線も後方もない筈だ。

——彼は、説明できぬ怒りと不安が、急に、安堵感にとって変わる心内の動きを意識した。

軍司令部の壕の入口は、この頃壕を狙う艦砲の脅威も加わって、ごったがえしていた。

壕口は熱気の塊りを吐きつづけていた。あらゆる汚気が蒸気と化し、坑道の壁を濡らし、鉄帽を濡らした。壕内の人間と物がみんな汗をかいた。入口に通じる緩い傾斜の坑道は、壕外に近づくに従って、乾燥した中から押し出される熱気と、外から押し入る冷たい外気は、坑道の入口で衝突し、揉み合い、嘔吐を催すような気流となって渦まき、人間の皮膚をくすぐり、熱気と共に鼻孔や、口中から体内にはいって臓壁に粘膜のようにへばりつくようだった。

秋田訛りの伍長と、兵長がいつも壕の入口に泥だらけの銃を持って立っている。

「誰だ」秋田訛りの伍長の誰何は、まだかなり遠い艦砲の炸裂音に消されたが、弾に追われて飛び込んで来た連絡兵は、弾じけるように答えた。「砲兵団の者です、命令受領と報告のために参りました」擬装網をだらりと肩からかけた兵隊の目は異様に光っていた。

「弾着はどうだ」「首里城の南側に集中しています」鈍い発射音につづくうなりは、遥かに壕の上空を、幾条にも弾道を描いている。生温かい地下水に浸った小さいレールに足を取られまいと、一列に並んだ通信兵達が、やけに靴音をたてながら、数分ごとに壕外へ、電話線修理に出かける。各兵団の連絡兵や、兵隊が、気忙しげに通る坑道は、身動きもできないばかりか、参謀長室から発せられた、「通風に努力せよ」という命令は、用のない将兵が涼気を求めて動き廻ることさえ固く禁じられた。

絶えず襲う、頭の芯のうずくような鈍い炸裂の振盪。後方任務から解放され、「通風器の監視役を引き受けたよ」と笑う木村参謀。醱酵した米俵の堆積の列。夜のない昼。昼のない夜。それがほんとうに昼だったと解った救い難い薄暮時。長靴を脱いで地下足袋に履き変えた薬丸、永野両参謀の顔。朝鮮人の若い女の群れ。それらの、白粉の上に浮んだ脂顔。神経質に眉根を寄せ、久葉うちわで涼をとりながら、無造作に作戦命令を下す八原高級参謀の声。あたりに蠢く人間達に眼もくれぬ、尊大ぶった超人的な彼の物腰。新聞記者や警察部員が詰めている溜りへ来ると「何んだ蒼い顔ばかりして」と怒鳴る大本営から派遣されたという航空参謀の神少佐。「あの参謀、酒を飲むと私達を追い廻すので危険よ」と囁き合う女の要員。「新聞記者も警察官もスパイでないと保証はできぬ」という陰気な情報係の益永大尉。坑道の出口で生き埋めとなった衛兵の死体を掘り出す衛兵。「掘り出す中に埋められるな」と絶叫する老年の中尉。裸電球にマッチの軸木を当ててそれを発火させようとする、前線から逃げてきた将校。貪欲な炊事軍曹。水滴の降りかかるのを、気にも止めず睡りこける兵隊。煌々と輝く電灯の下に、頭を振りたてながら通風機の口に金魚のように口を当て、外気を吸っている長中将。背に忠義と書いた牛島中将の肌着を貰ったという女。壕内の憂さ晴しに軍司令官の話相手を、自ら買って出たという西岡女子師範部長兼一高女校長。それを口汚なく痛罵する情報係の広瀬大尉。「お早うかね、今晩は、かね」と、にこにこ顔の牛島軍司令官。「飛行機の救援はないのか」と悲憤の余り、卓上を叩く鈴木兵団長。それから兵団長会議。幕僚会議。酒宴。――

溜りには皆の顔が揃った。憔悴しきった朝日新聞那覇支局長宗貞利登、下瀬毎日特派員、野村毎日新聞那覇支局長、それに「知事」と書いた腕章をつけた島田知事や、荒井警察部長も加わった。

行きずりに威勢のよい声を放った神参謀も、すごすごと皆の前を黙ってすぎた。

神参謀は、作戦要務のため、大本営へ飛ぶこととなり、単身沖縄を脱する筈だったが、機会を掴めず、軍司令部の壕に戻っていた。

一同はこの日の、発表を待っていた。数日前、棚原戦線まで出掛けていった下瀬記者は、帰る時は一升瓶に酒を詰め、それをあおりながら、弾の下を帰ってきた。

「敵が本島上陸以来、すでに四十余日、物量に構わず、終夜射ち込んでくる熾烈な艦砲空爆下に、六個師団約十万の大敵を引受けたわが精鋭の奮闘振りは、真に鬼神をも哭かしむるものがある……」と、壕の裸電球の下で、あえぎ、あえぎ、書きあげた、宗貞朝日支局長は太い溜息を吐いて、しばらく瞑目して、ぽかんとしていた。忠実な前線記者である彼は、このどたん場になってからも本能的に原稿紙にしがみついていた。が、果して、旨く、激戦場と化したこの島から、彼の属する本土の新聞社に「宗貞特派員発」の前線記事が無事届いてくれるか、どうか。

野村毎日那覇支局長は、出鱈目な軍司令部の戦況発表を、激しい舌打ちとともにこき下ろした。

五月二十二日、その日の現地軍発表は、米軍が与那原に進出したことを告げた。

軍司令部では同日、首里周辺に残っている非戦闘員は、早目に移動するようにとの命令ともつかぬ指示を、島田知事に発した。

3

天久《あめく》那覇の線で射ち合う、敵味方の重機関銃音がきこえた。

牧港記者の壕では、「非戦闘員である新聞関係者が、これ以上首里に踏み止まる必要はない、早目に首里を脱出して、南へ退避すべきだ」という話が、急にまとまった。

師範の壕にいた半数以上の鉄血勤皇隊員が動員された。斬込隊員だった。南部地区の各村の壕に、戦況を伝えていた、情報宣伝の千早隊も、動けなくなり、負傷した班員を担架で南風原《はえばる》野戦病院に運ぶのが仕事になっていた。

陣中新聞を取りに来る兵隊もいなくなり、首里市周辺の非戦闘員で固めていた民間団体の、各機関は、殆ど解散して、南部を目指して、同市を脱出していた。

野村毎日支局長も、宗貞朝日支局長も、下瀬特派員も身を決する時がきていた。三人は首里脱出後も軍司令部と行動を共にすることに決していた。(野村毎日支局長を除いて他の二人は、後日摩文仁海岸で戦死した。)

命脈つきた首里周辺の陣地に期待が持てぬ軍司令部が、島尻最南端へ最後の退却作戦を練っている頃、与那原《よなばる》に面した運玉森《うんたまむい》高地は米軍の手に帰していた。

米側報道は「二十二日与那原を占領した米国第十一軍第七師団は、南方に一二〇〇ヤード前進し、更に一つの丘を占領した第六マリン師団は、激しい風雨を冒して、丘から射つ敵の弾を浴びつつ、安里川を渡り、河口より一〇〇〇ヤードを隔てた、首里那覇の北部に侵入した」……と報じた。

五月二十四日。首里城東側にある、石造の城門から、真っすぐ南端の海岸線に延びる一線の数キロが、わずかに余端《よぜん》を保っているだけで、遠巻きではあるが、首里高地一帯は、完全に米軍の包囲網の中に陥ち、もし、軍司令部が、首里市を脱出しようとすれば、わずかにこの血路を利用しなければならぬ破目となっていた。

軍司令部の移動を、早く突きとめなくてはならぬ。

牧港記者は、この日、同僚三人と共に軍司令部の洞窟壕を目指して自分の壕を出た。

首里城正殿跡の広場を横切り、赤田城門を抜けて、金城町側の第五坑道の入口に至るコースを選んだ。彼がいつも往復したコースは人間の歩行を許さなかった。石門寄りの野井戸を、蛇のようにのたうつ火と、轟音が取り巻いている。そこは、彼や彼の同僚が、窒息しそうな恐怖と闘いつつ水を汲んだ場所だ。迫撃砲が崩れた城壁を越え、平たい盆地に狂い廻っている。斜面の丘は濛々と爆煙が立ち、白く視界を遮っている。――その白煙の中を人間が、二、三人ずつ固まっていくのが見える。そこへ又、迫撃砲がつづけざまに落下した。しかし、矢張り彼らは白煙を衝いて歩いている。肩にした天びん棒が重い荷物でしなっている。彼の壕の同僚達だった。妻子を連れた家族連れの人達は、牧港記者らより、先発隊となって台地上の壕を出発したのであった。

爆煙を吹き払うような雨が来た。生命を、肉体を、鉄片の嵐の暴虐から守ろうとして本能的に、のたうち廻る人間達にとって幸か不幸か自然は雨を降らしている。戦場は柔らかい雨の音で包まれてしまった。それはまた何という鉄風の吹きまくる恐怖の中の柔らかい雨の音であろう。

第五坑道の歩哨は、壕の中にかくれていた。軍司令部は名状しがたい異様な空気に包まれていた。

夜間作業に出た兵隊は、ドロドロに溶け始め、仄かに白く黴の生えた米俵の縦列や、吊寝床の上に半裸の体を深い睡眠の虜にさせている。何も彼も忘れ去る睡りは壕の人間にとって唯一の現実逃避である。

八十余の階段を降りていく斜坑道はオアシスと呼ばれた。電灯のない薄暗い坑路を過ぎると、強い消毒液の匂いが鼻を衝く医務室を経て幾つかの鍵型の通路に出る。

将兵はそこからは別天地にはいることを皮膚の感触で解るのであった。そこには、冷たい空気と水があった。流れる地下水と、遠く砲煙の中から引いてきた一台の吸上ポンプは千数十人の人間の命を支えた。人々は、何かと機会を盗んではこの水使場に雪崩れこんだ。そして掬うように皮膚を洗った。飯盒や、バケツを携げた兵隊が長蛇の列をつくって何時《いつ》までも立ちつづけた。

斜坑道に出る地層の色が、変っていた。土層が全く化石し、天井からは水滴の玉が鈍い灯の光を映して、ぞっとするような冷気を漂わした。何処からとなく勢いの良い水勢がきこえた。八十余の階段は三つの階段に分かれていた。ほの暗い階段を奈落に下る所に寝台が造られてあった。地下水は段々の板を埋め、寝台を浸し、寝ている兵隊の背を濡らした。物の香の溶け合った臭気が奈落へ降りてきた。地下水に浸ることのできる兵隊は、軍司令官よりも幸福だった。長靴や地下足袋が交錯するたびに、肌理《きめ》の細かい泥がピシャピシャ音を立てて飛び散った。

狂気の様に涼を索めて彷徨する、参謀や、下士官や将校たちは、石鹸の匂いをつけた冷たい手拭がやがて熱湯につけたようになることを、知りつつ各々の勤務場所に戻らなければならなかった。

衛兵は、これらの群集に、根気よく「通路を塞ぐな」と怒声を張りあげた。ポンプは終日の酷使に堪えず時々水を吐くのを止めた。スパナを握ったポンプ修理係がわめきながら絶望的にスパナを動かした。水汲みの兵隊達が、ポンプ修理兵の油断を見すましては、チョロチョロと流れるホースの先に熱い唇を押し当てた。

彼は例の夜店のような坑道を通り過ぎた。

「撃ちてし止まん」「砲側墓場」「しこのみたて」と書いた行灯《あんどん》を前に半裸の将校や、下士官が皮膚をとろかすような熱気にうだりながらしきりに動いている。「南無妙法蓮華経」

と、誰やら唱える読経の声と狂い叩くうちわ太鼓の音がきこえる。「移動だ」人々が低く叫び合っている。将兵は移動の準備に忙殺されているのだと彼は思った。

果して、情報係の益永大尉は、軍司令部の移動を打ち消した。「誰から、そんなことをきいたのだ」――「移動するんだったら、ともかく軍司令官に逢わして貰いたい」憔悴した宗貞朝日支局長が叫んだ。

軍司令官室のある坑道。そこは壕の心臓部だけに他の坑道と違って整然としている。木村参謀が大火鉢の傍らに寝ころんでいる。そこは畳が敷きつめてあった。

微笑を湛えた牛島軍司令官が現われた。彼の命令で、数日前軍司令部の壕から津嘉山《つかざん》の壕へ移っていった筆生を含む女達のいないこの壕は味気なく、乾涸《ひから》びた空気を漂わせていた。ことに食事や、身の廻りの一切を彼女達に任せていた軍司令官は淋しい微笑を湛えていた。

別れを告げる皆に、彼は再会を約し「御苦労」とたった一言云って引っ込んだ。

薬丸参謀が、地図をひろげ、米軍の進攻路を示した。そして「敵は、やがて兵力を消耗し、間もなく手をあげるだろう」と説明した。

軍司令部の新位置については極秘にされたが、兵隊たちが、口々に囁く「摩文仁」という言葉は、それを追究せぬ牧港記者や他の新聞記者達にも、軍司令部の、これから落ち行く先が、未占領地区の、南部尖端であることにほぼ想像がついていた。

五、南へ南へ

1

五月二十四日、午前二時、沖縄新報社の壕では一同が一つの部屋に集まった。鉄鎖から解かれたものの安堵感と、前途に横たわる危難と戦慄が、皆の表情を包んだ。「脱出だ」豊平編集局長が叫んだ。彼は既に戦争の前途を見透していた。「団体行動を取るか、個人個人ばらばらに逃げるか、どっちかに決めなくてはならぬ。だがとにかく高嶺社長を中心にして、最後まで団体行動を取ろう」……悲壮な話合いが済み、少し間を置いてこの壕を出発と決まった。

深夜の壕に鳴りつづけた印刷機は壕の奥へ納《しま》い込まれ、あかだらけの指先に躍った活字は土中深く埋められた。各自の背負袋には、残り少なくなった食糧が配られ、皆それを背負った。師範学校庶務課長兼島由明が一行に加わることになった。「生徒を残して行くことは忍びぬ」と同行を勧められた野田師範学校長はそういって断った。（摩文仁海岸で戦死。）

昼までは炊事場だった入口の袋には茶碗や釜がころがっていた。誰かがこの穴にはいって行き、尻をまくった。皆代りばんこに炊事場の穴で用を済ませた。皆の四肢を、頭を拘束していた鉄鎖が、ズタズタに解きほぐされた思いをした。

四、五人一組の数隊に別れて次々と壕を脱した。爆風除けの石塊が壕内に崩れているので、その上をはって、次々と出る。

あたりに残った立樹の影が、照明弾の青白い光に揺れる。赤田城門の石壁にかたまって前方の低い丘陵地帯を見ると、その稜線の上に火焔が激しく明滅している。

南風原の方向を指して、明るい斜面を一気にかけ出した。

繁多川の壕。――そこは、首里市台地の東南、沖縄県庁が本拠を置く、真和志《まわし》村字繁多川――この谷間地帯にも艦砲の鉄風が吹き荒れていた。島田知事は三月二十六日、楚辺の壕を引払い、一応首里市内の民間壕にはいっていたが、四月二十五日の夕刻には、おなじく谷間の中腹に、壕を構えている警察部の壕に加わった。

県庁員全員が、一カ所の壕に無事に顔を揃えたかと思うと、「その壕を明け渡してくれ」という軍の指示が彼らを驚かせた。

「軍隊が掘った壕ならともかく、独力で仕上げたこの壕を、そうやすやすと乗っ取られてはたまらぬ」――作戦上止むを得ぬと息まく軍の使いに、知事は一策を案じた。壕を要求した那覇の船舶工兵隊本部へ、正式に使者を出すことだった。使者が持って行く用件は、「壕明け渡しの条件として、県庁本部を、長堂の軍の壕へ移すこと、県庁側が確保して置いた食料は持ち運びが困難だから、繁多川の食糧は、そのまま運ばずに残し、長堂にある軍の食糧を県庁がそのまま使うことを、許して貰いたい」ということであった。

評議が一決すれば、誰かが使者に立たなければならぬ。島田知事は使者を物色するかのように一同を見渡した。皆が云い合わしたように視線を伏せた。

つい数日前、知事のいるこの壕に移ってきた中頭地方事務所長伊芸徳一は、新参者の気安さに臆面もなく顔を上げていた。ところが意外にも仲宗根官房主事は彼の名を呼んだ。使者は彼にきまり、翌早朝出発と決まった。古郷農務課長他一人が彼について行くことになった。わずかに数キロの行程ではあったが、そこは、濃密な砲弾の網が展げられていた。

午前七時、伊芸徳一他二人は繁多川の壕を出た。目指す城岳の壕には、山兵団戦闘部隊に編入された特設第六連隊第七船舶輸送司令部平賀中佐が指揮する那覇守備隊が、銃眼のある陣地を構えていた。二時間もかかって彼らは無事目的地の壕に着いた。

平賀中佐は「こんな弾の中をどうしてやってきたのか、まあ用件は後だ」と三人の無謀な行動に、目を瞠り、パイ缶をあけて歓待した。用件は解決し、島田知事の発案通りになった。「帰る時は気をつけろ、途中十字路や三叉路は思い切って走れ、ポーン、ポーンと射つ時は、五発目の一発が危いぞ」と平賀中佐が注意してくれた。その通り細心の注意を払って帰途についた。途中、畑の中から新鮮な野菜を引っこぬいて齧《かじ》った。

四月二十四日、島田知事は、軍司令部からの新しい命令を受けた。

「非戦闘員は首里から即刻立ち退け」というのである。

知事は、このことについてはかねてから考えていたことではあり、軍から正式に要請されては、最早一刻も躊躇すべき時ではない。

知事は直ちに、未占領地区市町村長を集め、緊急市町村長会を開くことになった。

招集状は、警察部員の手で、配られた。

招集状に接した市町村長はおのおの、居村の壕から、弾の中を突破しつつ、続々繁多川の壕に集まって来た。

四月二十七日午前一時、糸満《いとまん》署長上原敬和警部が、糸満、真壁、摩文仁の各村長一行七、八人と共に、繁多川の小さい流れを挟み、緩やかに上部へ拡がる谷間の底地をかけ上って、まっさきに到着した。谷間には、決死行の人々を犒《ねぎら》うための、県庁女子職員の炊出用の水を汲む姿が群がっていた。あけがた、斜面を上ってくる人々の姿が点々と、上空の照明弾に照らし出された。東天に暁の星らしいものがきらめく頃、鉄兜と巻脚絆で身を固めた、真和志、小禄、真壁、摩文仁、喜屋《きやん》武、玉城《たまぐすく》、知念、那覇、首里、各市町村長らが顔を揃えた。

前代未聞の戦場における市町村長会議は、壕の外を、荒れ狂う砲爆撃の喧噪と、狂気の中に、行われたのであった。

灯火のゆらぐ、薄暗い、広い壕が忽ち人いきれで充満する。島田知事、荒井警察部長、各課長、県庁員、市町村長、その従者、附近住民、無慮百人近い人間がぎっしり詰まる中に、会議は始められた。沖縄新報社大山記者は、市町村会を取材するため、二日前からこの壕に来て待っていた。彼は人の肩と肩とに挟まって、先刻から朦朧とする意識を呼び覚まそうと闘っていた。

劈頭、軍司令部情報主任益永大尉が立ち上って、

「敵の出血は夥しい数字に上っている。日本軍は毎日挺身斬込みで、物量におごる米の心胆を寒からしめている。だが遺憾なことには、非戦闘員の中には、利敵行為を行うものがおり、軍用電話線の切断を図ったり、壕の入口から戦争は敗けたのだと、叫んだりして士気沮喪を狙うなど、反逆行為が無数にある。諸君においては、かかる非国民を出さぬよう戒心して貰いたい」

と警告を与えた。

島田知事は、日本本土からの激励電報文を一同に、披露した。彼は、情熱と無感動の一線が危く崩れようとする知事の口から、静かに出る話をメモにとった。

眼下に俯瞰する谷間の中腹あたりをガッとかけ抜ける米機の狂躁的な金属音と、ロケット弾は、艦砲弾の落下と競って、壕を絶えずゆさぶり、しばしば会議をつんぼにした。

「住民に満足な壕を与え、必死の戦場食糧増産を図れ」「戦争中を喰いつなぐ戦場食糧はキビに限る」と、農務課長古郷甚作が持論を吐いた。「月夜を利用してイモを植えろ」と口々に意見が出た。壕内の会議場は、大げさな海上戦果を告げる、大本営発表とともに妙に浮きたつ中に、首都那覇市の助役兼島景範を、市長不在のために任命するという、島田知事の臨機な特別処置が、新たな市長に感激を生み、一層沈痛と崇高な空気に満ちみちていた。かくて薄暮迫る午後六時頃、会議は終った。市長村長らは、壕の出口に固まって、艦砲の薄れるのを見計らって三々五々、各自居村の壕を指して、死の峡谷を降りていった。

繁多川の壕では、民行政の機能とその対象を失った今日、今後の職責は、未占領地に限られた住民の新しい戦力化をはかる以外に途はない、ということになり、警察部で固めている警備隊と協力して、にわかに、後方指導挺身隊を結成することになった。

同挺身隊は、食糧増産班と士気昂揚班の二つにわかれ、久保田土木課長、浦崎純事務官は、士気昂揚班の班員数人を連れて、豊見城《とみぐすく》村字長堂に本部を置くことになり、伊芸徳一、古郷甚作、成合技師らは、食糧増産班として、南方各地区、未占領地帯を廻ることに決した。県庁の壕に加わっていた県会議員青木雅英は、女子庁員全員を含む監視隊員と共に、繁多川の壕を、出発したが、谷間に面した斜面を下りかけた時、迫撃砲の集中射撃に包まれて斃れた。

一方、佐藤了蔵技師は別動隊を編成、班員六人を纏めて真壁村に向った。彼らは先発隊の任務を帯び、壕整備の役目を担っていた。

2

五月二十四日午前五時、黒詰襟に身を包んだ、鉄帽の島田知事は、荒井警察部長、仲宗根官房主事外多数の庁員とともに、繁多川の壕を出て、東風平《こちんだ》村字志多伯の、野戦重砲隊の壕に向った。

野戦重砲隊が移動するのでその跡にはいるためだった。

折柄雨期に入った泥濘の戦線を渡って、一行が目的地に着いた頃、首里戦線は漸く敗残の色が、濃く深まってきていた。

それより五日後、五月二十九日、首里市の軍司令部壕では、軍の作戦指揮に当る一隊が南風原村字津嘉山の兵器廠の壕へ、他の一隊が軍司令部の新位置摩文仁村の海岸洞窪へそれぞれ移動を開始したのである。

軍司令部首脳部は、首里を撤退する時に、兵力の新配置を企図し山兵団(第二十四師)を移動させることに決した。その結果は、山兵団の残余戦闘力を、国吉、与座の線に、八重瀬、仲座、玻名城《はなぐすく》の稜線に鈴木混成旅団や、石兵団の残余を配置することになっていたが、首里台地を中心とする、周辺の、みじめな戦闘を重ねるうちに日本軍の恃みの綱とする、各兵団の主戦力は、既に消耗しつくされていた。凡そ、四万人近くの死傷者は、各陣地壕やその周りに置き去りにされ、横たわり、わずかに歩行のできる者が、退却作戦と称する支離滅裂な戦闘に加わらなければならなかった。その退却作戦に伴う各兵団の移動も、暗夜に艦砲を冒しつつ行われた。南部へ、南部へ、と落ちて行く兵隊の姿は、道路上に氾濫し、山野に住民と入り混じり、星一つ見られぬ夜空の下に、蠢《うごめ》いていた。

その頃、米側報道は「二十七日、第七歩兵隊は、知念半島から与那原を見降ろす三百フィートの断崖を強襲した、この強襲は第七四師団第一八四連隊が、大里村字与那原南方約二千ヤードの曲折した三哩の戦線に沿っておこなわれた。那覇市の他の場所では、雨のため一時戦闘を中止した。海兵隊が那覇の戦闘に、戦車と歩兵部隊を入れるため安里川に架け渡してあった橋梁を流した。沖縄の第六陸戦隊は、那覇市の橋頭堡を拡大して中央部五百ヤード右翼四百ヤード左翼百ヤード前進した」と報道したくらいで、日本軍守備隊の退却を尻目に、着々南部中心地帯に喰い入る米軍の急進出振りを伝えた。

3

二十五日、深更。首里城を脱出した沖縄新報社の一行は、高嶺社長、豊平編集局長、具志堅、大山、稲嶺、仲本、島袋、与儀、牧港各記者それに妻子なども加わって、首里市崎山町よりの斜面をかけ下った。こんな大斜面が首里市界隈にあったのだろうか、突如として変貌した地形は、一行の進路を盲目にする。

斜面から与那原街道を横切る永良川の水量は、雨期のため増水していた。川の音が、薄明の風景を変に静寂に包んでいる。背後から一行を追い抜いた一人の将校と数人の下士官と兵隊の群が、「橋の辺りは危い、一気にかけろ」と叫ぶ。この一言に一行も中腰になる。蛙が鳴いている。牧港、仲本、大山、島袋の四人が小走りに先頭を切る。道路が右に曲った。左方側面の丘の彼方に一発タアーンと発射音をきいた。一瞬四人の眼前に火が散った。轟々と炸裂の音。「至近弾を喰った」――名前を互いに呼びあう、起きて走る。生きている。煙の中に悶絶したと思った一人がヨロヨロと立ち上がった。牧港記者の腰が破片を受け、血が流れズボンがずり落ちる。皆背負袋を飛ばしてしまった。後から続く人達の安否が一寸気になる。その時又一発。今度は眼前の路上で炸裂した。伏せる。起き上がるとヨロヨロと又かけ出す。「壕……壕は附近にないか」……目ざとく路上の土堤の上に壕らしいものを発見する。突破を断念して、そこへ這入る、土堤には顔面を剝がれた将校が「衛生兵々々」とわめいていた。先刻の兵隊だ。壕は狭く、中に二人の兵隊がじだらくに寝ていた。黄色いローソクの光に浮かぶ壕内は、陣地の一つであった。朝の陽光が、間もなく壕に差すと、飛行機が、飛ぶのだ。彼らは十分もすると壕を出た。

南風原街道。――白い街道は艦砲の狂乱と咆哮で蔽われていた。間もなく一行は、安全そうな森蔭に抱かれた、南風原村字喜屋武の小さい壕に這入ったが、高嶺社長の姿が見えなかった。

ここで、又新しい事態が皆を恐怖の虜にした。壕に飛び込んできた一人の兵隊が「敵兵は、もう、この部落から千五百メートル先まで来ている」と告げ、吐息とともに、力のない絶望の瞳を伏せたからである。顔見知りの男が、一行の無事を祈って白い握り飯を皆に配ってくれたが、それは明日にも解散せねばならぬ南風原野戦病院の最後の炊出しだと説明した。壕の頭上に迫撃砲が落ち出した。

字山川の村道路に出る小路を進む一行の縦列を、前後に挟んで黄燐弾が二発落下した。雨に煙る道路に、一行は伏せる。皆無事であった。破壊を免かれた山川部落を抜けて山を一つ二つ越せば、東風平街道に出られる方角だった。

昼すぎ字喜屋武の壕を出た一行が次に目指す目的地は、島田知事らのいる志多伯《したはく》の壕だった。

艦砲の音がしばし絶えていた。雨を避ける女子供連れの住民が路傍の一軒屋に一杯詰まっていた。避難民の持っている黒砂糖が、一行のもっていたマッチと交換された。住民は火種に困っていた。遠く、道路の左右に展《ひろ》がった田圃の上で盛んに艦砲弾が落下しては炸裂した。

煙って見えるさっきの民家には、至近弾にも、動こうとせぬ人達が未だ頑張っているのか、道路上には人影一つ見えない。住民は大抵、腰を据えて、民家に止まっていた。字高良を過ぎると三叉路に大穴が開いている。爆弾らしい穴には一杯雨水が溜まっていた。大穴を、もどかしそうに廻って行く人々の影が、水面に映った。——「相手は夜を日に継いで射つので砲弾の中には、ボロ切れだけ詰めたのが多いそうだ」……人々の笑えぬ臆測も、この時ばかりは一つの気休めとなっていた。皆汚れているので表情は解らぬが、膝を没する泥の撥ねで爛々と輝く眼だけを残して、全身に泥が飛び散り、それを雨が降り流して行った。

弾雨の中を行く人々は、完全に笑いを忘れ去っていたが、仕方のない観念の、ひきつった微笑の影が浮んでいた。

それは、雨の中を進む時、何処からともなく艦砲が落ちるので、思わず前の者がハッとして後ろを振り向く。生きている立像に安堵する、安心感であった。その時大抵の人は微笑に近い表情をしていた。

前方のリュックが歩く度に揺れ動く。後に恐怖におびえている人の微笑がある。

悔恨と破滅の宿命、諦めと放心、そして死の微笑。……雨で崩壊した土堤の上に急拵えの無蓋壕が数間おきにいくつも造られ、その壕内に隠した無数の武器が雨に濡れたまま放置されていた。日本軍の野砲だった。その暗愚に光る砲口には泥が醜くつまっている。侮蔑と怒気が錯倒する。

手車をひく兵隊の群も、児持ちの女も、荷物の山を背負った男も、この地上を彷徨する人間は、誰も彼も、全身にのしかかる痛苦に堪え、泥と死の重荷に喘がなければならぬ。

これは宿命だろうか。否、戦争だ、生きるか死ぬかと呼ばれた戦争だ。だがたとえ正義と自由と愛のために闘われる戦争であっても、この地獄の痛苦は何故に、われわれの上に襲いかかって止まぬのか……こんな考えが一同の頭にちらついた。

同日夕刻、やっと丘陵地帯に出た。「野戦重砲隊の壕」！——空洞の左右は壕内から滴る水滴で妙な音を立てるドラム缶が並び、深い暗い坑道が大口を開いていた。

軍司令部に劣らぬ規模の、この壕には、住民や兵隊が一方の壁よりに吊寝台をかけ、床板を張って住んでいた。通路は、水路と化し、壕内から奔流となった黄色い流れが人々の腿を浸した。

4

一行は、やっと壕を探してはいったものの、すぐにでもその壕を出なければならなかった。他へ転じた、野戦重砲隊の若い将校が再び「その壕を明け渡せ」と、島田知事に交渉にきたからであった。「野戦重砲隊に、新たに命令が来たため明日あたり、この壕附近に、野砲の放列を布き、敵を攻撃するので、相手方より返礼の集中射撃の、前に晒されるよりは、非戦闘員は早く他に移動した方がよい」というのが理由である。

一行とはぐれた高嶺社長は、一足先に、この壕に着き、泥のように睡りこけていた。彼は途中血迷った日本兵にスパイと睨まれ、背後から小銃の狙撃を危く受けようとした。元隊長室だったという狭い部屋に島田知事はあぐらをかいていた。荒井警察部長は、憂鬱な面を伏せたまま口をきかない。彼の顔は削がれたように肉が落ち、「彼でなくては軍との交渉はつとまらぬ」と、鮮やかなその凄腕を謳われた昔日の面影などは微塵もなく、制服に、日本刀を吊った姿は、彼の憂悶にそぐわなかった。

壕内には大宜見衛生課長、警察部の幹部がおり、最高官吏としての知事の威厳も保たれ、上司に対する服従も警察部だけは固く保持されていた。

砲弾が炸裂するのか、巨大な壕が地中から揺すぶり上げられるようにモリモリと動いた。牧港記者は軍司令部情報主任益永大尉の抑揚のない、きき覚えのある声を耳にしてはっとした。どうしてこんな処へやってきたのだろう。彼は部下の酒井軍曹と並んで腰掛けていた。濁流に両足をだらりとつけたまま、益永大尉はうつむき加減にポツリポツリ話しかける。「軍司令部はあんた方が首里をたつ間もなく移動を開始した。小官も、その途中だ」……彼の顔は疲れてはいるが例の小さい陰険な眼が依然として光っている。自己の義務を遂行し、自己に振り当てられた運命を、受け入れる神秘的な人間の、崇高さなどは微塵もなく、一個のやつれた、生命の危険に怯える、動物のように、眼だけを光らしている、彼に過ぎなかった。

益永は、いつも口汚く、沖縄人を罵っていた。「警察も、新聞記者も、否、沖縄人はみながみな、「スパイだ……」と口癖のように、暴言していた。敗北の戦場に、ひかれた自らの悲運を、罪は沖縄人にあり、と錯覚して、沖縄人の兵に、役人に、憎悪の悪罵を浴びせていた。彼は、軍司令部の戦況発表をわざと遅らせ、艦砲の薄らぐ午後六時の夕刻を無為に外らしては、新聞記者達の恐怖に歪む顔を見て罵言をあびせたものだった。

二十七日未明、志多伯の壕を出発することとなった。益永大尉も酒井軍曹の姿もその夜の中に消えていた。

夜来の雨が降り続いて、壕の入口には、通信隊に編入されたという県立工業校生徒の少年兵達が排水工事に従っていた。大宜見衛生課長に介抱の隙間も与えず二日二晩を睡りつづけた高嶺社長は元気を取り戻していた。島田知事は部下と共に兼城《かねぐすく》村の大城森へ、一行は、一先ず高嶺村附近に壕を見つけ出すことになり、未明、志多伯の壕を出た。

六、鉄火地獄

1

飛行機の爆音はするが、空は低く垂れ、機影は深い雲層に閉ざされたまま視界に入らなかった。

志多伯の壕を二十七日暁に出た沖縄新報社の一行は、同日夕刻、破壊の跡も荒々しい、高嶺村に入る製糖工場前の泥濘地帯を過ぎると、激流の音がする。艦砲は未だ活動をはじめず、はるかに遠い山々を越した空の彼方でそれらしい鈍い轟音がするだけであった。数日来の雨で激流となった与座川には、丘陵の壕から降りてきた水汲みの人々がたかっていた。呑気に体を洗っている住民や、兵隊の姿さえみうけた。焼け爛れた立木、民家の残骸と赤い石垣は、既に艦砲や爆撃がこの土地にも酷く荒れ狂った証拠だが、前面の森は奇麗な緑を輝かせていた。林はしっとりと朝の空気に溶け、凄惨なものを見つづけた一行の瞳に奇異な風景となって映った。高嶺村字与座部落だった。

それが束の間の安心であり、静寂であることは一行にとっては或る種の予感で良くわかっていた。

突然ビリビリと空気を貫いて飛んでくるかと思うと、大地を突き上げるような炸裂音。一発は数発を呼び、やがて丘陵を叩き廻り、田圃を抉って横切り、通り魔のように空気をどやし、火を叩きつづける狂瀾怒濤となり、静寂は一瞬にして怒号と化すのだ。山羊ののどかな啼声が、その押しつまった雷管のような息苦しい空気を恐れるように、漂う。「早く壕を見付けて這入らぬと危いぞ」予感が一同をジリジリと押し包んでいる。身内をカッとなって走り廻る焦燥感。

一行が幾手にも別れて壕探しに丘陵地帯をよじのぼり始めた頃、まさに第一弾が炸裂した。

壕探しから帰ってきた皆の報告は、結局一行全部がはいることのできる壕が、一つも見つからぬという絶望的な結果に終った。「しかたがない、分散して先住者のいる壕の片隅を無理に貸してもらうばかりだ」——

丘陵の壕は墓を改装したもので、多人数がはいれるような壕や洞窟は一つもない。二、三人宛別れわかれにやっと皆が墓の壕に這入った頃は、予感の通り激しい砲弾が、夜の幕と競って与座部落一帯を押し包んでいた。

「これから食糧をどうする」——飢餓を前にして、生きようとする本能は、各自の心中に既に醜い幻想を湧かせていた。

斜面には糸満警察署や、那覇憲兵分隊の壕が隣り合わせてあり、ちょっと離れた処には、終日終夜ガラガラと虚無的な音を立てる手廻し発電機一台を抱えた海軍通信隊の壕があった。その他は殆ど避難住民の壕で占め、斜面の尽きるあたりいくつもの壕には顔見知りの知名士達がその家族とともに鼻をつまままれてもわからない暗闇の中に起居していた。

2

この一帯南部戦線は早くも飢餓を呼んでいた。斜面の住民の壕には、毎日、戦線を脱してきたと称する下士官や兵隊の群れが群がった。彼らは傷つき、食糧を持っていなかった。

――米軍が上陸する前、那覇埠頭に山と積まれた弾薬に混じって住民を吃驚させたあの軍需品、わけても糧秣の山は何処へ消えたのだろう。「これだけあれば、全防衛軍の一年半の生命をささえることができる」といわれた厖大な糧秣は、軍司令部に属する、球部隊の手で管理されていた。

　糧秣衣服雑貨を含む軍需資材の山は、米軍の上陸前、各地域に分散して爆撃による喪失を避けようとした。兵隊から貨物廠と呼ばれた本部は津嘉山に置かれ、他に与儀《よぎ》、国場《こくば》、南風原、長堂、津嘉山の五カ所に別れて集積所が置かれた。森蔭や谷間に、点々とシートに蔽われた物資の山は、木の枝や草で擬装され、一集積毎に約五百近い山が、品物別に分散されてあった。首里台地周辺を守る各部隊は、文字通り弾雨を冒して糧秣を受けに行かねばならず、首里、与那原、南風原方面の陣地からは南風原集積所に、那覇方面の部隊は与儀に、真和志、首里の部隊は国場に、といった糧秣受領は、初め、各部隊とも未だ健全なトラック数台を使用して糧秣を運んだが、戦争が激化してからは、各部隊とも車輛を廃し、兵員四十人乃至五十人を繰り出して人間の肩が車輛代りとなって、重い糧秣を運ぶようになった。

　四月も半ば過ぎた頃からは、糧秣を受けに来る兵隊は、「もう前線にはカンパンと手榴弾しか要らぬ」というようになり、各集積所でも物資の山を狙う米機のためにカンパンだけを壕に確保するだけが関の山で、他の集積所の山はロケット砲弾や、艦砲のために、一日々々と潰されていった。糧秣受けとりは昼間はまったく不可能で、夜間のみに限られ、時たま、トラックを持ってきても、目的地に着くまでには大抵は迫撃砲のえじきとなった。四月下旬頃真地《まあじ》出張所に、繁多川方面の部隊から朝鮮人の軍夫約七十人が、おりからの弾雨を冒して糧秣を受けにきたがやがて数発の迫撃砲が受取作業中の彼らの真中に落下したため、附近は忽ち死の呻吟をつづける地獄と化してしまい、日本兵下士官の怒鳴るのもきかず、軍夫達は糧秣を受取らずに散りぢりに逃げてしまった。

五月の中旬、各部隊の糧秣受領はバッタリ絶えた。満足な物資を持たぬ与儀、南風原両集積所は、自分の食糧確保にきゅうきゅうとする有様になり、経理部長の大佐は、ついに貨物廠員（津嘉山）の後退命令を発し、各貨物廠では退去前に、何れも残余の物資を自分の手で焼き払い、五月二十六日、具志頭《ぐしかみ》村字安里に後退を開始した。

その後、安里に集結した兵力は石嶺に移動することとなり、戦闘隊の残存兵力と合した総数約二百人の急編部隊が、梶尾少佐の指揮で、安里を出発したが、目的地石嶺附近に着く頃は、首里を突破した米軍が国場附近に侵入したため、急霰の襲いかかるような敵の自動小銃を浴びて、全滅した。かくして、救護隊、戦闘隊に分かれた、糧秣廠員は、米須《こめす》附近、或いは、安里附近で全滅又は解散となり、全防衛軍の命の綱と頼む、糧秣補給源は五月半ばにして絶たれてしまった。

高嶺村、与座の住民壕では、部隊を喪い、前線を彷徨する兵隊を心から歓待した。住民の食糧にありついた兵隊は、「敵の戦車を屠り敵兵をやっつけた」と住民を狂喜させた。だがその好意になれた兵隊は、しだいに謙譲さを失い、威丈高に住民の食糧を要求した。

糸満警察署の壕では、玄米を搗く臼の音が絶えていた。憲兵隊の壕では、隊員が車座に坐り、分隊長らしい者が手榴弾の使用法を説明していた。

二十八日夜半。司令部軍医部長の佐藤中佐、嘉数軍医が、牧港記者のいる糸満署の壕にはいってきて休息した。両名は摩文仁へ向う途中であった。芭蕉布で造った住民の着物を着けモンペを穿いた山本憲兵隊長が、ひょっこり現われた。そして「この壕は安全かな」と隊員に訊いたが、間もなく、気の抜けた彼の姿は、斜面を下って、何処へともなく消えた。――

いつの間に据えたのか斜面の下の畑には日本軍の臼砲が一発火を吹いた。甘藷のつるで擬装されたその陣地は、発射の時に棚引く煙でそれとなく在りかが解った。十数分おきに射つ発射音は単音だけに前面の丘陵に当ってははねかえってきた。数発目には、米戦闘機が、その上を低く飛んで陣地を捜しまわった。臼砲は十発も射ったかと思うと他へ移動した。

その夜から海軍陸戦隊員が斜面に溢れた。小禄に陣取っていた、大田海軍少将の率いる兵隊で、「急遽南地域へ移動」するところだった。彼らは五十の坂に手の届く老人が多く、武器を持たぬ代りに海軍用のビスケットを背負袋に一杯詰めていた。一時止んでいた雨が豪雨となり、艦砲の炸裂する音に混って大地を叩く雨の音が壕を包んだ。雨の中を負傷兵の唸る声が断続して壕の中まできこえた。「軍医殿早く治療して下さい」と繰り返して、患者は雨の中で絶叫した。軍医一人と看護婦二、三人で固めた隣りの野戦病院の壕は、狭いため患者は壕外に担架の上に横たわったまま放ったらかされていた。繃帯も、薬品もなく、腕をもがれた重傷者にも赤色のマーキロを塗るのが、治療の全部であった。──牧港記者は壕の中で、いまかいまかとその声の絶えるのを待った。雨の中に患者の叫声は暁まで続いた。朝、病院の壕で手榴弾の炸裂する音がきこえた。担架に寝かされたままの重傷患者が、手榴弾で自殺をはかったが、当の本人は微傷も負わず、隣りに寝ていた軽傷の患者が死んだ。

二十九日の夜。与座附近の山兵団司令部では、同部隊参謀杉森少佐を中心に軍民協議会が開かれた。民側からは、島田知事、荒井警察部長、仲宗根官房主事、佐藤特高課長、各警察署長らが参加、協議の結果は警察部は警察警備隊を一段と強化し、附近戦線の陣地に弾薬の運搬指揮に従いつつ、小禄、豊見城、具志頭各村以南の住民を知念半島に誘導するということも決定された。弾薬運搬には、主として住民男子で組織した義勇隊員が従うことになった。

「当村を即刻立ち退け」という軍の命令は、戦線をさ迷う住民にとって背から銃を擬せられるようなものだった。「今からここを立ち退いて、どうするんだ。……何処へいったって同じことじゃないか」住民は、立ち退きに散々こり抜いていた。各住民壕には、誰に向っていっていいやら解らぬ、不安と怨嗟の唸り声がみちていた。ともかく非戦闘員は、「知念半島へ行け」という強制命令に従って疑心暗鬼のままに移動を開始した。

3

その知念半島――。

三月二十三日艦砲射撃開始とともに、知念村役場は、同地守備隊の井上部隊の壕に合した。村長は、井上部隊長の命令で村内の兵員補充、食糧補給の任務を負わされたからである。

軍隊に直接協力できぬ村民は、三月中に部隊壕附近の山手に退避し、四月上旬からは佐《さ》敷《しき》台上にぞくぞく移動を開始していた。村民の男子で組織された防衛隊は、台上の部隊に対して、リレー式の糧秣運搬に従った。

米軍が未だ上陸しなかった三月中旬頃、この村では、自国の軍隊の手によって、三人の犠牲者が血祭りにあげられた。三人とも部隊長の怒りをかい、村民への見せしめと称するきつい命令で、殺戮が行われたのである。村民の与那城伊清は、部隊とのある公けの席上で、日本軍の高射砲の命中率が悪いのは、一体どうした訳かと反問したためであった。前城常昂は、部隊に納めた、薪代を請求したため、村会議員、大城重政は部隊の兵隊が無断で、村民の家畜を運び去るのを、強談判したため、何れも射殺された。部隊長がいう極刑の罪名は「スパイの疑いあり」であった。

五月五日。中城湾《なかぐすく》を埋める米艦隊の砲撃をまともに浴びた井上部隊の陣地は一たまりもなく潰滅し、防衛隊員を含む、守備隊は食糧弾薬を使い果し、同日夜、潰走を始めた。その多くは南部喜屋武方面に向った。防衛隊員大城盛徳外五人は十七日の深夜、命とたのむ食糧の芋を携行、海岸へ必死の脱出を試みたが、海上に屯する米小艦艇から射つ機関砲の火箭に囲まれて立往生した。やっと野芒の群生を遮蔽物としてわずかに身を匿し、火箭の注ぎ止むのを待った。その時突然空気を裂いて落下した迫撃砲のため彼は左手を負傷したが、再度、海岸に下るべく山中をさ迷う中に、又も迫撃砲の集中を浴びてしまった。糸数部落方面から飛んでくる火の熱塊は、地上砲火が艦砲と協力していることを物語っていた。やっと海岸の砂を踏んだ彼の目には、波間に伏せている兵隊や、砂浜に転がっている夥しい死体が映った。十八日港川にやっと辿りついた。その時は一行三人、到底陸路を逃げることは難しいと直感して、彼らは海中に投じた。奥武《おう》、新原《みいばる》崎と海上約六キロを目茶苦茶に泳いだ三人が、精根つきてはい上った海岸は、百名《ひゃくな》部落の断崖下の海岸であった。間もなく彼らは海岸まうえにある、一軒の民家の閉された戸を叩いた。初め救いを求める彼らの声に、屋内では黙っていたが、裸の防衛隊員と認めたので手厚く介抱してくれた。玉城《たまぐすく》村百名部落には既に米軍野戦病院が置かれてあり、住民は早くも米軍の保護下に新生活の第一歩を踏み出していた。

4

三月二十二日以来米艦船は沖縄周辺海域を遊弋《ゆうよく》し、沖縄本島の東海岸においても、西海岸の上陸作戦と呼応して緩慢な接岸攻撃を加えたり、外洋に退避したりしていたが、それら艦船の一部が中城湾内深く侵入してくるようになったのは四月十五日、六日頃であった。中城湾内の東よりの海面は別に馬天《ばてん》という名称で呼ばれているが、この馬天の海岸、佐《さ》敷《しき》村では、四十五歳以下十六歳以上の男は防衛隊に召集、直接軍の指揮下におかれ、五十歳以上、十六歳未満は義勇隊として、直接的な戦闘行為に参加しなくても、村長の指揮下にあって作戦への側面協力を要求されていた。そして、女、子供、病人、不具者だけが非戦闘員として残された。義勇隊の組織は、村行政をそのまま、戦闘協力態勢に移したものであった。四月十五日の朝、村内から召集されて行った防衛兵の所属する日本軍部隊から、軍糧秣の補充用として甘藷四千斤を供出せよ、という命令が伝達された。

直ちに義勇隊本部（村役場を改称）からは各地区の義勇隊へ、その命令を伝え、同日午前中に各隊は本部に各割当量を供出するよう手配された。当時、すでに村民は丘の斜面を掘った地下の洞穴で壕内生活をしており、時々、夕方は部落に降りて夕食や、その翌日の食事を準備し、日中は地中の穴の中で艦砲の炸裂する轟音に戦《おのの》いていた。地上戦闘は島の南部に圧縮され、中部西海岸から上陸した米軍地上部隊の砲撃距離が近接してくるにつれ、海上からの東海岸一帯への艦砲も積極化してきた折のこととて、供出命令は出したものの食糧がなかなか集まらない。それで各義勇隊から隊員の一部を本部に召集し、困難な食糧の供出運搬に当らせることになった。こうした労役が、時々刻々迫ってくる最前線の緊迫した空気の中で、喧声と怒号の中で、人々を集団的に行動させるためには、多分に犠牲的精神が必要とされる。すでにおじけづいた人々の心を、奮起させ積極的な活動を促すためには空々しい命令と同時に、それを遂行させるだけの熱情と責任観念をかき立てねばならぬ。それは、身命の危険にさらされた状勢下にあっては最後的努力にひとしかった。砲撃の嵐に吹きまくられている地上を、蟻のように、義勇隊として組織された老若村民は、その中には応急の処置として加入させられた女もまじって、玉城村垣花の日本軍隊のある位置まで、食糧を運んだ。それが夜間である。しかも、じめじめした雨の降る夜の道を、午後九時頃から翌日の午前三時頃までかかって運ばれるのであるが、ことに乳呑児を背にしばりつけて、三十斤ほどの重い甘藷の袋を頭にのせ、泥濘《でいねい》と雨の中を行く若い女の姿は、戦場の苛烈な現実の中でいっそう悲壮なものがあった。

五月二十八日、米兵がトラック二台に分乗して佐敷村内に侵入してきた。馬天の海岸に面した要所に陣地構築を急いでいる様子が、義勇隊本部の壕からは手に取るように見えた。

佐敷村長は、「非戦闘員は知念半島に避難せよ」という日本軍の命令を、住民に即刻伝達し迅速な処置を取らせ、村長その他の代表者たちは、状況の推移を監視するため、義勇隊本部の位置に踏み止まった。翌二十九日午前十時頃、十五、六人の米兵が佐敷街道を徒歩で悠々と歩いていた。義勇隊本部の方向にやってくるのである。刻々彼らが迫ってくるのを壕の中から固唾を呑みながら見守りつづけていた。義勇隊本部の壕から約千米《メートル》ばかりのところで彼らは前進を中止した。

上陸以来、居村内に踏みとどまっていた、佐敷村民の大半が知念半島の方に避難したあとだった。

その頃村長とその一行は遂に、隣接する知念村に退却することを決意した。

米軍上陸以来、戦闘の切迫を感じていてもまだまだ心のどこかには余裕があった。それがこの瞬間、いよいよ全村を明け渡して、こっそり、落ちのびねばならぬ村長らの胸中には形容のできない、無量なるものがあった。

生れた土地に対する執着が如何なるものであるか、彼らはこの時深刻にそれを初めて知らされた。彼らは住みなれた壕に別れを告げた。

佐敷村内に最後まで踏み止まった義勇隊本部の人達は、米兵の村内侵入とともに隣村の知念に退却した。

途中、字上原附近のある壕に村民がまだ残っているのを知って、その村民たちに状況の緊迫をつげ退避をすすめた。頭上では米軍機が乱舞している。上空から発見されないように地物《ちぶつ》を利用して身を遮蔽しつつ知念村志喜屋のある丘陵に辿りつくことができた。そこで、必死になって壕をさがしたが見あたらない。字志喜屋一帯には中頭、首里、那覇、島尻の各地から、避難民の群がうろつき、洞窟を見つけきれずに、飛行機を避けようとして石垣のかげ、岩と岩との間、林の中、およそ身のかくせるあらゆる地物を利用して、土に、木に、しがみつき、へばりついていた。

本部の隊員たちは志喜屋から更に山里、具志堅と壕を探し廻ったが、漸く発見された壕には、いつでも先客が一杯だった。それで知念村の字知念に一つの山かげを選び、間に合わせの壕を急造してそこに、三昼夜身をかくしていた。六月四日午前十時頃であった、米兵は知念の台上一帯を乗り越えて具志堅部落までやってきた。部落の混乱動揺は目もあてられぬほどで、うろたえ騒ぐ避難民は、山の斜面の方になだれこんでいった。

佐敷村の義勇隊員たちは知念村義勇隊本部と合流しようとして、同本部の、断崖を背にした壕をめあてに岩石をよじ登った。ここでも避難民が混雑していた。

高嶺の前線で、うろついていたモンペ姿に軍刀をたばさんだ、山本憲兵隊長は、あざやかにここまで逃げのび、ここでも避難民に混ざっていた。

モンペ姿に鉄兜をかぶった、山本少佐の異様な恰好は、異彩を放っていた。(しかし、彼は戦線を彷徨の揚句、後に自刃した。)

その山本少佐が、「日本は勝っているのだ。佐敷をうろついている敗戦の米軍は、野菜に欠乏して、野菜漁りにきているのだ。それに何を怖じ気づいて逃げ廻るのだ」と避難民達を叱りつけていた。逃げまどう住民を宣撫すると見せかけて、実は彼自身、住民の中にまぎれ込んでいる敗残兵にすぎなかった。彼の言うことに何の威厳もなく誰も相手にしてくれなかった。

佐敷村の義勇隊統率者、平良亀造村長は、到底この混乱を収拾し、団体行動を継続していくことの不可能を察し、義勇隊と村民に自由行動をとるよう指示した。彼は元来教育者で、これまで村民に相当思い切ったことを命じてきたが、しかし、率先垂範の良き指導者であり、村民の信望も厚かった。

五月二十九日、佐敷村を撤退する時、彼は涙をふるって父を残してきた。老齢八十歳の彼の父は、どうしても村を離れたくない、生れ故郷で死にたいと、必死に主張していた。高齢の父をつれて戦場をさまよっても、たすかる見込みはない、かえって苦労をかけるばかりだ、それに自分は村民に対する最後の責任がある、と遂に父を同伴して撤退することを思い止まった。彼は父と三時間近くも、ゆっくり話を交わして別れてきたが、彼の父は「生き恥をさらすようなことをするな」と固く戒めて、はなむけの言葉とした。そのことを、彼の側近の者に、くりかえし語っていた。身装を正した彼の死体が、知念村の西方の小高い丘の岩蔭で発見されたのは、村民が自由行動をとるようになってから、数日後のことであった。

5

「あの稜線を一つ越したら」……霧雨に煙る水浸しの畑を黙々と沖縄新報社の一行は進んでいた。

五月三十日。「非戦闘員は即刻立ち退け」という軍の布令と共に、高嶺村字与座の斜面にあった壕を発ってから小一時間、確たる目的地もなく、今後も団体行動を続けようという、ただ生死を他に任せ切った一行が漠として抱く希望は、「未だ敵の入り込まぬ玉城村、そして……水の豊富な知念半島」だった。晴間の空に例の観測機が飛び、艦砲の、唸りをあげる弾道の方向が海岸方面であることだけを示してくれた。丘陵を越すと広い田圃が一行の視界に迫る。

牧港記者が振り返ると、豊平編集局長の顔が見える。伏せた眼はこの世が終局を告げることをしりきった観念の眼である。前方に前田宗信がまるで宙に浮いたように歩いている。

「また来るぞッ」……発射音から幾秒かが過ぎると暴虐の塊が霧雨を衝いて飛び込んで来た。低迷した一行は、あぜ道に行き悩む。もしその一発が眼前で炸《は》ぜたら、衰えた肉体は、血は、草を染め、草間を縫って、雨水と共に流されるに違いない。――(それは、それなりに良い結果に落ち行くのではないか)。――すぐ眼前で一弾が炸裂した。黒い破片が一斉にピチャピチャと水面を叩いた。「おうぎ型に射っているな」——稜線を越すと、一行はそこを振返って見た。混濁した丘の斜面を、どんよりとした雲の漂い包む中を、二人の人影が一心に駆けている。——「一気に駆け降りてくれよ」……後から続く受難者の無事を懸命に祈る。先方の男は子供を背にしていた。

一行は丘陵に囲まれた盆地に出た。「お前達は何者だ、どこへ行くんだ」一行と行きずりに一人の兵隊が怒鳴った。「敵が近いのに、この辺をうろつくな」又も罵声が飛んだ。——もう、兵隊も信じられぬ。——その兇悪な目の色は、一行を戦慄させた。

霧雨の中からニューッと担架が現われた。「この辺に野戦病院はありませんか」息を弾ませながら四人の防衛隊員らしい者が、一行にきいた。——今頃、野戦病院なんて、あるもんか。——担架上の瀕死の重傷者より、四人の運び手の運命が気づかわれた。霧がはれ、小川の音が冴えた。遠く近く正確な間を置いて艦砲がまた雨後の静寂を掻きまわした。一行は、思い出したようにバラバラに散って伏せる。牧港記者と島袋記者が、低い土堤に穿たれた小さい壕を見つけた。雨滴の降りかかる壕の入口には、寝台が通路一杯に置いてあり、中には若い女と、老父らしいものがじっと膝を抱えている。老人と女は、二人の姿にぎょっとしたが、女は無性に喜んだ。女は茶碗に冷飯をついで二人の前に出した。警戒を怠らぬ老人は、寝たままじっと二人の様子を見守った。火縄の香と、それから火を移してくゆらす老人の手製の莨の香が二人にたまらなく平和の匂いを撒き散らした。若い女は顎をしゃくって通路の寝台をさし示した。「朝鮮人の軍夫さん達です」彼らは戦場の島と化す沖縄に送り込まれ、牛のようにこき使われながら、ついに日本軍からも捨てられたのであった。壕の中の女は外界と遮断された中に、不思議な生活を毎日つづけてきたのだ。牧港記者は冷飯をかき込む連れを残して、壕の入口に出た。寝台の男達は、唸るように吐息を吐いてはギュッギュッと寝台を鳴らして寝返りを打った。

一行は緩い坂を登り出した。混凝土《コンクリート》の土蔵が一つ立っている坂は無限に続くようだった。広場にでると太い樹木が引き裂かれたまま うず高く折重って倒れていた。石で囲まれた家畜小屋には、女も混じえた大勢の避難民が、黒々と固まっていた。「何処にいったら良いでしょうか」とその中の一人が尋ねた。髪の毛ののびた中年の男を中に、打ちひしがれたような女たちが肩をくっつけるようにして坐っていた。「玉城村はもう敵がはいっている」「私達は今、引っ返すところですよ」……彼の避難民達も、又、一行が過ぎてきたあの魔の丘を越すかも知れぬ――。

破壊された具志頭国民学校の附近で、一行は知念半島に行くことを断念した。一行とバッタリ逢った中頭地方事務所長、伊芸徳一は「玉城村は絶対に駄目だ。敵が一杯入り込んで、敵から小銃の狙撃さえ受けた」と彼らに告げた。

一行は、今度は、右手に屹立する八重瀬岳を過ぎ、具志頭の部落にはいった。部落は完全に近い程の姿で懐かしい民家が庇を並べていた。その民家には兵隊や住民が満ちていた。

そこは北方の知念半島を目指す者や、南に一たん行きかけたものが引っ返す休息場となっていたため、人々の口から口へ臆測やデマが奔り、それが交錯して、混濁した不安な空気を醸していた。人々は今後の行動を決しかねた。ここから一行は村はずれの具志頭高原に向った。左右に白い霧の壁が立っていた。眼につく限り、雑草と、岩こぶの連なる空漠とした高原地帯の一本道、その時一行がすれ違った兵隊、牧港記者は（日本兵の服を着込んだスパイが戦線に出没している、ことに兵隊の一人歩きは厳戒を要する、油断していると住民と兵隊の見さかいなく、すれ違いざまに後から発砲する）……という具志頭部落の民家での話を思い出した。鬚だらけの、落ち窪んだ眼窩にギョロリと異様に光る眼が気になり、彼はハッと背後を振り返った。彼の兵隊服も同時に振り返ったものと見えて、そしらぬ風をする彼の態度がよくわかった。肩から背にかけて走る鈍い戦慄。ただ一行の喘ぐ呼吸の音と足音だけが聞こえる外は一切が虚無に満ちた静寂であった——。

沖縄島の最南端に近い真壁村、この南端に辿りついたものは、まず誰でも奇異な錯覚に襲われた。山肌を柔かくつつんでいる琉球松の林、静かな細雨に煙る蘇鉄の群生、それが緑の一色に濡れ、かんらんや、さやまめや、きびや、いもが広々とした畑一杯に繁っていた。それがいかにも、平和そのもののように人々の視覚を優しく領したからであった。

ところが真壁の里は、人々が気忙しげに呼び合い、壊れ残った民家には避難民が続々憩を求めて入り込み、群がっていた。炊さんの煙が立ちこめていた。それから、銃をかざして家畜を追い廻す兵隊の姿が、すべてが妙な物淋しい陽気さえ湛えていた。

6

最後の運命を辿る日本軍は、こうした中に、最後の防禦線を張っていた。二十四師が、与座《よざ》岳より西方海岸にかけて陣を布き、鈴木混成旅団が八重瀬岳、正面の南部海岸には、六十二師がそれぞれ守備についていた。そしてこの守備につく筈の兵隊の中から多数の離脱者が、打ちのめされ、傷つき、敗残の身を引摺るようにして、数千人の非戦闘員にまぎれ込み、ぞくぞく真壁、摩文仁両村へ流れ込んだ。

「沖縄の米軍は、東海岸知念半島を遮断、二哩《マイル》を進撃し、那覇飛行場周辺の戦闘は、なお継続中」と、米軍側は報道し、この間の消息を伝えた。

六月二日、沖縄新報社の一行は壕を探し求めて真壁部落から十数町離れた伊敷部落に向った。——

その頃、連隊や、大隊を失った兵隊は、他の隊に転属を命ぜられ、四、五人連れの兵隊が、武器も持たずに、女子供連れの住民と共に戦線をさまよっていた。防衛隊員は唯一の武器として手榴弾を渡されて、兵隊の命ずるままに働かされた。仕事は大抵危険な炊事や水汲みなどで、兵隊が斬込みと称する食糧探しには、戦果を運ぶために彼らが使用された。

——雨が上り、霧がはれ、上空の敵機がこの大群の兵隊を発見するときは、万事休すだ。民家にいた避難民は漸くこの予感に怯え出して右往左往した。うまく壕にありついた者以外の多くの住民は半壊の民家に、或いは砲弾の火がなめた赤黒く爛れた石垣の蔭にただ固まっただけだった。（後数時間もすれば、この平和郷も、忽ち阿鼻叫喚の地獄に一変するのだ。）一行が予感に怯えつつ轟の壕に向う頃は、既に夕闇が戦場の島に忍び寄っていた。一行は戦車妨害のために積み上げられた石垣のバリケードをいくつも避けつつ丘の中腹にポッカリと大口を開けている巨大な円筒型の自然洞窟の入口に辿りついた。住民はこの自然洞窟を轟の壕と呼んでいた。

七、伊敷・轟の壕

1

五月二十八日、具志頭村役場前の道路脇に生えた福木の並木を背に、艦砲がこないのを幸いに、七、八人の鉄兜の避難民ともつかぬ人々が固まって地面に坐っていた。島田知事より一足先に繁多川の壕を出発した、県庁後方挺身指導隊の一部増産班を率いていた、中頭地方事務所長伊芸徳一、成合義賢土木技師一行七人だった。

彼らは出発以来、各地を彷徨するだけで挺身指導どころの騒ぎではなかった。ただどうすれば身を安全な場所に運ぶことができるか、……に汲々とするだけで、事実は女子供連れの避難住民と同様、壕から壕へと、生死の間をさすらい続けてきたのである。島田知事のいる本部との連絡も今は絶え、前日迄知念村の壕にいたが、佐敷村にもう敵がはいっているとの情報を耳にしたので、彼らは、急遽元きた道へ引返す途中だった。次の目的地が与座、仲間の壕と決まっていても、疲労の極に達した一行は、萎えたように云うことをきかぬ足を癒やすために、そこへへたばり込んだのである。——

伊芸徳一は焼かれるような咽喉の渇を医《いや》そうと、つと立ち上って井戸に足を運んだ。道路を距てて井戸があった。のび切ったゴムのような疲労に、六人の者は彼の後姿を漫然と見ていた。その時、閃光と音と呻きが同時にした。ヒューンと云う山を越すような弾道の音が七人の耳朶を破った。艦砲弾が皆の坐っている真上の樹木に触れ炸裂した。一瞬押し潰されたように動かなかったが、それも一瞬で、やがて銘々、低い唸り声をあげてそれぞれいそがしく地上を動き廻った。伊芸徳一は水を呑もうとしていた。「危い」と叫ぶと同時に彼は道路を一またぎにかけた。

眼をやられた仲原が呆然と元の位置におり、口の辺りをやられた国吉が虚ろな目をむき、左手を深くやられた成合技師と、右足をやられた山川がもつれるように坐っていた。成合技師の左手が肩の付根からだらりと、垂れ下って揺れていた。腕はわずかに皮膚でつながっていた。伊芸徳一は咄嗟に自分のリュックの中を掻き廻した。破片でズタズタになった毛布の中に、小さい手鏡が白片となって地上に散らばった。鏡が目茶々々だ。彼は成合技師の傷を忘れて何かを懸命に索《さが》し求めた。（錆ついたナイフが、リュックに……はいっていた）手鏡を残してくれた、疎開した妻の顔が矢のように彼の頭をかすめた。「成合さんの体を摑まえろ」彼は思わず叫んでいた。意識と神経が、手と目が跛行的に動いた。錆ナイフの刃が、成合技師の肩と腕をつないでいる薄い油のような肉を断った。彼は胴と離れた手を傍らに置くと、足をやられた山川に体を向けた。――「担架だ。担架を持ってこい」伊芸徳一は低い声をあげながら、古いユカタをバリバリと裂き、成合と山川の傷をぐるぐる巻きに結わえた。担架はなかった。「附近の民家から戸板を二枚探し出して来い」そう叫びながら彼はこれから二人の処置をどうしようかと思った。――「役場の壕には負傷兵がいたから、きっと軍医がいるに違いない」――と思った。

二人の重傷者を乗せた戸板の担架は、道路近くに落下しだした艦砲のために何度も立ち往生した。役場の壕に折衝にいった使いが「この壕には医者は一人もいない、……気の毒だが負傷者で一杯だ」と報告した。一行は部落から離れた道路わきの奥まった民家に患者を運んだ。一縷の希望をつなぎとめていた、大城森にある本部の壕に出した連絡者の答えも、「本部は運良く探し当てたが、肝心の負傷者の件では、本部だって今は自分の生命を守るのに精一杯で、負傷者を収容して治療を加えることは到底できない」との冷たい返事を伝えるだけで、伊芸徳一は、二人の重傷者を捨てて行くのをしのびぬままに、民家で止まって負傷者を治療しようと固く決心した。

強靭そうな太い枝を拡げた、民家の周りの福木の列は、うまく空から襲う米機の眼をごまかしてくれそうだが、これとて単なる気休め以外は何の役にもたたなかった。艦砲弾の跳梁する何の防護物とてない地上で、いつ快癒するとも解らぬ重傷者を抱えていることは、暴挙を過ぎて、彼ら自ら自分の生命を刻々削るようなものだった。成合技師と、山川の二人の重傷者は、民家に運ばれると忽ち患部に蛆が湧いた。露出した神経に蛆が触れるのか、絶対安静に抗して、患者達は苦痛に歪んだ蒼白な顔をピクピクとひきつりながら、身をもがいた。生きた人間を喰い潰す蛆の大群は日増しに増大し、遂に二人の全身を蔽った。治療は更に悪条件を加えた。患者と看護者達の間を迫撃砲と艦砲が裂いたからだった。半煮えのかゆを入れた食器を患者の枕頭に置いたまま退避しなければならなかった。患者は喰うことよりも、全身の蛆を払い落してくれることを嘆願した。松葉をとってきては蛆をはたき落したが、一日たつと再び蛆は患者の全身をのたくった。患者はそれでも生きようとした。附近の壕から、伊芸徳一に乞われるままに民家までやってきた軍医は患者を一目見るなり「駄目」の宣告を下した。「若し全治するとしたら約二カ月はかかる」と、軍医はつけ加えた。軍医の言葉に彼らは絶望した。患者が治癒するか、それまでに皆が患者と共に斃れるか、何れかの一つである、……行きずりの民家に休息した兵隊は、「皆の苦労は解るが、こんな患者にかかずりあっていたら、結局無駄を踏むばかりだ。……前戦の病院じゃ独歩患者以外の重患者には、毒を盛るか、注射でころりと参らす方法をとっている。患者は蛆が癒やす。蛆療法という言葉もあるからな」と教えた。それから民家の附近に艦砲が炸裂し皆が附近の壕に退避してから、後で民家に戻ってくると二人とも死んでいた。

六月二日朝、成合、山川の二人の死体を始末した伊芸徳一一行がその後退避した具志頭の壕では、七、八十人の兵隊が「壕長はいないか」と呼びながら狭い壕に意もくれずドカドカと割り込んできた。これらの兵隊は一人として満足な体をした者はいず、足を引摺り、互いに肩を貸し合いながらはいってきた。彼らは機関銃隊の生き残りで、一固まりに坐って何か声高に喚き合い、ボソボソ声になったりしたかと思うと、豆ランプの光を囲んで地図を案じたりして口々に、「国頭突破」と呟いたりした。彼らの多くは壕内の住民を背にしてビリビリと階級章を引きちぎって捨てたりした。――

次に一行が艦砲を避けるためにはいり込んだ壕は、坑道一杯の二百人近くの兵隊が寝ていた。壕内はその時本部伝令と称する奇怪な噂で騒いでいた。「サイパンの沖縄人捕虜が、ひそかに潜水艦で運ばれ、この島に上陸している。これらは何れも米軍のスパイで、特徴としては、局部の毛がなく、赤いハンカチと小さい手鏡を持っている」というのである。伊芸徳一はこんな壕などに長居は危険だ、と直感した。「だがスパイ云々を聞いて、自分らが慌ててこの壕を去るのは彼らの疑惑の火に、油を注ぐようなものだ」……と考え直した彼は、「疑惑の眼を向けられる前に、先手を打つに限る」と決意した。果してその兵隊は部隊の命令通り、根掘り葉掘り彼らの過去を、身分を、これからの行動予定をつぶさにただした。

やっと相手の疑惑を晴らしたものの「発つなら、今夜の午後正六時を期して発つように。発つ時は、予め報告せよ」と言いわたされたのであった。そして、彼らの今後のコースさえ壕の兵隊はこまごまと指示した。「海岸を行かずに必ず陸路の中央を行くこと」それは花城、与座、仲間を経て行く、死魔の躍るコースであった。

2

伊芸徳一一行は六月二日夕刻、島尻郡真壁村字伊敷の里に疲れた足を踏み入れた。そこは、敗残の将兵、防衛兵それから数万人に上る避難民が入り乱れて散在する壕に息を殺して潜んでいた。奇怪に膨れ上った南の極点の地だった。

轟の壕は、伊敷の丘の中腹にあった。直径約十間もある、円筒型の口は噴火口のようにポッカリ大きく開いていた。昔盗賊が棲んでいたと伝えられるこの壕は、鬼気迫る物凄さを辺りに漂わせていた。天然の垂坑道は、ぐるりが風雨に色褪せた古い珊瑚礁でおおわれ、樺色の歯を剝き出していた。螺旋形の小道が、内部の岩壁に沿って造られ、それが約五間ぐらいもつづいていた。暗い坑底に降りると、突起した巨大な岩盤に、大小無数の岩こぶが附き、地底に足場の悪い突起状をつくっていた。中央の岩盤上には老松数本が繁り、丘の中腹からも、節くれだった古木の梢がその頭をのぞかせていた。

最初の中《うち》はこの老松のひろげる枝々が、円筒型の口を半分以上も蔽い、天然の擬装となって役立ち、壕内千数百人の戦争に怯える人達を、無慈悲な鉄火の脅威から守ってくれていた。上手の壕には佐藤特高課長、大宜見衛生課長、高嶺首里署長がいた。水が地底をくぐって海岸にそそぐといわれた水道壕には、伊芸徳一一行の他に宮城、隅崎両警部や警察部員がいた。もう一つの横穴壕には船舶工兵隊の隊員がいた。伊芸徳一の壕には、附近の村々の人々や、南部一帯戦線を彷徨の揚句、この壕を探し当てた女子供連れの住民達が、これから後も、なお飢餓と、病気と不安と闘いつづけながら、生き続けようと犇《ひし》めいていた。

伊芸は、この轟の壕に着いた翌六月三日島田知事と久し振りに再会したが、島田知事は繁多川の壕以来の元気を失わず、荒井警察部長は肉体を内部からいじめる酷い下痢に取り憑かれ、一日中排泄に追い立てられていた。その頃は連日雨が降りつづいていた。上部から流れる冷水が、足場の悪い、底地の凹凸の間に溜った。じめじめした湿気があたりを執拗に包んでいた。住民は、飢餓の一歩手前にあった。喰い物が悪く、誰の顔も黄色に萎びていた。住民は、跛足をひきひき、泥田を泳ぎ、はい出るように、円筒型の螺旋道を抜けて壕外へ出た。そして、キビやイモをわずかに抱えて喘ぎあえぎもどってきた。だがこうした住民の食糧あさりも兵隊の怒声で阻止された。ついに、住民は今まで円筒型の底近くで炊いていた食糧炊きも禁じられ、赤い目を膨らして狭い深夜の壕の中で米や甘藷を炊いた。住民はもっぱら戦争の推移が解らぬままに、入口をかすめて飛ぶ、米機の爆音にじっと耳を傾け、空を仰いで戦慄した。ある時刻になると米軍の観測機が円筒型の真上の空にじっと動かなかった。壕の中から二、三人ずつかたまった幾組かの海軍兵が壕を出たまま帰らなかった。灰色の防暑服に陶器製の手榴弾を持っていた彼らは、大田少将の率いる海軍陸戦隊員であった。

彼らは壕の最上部(円筒型)の庇型の壕に蟠居していた。他の陸軍(船舶工兵隊員、暁部隊)や住民が飛行機の襲撃と艦砲を冒して野菜や甘藷掘りにでかける姿を尻目に、彼らは海軍独特の大型ビスケットの詰まった木箱を抱え込んだなり昼夜の見さかいもなくゴロゴロ寝そべっていた。周囲の人々はねたみと羨望と憎しみのこもった目を彼らに注いでいた。彼らは五月の末南部移動を命ぜられ、元陸軍のいた既設陣地に拠っていたが、俄に小禄旧陣地への復帰を命ぜられたのであった。――その頃彼らが目指す陣地に程ちかい鏡水《かがみず》一帯から飛行場南地区寄りの海岸には、米軍の新手が上陸し、侵攻部隊は戦車を先頭に糸満街道を驀進しつつあった。

警察警備隊に解散を命じた島田知事は六月十四日午前五時、荒井警察部長、仲宗根官房主事、警察部員仲村兼考警部補を伴って轟の壕を出発した(島田知事は、嘉数、小渡の両属が摩文仁まで従って行こうというのを、強硬に拒み、その後、摩文仁海岸の軍司令部戦闘指揮所の洞窟に近い海岸の壕に這入ったが、同海岸附近が米軍最後の猛砲撃に晒されたため、島田知事と荒井警察部長が潜んでいた壕は破壊されて岩盤の下敷きとなった）――。

3

島田知事が出発して後の円筒型の洞窟は、毎日陰鬱な雨が降りつづいた。火も焚けなくなり壕の中の人々は完全に拘禁された。円筒型の附近に落ちる砲弾がしだいに数を増し、岩壁に命中する破壊の音が壕に凄まじく反響し、震撼させた。円筒型の底には壕の外を飛び交う砲弾や、弾け飛ぶ物音が交錯し、人々はしだいに横穴壕深く潜っていった。岩盤に倒れた人間の死体が腐臭を放ち、青蠅が群がった。或る日円筒型の壕のまうえに漂っていた灰色の雲の面に、血を流したような落日の残映が斜めに壕を照らした。それに今まで荒れ狂っていた砲弾がいつになく遠退いていた。すべての音がまったく絶えたなかに、時たま静寂を破っては、米機の爆音が高く低く響いた。――「戦線をさ迷っていた人々は死に絶え、末期の残映が島を照らしている。……緑の表皮を剝がれ、一望焼け爛れた地上には、腐肉と白骨が埋まり、米軍さえ、見る影もなくなったこの島を見捨ててそうこうと島から引揚げていったのではあるまいか」――壕の中の人々は、人間の肉体を引き裂き、粉々に吹っ飛ばす鉄火の恐怖が遠ざかると、こんどは飢餓感が俄かに頭を擡《もた》げ、想像を織りまぜた、妄念の虜となっていった。「馬乗りだ」――その時怒鳴りつけるような、兵隊の叫び声をきいた。突然ドドドドと何か硬いものが岩に激突する音とともに、燃えさかる、強烈な火焔の塊が、円筒型の壕に転げ落ちてきた。一瞬円筒型の底は火の地獄と化した。パチパチと物の焼ける音に混じってボーボーと空気を打つ焰の舌の音がした。壕の入口は真赤な閃光や、蒼白い光線と黒煙が轟々と交錯した。人達は、「最後だ、これで死ぬのだ」……と思った。きな臭い匂いと、揮発性の霧が吹き漂っていた。人々はじりじりと奥ににじり寄った。伊芸の背にした巨大な岩こぶは熱気を遮ってくれた。「生きたい。こんな戦争に死ぬなんて」……彼の想念は火のように燃えたった。円筒型の底に渦巻く灼熱の熱気と咽喉を締めあげる煙を避けようと、女も子供も兵隊も老人もしだいに彼のいる水道壕の箇所に集まってきた。足場の悪い岩壁の斜面を深く下にくぐると、闇の中に水の流れる音がする。幅一間もあろうか水深約三、四尺の冷たい流れが、洞窟のささくれ立った壁を洗って流れている。その不思議な地底の川は壕内の住民にとって唯一の水の補給源であり浴び場所でもあった。――「地底の川を伝って行けば、若しかしたら、敵の一人も居ない、人気のないどこか淋しい海岸に出られるかも知れぬ」――こんな淡い希望も、雨期の中で水嵩を増した水勢の音をきいていると微塵に消えた。水道が絶望なら、唯一の残された方法は、比較的薄い天井の壁を打ち破ることである。伊芸は、この計画を壕内の人々に納得させるため声をからして説き廻った。「二米《メートル》も掘れば地表に出られる」咄嗟に彼が思いついた脱出方法に同意した人々は、わずかな食糧と石油とマッチとつるはしなどを持ち寄って伊芸の処に集まった。必死の作業はこうして開始されたが、二日と掘らぬ中に灯りが絶え食糧がつきた。一縷の希望をかけた脱出は徒労に終った。最早視力が完全に鈍ってい
た。円筒型に近い壕にいた二、三人の者が、気味悪い落盤の響とともに、蛆虫のように潰されていた。

脱出作業を中止した伊芸は、彼の連れと共に水辺の岩床に匐って行った。視力の弱った彼の目に、あちこちに鬼火のような炊さんの火が微かに映った。皆残り少ない食糧を炊いているのだ。彼は惨めな遣る瀬ない怒りがこみ上げてくるのを感じた。「脱出、投降、そして死」……だが一日でも良い。許されるのなら一日でも生きていたい。彼は惑乱した。「睡るのはいけない。睡ったらそのまま死んでしまうぞ」彼の身内を廻る何かの暗示に呼び覚まされたように、彼は深い死の睡魔の淵に陥ち込もうとする傍の同僚達の頬を殴り出した。頬の痛みで激しく現実に引き戻された人々は、又思い出したように舌の上に乗せたままの豆をゴリゴリ嚙んだ。ともすれば崩れようとする自分の上半身を支えた伊芸の手は、岩肌のくぼみの水の中に浸したままだったが、その彼の掌と指には、死体を離れた女の頭髪がまとわりついた。壕の中の人々で死期に近づいたものは溝の所へ匐い寄って来ては動かなくなった。多くは水を飲もうとして水中に顔を埋めたまま手足をバタバタ動かしそのまま悶絶した。死んだ母の背に負われて子供が力のない泣声を立てたりした。それらの死

体が水膨れになり腐臭を吐いた。耳を澄ますと恐ろしい程の静寂の底から水勢の音が湧き立ってくる、それにまざって人間の会話や、呻き声が。……そして子供たちの声がする。この時、一つの声が響いた。「だれだ、火を燃やす者は、敵が上にきているのだぞ……生のままで喰え」その声は住民の着物をきて日本刀を差した冷たい狂暴な敗残兵だった。腐肉と蛆と血と糞便がどろどろに溶け合った泥水が岩間を伝ってきて下の方へ流れた。伊芸は思い出したように四人の頬を殴りつけては低く唸るように怒鳴りつづけたがそれは声にならず彼の咽喉の中でごろごろと鳴っただけだった。その時パッと光が揺らいだ、光は円い環を描いて拡がり壕のなかを屈折した。懐中電灯だ。同時に人の呼ぶ声がきこえた。「みんな壕の外に出なさい。出てもちっとも危険はない。米兵は私達を救けようとしているのだ」きき憶えのある声、それは上の壕にいた沖縄出身の海兵の声である。伊芸は同僚を激しく揺り起こした。

白煙がうっすらと壕の真上の空中に漂っていた。強い外光に力なく瞳孔を見開いた壕の中の人々が円筒型の底に這い出してきた。上の方から一本のロープが投げ降ろされた。壕の上部で米兵のかん高い英語がきこえた。そこには機関銃を擬した米兵がおり、外に数人の米兵が、壕の中の人々を救出しようと懸命に立ち働いている姿が皆の目を異様に打った。女や、子供達が米兵の指図で最初にロープの尖端に縋りついた——。

他の壕とは異なり、陰惨な様子をたたえた轟の壕を発見した、米掃討部隊は、丘の中腹に口を開いたこの壕の中に潜みかくれて抵抗をつづける日本兵がいると見込んで、最初は壕に対して攻撃を加えたが、煙の中を苦しまぎれに這い上ってきた住民の姿を発見して俄に攻撃を中止すると壕内の人々の救出に当ったのである。佐藤特高課長は永久に壕から出てこなかった。船舶工兵隊の生き残り兵員達も水道壕を伝って脱出した。六月二十一日昼、伊敷部落に近いこの巨大な洞窟はかくて最期を告げた。

八、月下の投降

1

ここは伊敷部落。轟の壕から約二キロメートル離れた真壁村の一部落である。米軍は刻々と、この部落に迫っていた。南部戦線において残された最後の一点。ほかに喜屋武、摩文仁も最後の運命に晒されていたが、ともかく、ここは沖縄戦終幕の様相を遺憾なく露呈していた。住民も、兵隊も、壕にうずくまって、すっかり運を天に任し、――絶望、憤怒、虚無、諦観、――の生活をつづけていた。そうだ住民はたしかに絶望していた。ところが、奇妙なことには、死と絶望の淵を辿る彼らをわずかに、郷愁が救ってくれた。人々はたとい平凡ではあっても、安穏な生活がいかに尊いものであるかを、血腥い戦場にさらされ、絶望のどん底に蹴落されてはじめて体験した。沖縄一千年の歴史は、貧しいながらも、至って安穏だった。島の単調な風光、波瀾のない単調な明け暮れ、そこで、親と子が幾代も幾代もつづいて、平和な呼吸をつづけてきた。終日終夜降り注ぐ、冷酷非情な砲弾のために、無残に破壊蹂躙されてしまった、あたりの変貌した風景。そこにわずかに湛えられた昔の懐しい平和の片鱗があり、人々はそれを嗅ぎあてては、無性に恋しがる、この郷愁が、人々の心をどんなにやわらげたことか。沖縄新報社の一行が、伊敷部落の畑の中に旨く、鍾乳洞を掘り当て、ほっと、一息ついたのは、ちょうど、島田知事が止まっていた轟の壕が潰滅した六月二十一日を遡る十数日前の薄暮頃だった。伊敷の部落は、艦砲のために火を発した。夕暮れがくると皆壕からはい出る。水汲み、燃料探し、芋掘りが行われる。米軍が与えてくれた慈悲の一時間、この時間だけはあらゆる種類の砲弾がピタリと止み、人々はほっと蘇生の思いをする。その時間は、死体を埋める時間でもある。二本松の野戦病院から運び出された担架の死骸が畑の中に降ろされる。芋を掘った跡の畑が死体を呑む。急いでかけた土の下から死者の掌が印象的に突き出したままほったらかされる。間もなく艦砲が始まる。斜光を浴びた三機編隊の米戦闘機が低空を悠々とかけ去る。轟の壕のある丘は裸になった稜線を黒々と浮かせ、恐らく海中に没したであろう陽の残映に、仄紫色の姿態を横たえていた。この時刻は、森羅万象が鮮明な影を刻して、明るい浮彫りとなって人間の眼に映ずる。一本々々の草の葉、焼け爛れた樹木の幹、野のあぜ道、灌木の群生、人間の苦悩を踏みにじって、自然は悠久の美しさを湛えてくれた。

また、この時刻になると、壕のない人々が、民家の石垣や、物陰や、蘇鉄林の岩陰から飛び出し、壕探しに血眼となった。壕にあぶれたらしい、一人の中年の女が、沖縄新報社の壕に、割り込もうとした。彼女の話によると三歳になる男の子を抱え、今まで真壁の壕にいたが、敵が近くにきたというので、慌てふためく親達の騒ぎに、彼女の子供を初め三、四歳の三人の子供達が、一度に泣き喚いた。その時三人の敗残兵が、子供を泣かすな、敵に知られるぞと怒声を発し、日本刀や、銃剣を突き付けて、壕の近くにあった池に、「子供を抛《ほう》りこめ」と脅され、親達は、仕方なく、子供達を池に抛り込んだ。はい上ろうとする子供は、頭を押さえつけて溺死させた。怖ろしい話であるが、壕の人々は、誰も女の話を嘘だとは思わなかった。喜屋武の山城の壕では、子供が泣き叫んだので、兵隊が、親を脅し、三人の子供達に注射をほどこして、息の根を止めた。敗残兵のために、愛児を奪われた女は、半ば狂ったように、据わらぬ目を壕に注いでいたが、急に、あたふたと姿を消した。そこへ小さい、空缶をぶらさげた中年の男が現われた。生徒や、職員仲間と、はぐれた、比嘉県立工業学校長の憔悴した姿だった。「一寸入れてくれ」と彼も嘆願したが、壕は、これ以上、一人でも余計に収容できる空間はなかった。漂泊い人のように、何処へともなく立ち去った。またそこへ、一人の男がやってきた。県立第一中学校鉄血勤皇隊に従っていた、富原教諭だった。彼は豊平編集局長の竹馬の友で、最後の別れを告げにきたといい、かくしから取り出した、皺苦茶《しわくちゃ》の刻み莨の袋を置くと、「藤野校長以下一中の鉄血勤皇隊員百人は、既に、遺書を書き残し、解散した」と一中校の最期の模様を伝えた。

——富原教諭らは、ここに来る数日前、豊見城村保栄茂《びん》という部落の壕で、米軍が近接したことを知り、かねて用意の、遺髪とともに、遺書を書き、カメに入れて地中深く埋めた。——これから、摩文仁村へ行くと、唯《ただ》一言云い残して、彼は立ち去った（この、集団遺書は、終戦四年目の、一九四九年十一月、生き残った同校の仲原書記が、終戦後、病床にあって、二人の息子に与えた遺言で、目印の岩間から発掘された。遺書は何れも、校名入りの封筒に収められ、ボロボロに朽ちていたが、「もう一度、父母の顔を見たかった」と人間の別離の情を、簡潔な章句の間に綴ってあった。藤野校長一行は、最後に、摩文仁まで落ちのびたが、壕がなく岩蔭に避難中艦砲に見舞われ同校配属将校と共に最期をとげた。富原教諭は腹部に盲管銃創を受け、昏倒しているところを米軍の手に救われた）。

朝の六時をすごすと、壕からは、もう一歩も外へ出られなくなる。壕の入口を擬装した甘蔗の葉裏を透かして初夏の陽光が壕に差す。悪夢のような艦砲と、爆音がきこえる。「どうもおかしい、……様子がちょっと変だよ」と誰かがいった。先刻、「畑の中を二人の防衛隊員らしいものが、転げるようにして、敵の小銃弾に追われていた」ということだった。

そう云えば砲弾の音とは違い、ピューンピューンと蚊のなくような小銃弾が、斜めに壕の前の畑を飛び去っていったことだった。小銃弾が飛んでくることは、敵味方何れの側にしても、戦線が縮まった証拠である。

事実、日本軍は戦線を短縮、最後の守備陣地に拠っていたが、米軍はそれをつぎつぎ粉砕し、軍司令部のある位置（摩文仁村）からほど遠からぬ隣村の真壁村に侵入し、先頭を切って進む戦車はキャタピラの音を轟々と響かせながら、早くも真壁村内を抜け、米須附近に暴れ込んでいた。

壕の中では、人間が勝手に、昔の幸福というものを追い求める。喰物の話が奇妙な幻覚を生み、憑かれたように口角泡を飛ばしてしゃべりまくる。「莨がのみたいなあ」紫色の煙草の煙の誘惑は避けがたい。紙片に、枯れた松葉をくるんで、火をつける、いがらっぽい煙に煙草の幻覚を追う。顎の破片創の膿を取る者、しらみを潰す者。皆しらみの巣窟と化した服を脱いで壕の外に投げる。死の伴侶にふさわしく、よれよれの汚れた上衣に、日光がさんさんと照りつける。しらみの縦列が、上衣の縫目から溢れて、上衣の上を横切り、甘蔗の葉に移行する。陰性な動物だけに、陽を避けて、地上の蔭におりていく。

水上観測機の活動を伝える独特な爆音が無為な戦場の孤独をいらだたしく掻き立てる。

その夜、一人の日本軍下士官が、沖縄新報の壕に飛び込んできた。下士官は本土に残した妻子のことを語り、戦争は駄目だと吐き出すようにいった。彼は腰の図嚢《ずのう》からきんしを取り出し一行にふるまって後、「若し君らがどこかへ移動する時は、俺も住民の一人として連れていってくれ」と哀願した。

2

二本松の野戦病院は解散を告げた。三人の顔見知りの防衛隊員が、沖縄新報社の壕の入口に現われて、休ませてくれと頼んだ。防衛隊員は半日も、銃をかかえこんだまま死んだように睡りつづけたが、居たたまらぬように、何処へともなく姿を消した。彼らは、銃を捨て、付近の畑で壕を掘り出した。伊敷部落で、彼らは、彼らの家族とバッタリ出くわしたため、もうこれからは兵隊としての行動を止め、家族と共に戦場の住民生活へはいるためだった。六月十八日高嶺社長は皆を上段の壕に集めた。悲痛な、彼の表情が薄暗い灯に揺れる。皆の顔が互いに相手の表情を読むまいと眼を伏せる。「この分では敵は近い。……戦争が負けであることについては、認めるほかしかたがない。……しかし吾々は飽くまでも非戦闘員だ、……玉砕の必要はない、……問題はこれから先、何処へ移動すべきかということだ……移動先についても、皆の意見をまとめ今夜中にでも決行したい」社長は一行の年長者として何かを決するものがあった。食糧は後、残り少なく、しかも米軍をまぢかに控えて、皆がこれ以上ここに止まることは、最早許されぬことである。海を背にしたこの南端部まで追い詰められて、いまさら、何処に活路を見出そうというのか、仮に、知念半島の一部が未だ敵の占領を受けていぬとしても、このことを誰が保証できよう。そして、あの死の彷徨を、また続けようという考えには同意しかねる。どうなろうと自分はこの壕に止まっていたい。牧港記者はそう思った。だが意見はまとまった。「玉城村に行こう、脱出はなるだけ早目に、……玉城村は若《も》しかしたら敵がはいっているかも知れぬ、……そうであっても今はそれを考えて行動を思い迷う場合ではない」……皆の脳裏に、非戦闘員は早目に知念村か、玉城村にいけといった山師団参謀の勧告の意味が暗示のように閃く。では知念半島への道は?……途中で道に迷ったら、徒《いたず》らに砲弾の餌食となる機会を自ら探し求めるようなものではないか。情況の許す限り、脱出は一刻も早目に限ると、衆議は一決したもののこんどは不案内な道程が、一同の前に新しい危難となって立ちはだかった。隣りの壕から区長を呼んで、知念半島への道程を尋ねてみたが、皆の納得が行くように説き明かすことは至難だった。土地出身の彼でさえ、地形の急変した情況下に、一行の行先の道を指示するには力及ばなかった。

その夜は砲声一つさえきこえなかった。妙に予感を湛えた孤島の夜の戦場の一隅、伊敷部落を、不気味な沈黙がいつまでも包んでいるように見えた。

同行の兼島師範学校庶務課長が、肌身離さず巻いたまま持っていた教育詔勅の写本を火にくべた。彼は、首里に残ると言い張って脱出に動じなかった野田校長と別れて、このかけがえのない写本を無事に守り通す一種の責務を担っていただけに、眼前で燃える写本が完全に灰になると、彼の精神を内部から支えていた支柱がグラグラと揺れ倒れたように、安堵と虚脱の混じった一種の放心に陥った。明十九日は、愈々この壕を出発と決まった一同は、二人の炊事当番を残して仮睡に入ったのであった。この時、ちょうど畑の小径になっている壕の真上で人の話声がきこえた。「水汲みか、大丈夫かね」男の声に答えて中年の女の声らしいものが、「しらみのたかった着物をつけた子供が、可愛想でね。夜中は井戸も空いているし、洗濯しようと思って……」女の足音がパタパタと急いで過ぎる。ドドドという迫撃砲らしい連続炸裂音が二人の会話を押し潰した。壕のちょうど真上をかけ廻るらしい弾着音が、夜の大気をビリビリと引き裂いた。ちぢまるだけちぢまった静寂がたまりかねて破裂したのだ。人間の唸り声がした。壕が震盪する。再び夜の静寂にかえったかと思うと、低い呻きが絶叫に変わった。人間の声らしくもない呻き声である。やがてそれは暁方まで続いて途絶えた。「あの呻き声は、……洗濯に行くといった女の声だ」壕の中では、狂い廻る鉄片と、熱風をささえてくれる壕の厚みに、頼母《たのも》しい信頼をかけた人々が、明日という脱出の日を忘れようとしながら、鉛を呑んだような重い睡りに入りかけていた。しかし肉体を離れた神経は睡りのかたちを取りながらも戦場の夜を凝視するかのように、疲れた脳がさえたままうとうとと不満足な仮睡をつづけ、一同を暗い闇の中に引きずっていった。

翌十九日、区長が壕に担ぎこまれた。彼は真夜中、壕の熱気を避けようとして、壕の出口に出たところを、不意打ちに射ちこまれた迫撃砲の犠牲となったのである。真夜中の男の声は勿論腹部に穴をあけられた区長だった。その日も前日同様、擬装の甘蔗の葉をすれすれに銃弾らしいものが飛んだ。その代り砲弾は落ちなかった。「俺を、俺を、野戦病院へつれていかんのか……お前たちは俺を見殺しにするのか……」区長が最後の力を絞って絶叫した時、戦車の轟音らしき音がきこえた。「いる、いる、敵が現われた」壕の入口で息を殺して外界の様子を窺っていた下士官が、小声で叫んだ。米兵が三々五々、轟の壕のある丘の中腹を登って行く光景が皆の脳裏にはげしく焼きつくように映った。「殺してしまえ、早く区長をころしてしまえ、どうせ放っといても死ぬはずなんだ、あんなにわめかれると、敵に発見されてしまうぞ」敗残兵が低く唸った。観念した区長の家族が水を求めた。水を汲んだ茶碗が手から手へ渡って、区長の枕許へ届いた間もなく区長の妻の忍び泣きが低く押し殺すように一声、壕の空気を掻き乱した。戦車は轍の音を響かせて轟の壕のある丘へ行くらしかった。敗残兵は両手に一個ずつ、手榴弾を強く握りしめたまま横になった。虚ろな目が壕の天井を睨み据えている。「壕にきたら手榴弾を投げつけてやる」彼は肩で強い息をしている。「そんなことは止してくれ、こっちは非戦闘員だぞ」誰かが下士官に向って怒鳴りつけた。足をやられている許田がかくし持った手榴弾を握りしめた。「ばかな、そんな物は捨てろ、背負ってでも一緒にこの壕を出るのだ」牧港記者が、たしなめた。「皆さん、脱出の時は、僕にかまわずいって下さい。……僕は後からゆっくりいきます」彼は皆が脱出を協議した夜、一人で、独歩できるかどうかをひそかに試して見たが、それがうまく行かないことが解っていたのだ。

月齢十九日の月と照明弾が戦場を照らしている。伊敷戦場の真夜中、沖縄新報の一行は伊敷の畑の壕を四組に分かれて脱出を開始した。草の上を渡る、夜風が颯々と皆の頬を撫でて、動脈の鼓動がズキズキと肉体に鳴る。パーンと夜空にこだまして照明弾が弾ける。夢幻的な青い光を放射しながらそれがゆるく弧を描いて下界に下る。月が赤く小さい。前方の黒い稜線一帯に乱舞する火砲の火が、脱出する人達の遥か頭上を飛びこして前方の山際に落ちた。草の中をツツツと、くの字型に腰を曲げて駆ける。サラサラと草が鳴る。真壁の部落を左手に見ながらなおも進むと、一行は急に前進を阻まれて立ち止まった。一つの懸崖に遮断されたのである。

彼らが行き当った崖の下には、道路とも畑とも見分けのつかない、広闊地帯一杯に、米戦車が転回したらしい二条の轍の跡が、黒々と月光を吸っている。前方に、ガヤガヤと人の話声がきこえる。小高い、丘の蔭に、こともあろうに涼でもとるような住民の影を発見した彼らは、「玉城村に行くには、どの方角へ行ったら良いか」と恐怖を打ち消すように叫んだ。彼らの問いに、すかさず崖の下方から、声が飛んできた。「玉城村に?……よせよ、あの丘の火が君らには見えないのか、一体、君らは何者だ、降りて来い。こっちは既に米軍の占領地だぞ……」万事休す。彼らはその場にヘナヘナと坐りこんだ。崖の下には、住民が黒々と固まって話合っていた。彼《か》の男の話では、今朝米軍戦車がここを通過し、住民には翌朝那覇の方へ行けと教えたとのことである。

肉体を襲う砲弾の恐怖が去って、今は新しい戦慄が皆の前途に遠慮会釈もなく蔽いかぶさってきたのである。先発の三人の行方が解らぬままに、小半時間後には一行の全部が丘の上に集結した。この小高い、丘の上に彼らは、唖のように黙ったまま踞《かが》まっていた。夜が明けるときっと、米軍に捕まるに違いない。「投降」……それを打ち消す声と、肯定する声、もだえる嘆息。……皆の頭上の空気を引っ掻いて、砲弾が夢のような夜景の中を貫いて飛んでいった。向いの斜面から幾百条とも知れぬ赤く細い曳光弾の束が、空に注ぎ上げては、緩やかな弧を描いて遥か遠くの黒い稜線を目がけて消え去る。夜風が丘の上の一同をなぶっては過ぎる。丘の真下には小さい壕が無数にあるらしく、放胆な灯が、畑の面を黄色く照らした。自由に、そして全身に浴びる夜風の量感。広闊な空。いろんな戦場の事件と色彩と物音が雑多に入り混ざってどっと堰を切ったように奔流となって皆の頭の中を襲った。よくもここまで堪えてきたという感懐が張り詰め通しの神経をやわらげて、崩れ溶けるようにグタグタと弛みほどけていった。一行は、鉄兜を捨て、巻脚絆をほどいて捨てた。牧港記者は腕に巻いた色褪せたくちゃくちゃの従軍章を引き裂くと、土中深く埋めた。

九、防召兵の話

1

沖縄の中部、中城村字喜舎場部落一帯は、有村少将の率いる歩兵第六十四連隊が守備についていた。有村少将は米軍の上陸直前までしばしの安穏を独り楽しむかのように、一軒の民家を借りうけて住んでいた。

二月も半ばのある日、少将の副官が他に転じたので、後任を選ぶ会議が民家で開かれた。開会前雑談が交わされたが、その時一人の将校が、「少将の身辺を世話する女が、一人ぐらい欲しいね」と妙な意見を持ち出した。この意見は忽ち他の一人の将校の真剣な反対にあった。「こともあろうに本土の沖縄でそんな馬鹿な真似ができるか」と激しく軍紀を説いたのは、上田という若い中尉だった。最後まで黙っていた、有村少将は、会議がすむと、すぐ上田中尉を副官に任じた。

少将は、島の単調な陣中生活の無聊を慰めるために女性を侍らす将官連が多いなかに、彼はこれを最後まで斥け通した一人だった。温和な風貌と、よく角のとれた物腰、それは、ともすれば村民と軍隊間の割り切れない溝を、旨くとりなす安全弁ともなっていた。

その有村部隊の陣地も、三月二十三日とうとう空襲を受けた。

中城村の喜舎場国民学校教頭平良幸市は学校が閉鎖されたので、一時家族と北部に避難していたが、二十七日家族と別れて単身、再び喜舎場に帰ってきた。途中、数日来の雨でぬかった国頭街道は、戦争に追われて、北へ北へと急ぐ南部の住民達が、えんえんと長蛇の列をつくっていた。二十七日午後、平良教頭が、喜舎場部落に入った頃は、部落内は空っぽで、住民は殆んど裏手の山の壕へ逃げていた。

その頃、第六十二師団から発せられた住民男子を対象とする防衛召集の令状が、喜舎場部落にも舞いこんできた。令状を持った一人の将校が部落中の壕を隈なく洗いたててはそれを配って歩いた。居村に帰りつくや、否や、平良教頭は防衛隊に召集された。令状に接した人達は約八十人で、すぐ字の広場に集合を命ぜられた。隊員を一通り眺め渡した将校は、荘重な口調で、「諸君は、名誉ある防召を率先志願したのだから、今後は、戦闘員になった覚悟で、軍に協力してもらいたい」といった。だが、隊員に駆り出された人々は、みんな「率先志願」という訓辞中の言葉について内心不審に思った。「一体、この八十人の者のうち、果して一人として防衛隊を志願したものがいたであろうか」「これは何かの間違いだ。きっと何かの手違いだろう」と考えたが、「軍命だ」という抗しがたい威圧に、誰も抗議するものはなかった。しかし流石に、平良教頭は、黙しかねて、「私は教師です。学校が閉鎖され、子供たちは一旦父兄の所へ帰しましたが、今後私には教師としての職務が残されています。防衛召集だけは免じて下さい」「平時は、それで良い、しかし今度の戦争は喰うか喰われるかの戦争だぞ、この際みんな軍命に潔く服して事を荒だてないように」と例の将校は断乎としてはねつけた。――後で平良教頭は、この召集が瞞着的なものであったことを知った。賀谷部隊にいた一人の少尉が、あたかも、隊員志願は村民の意志であるかのように、部隊長に、勝手に志願名簿をつくって、提出したからであった。――隊は編成され、平良教頭は、伍長勤務で炊事班長を言いつけられた。

「君らは志願兵だから、鍋釜食器類は自ら準備しておけ、食糧も一週間分は用意してこい」と、命ぜられた。平良教頭は一時途方に暮れたが、防召兵の多くはかつての教え子達だったので即刻その準備が整えられ、「では、一週間分の食糧を各自家にいって求めてこい。約五時間位の余裕を与える」と部下の隊員に言いきかせて、一先ず退散した。

平良教頭は、仲吉校長に最後の暇乞いをするため、その壕を訪ねていくことにした。仲吉校長の壕では、「那覇は安全だ、那覇にいくにかぎる」という校長に対し、彼の老父が、「那覇はかえって危い、首里へ行こう」と強く反対し、意見が纏まらぬままに、「先ず軍の陣地附近にいこう」という平良教頭の誘いに随って、その夜一同揃って軍陣地附近の壕にいった。

平良教頭は、集合の時限をしきりに気にしたが、砲弾が余りに激しく、壕から一歩も踏み出すことができなかった。とうとうそこに一泊しようと決め、間断なく射ち出される艦砲の爆発音に耳を傾けていた。急に騒がしい足音がして、数人の者が、壕内に駆け込んできた。部下の防召兵達だった。

「弾が激しくて、集合時間に遅れてしまった。元気を出して一緒に出かけよう」と遅参をわびるように平良教頭が云うと、隊員達は、「もう行く必要はありません。集まった連中は、そのまま前線に出されました。ひどいことをしやがる。鉄砲の射ち方もしらない連中を兵隊より先に前線に送るなんて、余りに馬鹿臭いので、僕たちは逃げてきました」と答えた。

平良教頭は、重たげに頷き、俺も南へ下がろう、と胆を決めた。

四月一日、村の駐在巡査が米軍の上陸を告げ、部落民は速やかに他の地点へ立退けという軍命令を伝えた。山手の壕で、住民が避難のために騒いでいた。平良教頭は、直ちに郷里の西原村に向って出発した。出発直前抱いた途中の危険は想像したほどではなかった。大抵の橋梁は日本軍の手で自ら破壊されていた。艦砲の音が殷々と空に轟いた。彼は西原村の運玉森《うんたまむい》にある彼らの墓をあけ、知り合いの数人と共にそこで一月近く暮らしたが、ここも立退き騒ぎが持ち上った。四月三十日運玉森を出発した。その頃から、急に激しくなった、弾雨の中を、彷徨すること数日、五月三日、彼は南部の具志頭《ぐしかみ》村の部落にはいった。そこでも召集令状が待っていた。首里北方翁長《おなが》附近まで米軍が進出し、具志頭村一帯は、恐怖に追い込まれていた矢先であった。

具志頭村の部落は避難民の群れで一杯だった。それらの避難民の中から男という男は、すべて駆り集められた。

最後の別れを家族達に告げた人々は、焼け爛れた具志頭国民学校の校庭に集められた。部隊から編成を云いつかってきた一人の下士官が、「ぐずぐずすると、艦砲がくるぞ」と、叫びながら、二百人近い人員を三隊に編成し、平良教頭は、四十人の部下を与えられ、一方の隊長を押しつけられた。その中には六十近い、痩せた老人の姿も混じっていた。最初の命令は、「お前達は、これからすぐ、八重瀬岳の部隊の壕へ行け、任務は行ったらわかる」という風に下された。指呼の間に望まれる八重瀬岳のごつごつした姿は、この戦場にうごめく人間たちを嘲笑するかのように屹立している。「目的地に着くまでには、この弾の激しさでは、部下の大半を失うかもしれぬ」と思い乍ら、彼は隊の人々を率いて八重瀬岳に急行した。八重瀬岳の麓にある部隊壕に一同がいくと出合頭に、「お前たちを呼んだ覚えはない」と、頭ごなしに怒鳴りつけられて、壕に入ることを断られた。間もなく、「平良小隊は玻名城《はなぐすく》の壕へ移動せよ」と命ぜられた。

玻名城の壕は、雨水浸しだった。かすかにゆらぐ、ローソクの灯影に壕内の陰惨な光景が浮び上った。坑道内の両壁には、三段に、床がつけてあり、上部と二段目には兵隊が寝転がっていた。最下段には糧秣が水浸しのまま放置されていた。平良小隊が、そこで課せられた任務は、炊事と、水汲みと、壕の溜水を外へ汲みだす仕事だった。「お前たちは、これから宜寿次《ぎつし》の壕へ行くことに決まった。早く出発の用意しろ」——突然、新任務が与えられた。五月二十一日、平良小隊長は、艦砲の落ちる中を目的地へ向った。隊員は、艦砲や、迫撃砲のために次々と死に、僅かに十四、五人を残すのみとなった。戦線をさ迷う住民は、やはり道路上にみち溢れ、その避難民たちの口から米軍が首里郊外の弁ケ岳を攻撃していることを知った。

宜寿次の壕へいくと直ちに橋梁修理を命ぜられた。日本軍の手で破壊したものを、退却を便にするため、「元通りに修復せよ」という厳命だった。うつむいて、橋脚に釘を打ちつけているときは、夢中だった。今にも空気を貫いて砲弾が落下するのではないか、と思うと、平良小隊長は気が気でなかった。血走った眼をぎょろつかせた若い女が過ぎる、それから血の滲んだ繃帯でぐるぐる頭を巻いた兵隊や、服のちぎれた大腿部をボロで結わえつけた負傷兵が、作業している防召兵の姿に一瞥をくれたと思うと、あたふたと通りすぎた。山川橋の附近は、忽ち艦砲弾の集中射撃に襲われた。

橋梁修理を終えると、新しい任務がまた彼らを待っていた。造作なく伝えられたその命令は、「弁ケ岳と、首里の虎頭山の、日本軍陣地に食糧と弾薬を運ぶこと」だった。全員、裸になった。軍袴のすそを結んで、握り飯と、銃弾を箱からばらして一杯詰めた。背負袋にも詰められるだけの食糧弾薬が詰められた。生き残り隊員中の最年少者、十七歳くらいの少年もこの決死行に混じっていた。彼らは這ったまま危険地帯を突破した。夜空を貫いて砲弾の火が走り、耳を聾する炸裂音が、彼らの進む山野に谺した。目指す壕はなかなか発見できない。陣地を抜けてきたのか、二、三人の兵隊に逢ったが、彼らも陣地を知らなかった。間断なく光を投げる照明弾の明りをたよりに、やっと虎頭に辿りついたが、どこで、どうはぐれたのか隊員はわずか五人になっていた。こうして前線の労苦に堪えている中に、平良隊長は、酷い脚気に冒され、初めて部下と共に壕内勤務を許された。

その壕には負傷兵が一杯充満し、流言蜚語が飛んでいた。

再び、「防召兵は玻名城へ移動せよ」という命令を受け、彼は残りの部下を集めようとしたが、部下は艦砲に阻まれて集まらず、やっと四、五人の部下を整えて、壕で待機中に、今度は「真壁村の部隊に合せよ」と命じられたのである。——生きて動く人間に混じって道路上には、避難行の途中やられた住民の死骸が無数にころがっていた。死体は腐爛し、烈しい死臭を放つもの、死人が首を擡げるとしか思われぬ、息たえだえの瀕死の群れもいた。

死体にたかる蝿が、人間の足音でパッと飛びたつかと思うと、再び羽音をたてて死体に吸いついていった。道路に黒く蹲っているのはこれらの無数の蝿が描く、人間の黒い像だった。それが、遠目には黒炭のように光った。まだ、皮膚の生彩を失わぬ死体があった。小さい子に肘枕をした母子、荷物の上に疲れたようにもたれた若い男。

目的地の部隊を探すまで、途中、平良教頭らは一度も壕に身を避難させることができなかった。丘や、畑の中のどの壕も、手負獅子のような、敗残兵で一杯だった。ある壕では抜刀した兵隊が、壕から住民を追い出そうとした。――

平良幸市とその部下たちは、やっと目的地の部隊の壕についた。彼らは、斬込用の手榴弾を渡され、重傷患者には青酸加里がもられていた。急造爆雷が集められた。この時、平良隊長は恐怖に戦く部下の少年隊員の姿にはっとした。少年の燃ゆるような瞳の色に、何か訴えるようなものを感じた。「斬込みをかける前に、末期の水を呑むんだ。――いいか、水を呑みたい者は俺についてこい」と彼は叫びながら、傍らのタンゴを携げて立ち上った。少年達も他の隊員もこれにつづいた。平良とその部下たちは壕を抜けると夢中に走った。夕映えの空の何処かで機銃の音がした。皆は腹匐《はらば》いながら遮二無二前進した。進路がつき、丘の頂きに出た。すぐ眼下の低地には、米軍のテントがあった。そこは既に米軍の占領地域になっていたのである。

防衛召集は四月十日の空襲直後から、各市町村を通じて登録された十六歳以上四十五歳までの男子が動員され、それぞれ最寄りの部隊に配属、飛行場作業、築城作業等に使役されたが、戦闘が激しくなった頃は各壕からも狩り出されるようになり、武器なき兵隊として、弾雨の中を追い立てられ、労役に、戦闘につく中に、約九千十九人の戦死者を出した。

十、牛島・長の最期

1

幕僚たちが気をもむのを、牛島司令官は、飛弾のはげしい識名の坂を降りるときも、悠々と、いつもの歩調を変えなかった。

津嘉山までゆくのに、何度も、側近の者が、「今は危険です。しばらく待避されては……」とすすめても、微笑をもらすだけだった。そして、道々、兵隊の遺棄死体の傍は素通りするが、路傍の住民の死体や負傷者の所に通りかかると、暫く足を止めて瞑目するのだった。

「皆さんも、ほんとうに御苦労さんです」彼の口をもれる低い言葉が、側近の者にもききとれた。津嘉山から、軍司令官らは、トラックで摩文仁まで直行、残余のものは、二日がかりで徒歩で摩文仁に着いた。

摩文仁八・五高地壕〔摩文仁八十九高地壕〕は、もと山部隊がいて、自然の岩石をくり抜いて、半分ほど洞窟陣地が完成していたのを、五月中旬頃から、先発隊が行って、更に拡張したものであった。壕は沖縄最南端の海岸に臨む、岩山の中腹を斜めに貫通し、坑口が二つあって、一方は摩文仁部落に、他方は海に面し、洞窟の中頃から、丘の頂上に通ずる垂直の坑道があった。

洞窟は地下約二十尺、長さ八十米《メートル》ばかり、内部は高さ六尺、幅約一間余であった。その中で軍司令官と参謀長だけは、互いに向い合って、板囲いの約一間四方の小さい室が取ってあり、通路は、やっと一人通れるくらい狭かった。

参謀長も軍司令官も、此処へきてからは便所にゆくときだけ姿を見せ、板囲いの小室の中で読書と、昼寝ばかりしていた。

垂坑道を除いて、二つある坑口の、摩文仁に面した方は、参謀室、海に面した方は副官室になっていた。参謀室には、高級参謀八原大佐、作戦参謀長野少佐、後方参謀木村中佐、それに薬丸情報参謀らが、副官室には、高級副官葛野中佐、次級副官坂口大尉、司令官の専属副官吉野中尉、長参謀長の専属副官正木少尉らがいた。

摩文仁部落の附近まで米軍戦車がくるようになってから、参謀室に近い坑口は、石をつめて、閉鎖してしまった。

海岸に面した副官室の壕入口には幕僚炊事場があって、それから毎日、夜半、三百米《メートル》位下方にある井戸に、兵隊が水汲みに出された。この洞窟にきて二十日近く、軍司令官や参謀長の生活には別段何の起伏もなかった。

ただ両将軍とも、毎朝一回、比嘉という散髪職を呼んで髭をそり、一週間目に散髪させる、首里以来の習慣をつづけていた。

司令官は時々比嘉にこんなことを言った。

「どうだね、俺の髭は硬《こ》わいだろ」とか、「俺の年いくつだと思っているかね、散髪屋さん。あててごらん」

「さア、閣下のお年は五十九歳、その辺でございましょう」というと「うん、あたった、あたった」とひどく、浮々して笑った。ある時は、副官や当番に自慢話をしてきかせた。

彼はよく部下をほめ、また決して呼びすてにしなかった。

「俺の副官殿は、よく働く。うちの当番は、よく働く」と口ぐせに言っていた。

六月の十七日頃から、参謀がよく挨拶に軍司令官のところにきた。あるとき、肩章をとりはずした丸腰の薬丸参謀が、司令官に挨拶し、間もなく、国頭突破を目《もく》ろんで、銘苅軍曹や師範学校生徒らを道案内として洞窟を脱出した。それにつづいて同じ姿の長野参謀、浴衣を着た木村中佐らも姿を現わした。

「閣下、行ってきます」と万感を一語にこめると、「元気で行けよ」とやさしい言葉をかけた。

十九日頃、八原参謀が、やはり挨拶にきた。「閣下、お先に失礼します」と述べると、司令官は八原参謀の顔色を何と読みとったか、いきなり、「いかぬ。死んじゃいかん。一たんの恥はしのんでも生きておくれ」「は、じゃ、失礼します」と八原は引下った。

その後、やはり同じく永野参謀が挨拶にきた。

「閣下、突破しようと思いますが」「君は採算はあるか。突破する自信があるかね」

「…………」

「自信のないことは止めた方がよいぞ。生き恥をさらすからな」

洞窟が馬乗り（馬乗り攻撃：沖縄戦の終盤、地下陣地や壕に潜んで投降しない日本兵や住民を掃討するため、米軍が頻繁に使っていた攻撃の名称。壕の入口や掘削機などで開けた穴から、手りゅう弾やガス弾を投げ入れたり、火炎放射器の噴射やガソリンを注いで火を放ったりして、中に残っている日本兵の全滅や投降を狙った）にされたのは、二十二日の正午近くだった。

高級副官が垂坑道近くの、岩かげに、衛兵長の吉野中尉の姿を見つけて、「おい、垂坑道は誰が固めているかッ」「衛兵司令の浜川軍曹がおります」「馬鹿、一番重要な垂坑道に、下士官一人おく奴があるか。お前行って、指揮をとれ」吉野中尉が坑道を上って行ったとき、丁度、坑口から、黄色焼夷弾らしいものが投げこまれた直後だった。

歩哨たちの、肩や背の服地が黄色い燐光でもえていた。

浜川軍曹は上ってきた吉野中尉に「吉野中尉殿、火がついて気持が悪いですから、一寸、服を脱いできます」と言って、坑道を降りて行った。そのとき、クワッと耳を聾する炸裂音とともに、ドッと四、五人兵隊が真逆様に落ちてきた。手榴弾を投げこまれたのである。

洞窟内は騒然となった。

垂坑道近くで、誰かが「どけ、どけ、どけ、自決だ。どけ、どけ、危いぞ」と叫んだ。途端、轟然たる音響がした。

電報班長の少佐が、参謀長と軍司令官の所に駆けつけた。

「只今、崎山章子、ほか三人の者が自決しました。閣下に御知らせしてくれとの伝言、御報告に参りました」

崎山、仲村渠某その他首里出身の者二人、給仕の若い女たちが死んだことを告げた。

右手を繃帯で包んだ坂口大尉が軍刀を抜き、二、三度、暗い洞窟で振っていた。

「閣下、漸く刀が握れるようになりました」と彼は喜んでいた。司令官らの自決は、二日ばかりまえから日を延ばしていたのである。

介錯人の坂口大尉は、右手首を怪我していた。艦砲弾が洞窟の真上に落ちたとき、岩片が彼の手をくじいた。大きく腫れ、指さえまげられぬ位だったが、漸く、刀のつかが握れるようになっていた。でも、左手でつば元を握り、右手は軽く添える程度だった。

やがて、司令官も、参謀長も中将の制服を着用して姿を現わした。参謀長が「どうも、有難うございました」と言えば、「うん、どう致しまして」とおだやかな声で、司令官が答える。

「今まで、わしが閣下に、いろいろ、作戦のことを進言致しましたが、閣下はすべて黙って、それを採用されたので、仕事が、大層、やりよくありました」「いや、その方がしよいと、わしは、そう思いましてな。ハハハ」

それから、司令官は「喰えるものを全部、此処へ出せ」と言った。洞窟内にあったパイ缶が、司令官室に列《なら》べられた。

パイ缶を全部あけ、司令官は、ホークをもって立ち、そこを通る将兵、給仕女、中学生たち一人一人に、ホークの先にパイナップルを突いてさし出した。

食べろというわけだ。両手を行儀よく出して、頂戴しようとすると、「いかん、いかん、口をあけるんだ。口をあけなさい」といちいち、口の中に入れてやった。

二十一日夕方、高級副官の葛野中佐が、あらかじめ、誰々は残るようにと指示してあったのだろう。「残余の者は、全部、管理部の壕にさがれ、明朝、俺がきて指揮をとるから、それまでは、電報班長の大野少佐の指揮の下におれ、上の方には敵が居る。目下、垂坑道は馬乗りされておるから、団体行動は危ない、みな、各個前進で行け」と命令した。

2

管理部の壕は、兵隊たちが、斬込みに行き果てたのだろう、すっかり空っぽになっていた。

夜が明けると、管理部の壕に米兵がやってきた。火焔放射器のために、洞窟内は、むせるほど、煙が立ち込め、洞窟の周囲の草木が、すごい音を立てて燃えるのが聞えた。

一人の米兵が、坑道入口に顔をさし込んで中をのぞいていたが、暗い洞窟の中から、におってくる糞尿や屍臭に、顔をしかめ、二、三度くびを振って、そのまま立ち去った。

二十三日の晩、大野少佐が「桑江軍曹と、山田上等兵と、比嘉軍属は、副官部の壕へ連絡に行ってこい」と命令した。

海に面した副官室近くの坑道入口附近は、艦砲のために、岩石がくずれ、足場もないほどであった。其処をよじのぼって、暗い洞窟に向い、桑江軍曹が「歩哨、歩哨」と叫んだ。中から返辞の代りに、ガチャガチャと銃の音がきこえた。「こらっ。無茶するな。桑江軍曹だゾ」「ああ、桑江軍曹殿ですか」と、高級副官葛野少佐の当番、木村上等兵がでてきた。

「実は、今朝、夜明け前、閣下の遺骸を葬ろうと思って、壕入口を出ようとしたら、米兵が、多分、二世も一緒だったのでしょう。歩哨歩哨と云ってやってきたのです」という説明。周囲を見たら、成程、戦闘の跡があって、死体がゴロゴロしている。

「実は大野少佐殿の命令で、管理部の壕からきたが、高級副官殿はおられるか」

「高級副官殿以下全部、閣下の後を追って自決されました」と木村上等兵は答えた。

十一、出て来い

1

終日終夜降り注ぐ、米軍の無尽蔵の鉄量に対し、洞窟壕以外に身の置き場所のない南部戦線の住民や、日本の将兵にとって、北部国頭《くにがみ》は、この島に残された唯一の安全地帯であり、逃避場の感があった。

爆音と叫喚と荒廃と死臭と血の匂いに包まれた南部に較べて、山岳重畳たる緑地帯は、きっと艦砲の激しい砲弾をさえぎり、又、山峡《やまかい》深く下れば谷川の幽邃《ゆうすい》な自然は、偉大な懐をひらいて、戦争に疲れ果てた人間を抱擁してくれるに違いない。喉を焼く飢渇に身をさいなむ獣のように、己の肉体の安全をしばしの間でもつなぎとめたい生命の本能に喘ぐ人々は、砲撃の絶え間に睡る仮睡の夢にも国頭突破の幻影が浮んだ。

南部戦線にいる二十万人近くの人間が夢みるその国頭も、四月七日には、米第六マリン部隊が南部と同様上陸していた。町や、村を捨てて山に避難した人々は、トンボ（米軍の砲兵直協機）があぶのような唸りを立てて低く飛び交い、艦砲弾が名護の市街へ射ち込まれるのを見た。

羽地《はねじ》村山田原に本拠を置く、避難民用の食糧（堅パン）製造を引受けた、農業組合連合会の経営する食品加工場をあずかる、職員の一人である米須精一は、四月一日材料原料を運ぶため人の居ない部落へはいった時、重苦しい大砲の音をはじめてきいた。

彼は妻子三人と共に、仕事仲間の一家に身を寄せていたが、同僚とはいえ長期の居喰いは、彼の良心が許さなかった。親子三人で他人の貴重な貯蔵食糧を喰い潰す結果になる。他人に迷惑を掛ける位なら親子が餓死したって構わぬ、彼は同僚がしきりに引き留めるのを無理に断わって、この家を引き払うことを決意し、数日後山田原山麓の避難小屋を見つけてそこへ移った。

多くの沖縄人が米軍の手中に入るまでには、あらゆる辛酸を嘗めなければならなかったのに、彼は迷ういとまもなしに急速に、土壇場に追い込まれた。四月十三日朝、家族と共に水汲みに行っての帰途、小径の曲り角で三人連れの大男の米兵とバッタリぶつかったのである。

蒼白になってふるえている親子を、微笑で米兵が迎えた。米兵は形式的に自動小銃を擬していたに過ぎなかった。彼らの中一人は進みよって怖がる子供の頭を大きな手で撫でた。他の米兵が、住民の動向を尋ねた。米須精一の咄嗟の、ブロークン・イングリッシュが忽ち役立った。「米軍の敵は日本軍であり、住民ではない」「沖縄人は何故山に隠れたのか」と訊いた。「それは米兵を怖れているからだ」「そんな心配は要らぬ」「君の努力で住民を山の中から連れ出すことはできないか」と米兵は言った。こうして奇態な会話が、出合頭の敵味方同士の間に、めまぐるしく、交わされる間に、一人の米兵はすぐ取って返し、タバコや、レーションを持参して親子にすすめた。

米兵は伊差川馬場に陣取っている米第一及び第六マリン師団の砲兵隊の隊員だった。

米須精一親子が敵である米兵と不思議な出会いを行った数日後、山中の住民は食糧を補充するため夜間になると、そっと山を降りて部落にはいった。そこで彼ら山中の住民は米須親子が無事であることを知り、米兵が話と相違して、案外住民に親切であり、危害を加えないことを知った。住民はそれでも、半信半疑で山中へ引上げたが、二日経ち、三日経つ間に、住民は漸く大胆になった。四月二十一日未明、住民が隠れている山中に、突然けたたましい機関銃の音がした。一隊の米兵が現われ、山中を隈なく捜査した。米兵は、日本軍の敗残兵が住民の間に紛れ込んだ形跡があると語った。部落も同時に米軍の捜査を受けた。陽が昇ると住民は、三々五々山を降りた。部落前の田圃径に七人の日本兵の死骸が並べられてあるのを彼らは始めて目撃した。米兵は住民に山を出て田井等《たいら》部落に新設された収容所へ行けと命じた。手荷物や家財道具を纏めた多くの住民が、米軍の、迎えのトラックに乗せられて出発することになった。住民が立ち退いた後を見計らって部落の家は米軍の手で焼かれた。猛火に包まれた部落を後に、彼らは無表情にこわばった顔を、トラックの上に並べた。

北部地帯は、独立混成旅団の残兵を率いた宇土大佐を司令官とする宇土部隊が、本部《もとぶ》半島に上陸した米攻撃軍に追い捲られ、八重岳も既に米軍の手中に陥ち、残りの部隊は名護東方にあるタニュー岳にしがみついていた。時を同じくして伊江島の日本軍守備隊も上陸の米軍を迎えて手足が出ず、破滅に瀕していた。

米須らが田井等収容所に収容された時は、とっくに八百人近くの住民が、男女別に保護され、平穏な集団生活を営んでいた。

五月一日、日本語のうまい一人の米将校が収容所にきて、「男子十人を即刻出すように」と言った。米須もその一人に選ばれた。都合十三人の沖縄人がこれから米軍の直接指揮下に入ることになり、或る特殊任務に就く、というのである。目的地は南部戦線、三十分後には出発、と発表されただけで、任務の内容に関しては一切秘められた。「出発までに家族に逢って来てよい」という許可が出たが、米須は、家族に無断で出かける決心をした。「囚虜の身となり、あまつさえ、敵と共に行動する」内心の苦悶と闘う彼の表情は歪んでいた。米兵の親切な態度に当惑しながら、トラックに乗り込んだ。そして収容所内の人々の奇妙な激励の声に送られて収容所を出発した。名護町にある、MP部隊に一泊、翌日仲泊《なかどまり》、それから東恩納を経て愈々最初の目的地、米マリン部隊第六師団本部（美里村登川）に到着した。ここでは米須他二人が一班を編成し、他の任務を帯びた人達と共に、米海兵隊の自動車で、平良川にあるマリン第二十九連隊本部に送られた。途中、知花から平良川に通ずる道路は、幅員十米《メートル》近い大道路となっており、カマボコ型の丸味を持った大道が、坦々と身をくねらし乍《なが》ら南へ延びていた。米軍上陸直後早くも迅速な道路網の拡大整備に着手したことを物語って、車上の沖縄人の、度胆を抜いた。だが、なんという周囲の風物の変りようであろう。山小屋から、山中の壕へとやもりのように陰惨な避難生活を続けた彼らの眼前に、急に明るく、颯々とひらける人工的に変った、島の激変振りに、彼らはさらに驚嘆の叫び声をあげた。

マリン第二十九連隊本部に着くと、ネルソン中尉の指図で、直ちに次の目的地点を目指すための準備に取りかかった。巨人の着けるような、マリンの青い制服や、シャツ、靴、帽子、鉄兜などが与えられた。ネルソン中尉は彼らが、これを、着用する前に一場の訓辞を説明混じりに行った。「諸君はこれから、米軍に従い、南部戦線へ出発する。目的は、南部で、諸君の同胞を、戦争の犠牲から救出することだ。日本軍のデマに迷わされ、徒らな抗戦をつづける沖縄住民は可哀想であり、諸君はその重大任務を帯びて出動する米軍に、協力して貰いたい。諸君の活動が大きければ大きいほど死のまきぞえを喰う沖縄住民を、犬死から救い出すことができる」と初めて彼らの目的を明らかにした。ネルソン中尉は出発前、彼ら三人を、連隊本部の将兵や、第一、第二、第三中隊の各隊の将兵に引き合わすため、連隊本部内を四人で一巡した。「皆に諸君の顔をよく憶えておいて貰わぬと、敵と間違われたりする怖れがあるからだ」と説明した。生れてはじめて彼らはマリン部隊の制服を纏った。米兵のお仕着せは、恰好がつかず、手首を蔽《おお》うた服の袖口を、ネルソン中尉が手伝って上にまくりあげた。ネルソン中尉を隊長とする、米須精一外二人の沖縄人と米兵で構成された、壕捜索救助班はいよいよ南部戦線へ出動することになった。

特に護衛の目的で加わった。そこでは米須ら沖縄人も米軍人と同じ給与を受け、全く米国軍人風な陣中生活がはじまった。後数哩も南へ行けばもう彼我三十万近くの人間が相錯綜し、或いは対峙して、血みどろな闘争をしている戦場だと思うと、米軍の服を纏った三人の沖縄人の胸中は、説明のつかぬ、複雑な感慨にとらわれ、何不自由ない、快適であるべき生活が、却って暗い影に取り憑かれているようで不安だった。彼ら沖縄人に支給される給与は、米軍上陸以来、喰うや喰わずの生活をして来た彼らを戸まどいさせる程豪華なものであった。肉、果物、菓子類、莨等々凡そ平和時の食卓に上ぼせ得る総《あら》ゆる山海の珍味が、しかも合理的に処理され、山中の避難民生活でひからびていた彼らの味覚を攻めたてたのである。彼らの頭に頑強に巣喰って離れぬ、あの得体の知れぬ不快は、——それが懊悩というほど深刻なものでないだけに、各自が銘々で、自分の気持ちをゆっくり究明しなければ解らぬ種類の代物だと米須らは思った。——だがネルソン中尉といい他の米兵といい、彼らの顔は、何と屈託のない、人間らしい自由さに輝いていることだろう。

五月九日壕捜索班は、マリン第二十九連隊と共に牧港《まきみなと》へ移動を開始、通称ユクイ岳と呼ぶ丘の麓に投宿した。日本軍の砲弾に備え、地上に穴を掘り、露営の準備を終った時は薄暮だった。もう戦線に隣り合わす地点だけに、日本軍の砲弾に対し警戒が払われた。

日本軍は、最後の要衝、首里戦線に膠着したまま、米軍の猛攻撃に圧せられ、その主力第六十二師団さえ辛うじて命脈を保っているに過ぎなかった。米軍は、折柄雨期にはいったため、泥濘と化した戦場をじり押しに進んでいるとの情報が前線からはいった。

前線地帯となった、露営地の第一夜は、米須ら三人の熟睡を完全にさらった。日本軍の射つ野砲弾が附近に飛び込んできては炸裂した。「今俺達の生命を狙っているのは、日本軍の砲弾だ」皮肉と恐怖と、昂奮にさいなまれつつ三人はテントの中に起き上ったまま寝苦しい一夜を明かしたが、その真夜中、一つの事件が持ち上った。ちょうど、海岸に面したところで激しい機関銃の発射音を耳にしたからである。「スワ、日本軍の逆上陸」動悸で高鳴る胸をじっと押えた三人がガスランプに顔を寄せ合った時、午前二時頃、激しい機関銃音が絶えて、恐怖の夜がしだいに朝を迎えた。翌朝、「日本軍の捕虜をとらえたから一寸来い」という本部の示達を受けたので米須が本部に駆けつけてみると、米軍の昨夜の獲物である、いかにも精根つきた顔付をした日本軍の一兵士が坐っていた。彼は上間某と名のる久高島出身の兵卒だった。

数日前、上官から、読谷山沖合に居る米艦船群に体当りすることを命ぜられ、那覇港から爆雷を積み込んだ小舟を操って出発、途中で米軍の監視艦に発見されて小舟は撃沈され、他の兵員が小舟と運命を共にしたのに、彼がすぐれた漁夫だったために小湾《こわん》海岸に泳ぎつき、辛くも一命を助かったのであった。彼は三日三晩喰わずに過したため、やっとありつけた食事を矢鱈にたいらげた。ネルソン中尉は「余り喰い過ぎて腹をこわさぬように」注意した。四日間の空っ腹を満たした彼は米軍と一緒にいる米須の行動をいかにも腑に落ちぬように眺めた。南部戦線では、米軍は日本軍の捕虜を、戦車のわだちで轢き殺し、婦人は片端から凌辱するという噂がもっぱらだったので「君は二世なのか」と訝った。米須の懸命な説明を彼はやっと呑み込んだ。そして、北部に避難させておいた彼の老母の安危を気にし出したが、これも米須の説明で彼は俄かに安堵の色を浮べ、導かれるままに、後方の収容所に送られていった。

翌日からは、愈々壕巡りの仕事が開始された。潮の退いて行ったような戦線は、唯荒涼たる破壊の跡が目につくだけで、附近の壕という壕の中は日本軍の敗残兵も、住民の姿も無かった。ただ仲西飛行場附近の自然壕が、いかにも怪しいので先《ま》ず一行の注意を惹いた。「出て来い」米須が叫んだ。彼の声が虚ろな空洞に空しく響くだけで、一向手応えらしいものがない。ネルソン中尉の目配せで米須が片足を壕内に踏み入れた時、生温かい空気に混じって激しい死臭がプンと鼻を衝いた。死臭は、壕の中の横穴に、無数に転がっている死体から発していることが解った。

勢理客《じっちゃく》及び沢岻《たくし》の線に、最前線を布いていた米軍が更に前進したので、第二十九連隊本部は間もなく勢理客と沢岻間の丘の蔭に駐屯した。日本軍の拠っていた陣地は、米軍に押されるままに、首里那覇の線に後退したため附近の陣地は何れも藻抜《もぬ》けの殼《から》にすぎなかった。勢理客では、人の潜んでいそうな壕を発見した。そこでも、「出て来い」と叫ばれた。ついニ、三日前までは日本軍の陣地であっただけに、そこでは細心の注意が配られた。ネルソン中尉が先頭に立った。彼は肩の自動小銃を外し米須に手渡した。そして片手に拳銃を擬し、片手に懐中電灯を点滅させ乍ら内部へ進んだ。米須は中尉の後に従いながら、この若い米人将校の心理を読もうとしている自分に気付いた。この沖縄人の捕虜が、若し復讐心の虜となっていたとしたら、絶好の機会である。しかし、ネルソン中尉は、それを少しも疑わない、人間的な愛情と信頼が、銃を持った背後の捕虜を、気にもかけないで、悠々と壕の奥へ進む。中尉は危険と見れば、いつでも沖縄人である米須らを壕外に待たせ彼自身が先頭になって進んだのである。壕は深くて、奥につきあたって尽きたかと思うと、更に右に折れて続いていた。「出て来い」と米須が叫んだ。不気味な沈黙を破って、微かに「はい」という声がきこえた。全身を耳にして両人がなおも進んでいくと、人の声が急に下の方から響いてきた。「明りをつけろ」とどなると、「負傷して一歩も動けぬから、済まぬがそっちで明りをつけてくれぬか」と弱々しい声で答えた。じっと息を殺して内部を窺っている、と、パッと前の壁に灯りが反射した。そこは壕の中に井戸のように垂坑道があり、灯りはそこから反射していた。負傷兵らしいのがうずくまっていた。米須は四、五人の米兵と共に負傷兵を上部に引き上げた。彼は足をやられたために日本軍から置き去りにされていた。負傷兵は壕外で、米兵の応急手当を受け、後方の野戦病院へ送られた。

2

一行は更に南へ進んだ。首里の方向から射つ野砲弾が落下しはじめた。米須と行動を共にして来たAが急に酷い下痢に冒され、TとBが神経衰弱で動けないというので、休養をネルソン中尉に願い出たため、三人の連れが揃って、後方の大山に送り返され、米須は最後の沖縄人として米軍への従軍を続けた。

五月二十四日、西海岸の米第六陸戦隊は、那覇市崇元寺の東方。東部戦線では、米第九十六歩兵部隊が首里市石嶺町の東方高地一帯に進出していた。

一行は墓地に陣取った。米須だけは一人、墓地の外に携帯寝台を置いて頑張った。ネルソン中尉以下数人の米兵達は、殆ど墓穴内に宿泊し、骨甕は外部に運び出され、雨を防ぐために、骨甕には懇ろに合羽が掛けられた。ネルソン中尉の話によれば、師団本部からもそうせよとの命令が出されたとのことである。雨期をむかえて、彼ら一行の根城は、忽ち洪水攻めにあった。「米兵が墓の中を荒すので、沖縄人である君にとってはさぞかし憤懣であろう」と、ネルソン中尉は慰めるように米須に話しかけたりした。

米軍はついに安里川を突破したので、彼ら一行は安里八幡宮附近に進出した。ネルソン中尉は壕から壕へと目まぐるしい捜査活動をつづけて行く中に、日本軍の機銃弾を一発足に受けた。

壕あさりの舞台は那覇市内にも展開した。五月二十八日日本軍の一部は楚辺《そべ》一帯の平地に押し込められ、城岳には平賀中佐の指揮する船舶部隊が居残って、それらの陣地から死物狂いの反抗をつづけた。そのために捜索班は行手を阻まれ土堤にしゃがんで日本軍の機銃弾をさけた。連日の雨で、水が奔流となって畑のあぜを浸し、附近の畑や地上に転がった、日本軍の腐爛死体から湧く、無数の蛆虫が、流れに乗って、彼らのズボンや手足に遠慮なく這い上った。

那覇市を貫流している久茂地川の裏手の墓地には、米須が睨んだ通り、多数の住民がたて籠っていた。皆目戦況を知らぬ住民は、米須や米兵の説得にも頑固に首を振り一歩でも墓穴壕を退かぬ、「若し強いてわたし達を米軍に引き渡したければ、一思いに君の手で殺してくれ」と、拒んだ。米須はかねて用意のレーションや、莨を与えて、おもむろに諭しにかかったが、どうしてもきいてくれない。しかたがないので、「ここは、戦闘地域である。もし後でここを出たくなったら、これを米兵に見せろ」と彼は急いで米兵に書いて貰った英文の証明書を渡した。他の墓地でも同様だった。ところが案外説得が効果を現わし、恐怖と、死地脱出の一縷の望みに、ゾロゾロと墓穴を出た人々が、泊高橋附近まで誘導され、そこから米軍の差し廻したトラックに乗せられて安全地帯へ送られた。垣花部落の後方高台には、未だ日本軍の敗残兵が頑強な抵抗を試みるのか、迫撃砲や、重機関銃の弾が飛来するので、一行の進出は難渋を極めた。

海軍根拠地司令部を中心とする、附近一帯の壕からは、四百人近くの住民が救出され、それらの住民が米兵の先導で、畦道を縫い丘の尾根を廻って一カ所に集められた。幾十日振りに仰ぐ陽光に、眩しそうに目を細めながら、呆然として立ちすくんだ。カサカサに乾いた顔や手足の皮膚は、黄色に萎え、目だけが異様に光っていた。老人の殆どは、手足が蒼黒く膨れ上り女の頭髪は、ささらのように乱れ、永い間の不潔からくる、軀からは、あかと膏《あぶら》のむせるような体臭が匂った。ボロボロのモンペが、その軀を形だけ包んでいる。若い女の掌は、しらみを潰した時の血がそまり、片腕や足首を失った負傷者は軽傷者の部類に属し、薬の代りに化膿止めのつもりで塗った生味噌や葉タバコの下から、紫色の膿が、傷口一杯に溢れ、蛆が群がり湧いていた。機銃弾をまともに喰った、虚ろな眼窩に、ボロぎれを押し込んだ中年の男や、破片で尻の肉を半分削がれた女などがケロリとした顔で、米兵の応急手当を受けた。持てるだけの荷物は全部持つようにという、米兵の指揮で、再び壕へ戻る住民もいた。歩けぬ重傷者の中には、「たとえ非戦闘員であろうと、絶対に、敵に醜虜の身を晒すな」と叫んでいた兵隊や、軍服を脱ぎ捨て住民の着物を纏うた兵隊もいた。住民は、初めて、米軍が空中から撒いたビラの文句が、真実を物語っていることを知った。住民に紛れ込んでいた敗残兵は、すぐに米兵に見破られ、住民の群から引き離された。

　そのビラには――

「洞穴壕に隠れている住民は、直ちに壕を出ること。出る時は皆一緒に出ること。持ち得るだけの所有物を持って出ること。出る時には道に沿うて近くの海岸通りを選んで出ていくこと。昼間歩くこと、決して日本軍人と一緒に歩かぬこと。夜間歩いたり、或いは、日本軍人の相手をすると兵隊と間違われて射たれる危険がある。米軍を見たら敵対行動を取らぬこと。また逃げないこと。恐れずに、彼等を呼んで待つこと。米兵は皆さんを安全な場所へ連れてゆき、充分に食糧を与え、飲料水や薬や家屋を与える――」

と書かれ、裏には、ジープの走る大道を、延々長蛇の列をなして、安全地帯へ急ぐ、住民の避難状況を撮った写真が、刷り込まれてあった。

　米軍の占領地域には、進撃部隊の踵に接して、ネルソン中尉らの進出が行われた。米軍最前線は、小禄後原《おろくくしばる》に延び、日本軍は、南部戦線の、僅か三平方哩《マイル》の地点に追い込まれていた。米須はネルソン中尉に誘われるままに、落平《うていんだ》後方の丘上に屹立する奇岩怪石の辺りに腰をおろし、眼下の光景を眺めた。真新しい土層の土が深く掘り返され、ところどころ焼け爛れた灰色の土が、陽に乾き、数台の米戦車の群れが土ほこりをあげながら、前面の日本軍陣地らしいものに対し戦車砲を射ちつつ進んで行くのが眺められた。キャタピラが捲き上げる黄塵の間から、腹ばいになって進む米歩兵の姿も見えた。前方の一台のM

四戦車が、急にパッと紅蓮の焔をあげて燃え出した。米須は、眼下のパノラマのような戦場をあかずに眺めた。そして、自由に、安全に、観戦できる自分とは、今、逆の立場に置かれている、同胞の姿を思い浮べた。

一行は、うっかり前に行けぬので、落平後方にある壕の捜索を開始した。元南陽造酒跡付近の手前の壕の入口に、一人の少女が咽喉をやられて倒れていた。

少女の家族五人は、近所の十数人の人たちとともに、字小禄後方の日本軍高射砲陣地下の壕に退避中、その日に限り、洗面に行くといって、少女の母親が、彼女をつれて壕を出た時、母親は飛来した砲弾の破片であっという間に下腹部を射貫かれ、約一時間後に絶命した。弾雨下に母の死体を埋めると少女の家族らは、襲いかかる恐怖に慄えて互いに抱き合うように慄えていた。壕の外から、聞き馴れぬ声が洩れた。「米兵だ」彼女の父親は、狼狽《うろた》えたが、かねて覚悟をきめていたので、咄嗟に自決を思い立ち、手早く手榴弾を取り出して栓を抜いた。発火しなかった。もどかしい余り、石油をぶっかけ、マッチで点火したが、それでも手榴弾は発火しなかった。

父親は業を煮やし、矢庭に出刃庖丁を取り出した。少女は父を制しようとしたが遅かった。突然壕に攻撃が加えられ、黒煙が物凄く渦まいた、その時少女は、いきなり左頸部を父に斬りつけられた。少女はあっと叫ぶと、渦まく煙の中から父と弟達の呻き声をききながら、左頸部を押えたまま血塗れになって夢中に壕を飛び出した。それから一週間後、少女は昏睡から覚めると、自分が米兵に抱えられていることを知った。米兵は彼女の頸部の傷に白い粉薬をふりかけた。米兵は少女の傷が割に浅いことを知ると応急手当を済ませた後、やさしく、いたわるような態度で彼女の自決の原因を尋ねた。

少女は照屋みさえ（十一歳）と名乗り、「父が私を殺そうとした」と米兵の尋問に答えた。彼女の父は小禄で屠殺業をしていた。米須の通訳で、一行の米兵はこの惨劇を初めて知り、無益な死を惜しむ、激しい怒りの舌打ちをした。少女は間もなく後方の米軍野戦病院に送られた。一行はその日の中に、小禄村の左岸に出た。前方の豊見城々址にある日本軍の陣地壕から、時折りパッパッと機関銃の吐く火焔が見受けられた。一行が低い石垣添いに日本軍の弾を避けていると、日本軍の軍服を着けた年の頃十七歳位の少年が二人、米兵に連れられて来た。米須の訊問で、二人は中頭《なかがみ》出身の少年であり、日本海軍の工作兵として徴用されていたことが判った。彼らは日本軍陣地より脱走を企てようとして米兵の手に渡ったものだった。二人の少年は、救われた歓喜にふるえつつ、米須に、「何でもやりますから小父さんの傍に、置いてください」と哀訴した。米須から、そのことを聞いたネルソン中尉は満足そうに二人の少年に向い、「君達は向うの陣地の日本軍を降伏させ、ここまで連れ出してくることができるか」と尋ねた。二少年は、硬直した頬をピリピリとふるわせながら、力強くうなずいた。ダニのように陣地壕に吸いついて悲しい抵抗をつづけている日本軍を残らず掃討するには、双方無益な時間と、血を費やさねばならない。ネルソン中尉は、この、破天荒な計画を、早速本部に伝えた。二人の少年の冒険は、白昼堂々と、日本軍の間に断行された。先ず、「今紅白の旗を持って、戦場を進む二人の少年は米軍の使者である……」とマイクで放送され、日本軍陣地を攻撃していたあらゆる砲撃が言い合わしたようにピタリと止んだ。

一人の少年は畑の中を、他の一人の少年は海岸寄りの小径を、何れも日本軍陣地の方を目指して進んだ。日本軍の弾を避けるためか、二人は、たびたび転ぶようにして地上に伏すのが眺められた。攻撃隊の眼も、米須一行の眼も、その可憐で、勇敢な二少年に釘付けされた。二人の少年の姿が小さくなり、日本軍陣地の入口近くまで辿りついた。陣地からは数人の日本兵がでてきて二人の少年を囲んで、何か押し問答するさまが窺われた。すると、日本の兵隊は壕の中に消え、再び少年の前に群がった。数人の日本兵が少年の後について戻ってくる。両手を挙げている。和やかな縹渺《ひようびよう》とした夕暮れの中に、高潮した一幕は終えた。ネルソン中尉は朗らかに微笑んでいた。

米軍は小禄村上原に最前線を布き、なおも一行の壕捜索は続けられた。一行は、海軍軍需部の壕の前まで来た時、壕の中から漏れてくる人声を耳にした。「外は安全だ、危害を加えぬから、皆出てこい」と米須は叫んだ。

不気味に静まりかえった壕内からは、何の応答もない、最後の誘出宣伝が試みられた。その時一発の銃声が壕内で響いた。壕壁にパシッと当る銃弾の音もした。日本の海兵達は救出班の努力にも構わず、中から発砲してきたのだ。なおも重くるしい静寂がつづいたかと思うと、轟然たる爆発音が、きこえ、つづいて人のうめき声が漏れて来た。その直前、米兵には異様な放声となってきこえたが、米須には、自決を前に日本兵達が、「天皇陛下万歳」と叫ぶ声だと解った。それは幾十人もの悲壮な声であった。「自決だ」ネルソン中尉を始め、米兵は又しても例の激しい舌打ちをした。

安次嶺の壕では説得が効いて、七、八人の住民が壕から出た。若い女が両手足をやられている。やっと木の枝に縋って歩くのをふびんに思ったネルソン中尉は、米須に背をかしたらどうかと言った。

米須は、何度も、これらの負傷者を背負っては、気象台の丘まで駆け登らなければならなかった。何処からともなく、日本軍の機銃弾が飛び込んで来たからである。

小禄上原一帯の壕からは、一日平均、五、六百人の住民が壕から出された。若い娘は皆、一個ずつ手榴弾をかくし持っていた。

小禄戦線の壕捜査は漸く片付き、一行は戦闘部隊の後を追って、兼城村に着いた頃は、次々と潰え去った日本軍の陣地や夥しい壕が一行の行手に待ち構えていた。一行は焼け残った一軒の民家を見つけ出し、久し振りに屋内に落ち着くことができた。民家には、一人の六十近い老爺が寝転がっていた。米須はこの老人に必死の説得を行ったが、彼は家を立ち退くことを頑固に拒みつづけた。「無理に俺を引っ立てる位なら殺してくれ」と、わめき立てた。米須がほとほと手を焼いているのを見て、ネルソン中尉は一策を案じたらしく、うむを云わさず老人の手足を縛り上げた。一刻も早く老人を後方に送り届けるためには最後の手段が取られた。柱に抱きつき、喚き散らしていた老人はぐんなりとなった。彼は自殺用の草刈鎌を探すために顔だけグルグル廻した。ネルソン中尉は、米須に目交ぜをして、老人を自分のジープに乗せた。潮平の収容所に行く途中、米須は、老人の手首の縄を外し、タバコに火をつけて渡した。老人は呆けたようにそれを立てつづけに吸った。

六月十八日、米軍戦車は、真壁村に進出し、最早日本軍の組織抗戦は絶望となっていることが米軍に従っている米須にも良く解った。「沖縄の南端、喜屋武《きやん》岬には、きっと日本兵と共に追い詰められた住民がいるに違いない。彼らをそのまま放任すれば、日本兵の誤まられた宣伝によって、自殺するにきまっている」と米須は、ネルソン中尉に沖縄住民の救出を懇願した。彼の言葉を裏書きするような情報が、飛行部隊から知らされた。「サウザン・ビーチには多くの住民が壕の中に隠れている」という無電連絡だった。

3

すっかり雨期をぬけた南島、初夏の空は、高く晴れわたり、喜屋武岬が遥かに遠く波間から望まれた。それは戦場とは思われぬ美しい、和やかな遠景であった。米須にとっては、期するものがあり、今は米軍の側に有りながら、自分のこれからとる、行動について微塵の疑いも曇りもなかった。

一行の船は目指す喜屋武岬の海岸にちかづく。ネルソン中尉は、身を乗り出そうとする米須を制してへさきの鉄板を指差し、それに隠れるようにと云った。拡声機は用意され、米須は、おもむろに、下腹部にグッと息を呑み、陸に向って呼びかけた。海鳥が飛び立つだけで何の手応えもない、「日本兵も、住民も壕から出てこいッ」――「ここから上陸用舟艇を出しますから、あなた方は、怖がらずに、それへ乗って下さい」

この時、用意の舟艇が母船を離れ海岸へ向けて滑り出した。同時に、赤茶けた、阿旦葉の陰や、波打ち際の空洞から、チラチラと人影が現われたかと思うと、数十人の人達が、海岸に、おずおずとした恰好で並んだ。「左側、東方の入口に向って歩いて下さい。私共の舟艇をそこに着けますから」とマイクが叫んだ。ところが人々は岸辺に接近する舟艇に米兵が動いているのを見て、言い合わしたように立ちすくんだ。彼は懸命になって総ゆる言葉をマイクに叩きつけた。或いは哀願に近い言葉が奔り、或いは懇願した。手を変え品を変え、折衝は最高潮に達したかと思われた瞬間、沈黙の群集の列が、おもむろに動き、東に向って徐々に移動し出した。米須は今度はネルソン中尉に向って叫んだ。「私を行かせて下さい。怯え切っている人達にとって初めて見る米兵は怖いのです」――間もなく、海岸に着いた舟艇に、「引っ返せ」の手旗信号がおくられた。その時、又も東方に歩を運び出した群集が、何者かのために、突然行手を遮られたかのように、ピタリと止まった。

何処から現われたのか日本軍の兵隊が数十人、或いは銃を擬し、或いは大手を拡げて、住民の行動を制しているのであった。日本兵の武器が威嚇的に光った。ハッと船内は息を呑んだ。ネルソン中尉の命令で、上甲板上の機関砲がクルリと日本兵の方向に狙いをつけた。

「危い、非戦闘員の住民がいます」

米須の怒りに燃えた説得の声が、しかし、さとすように、静かに拡声機を通じて流れ出した。

「既に戦いは終ったも同然です。あなた方が、真に立派な日本の軍人だったら、身をもって、可哀想な住民を、死地から救ってやるのがほんとうです。だが、あなた方の今の行為は、日本魂にもとる、誤まった行為です。こっちからは、あなた方が、一時も早く、危険を免かれようとする非戦闘員である住民の行動を邪魔しているのが、よく解ります。どうぞ途を開いて住民を安全地帯に導いてやって下さい。そして、あなた方も住民同様早く舟に乗って下さい。決して、米軍はあなた方を憎んでいるのではありません」しばらくして日本兵は両側に途を開いた。説得は効を奏したのである。米須は、母船に引き返した一つの舟艇に飛び乗った。住民は示された入江の方向に向ってゾロゾロと移動を始めた。数百人の蒼ざめた顔が揺れながら近づいた。彼の知人や、昵懇の人々の顔も混ざって、それらの疲れた顔が、不安気に歪んだまま近づいた。それから数刻後、数百人に上る住民がLCIの船底に呑まれた。そして放心して押黙る人々の間を飛び廻る米兵の手によって冷たい氷水が配られた。米須の六十日余の米軍従軍の仕事は終りをつげた。

第四章　姫百合之塔

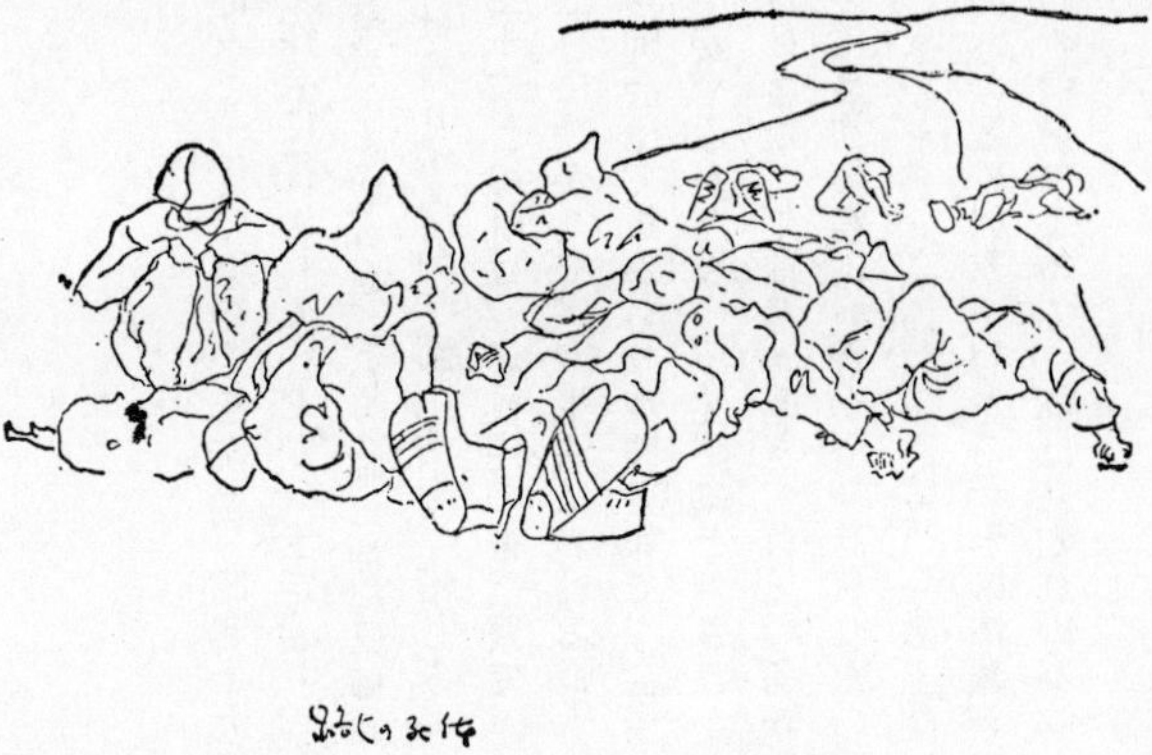

一、女学生従軍

太平洋戦局の緊迫化と共に、戦時体制の荒波は、滔々として学園の中を洗い、昭和十九年（一九四四年）七月以来は殆ど、一日おきに軍動員作業に従事していたが、予定通り、割当てられた陣地構築もおわり、精神的にも一段の落着きを取り戻した女師（沖縄県師範学校女子部）、一高女（県立第一高等女学校）の生徒らは残り少ない学園生活を、惜しみつつ少女らしい感傷にひたっていた。その翌年の三月二十二日の晩は、学校内の寄宿寮で、卒業生の送別会が催された。卒業式を、あと、二、三日にひかえて、寮生活における最も大きな年中行事である、乙女の日を飾るべき、この送別会は、折からの空襲警報で、会場の周囲は真黒なカーテンでめぐらされ、ともすれば不安やるかたない、沈黙にとざされがちであった。明くれば、二十三日、来るべきものが遂にきた。午前七時過ぎ、首里・那覇のサイレンが不気味に鳴りひびいた。この日、港川沖に最初の艦砲射撃が浴びせられたのである。それは、恐ろしく永い不安の一日であった。そして、その翌二十四日、「敵上陸の算大なり」「久高島へ、艦砲射撃始まる」「那覇正面への艦砲射撃予想さる」との情報が、次々と伝えられ空襲は頻々と続いていたが、この艦砲の猛射によって、島は底知れぬ不安にゆすぶられた。

その日、学校にいく機会を失って、県立第二中学校の近く、城岳の防空壕にいた、沖縄師範女子部の仲宗根教諭は、那覇署の警官の報告によって、港川方面における艦砲射撃を知り、与儀の農事試験場内を横切って学校に急いだ。安里駅の近くにある西側の壕にいくと、そこにはすでに西岡部長と仲井間助八教諭の下に一高女の全生徒が集まって、恐怖にひきつった表情を漂わしていた。師範部の生徒はどこに行ったのだろう。学校東側の壕にいくと、もう誰もいなかった。識名の高射砲隊の壕に避難したことがわかった。あわただしい気持ちにせかされながら、識名に来てみると、そこには、西平、岩本両教諭、仲宗根附属訓導らとともに女子師範の生徒達がいた。識名の壕は、女学生たちが学徒動員による労汗《ろうかん》作業によって構築されたもので、爆撃にたえ得る立派な壕であった。

母校の壕に不安を感じた彼女たちは、いちはやく識名の壕へ走ったのである。部隊に事情を話すと快く受け入れてくれた。

女学生たちは、自分たちが掘った壕という懐しさもあり、勝手もよくわかっていたし、また五カ月近くの勤労の成果のあとを見るのが嬉しく、わが家に帰ったように壕内をはしゃぎ廻った。その馴々しい態度をあとで理解した、そこの隊長は「ちょっと、無遠慮な生徒さんたちだと思ったら、そうでしたか、あなた方が掘ったんですか。そんなら、まア、あなた方の壕だと思って、適当な壕がみつかるまで、ゆっくりしなさい」と温情のある言葉をかけてくれた。しかしその日の夕方になって急に動員命令が下ったので空襲が途絶えてから一応学校の寄宿舎にひっかえし、そこで一同は軍からの命令に接し、陸軍病院付として従軍することになった。早速各自は荷物を整え、すぐ同日の午後九時、夜陰に乗じて、南風原《はえばる》の陸軍野戦病院に向って出発することになった。出発に際して、師範女子部長兼県立一高女の校長である静岡県出身の西岡一義は、学校内の自宅の庭に女子師範生及び一高女の生徒達を集め、一場の訓示を行い、最後に、「私はこれから第三十二軍の命によって軍司令部の参謀室にいくことになった。君たちは、先生方と一緒になって極力、軍に協力して貰いたい。自分も一緒に行きたいが、軍の命令で仕方がない。どこにいても国につくす道は同じである。とにかく頑張って貰いたい」そういう意味のことを言って、彼は女生徒たちの一人一人と、握手を交わして、一同を激励した。

米軍上陸の可能性がいよいよ濃厚となった緊張した空気の中で、西岡部長から握手された生徒達は、そのとき感激の面持ちをしていたが、職員たちは、西岡部長が参謀室にいくための工作をしていたことをうすうす知っていたので、この際に、生徒達に対する責任を職員に押しつけて、自らは最も安全な首里の軍司令部に避難しようとする、彼の態度に、割り切れないものを感じていた。彼は当時、彼の住宅当番であった、師範附属の訓導で、八重山生れの独身の女性を伴いすでに首里の洞窟に去っていた。

各自、リュックサックを背負い、その日の晩の十時、師範女子部百五十人、一高女生五十人、合せて二百人の生徒が職員十五人に引率されて、姫百合学舎を出発し、既に十月十日の空襲で焦土と化した那覇の残骸をふりかえりみながら、隊伍を整え、識名の東側斜面の小さい坂道を下りて行った。昼の空襲もおさまり、淡い朧月夜で、静かな宵だった。彼女たちは、今、大異変が起りつつあることを見極めることができず、むしろ浮々とし、その歩調は明るく勇躍していた。しかし、楽しかった学園につづくもの、それは、光なき運命の道であった。淡い月光は、戦いの前夜の、死の舞台を静かに物悲しく照らしていた。前と後で、友の名を呼び交わしつつ、辛うじて一日橋近くの、南風原へ通じる街道に出ると、其処は、ライトを消した、軍用トラックや、移動する部隊や、避難する住民たちが、那覇方面から、続々と後をたたず、沈黙の中にも、何か騒擾とした空気が、ひしひしと感じられた。その興奮は自ずと彼女たちの胸にも伝わってくるのだった。ドーン、ドーンと、遠雷のような、また太鼓を打つような響きが、遠くから、間遠に、間断なく聞えてくる。そのたびに彼女たちの心臓の鼓動は高まるのだった。ただわけのわからぬ焦燥に追われながら、黙々として歩いていた。午後零時すぎ、南風原野戦病院内の宿舎に到着、彼女たちが三カ月ほど教育を受けたお馴染の三角兵舎である。大体、女学生にして軍看護婦に徴用されたのは、女子師範本科の二年生と一年生、予科の生徒は、寄宿舎に残っていたもの、それに同じく寄宿生活をしていた一高女の四年生と三年生の一部である。自宅から通学していた女学生たちは、戦争が始まったため、おのおのその家庭に帰り、家族と行動を共にするようになった。従軍看護婦として応召した女学生たちは、その年の一月頃から南風原の三角兵舎で教育をうけていた。教育期間は、毎日、学校の寄宿舎から南風原まで、二里ばかり徒歩で通勤して講義を聞いたり、臨床の勉強をしたりしていた。南風原の国民学校が、陸軍病院の本部になっていて、そこには薬品が保存されていたが、一部の病人が、そこに収容されていた。三角兵舎と俗に呼ばれているのは、その周囲にある幾つかの病棟のことで、それは茅葺きの掘立小舎で、床とてもなく、地面に野戦用の寝台を並べてあるだけで、実にお粗末なものであった。六棟の三角兵舎は山の傾斜、凹地を利用して、ポツン、ポツンと建てられ、ほかに、浴室、洗濯室、炊事部屋の別棟があり、所々に打込みポンプがあって、水にも不自由のないように、いつの間にか、設備がされていた。しかし南風原、喜屋武部落東側のこの陸軍病院は約四千人収容できる予定で壕を構築中であったが、このとき、まだ、工程の四分の一ほども進捗していなかった。まず、彼女たちは、壕を割り当てられた。

壕には水がたまっていて、泥濘膝を没し、底冷えは骨まで沁みるという風だった。はじめは、坐ることも出来ず、昼中、壕の中に立ちつくし、夕方になって、藪蚊のように、うるさく鳴っていた飛行機の爆音が止むと、直ちに壕からとび出し、炊事、食糧運搬、壕の擬装、壕内の設備等、夜間の行動が活発に始められた。そこに到着して二、三日は病院の仕事と云っては薬品の運搬が、時々あるくらいだったが、炊事のことは一切やらなければならなかった。夜は三角兵舎にねむり、昼間は空襲があるので、そのたびに、壕に待避したりしていた。はじめ、彼女らは任務というものを与えられなかった。また、彼女らがどれだけ役に立つかも未知数だったので、むしろ足手まといのように思われ、時には、病院の食糧目当てに舞い込んできたかのように誤解されたこともあった。軍医の中には「こんなに、余計女学生を連れて来ても、仕様がないなア」と云う顔付をしているのもいた。こうして南風原にきてから六日目の三月二十九日、午後十時から、形ばかりの卒業式が、しかし厳粛な気持ちで、挙行された。一高女及び女子師範生の卒業予定は三月二十五日であったが、情勢が急に悪化し、直ちに従軍学徒看護婦として、召集されたので、この日まで延びのびになっていた。その日、米軍は慶良間列島に上陸、一方嘉手納沖の艦隊は、さかんに嘉手納の海岸線及び中飛行場一帯を砲撃していた。また、港川方面の海上では、米上陸用舟艇が、さかんに陽動作戦に出ていた。そして、昼間は各地で空襲が頻々とあったので、卒業式は夜間を利用したのである。夜の十時頃から約一時間半にわたって卒業式は行われた。殺風景な露営地の兵舎の中に、二本の蠟燭がともされ、五十人ほどの卒業生と、式に参列を許され、辛うじて、狭い部屋の中に立つ場所を得た二、三十人の在校生が、さすがに興奮をおさえかねて頰を紅潮させていた。野田校長以下教師数人、西岡女子部長も首里軍司令部の参謀室からかけつけ、来賓として、陸軍病院長、父兄代表の第二大里国民学校長金城和信氏、球部隊の佐藤経理部長らが寂《せき》として声なく列席した。遠雷のような艦砲の音や、日本軍のものとも、米軍のものとも判断のつかぬ弾丸の炸裂音が、三角兵舎周辺の夜の空気を震撼させ、いまだ経験したことのない彼我の砲声に、異様な緊張と恐怖を覚えたが、卒業式は、あくまで厳粛に行われた。来賓や教師が、それぞれ祝辞や訓辞を述べた。野田校長は、生徒達への最後のはなむけとして、教育者の本領を説き、「将来、教職に身を奉ずるあなたがたは、教養ある女性の典型であらねばならぬ。たとえ、如何なる苦境に立つとも、常に人間の師表たる自覚を忘れてはならぬ」と、短いが、肺腑をつく、印象的な言葉で訓辞を結んだ。その言葉は、むしろ、その時の緊迫した状況とは、しっくりしないものがあったが、しかし、それは平時と戦時とを問わず教育者たるものの持つべき信念を吐露したものであった。密閉したカーテンの中でゆらぐ、うす暗い蠟燭の灯影が、土間に立つ人々の顔を悲壮に照らし出していた。

卒業証書が渡されると、式はすでにおわり、人々は散じ、式後の取片附は、卒業生自らの手でなされた。その直後、彼女らを襲ったものは、言いようのない、淋しさだった。満たされない底知れぬ空虚さだった。遠くの夜空は紅々と燃えていた。

二、南風原陸軍病院

1

非戦闘部隊である野戦病院は、その性格と機能からいって遠く砲火の及ばぬ後方におかれるのが常識である。しかし、沖縄戦の場合はこの常識を絶していた。それは病院の構成からしてそうであった。

第三十二軍麾下の傷病兵の治療を任務とする球一八八〇三部隊、運命の野戦病院は、最初米軍が上陸せぬ以前は病院の規模も小さく、中城湾陸軍病院（与那原町）と称されていた。それが、いよいよ「米軍上陸必至」となった一九四五年三月初旬、急速な収容設備と相まってこの病院も十万の将兵を対象とする大規模な野戦病院としての性格を与えられ、位置も南部中心地帯、南風原に変更された。その時軍は島内の医者を、軍籍の有無にかかわらず殆ど全員を召集し、これに短期教育を施してから直ちに軍医として病院に配置した。那覇市泊《とまり》に開業中の仲本将英軍医大尉他十八人の医者たちであった。看護婦の大部分も沖縄にいる多数の免許看護婦達が家庭から、私設病院から徴用された――。

この南風原野戦病院に、初めて女学生たちが従軍看護婦として応召したとき、多少の心の動揺はあったが、彼女たちは当初、ただ、病院の仕事を何かロマンチックなものと結びつけ、患者の寝台の横で当直の看護婦が、小説を読んで聞かせる光景などを思い浮べていた。それに、彼女らが来たばかりの野戦病院は、患者が少ないので、こうした期待を、満足させる状態が彼女らを待っているようにも見えた。

むしろ、病院側から見れば彼女らの存在は、蛇足であった。だから、時々、彼女らが必要とされるのは雑役であった。

最初は一部の生徒が看護を手伝うのみで、二百人中の多くは壕掘り作業と衛生材料運搬の使役に使われた。毎日昼は米機の飛来がはげしく、壕から一歩も出られなかったため、夜になって、やっと、這い出して、作業にかかる。夜間、二交替制をとり、夜更けの一時か二時頃が、交替時間であった。壕は暑苦しいので、夜間は三角兵舎にねた。照明弾が上るようになってから、弾着がだんだん近くなってきた。それに夜間の空襲もはげしくなったので、三角兵舎は危険だと見なされ、全くのもぐら生活が始められるようになった。

三つの横穴壕に移り、そこから各勤務場所に通った。三角兵舎の附近は、山を切り抜いて幾つもの壕が出来ていた。病院は、はじめ、本部・外科・内科・伝染病棟となっていたが、戦闘が始まり、だんだん前線から収容されてくる外科患者が増えたので、従来の外科を第一外科、内科を第二外科、伝染病棟を第三外科と改めるようになった。一つの外科に約十二病棟があり、各病棟にそれぞれ壕があてがわれていた。壕によって大きさは違うが、大きいのは百人内外、小さいのは十二、三人、収容できる程度のものであった。壕掘り作業は、その年の一月頃から、始められていた。それは衛生兵と看護婦と元気な患者が、掘ったものだったが、いよいよ戦争が始まってからも、この壕掘りは継続された。女学生たちもここへ来た当初から、この作業を手伝わされた。その頃までは、まだ、前線からの負傷兵は運ばれなかった。体の弱い内科の患者ばかりだったので、彼女たちは、野戦病院の実相というものをまだ知らなかった。ただ忙しい所だと思った。何か時ならぬ緊張と、繁忙が、病院内にうずまいている。軍医や衛生兵や看護婦や歩哨たちの、歩き振り、又はその顔色に、よくあらわれていた。繁忙の中でもおのおの、着実に、頼もしい落着きを以て、各自の仕事に専念しているように見えた。彼女たちも、そうした空気の中で、割に忙しく、かつ落着いていた。患者はまだ、完成されていない壕に収容されていた。収容人員が急激に増加してくることを当然予想して壕の拡張作業に拍車がかけられた。奥の方で掘り出す土を、もっこにかつぎ、患者の上をまたいで入口に運ぶ。こうした作業が、学校にいた時の、奉仕作業のような気持ちで行われた。ある教師は、ある日の作業を終ると、手帳に日記を書き込み、「ふくる夜の月影あわく、おとめらは、いくさのさなか、壕をほりぬく」と余裕綽々たる短歌などを、挟んだりした。

こうしたとき、突然、特攻機の出動が伝えられ、その戦果発表に伴う病院内のどよめきと動揺が、彼女らの胸に波動のようにうちよせ、大きく渦巻くのだった。あちこちの壕から「万歳」の声がきこえる。

彼女たちは、これをどう受取ったらよいかを、知らないもののように、ただ、呆然とするのだった。暗夜の空に、物淋しく遠のいていく、それらしい爆音を耳にしたり、やがて、それに続く対空砲火の連続音と一大響音、そしてはるかの空を焼く火柱を見るとき、春秋に富む青年の若い肉体が、その純潔な魂が、一弾とともに消え去る状景だけが、彼女たちの、脳裏に深くきざまれるのだった。

島を取巻く幾百の軍艦の只中にわずか二機か三機、飛び込んでいく、その人間業を離れた行動の悲壮さにくらべて、その払われる犠牲があまりに尊く、その結果として報いられることの期待に、信頼が置けないような気もするのだった。米軍は毎日、艦隊を増強し、闘争のはげしくなるにつれ、戦線そのものは次第に縮小されつつあった。島の周辺を取りまく、数知れぬ艦船が、大胆に接岸し来り、堂々と湾内に入り込み、夜ともなれば、煌々と電飾し、昼間は、水天一髪《すいてんいっぱつ》の彼方から砲弾を打ち込む。その光景が、穴倉の中の彼女たちにも手に取るように想像された。何故なら、夜は狭い島の両側の海のかなたは、空が赤く焼け、昼は間断なく命取りの砲弾が現実となって飛んでくるのだった。

空の兵士達の華々しい行動とともに、地上では最前線を歩兵が跳躍していた。しかも、この華々しい行動につづくものは、陰惨な病院のベッドであった。

彼女たちが配属された野戦病院も、いよいよ最悪の状態が迫っていた。

彼女たちがここにきて一週間を過ぎたばかりの四月一日には、米軍の一部は北谷《ちゃたん》に上陸し、それから数日を出でずに沖縄島の中部では激しい戦闘が展開された。

病院に勤務している彼女たちの耳にも、各地の上陸の状況と、米軍の進出ぶりが伝わってきた。

上陸軍を迎えて、中部各戦線の、戦闘は俄かに激しさを加え、戦火はいよいよ拡大されて、犠牲者が急激に増していく。四月も中旬に近くなると、南風原野戦病院には、第一線から続々負傷兵が運ばれ、病院内も本格的に戦場化して、彼女たちは、たちまち、その中に巻き込まれた。

浦添、前田戦線の負傷者が最も多かった。第一線から南へ後退するとき、一番近くて大きいのが、南風原病院だったので、中部の全戦線から負傷者の多くがそこに運ばれてきた。

米軍の精巧な電波探知機のために、また、艦砲や空襲の脅威下にさらされ、それに道路がところどころ破壊されているため、トラックの使用が全然不可能になり、負傷者はその部隊の戦友たちによって担架で運ばれた。その担架も、戦闘が激しくなり、負傷者が多くなるにつれて二本の竹や棒切れに毛布を張りつけたのが多かった。首里附近の戦線から南風原病院まで負傷者を運ぶには、言語に絶する危険と労苦が伴った。その間、約二里、遠く、浦添、前田高地あたりの最前線からは約三、四里の道程にあった。識名や繁多川の最も危険な台地、そして起伏の多い石ころ道、そこを担架で負傷した戦友を運んでくる兵隊たちは全く精根つき、気息えんえんとした有様であった。

しかも道中、砲弾の雨がふりそそぎ、絶えず死の危険にさらされ、負傷兵を運ぶ兵隊たち自身の中からも数知れぬ死傷者が出た。

負傷者と言っても余程運のよい、何パーセントかが病院に辿りつくに過ぎず、せっかく病院にはこばれても、一時間も経たないで死ぬ者もいた。中には、全然見込みのないのがいた。たとえば、病院の近くでやられたものは腹を割り腸が全部担架の横にはみ出ていた。そんなのは腸を押し込んで縫いつけても多量の出血のため助からなかった。

2

彼女たちの壕は三つに分かれ、その中で毎日、同じことが繰り返された。壕の拡張作業、本部への連絡、食糧運搬、傷兵看護——こうしたことが当番交替制でなされ、傷兵看護——彼女たちが初めて負傷兵に接触したとき、一様に、ある精神的衝動をうけた。その頃まで傷病兵の看護には、専ら師範の本科一年と予科三年の生徒が当っていて、その他は雑役に使われていた。女学生達の最初の体験——それは、第一外科のある壕に、最初に看護の手伝いに行ったある女学生は、まずこういう光景にぶつかった。

ちょうど、彼女がいる、その隣りの治療室では、瀕死の第三報患者が、全く、虫の息で横たわっていた。五分、十分、何かしら、いたましい気持ちで、じっと身をきざまれるようにして待っている間に、とうとう絶命してしまったらしい気配を感じた。初めて人間の臨終を体験した彼女は、何とも言えぬ不安なものを覚えるのだった。初めのうちは、消毒、着替、手術と、何の感傷もなく、ただ機械的に立ち働く看護婦たちの姿を見てただ啞然となったり、畏敬の念を抱いたりしていた。

しかし、自分たちもやがて、そんな風に馴れていくのかと思うと、おそろしく、あさましい気さえした。そのとき、患者の一人が、隣りの室で、「看護婦さん、看護婦さん」と呼んでいた。看護婦が附近に見当らなかったので、彼女は、自分が呼ばれているものと思い、電気にでも吸い寄せられていくように、恐るおそる、患者室へ、足を運んで行った。患者室を覗いた途端、彼女はこういう光景に馴れていなかったため、危うくそこから引返そうとするところだった。そのとき、一人の患者から呼び止められた。

そこは凄惨な煉獄であった。肩から指先まで真白い石膏でまかれているもの、気管が破れて、絶えずピーピーと、喉を鳴らすもの、胸部を貫通されて、呼吸したり、話したりする度に、背中の傷穴からジュージュー泡の出るもの、脳症のために、真裸になって、わめき散らすもの、うす暗い壕の中で、蠟燭の光に照らされたこの光景は、この世のものとも思われず、思わず身の毛がよだち、足が不覚にもがたがたふるえた。その夜は、友に語る元気さえなく、またついに、ねることができなかった。ある一人の女学生は、両手のない、患者に呼びとめられた。

その患者の枕元には、かび臭いお握りが一つころがっていた。女学生は彼の口へそれを恐るおそる、敬虔な気持ちをこめて持って行った。「これから、食事の時間にはいつもきてあげましょう」と、彼女は約束するのだった。こうしたことは、ここにきた凡ての女学生が一度は体験しなければならぬことであった。

負傷者が多くなるにつれて、彼女らの負担は加重してくる。彼女たちは使役や看護に忙殺され、肉体を酷使した。しかし、負傷兵の看護にあたる彼女らは、最初、一寸したことにも感動し、傷兵に過度の同情を示した。傷ましい光景にいつも涙ぐんでいた。そのくせ、その同情は実際には効果がなかった。こういう凄惨な病院で感情に溺れることは危険だった。彼女らはみるみるうちに健康を害して行った。引率の教師たちが心配したのはその点で、ある日、軍医から――仕様がないですね。学生さんたちは、あまり親切すぎますよ――と注意された。つまり、「効果のない同情」のことを言っているのだ。

米航空母艦を離れた艦載機は、入れ替り、立ち替り、終日、悠々と上空を旋回し、詳細な偵察を行ったのち、的確に投弾するので、地上一物の微動も許さないという圧倒ぶりだった。濃い影をつくっている短い灌木の繁みや、柔らかい草の色が一瞬に消え、四周の緑丘が草一本も残さない焼土と化していく。三角兵舎も、今は人なく、地上に露呈したまま、無感動に、四囲の破壊されていく状況の中に、ぽつんと立って、逃れがたい順番を待っているかのようであったが、やがて次々と崩壊し、その姿を消した。前方の小高い丘の一つに日本軍の野砲陣地が、かくれていた。小雨にけぶる陰鬱な空の下で、そこだけは濛々たる煙が立ちこめていた。艦砲と空爆の集中射を浴びているのである。

時々、攻撃しているのが一方的なものでないことを証明するかのように、頼もしい発射音が、その陣地から聞えたかと思うと、四、五分の後には、耳を聾する、集中射が、段違いの鉄量が、そそぎ込まれ、忽ち黒煙におおわれてしまった。

四月中旬頃から戦局は一段と激しさを増してきた。南風原の街道を、銃を肩にした兵隊や、馬に引かした砲車が通ることがある。しかし、それは軍隊であるという扮飾にすぎなかった。この頃から、斬込みということがよく叫ばれた。実際、病院内にも斬込隊が組織された。日が暮れると、いつも壕を訪れて、日々の戦況を聞かしてくれる、機関銃隊の森少尉と中村少尉というのがいた。

その二人の少尉が、ある日、武装して、彼女らの壕の中に入ってきた。別れの挨拶にきたのである。その顔の緊張した表情にくらべて、態度や動作や声は、ゆったりと落ち着いていた。将校たちの体内には一段と、若さと力が輝いているように見えた。彼らの姿が、見えなくなるまで、女学生たちは、壕の入口で手を振って見送っていた。彼らも振り返りかえり、片手を挙げてそれに応えた。その消えてゆく彼方に、若い肉体を待ちかまえている弾幕が、……それが彼女たちの脳裏に浮んだ。

十人ぐらい一組で出かけて行って、運のよいときは、二人か三人生還し、時には全滅——ということも度々あった。

その後、この二人の少尉の消息は遂に不明であった。

その頃、また、病院内の歩哨や、薬品運搬、食糧運搬等の仕事に当っていた衛生兵たちの中からも、兵員の急激な損耗を補充するために、前線に出動して行った。それで、病院の仕事は残ったわずかな衛生兵と、陸軍看護婦と女学生たちに任されてしまった。

沖縄出身の若い現役の初年兵たちがいたが、この連中は、絶えず怒鳴られながらおどおどしていた。「郷土防衛はお前たちがやらねばならぬ、沖縄はお前たちの島じゃないか」などと言われ、患者の運搬、遠い所への報告もの、病院周辺の警戒等、困難な危険な仕事を云いつけられていた。

戦いが熾烈になるにつれ、第一線からは続々負傷者が運ばれ、間もなく壕は超満員になった。

はげしい艦砲をくぐって、負傷した戦友を担架にかついで来ても既に収容する余地がなく、壕の入口に立往生するありさまであった。「うめく戦友を見かね、ここまで生命がけで、戦友をつれてきたのに、入れてもくれないのか」と、日本刀を引き抜いて悲憤の涙にくれている下士官もいたが、何とも施す、すべがないので、歯ぎしりしながら、露天に、戦友をそのまま振り捨てて立ち去るのだった。この頃から衛生兵も軍看護婦も堪え難い過労に襲われていた。

四月下旬頃には、どの壕もできるだけ、負傷者をぎっしり詰め込んでいたが、さて、その看護には、今までの人員だけでは、手の下しようがなく、二百人の女学生全員が各壕に配置され、ひたすら傷兵の看護に当ることになった。

今まで、女学生だけは三カ所の壕に固まって、そこから各勤務場所へ交替で出てゆき、非番になると、また親しい友達と顔を合せることができた。それが、本部、第一、第二、第三の各外科の壕に配置されることになり、彼女たちは負傷者のうめきの中で働き、また寝なければならぬことになり、そのため、偶然、一緒に配置された学友以外の顔が見られなくなった。

各外科壕には看護婦長が二人ずつ、それに看護婦一人に生徒数名が配置された。女学生たちが、各壕に配置されたその夜は、丁度、連日の雨で道がぬかるみ、真の闇夜であった。わずか山の中腹を伝って四、五十メートル乃至二、三百メートル離れた、各外科の定位置につくために、外気の中を歩いていく短い時間の中でも、うす気味悪い、小銃の流弾が、しきりに耳をかすめた。四十人ぐらいの一団は第二外科、第二十壕の位置につくために、与那嶺教師と内田教師に引率されていた。

新しい壕は、いずれも、むせるような膿《うみ》の臭気で気が遠くなりそうだった。入口に近い通路の片側から二段式の寝台が、ずっと奥へ続いて、婦長、看護婦、衛生兵、軍医の治療室、患者という順序で席がとられ、十九、二十、二十一の貫通壕の交叉した十字路の一隅が、第二外科の女生徒の控室に割り当てられた。荷物をそこに下すと早速、作業が始まった。

3

壕の中は、全くこの世の生地獄であった。新患者は軍医の居る壕で一応診察と外科手術をうけ、それから担架で各壕に運ばれた。軍医は三日に一回、各壕を巡察して、負傷者の繃帯を取りかえてやった。ほとんど手もつけられぬようなたくさんの患者の繃帯の取りかえは大仕事だった。患者のほとんどが、その傷口には一杯蛆が湧いている。生きながら蛆に喰われる、体中蛆がはい廻っている。握り飯を口にする負傷兵の顔面を、二、三匹の蛆が横切ることもある。

軍医がくると患者たちは大喜びだった。一日でも来るのが遅れると、「早く軍医を連れてこい。繃帯をかえてくれ」とせがむ。

繃帯交換も四日に一回、五日に一回、六日に一回と段々のび、治療はゆきとどかず、蛆がふえ、むせるような臭気、うめく声、脳症患者のわめき、壕内は全く阿鼻叫喚の地獄図絵と化した。手術室勤務の生徒は、一晩に八十人の切断を手伝い、切断された兵隊の太股をひっかついでは埋めに行った。戦闘で殺気立った、あらくれ男を看護するので、時にはどなり散らされて涙ぐんだりしたが、真心をつくしての少女らのやさしい看護は、どれほど兵隊のあれすさんだ心を慰めたことか。「女学生さん！」「便器、便器」「繃帯をかえてくれ」とたえず呼ばれて、馴れない仕事を純真な気持ちで言われる通りに素直に働きつづけた。そして、臨終の枕辺で、母に代って遺言をきき、妹に代って遺品をあずかったりした。

前線の戦闘が激しくなるにつれて、おびただしい負傷者が毎日壕に運び込まれ、その幾人かが死んで行った。一つの壕で毎日四、五人出る四報患者（死亡者）の遺骸は、彼女らによって清められ、葬られた。

真暗い夜、僅か十六、七歳の女生徒が二人で死体をかついでいく。とうとう兵隊の遺骸を架《かつ》いだまま艦砲にやられた生徒も出た。血と臭気の陰惨な壕内の現実に直面して彼女らは、家族のことを忘れ、命さえ忘れて、いつくしみの、情愛のみに純化され、日々に消えてゆく兵士の命をいだきしめようとしているかに見えた。次々と死んでいく兵隊の枕辺によりそい、二昼夜も、三昼夜も看護をつづけることさえあった。壕の中の生活はいよいよ陰惨を極めた。まず、悪臭には堪えられなかった。薬品、膿、汚物、汗の匂い。換気も悪いために空気そのものがにごっていた……。

患者の排泄物は便器にとり、外に出ても安全だと思われるときを見計らって、飛び出して捨てた。女学生たちは度々死んでいく兵隊たちの最後の言葉を聞いた。それは、大抵「お母ァさん」であった。ある女学生は死んでいく兵隊の口から「天皇陛下万歳」の微かな叫びを三回聞いたと語っていた。ある兵隊は、日頃はおとなしく黙っていたが、あるとき女学生の一人に剃刀を貸してくれ、と言い出した。女学生がけげんな顔をすると「髭を剃るのだ」とこたえた。何だか不安のまま、あまりせがまれるので剃刀を捜して、その兵隊にやると、彼は髭を綺麗に剃ってから横になり、「俺は、これから、よい所へ行くんだ、ちょっと、蒲団を掛けてくれ」と言った。数時間後、彼は母の名を呼びつづけながら、意識が混迷して行った。また、負傷者の中には「学生さん、凱旋したら、俺の郷里に連れて行ってやろう」と冗談とも気安《きやす》めともつかぬことを言うのもいた。

負傷者や悪臭に対する嫌悪や恐怖の念が、いつの間にか消え、落着きと真剣さがそれに代った。彼女たちが驚きを以て見ていた、軍看護婦達の馴れた態度が、少しずつ、遠慮深く、彼女達に乗り移っていった。こうした看護婦達の態度に、自然に感染していくうちにも、彼女たちは、全く事務的になりきらず、自らの苦痛を忘れた、献身的な奉仕が、患者に対する、率直な同情や、微細な心づかいとなって表現された。

負傷兵の中には「こんな陸軍病院がどこにあるか。わしは死んでも忘れんぞ」と怒鳴るのもいた。一日中、うなり通す患者がおると、同じ患者がうるさがって「貴様、兵隊ではないか。うなるのは止せ」とか「早く死んでしまえ」とか、また死んだ者を、外が危険なために、そのまま壕の中に置いてあるときは、「死んだ者は早く片附けろ」と怒鳴った。患者の死体は毛布にくるんで壕の入口まで女学生たちが運ぶ。穴を掘ったり、死体を埋めたりするのは兵隊がやってくれたが、時には彼女たちも手伝わねばならなかった。飛来してくる砲弾の中で、この作業は毎日のように何回も続けられた。

壕内では、外を荒れ狂う砲弾をよそに色々の話がかわされることがあった。家族のこと、過去のこと、それから戦争のこと、戦争の話と言えば、きまって、楽観的な戦果が誇張された。この気持ちは沖縄戦の最後の日まで、持ちつづけられたが、虚偽の宣伝を通じて軍の実力を誤信することや、援軍への空頼みはここにも見られた。しかし、楽観的な景気のよい話も無傷で元気な、衛生兵や看護婦や軽傷者の間で語られるだけで、前線から負傷して後送された兵隊は、全く悲観的になり、敗戦気分が濃厚だった。それでも、時々、割に傷の軽い患者から、女学生たちは前線の模様を聞かされることがあった。その中に印象的な話が二つや三つはあった。――たとえば肉攻〔肉迫攻撃〕班に選ばれたときの限りない淋しさ。蛸壺壕に一人で居ることを命ぜられるとき、大抵の兵隊は、ねむってしまう。敵兵の足音や、戦車の通る音にも、目をさまさないことがあるという。疲れ切ってねむるのでもない。また最前線で寝入ってしまうだけの剛胆な心の余裕があるわけでもない。それは淋しさなのだ。とても起きてはいられない淋しさなのだ。蛸壺壕に一人残されているときの淋しさは、言葉にはとても言えない。――また、こんな話があった。首里西方の沢岻戦線での出来事だが、ある迫撃砲陣地の近くに、米軍の一輛の戦車がやってきた。それは細い一本道だったし、その突端には、戦車壕があったので日本軍陣地では絶好の機会と見て、一人の肉迫攻撃兵が出されることになり、その白羽の矢が、沖縄出身のある初年兵にあたった。彼は肉攻の要領も知らないらしく、急造爆雷の発火方法や、戦車の攻撃要領を手短に説明する分隊長の話を、はい、はいと素直に聞いていたが、やがて急造爆雷を抱いて陣地を飛び出し、姿勢を低くし、地形を利用して、戦車のやってくる道路に近接して行った。陣地の方では遮蔽物の蔭から、分隊員一同が固唾を呑んで、肉攻の光景をみつめていた。

驚いたことに、この初年兵は、戦車が近づいてくるまで、道路から五米《メートル》ばかり離れた畠の凹地に、しゃがんでいたが、いよいよ時間が切迫したとき、彼はむっくりおき上り、坐ったまま、両手で片足をつかまえて、一生懸命に靴底の泥を板片か何かで落している。「姿勢が高い!」ある者は、思わず言葉が出そうになって喉でつかえた。我を忘れて只茫然として見ているもの、「何ちうことだ」と呆れ返ったような顔付をしている者、——しかし、何れもこの初年兵の離れ業のような大胆な仕草に、視線を釘付けられてしまった。

戦車が前方に差掛った瞬間、彼は坐ったまま、教えられた通り、「靖国箱」と称された急造爆雷の信管を靴の鋲で叩き、急に地面を蹴って立ち上り、戦車の背後に廻った。駆ってはいるが、別に激しく突進するという風でもない。やがて、戦車は、深さ十尺の溝に突当り、しばらく反転もせずに停止していた。初年兵は、当然、戦車の後退を予想して、後のキャタピラに爆雷を投げ入れた。

と、同時にすばやく身をひるがえして、今度は別人のように跳躍しつつ後退したが、彼が深さ三米《メートル》ばかりの凹地へ、真逆様にころげ落ちるのを、陣地の戦友たちは、はっきりと見た。と、同時に轟然たる一大音響とともに戦車は横向きに擱座してしまった。例の初年兵は間もなく陣地に飛び込んできて、「班長殿、やりました!」と一声、辛うじて言うなり、分隊長の胸にたおれかかって、ワッと泣き出してしまった。

嬉しさと、恐怖を一時に表情に表わし、涙を流して興奮していた。無謀とも崇高とも見えた、急造爆雷を投げるまでの動作にくらべて、逃げかえるときは小鹿のように臆病になった彼は、こうしたことに選ばれたもの特有の心理として、恐ろしい孤独感に取りつかれていたことだろう。

4

「学生さん、学生さん」「学生さんは親切でよい」

そういう声が患者の間から聞えるようになるにつれて壕の中は次第に明るくなって行った。活動しているときの彼女たちは全く別人のようであった。肉体的な労役と、与えられた任務に対する責任観念によって、戦争を軍と共に身近く経験しているのであった。それは全く追い立てられるような苦しい労働の連続だった。ある女学生は砲弾のはねかえした土砂に埋まって、円匙で土をはねのけ、引きずり出して息を吹きかえさせた。あるときは、直撃弾をうけて、患者、看護婦、衛生兵など十二、三人が一度に犠牲になった。そのほか、彼女たちの仕事は――飯あげ（食事受領）、水汲み、患者の糞尿の始末、簡単な注射、患者の繃帯の取替え、夜間の担架運び、その他壕内での雑用、それは果し得ないほどの繁忙さであった。ことに一日、二回の飯あげは、最も危険なものであった。昼夜、艦砲射撃がつづき、同じ時刻に定《きま》って平静になる。それは午前の四時と、五時のあいだ、午後の六時と七時のあいだ、約一時間位だが、この時間が一番忙しい。飯あげ、死体片づけ、水汲み、などいろいろな仕事が彼女達を待っていた。そのとき、病院全体の食事分配も彼女達の任務であった。炊事場は、南風原の字喜屋武部落にあり、病院から四、五町ばかり離れている。一つの小丘を越えて、砲弾の中、凸凹の道を、醤油樽をかつぎ、飯盒を手にして、伏せたり、転んだりして四百米《メートル》ほどいくと、喜屋武の民家があり、その付近に軍炊事場がある。そこでは濛々と立ちこめる炊煙の中で、大声でわめきながら炊事兵たちが飯を分けているが、たえず遠く近く聞える砲弾の炸裂音が、彼らのわめき声を打消していた。炊事場は最も危険な場所で、犠牲者が出たり、釜が破壊されたりするので、毎日部落内を転々と移動した。女学生たちは飯上げにいく度に、それをさがさねばならない。時々艦砲がはげしく、飯は炊けず、露天で一時間半も待たされることがある。夜間二回の往復で翌日分を上げてくるが、壕へもち帰ると、お握りにし、九時か十時ごろまでに全部、分配した。食事は梅干やつくだに附の粥と並食だった。艦砲がはげしく、外に出られぬ時、死体の始末に忙殺されるとき、負傷者たちは「飯はないのか」「飯あげにいつゆくのか」と言いつづけた。

折を見て一度に二回分取ってくることもあり、一日一回分で済ますこともあった。粥食は、重傷者、殊に口や顔面をやられた人が食べるが、彼らはいつも空腹を訴える。手のない者や、起きられない患者は彼女たちが食事を助けてやる。激しい、危険な状態の中でも炊事場から持ってきた食缶は洗ってかえさねばならないが、洗い方が悪いと、炊事兵から叱られる。

独歩患者や衛生兵たちは、とても制限された量では我慢できず、安全なとき壕から出て、人なき民家や付近の畠からいろいろ食糧をあつめ、薬品の梱包箱や民家の壁板で炊いて食べる。

飯上げ――この危険な仕事を女学生のうち幾人かが毎日引受けねばならなかった。その度に今度は誰と誰、と当番を指令して壕外に送り出す引率の教師達は憂鬱だった。生徒の生命を預かっている責任感のため、飯上げが帰ってくるまで気が気でなかった。無事に帰ると、よかったと胸を撫でおろした。女学生たちは教師の命に従順だった。どんな危険な仕事にも嫌な顔を見せなかった。

苛烈な戦場は運命を一つにする人たちの魂を相寄らしめる。

飯上げは危険でもあったが、また楽しみでもある。同じ野戦病院勤務でも、お互いに他の壕のことはわからなかった。炊事場に集まるとき、はじめてお互いの消息がわかる。

「また次の飯上げには、元気で会いましょう」と、激励し合って別れる。炊事には病院付の炊事兵のほか民家の女たちがいたが、付近が危険になってくるにつれて彼女たちは姿を消した。そこに五十年輩の小母さんがいて、炊事兵たちの荒い男声にまじり、声を枯らして気丈に手伝っていた。この付近の部落民の一人だが「軍のお役に立ちたい」といい、軍属の名目になっていたが、彼女の娘はまた軍看護婦として時々、この部落への飯上げに加わった。ある夜、この小母さんはついに負傷し、三日後に絶命した。娘が同僚達の手を借りて母を埋葬した。

5

飯上げだけでなく水汲みもまた危険だった。いくつかの井戸が各壕の近く、四、五十メートル離れたところにあったが、そこにいくのに、空襲や艦砲の途絶える機会を素早くつかまねばならない。井戸にいくと、汗で汚れた着物を洗って、壕の近くに干し、草をかぶせておくのだが、砲弾のためにボロボロにされてしまうことがある。患者の着物は、退院して壕を出る兵隊のものだけ洗濯してやった。また、体が不潔になり不愉快なときは、夜、麓の小川に水浴びにいった。

そのうちに、彼女たちからも犠牲者が出た。四月二十六日には佐久川米子が第一外科入口で機銃でやられ、その後、上地貞子、嘉数ヤス子と、同級生たちが、相ついで斃れた。

また伝染病棟では島袋ノブ子、識名分院では徳田、石垣両教諭、及び安座間トミ子、波平セツらが戦死し、真栄里シゲ子、その他石川清子、山城芳子、狩俣キヨ、渡嘉敷良子、仲村初子らが重傷を負った。彼女たちは、身辺に歩みよってくる、忌わしい死の影に恐れ戦いた。

四月二十八日、南風原病院の重傷患者の一部は、五キロばかり離れた玉城村船越近くの糸数分室に移され、それに女学生十二、三人がついていくことになった。各壕から患者を、担架にのせたままトラックで、本部前にいくのだが、本部までの距離は近い所は、五十メートル、遠いのは二百メートルぐらいの道程だった。道は凸凹がはげしく、雨でぬかり、一人で歩いても滑る位だった。担架をにぎる細うでがぬけるようにいたかった。その間、砲弾が落下するので何度も伏せる。患者の中には「学生さん。大丈夫か。おい、あぶないぞ。かくれろ。かくれんか」と叫ぶのもいた。その翌二十九日は天長節で兵隊たちは渡された支給品を女学生たちにも分け与えた。

一日一日を疲労と闘いつつ、何を考える余裕もない彼女たちにとって、この日も、空しい期待の中に過ぎた。教師たちは、彼女たちに対する最後の責任を誰がとるかということについて疑問を抱いた。つまり、いざという場合の彼女たちの処置である。それについて軍では全然考えていなかった。軍はただ命令権だけ行使しているにすぎず、最後の責任は引率者に任す、と言明した。教師たちは頭をいためた。一体、どこまで軍と行動を共にしたらよいか。ある時期がきたら、ほっぽり出されるのではあるまいか。

6

すでに、首里城内の軍司令部も全く危機に瀕しているとの情報がもたらされた頃——野戦病院の治療室には毎夜、百人余の負傷兵が、戦友に背負われたり、支えられたり、または担架にのせられたりして、殺到した。顔面の半分を血に染め、目も当てられぬ形相をした兵隊が単身、ころがり込み、治療の済むか済まないうちに絶命してしまうこともあった。少し快方に向った兵隊は強制的に壕を出された。しかし、戦線は指揮連絡が絶たれ、支離滅裂に陥っていた。ふらふらと危険な壕の外に出て、彼らは、自らのとるべき道を選ばなければならなかった。女学生達は肉体の酷使と、精神の緊張の中で、常に求めるのは、睡眠だった。時間があれば、わずかでも眠りたかった。食事のとき起されても、飯を食べるより寝た方がよい、ということが多かった。寝たが最後、起されるまで泥のように睡魔に襲われた。彼女たちは、二段に仕切ってある階上に固まってねたが時々地面に転がり落ちても気付かないものがいた。壕内には蚊や蚤が一杯いたが、全身の疲労は皮膚の感覚をマヒさせていた。時々、襲われる生命の恐怖のほかは、疲労の連続だった。身心ともに疲れ、処女《おとめ》らしい紅頰はいつか消えて、妊産婦のように顔色が悪くなった。壕は沖縄の言葉でジャーガル土質と呼ばれる脆い赤土をくり抜き支柱で所々《ところどころ》支え、上部の地層の厚みのない部分は天井板を張りつけ、上下二段に仕切ってあって、まるで息苦しい輸送船の船底みたようで、一日中ランプをともしてあった。壕の出入口は狭く、石で砲弾の防壁をつくり、木の枝で擬装してあり、やっと一人が通れるぐらいで、光線はほとんど遮られていた。昼間、壕から出るときなど、ふらふらとめまいがした。外光がまばゆかった。それだけに太陽光線がなつかしく、時々入口のところへ、新鮮な空気を吸うために出て、誰かに「あぶない。中へ引込め」と怒鳴られた。患者は板張りの簡単な床の上に毛布をしいて寝かされていて、一方に漸く歩けるほどの通路があった。壕の中は、小さい通路を残すのみで、負傷兵が、地べたの上にすし詰めに押し込められて異様な匂いと炭酸ガスが充満していた。奥の方ではすぐ火が消えた。沈澱した空気を追いやるため、玉代勢教師が考案した壕内換気法というものをやる。手に上衣をもち、誰かが音頭をとり、静かに歌を唄いながら、上衣をふって、壕内の空気を追いやって、外気を導くのだが、三十分以上も継続しないと換気はできない。生徒たちがつかれるので歌に合せてやる。そんなときよく歌われるのは「勝利の日まで」とか、母校の東風平教師の作曲した「別れの曲」などだった。美しい合唱は、彼女たちの精神的な若さをもり上らせ、恐怖や苦痛や不安を押しのけ、おとめの団体生活にありがちな、はしゃいだ気分が明るく漂い、疲れ果てた将兵の顔にも、自ずとかすかな頰笑みが浮ぶのだった。ところが、こうした環境の中での団体生活は、極度の共通感情によって結ばれているが、時に奔流のような感傷の波にさらわれることがある。彼女たちが歌う「特攻隊」の歌など聞いていると、胸をえぐられるような淋しさが、重苦しく土窟の中の人たちの胸を圧した。女学生たちの合唱に合して、元気な患者などが唱和する。軍歌や流行歌のセンチメンタリズムの中で、戦争の苛烈な現実から一刻でも逃避しようと彼らは試みた。

三、泥濘の道

沖縄の雨期は、沈鬱な戦場を灰色に包んできた。六月が近くなってきた頃、戦況はいよいよ急迫して野戦病院は混乱状態に陥り、戦線の後退とともに、五月二十六日、南風原を撤収してついに島尻南端の真壁村に移動することになった。

その日は終日、小雨が降っていたが、出発間際に雷鳴を交えた豪雨となった。独歩患者だけは、兵隊や看護婦や女学生達が護送したが何百という重傷患者は、ついに連れて行くことができずに、処置してしまった。歩いて行けそうもない患者は、騒々しい周囲の空気を察知して、「どこに行くのか。どこに行くのか」と聞いた。女学生達が荷物をまとめるのを見て、「あなた方も行くのか。自分らは連れて行かないのか」ときく。「いいえ、どこにも行きません。水汲みに行くのです」とか、「洗濯に行くのです」と答えると、「嘘を言うな、知っているぞ」と、女学生を睨みつけて硬《こわ》ばった顔をぴくぴく痙攣させていた。また、ある女学生が重傷兵の質問に当惑していると、軍看護婦が思い切ったように言った。「命令です。先発を護送してから迎えに来ます」……すると、重傷患者は弱々しく「そうですか」とうなずいた。残される兵隊たちの世にもあわれな痛嘆は真に忍びないものがあった。残る兵隊には「これを飲んだら治るから」といって昇汞《しょうこう》〔塩化水銀〕錠を一つずつ配った。それを知らずに呑み込んだのもいた。自らの運命を知って与えられた自殺の手段を、そのまま利用したのもいた。また、ある患者には致命的な注射が打たれた。

ちょうど、首里市の大部分が米軍の手中に落ち、首里城内の日本軍司令部が沖縄最後の陣地、摩文仁の洞窟に撤退するのと相前後していた。

病院長の命令で悲愴な混乱の中に、撤退は行われた。

女学生の引率者である、一人の教師は、逃げおくれたものはないか、と各壕を見て廻り、最後に本部の壕に行った。本部にはただ一人、本部付の曹長が、上衣もつけず、襦袢だけの姿で、誰もいない病室の寝台に、仰向けにねて、しきりに煙草の煙を天井壁に吹きつけていた。

「一緒に固まっては危ない。小さい単位で、組をつくって行け、集合地は真壁だ」軍医の指図で、女学生たちは傷病兵に付添い、土砂降りの壕外へ出て行った。山川橋三叉路は艦砲弾の集中を浴びて死体が累々とし、腐臭が鼻をついた。

空気はむし暑い。雨に濡れた衣服の下であぶらっこい汗が肌にねっとりとにじむ。戦いに敗れた人たちの胸は、陰鬱な雨のために一層重苦しくなり、いらいらした圧迫を感じていた。

東風平《こちんだ》から島尻の最南端に通ずる道路は逃げまどう島民の群で混乱し、雑沓をきわめていた。日が暮れてグラマンの執拗な襲撃がとだえると同時に、あちこちの退避場所から這い出し、流れ出してきた避難民たちは、とも角、今夜のうちに再び身をかくすべき場所を発見しなければならないというせっぱつまった焦慮にかり立てられていた。

街道筋の日本軍陣地は、すでに潰滅して、一つの堡塁《ほうるい》、一人の歩哨の姿もみとめられない。ときたま弾薬輸送の輜重車がコトコトと通った。その間も、思い出したように迫撃砲や艦砲が轟然たる音を立てた。パッと身を伏せるそのたびに、幾つかの生命が散った。人々は愈々混乱し、退避場所をさがすのに必死だった。この住民たちとまじって、女学生の一団は黙々として行進をつづけていく。鋭い砲声が轟くと、ガバと前に伏せ、すぐ起き上ってふたたび無言の行進を始めるのだった。そして凄烈な戦いのさなかに追いつめられ、直面して行った――。

赫灼《かくしゃく》たる照明弾がたえず雨の空にあがった。遠く、与座岳《よざだけ》、八重瀬岳が、黒く浮き出されていた。その閃光のきらめくたびに彼女たちは思わず松葉杖の兵の腰を支える手に力をこめるのであった。女学生たちは兵隊とともに泥まみれとなり服も髪もぐっしょり濡れていた。顔は打痛と疲労のために、ひきつけるように、ゆがんでいたが、緊張したその目は、美しい水滴をうけて光っていた。

そして明るく照らし出された光の中で、自分の周囲を見まわして友の姿を発見すると、いまさらのように、自分は生きていたのだという切実な生命感を温かく身内に感じて、いま通ってきた道をおそるおそる振返って見るのだった。

はるか右手の小高い丘が、紅蓮の炎の中にくっきりと浮んでいる。負傷兵は一歩も歩けないほど疲れ果てていた。しかし、やっと歩ける患者は大抵我慢して追いついてきた。また重傷の学友を担架にのせたのもいた。

病院を出発するときは、隊伍を整えていたが、山川付近から、ばらばらとなって、あるいは患者の手を引き、あるいは道々倒れる兵士に注射をうちながらマラソン競争のように先を急いだ。

照明弾はたえず、上るものの、暗夜の泥濘行のこととて、繃帯をちぎって道しるべとし、辛うじて連絡を保ちつつ、幾組にも、小さく固まって、離ればなれに落ちのびて行った。

あるひと組は、看護婦長、衛生兵、看護婦各一人に女学生が二人、負傷兵四人だった。その四人の患者が、とても独りでは歩けそうもないものばかりなので、皆で手を貸して、東風平付近までさし掛ったとき、道路にリヤカーが捨ててあるのを発見して、重傷者の一人をそれに乗せて押すことにした。女学生の背にもたれて、すまないね、すまないねといっているのもいた。

どこの部隊の兵隊だろう。「おい、しっかりしろ。気をおとすな」と、照明弾の中で担架の戦友をはげましている。

この夜、大城ノブ子が高嶺与座川の湧き溢れる清水に口をつけたまま艦砲でやられた。南へ、南へ、衣服や食糧のはいったリュックをかつぎ、衛生材料を入れた、救急カバンを肩から下げて、雨に打たれながら、傷兵をかばいつつ、いたわりつつ、島の南端めざして戦線を後退していく彼女たちの姿であった。

第五章　死の彷徨

一、第三外科の最期

1

女学生たちは米須付近で漸く洞窟を見つけた。それは自然の鍾乳洞ですでに多数の島民が待避していて、息苦しいまでに不潔な空気が充満していた。この暗澹たる石の洞穴に彼女たちは疲れ果てた肉体を辛うじて運んだ。迫撃砲や艦砲の弾雨が洞窟付近にふりそそいでいた。昼は洞窟の奥ふかく居を移し、砲撃、爆撃をさけた。この鍾乳洞は数十メートルも地下をくぐっていた。

ある夜、誰かが藷を掘りにいき、畠の中でふと手にふれた一枚の紙片を拾ってきた。それは米軍の飛行機が撒布した宣伝ビラのひとつだった。

「日本はすでに敗れ去ったのだ。おまえたちはすみやかに降服せよ。米軍は決してひどいことはしない」

洞窟の人々のあいだにはかすかな動揺が起った。彼らは疲れはてていた。肉体も神経もこれ以上暗黒の地下生活をすることに堪えられなくなっていた。米軍はいよいよ間近に迫っていた。砲弾が洞窟の入口の岩片をふっ飛ばし、人々はいよいよ奥ふかくもぐった。みんな息をのんで、苦しい沈黙を守っていた。あるとき突然聞き馴れない轟音が地響きとともに通りすぎた。戦車である。一台が過ぎるとまた一台が通った。洞窟の中で全身を耳にしている彼らの握りしめた手が脂でぬれていた。途端、洞窟の入口で轟然たる爆発音が起った。彼らはただ虫のように、餓えと闇と息苦しい沈黙の中にうずくまっていた。病的にするどく鋭ぎすまされた神経は痛酷な拷問をうけていた。一人の老婆は突然飛び起きて、干からびた声でカラカラと笑い出し、洞窟の中をぐるぐるかけていたが、尖った岩角に頭をぶっつけると蟇のように、ひしゃがれてしまった。一日中殺してくれ、殺してくれ、とうめき叫んでいた一人の負傷者は、いつのまにか石のようにつめたく硬《こわ》ばっていた。洞窟内の人々は、もう死か降服かを決めるべきときがきた。あるとき、数人の人たちがこの洞窟を去った。残ったものは、うつろな目で何の感動もなく、それを見送った。彼女たちは今さらのように変り果てたお互いを見廻した。鳥の巣のように乱れて肩をおおっている頭髪、垢づき泥にまみれた顔、ぎょろぎょろと異様に光る目、ギスリと尖った頬やおとがい、猿のように干からびた手、するどい真黒な爪、枯木のような土色のはぎ、ひとでのように生気のない足、……そして、それらをおおう汚れた衣服、彼女たちは、初めて泣けてきた。「死のう、なにもかもおわりなのだ。せめてきれいな死を選ぼう」彼女たちの心の中を清らかな光が流れた。少女たちが、この洞窟にこもってから二週間ばかりたった六月中旬のある日、彼女達のおとろえはてた耳にも、入口の方にあたってぼうぼうというすさまじい物音がきこえた。洞窟の入口に鬱蒼と繁っていた深緑の熱帯樹が燃えていたのである。

2

六月十八日、本部付の生徒は、壕が破壊されて、他の三つの外科に配置された。山城信子の姉も従軍看護婦として動員されていたが、信子が第三外科の勤務に廻されたので、初めて姉と一緒になることができた。昨日より今日と戦闘は激烈になり、信子達は不安を増していった。本部からの命令受領。──それが頼みの綱となった。それひとつに彼女達の運命が託されていた。十八日の夜、本部から命令受領者、──玉代勢教論──が帰ってきた。今の苦境を何とか打開できる、よい報道を期待した生徒達の、緊張した瞳が玉代勢教論の周囲に集まった。「いよいよ、戦況が悪化してきたので私達の動員は解かれた。しかし看護婦採用試験の合格者は軍が責任をもつ、もし軍と行動をともにしようとするものがあれば、その自由意志にまかす。その他の学校職員生徒は直ちに各自解散」……玉代勢教諭はごくりと唾を呑みこむ。誰一人言葉を発するものがない。投げ出されたのだ。今、すべての義務から解放され、統制ある行動は終った。教諭が静かに口を開いた。「明日、明け方から行動を開始しよう。今晩中で身のまわりのものを準備して待機していなさい。身よりのある人は、そこへ行きなさい。前線を突破して国頭《くにがみ》へ行こうと思うものは、それを敢行しなさい。この際、何がよいということはできない。おのおの自分の思うところを断行するように……」しかし一人として動こうとするものはなかった。みな唇を固くかんでじっとしていた。壕の奥には、手榴弾を腰につけ、鉄帽をかぶったまま機関銃や小銃の手入れに余念のない衛生兵たちがいた。――女学生達は食糧を分配した。いつでも出て行かれるよう、準備にとりかかった。従軍服を脱いで学校の制服と着替えた。母校の誇り、桜の徽章を胸につけてその日、短い夏の夜を明かした。親しいグループが二、三人ずつ固まってひそひそ相談し合っている。衛生材料と食糧を身につけて、さあ飛び立とうというわけだ。信子たちは四、五人集まって、国頭へ行くことにした。――米軍の警戒線をぬけて。――なつかしい村、親、兄弟が頭に浮んだ。信子はただ姉のことが気にかかる。「姉さん、足は大丈夫、歩いても痛くはない？」彼女の姉はだまってうなずくばかりだった。しかし、その日は誰も壕を出なかった。近くに戦車の音を聞いたのである。米軍の戦車……。そして遠くから拡声機を通じて流れてくる放送、女の声だった。流暢な日本語だった。

その夜、最後の分散会が行われた。それは最後の学芸会を兼ねたものだった。死を決意した女学生達は明朗冷静、各人得意の歌を唄い、最後に「海ゆかば」を合唱した。それから、翌朝の艦砲の途絶える時間を利用しての脱出を期して、幾時間経過しただろうか。入口の梯子の上から「敵襲！」という鋭い声が真暗な洞窟の壁に大きく反響した。サッと血の逆流するような恐怖が波濤のようにおっかぶさってきた。それは、衛生兵の声らしかった。その叫びに、みんな奥の方に、手さぐりしつつころげこんだ。急湍《きゅうたん》が岩をおかすように、安全な、入口から遠い洞窟内の岩蔭に流れこみ、一カ所に集まった。洞窟の入口の方に、米兵らしい話声がきこえてきた。戦慄が背筋を流れた。すると、バリッバリッと自動小銃が洞窟内にうちこまれた。それが空洞の中で耳を聾するばかり反響し、無数の銃弾が、岩壁にはじきかえる音が、血を凍らせた。すべての思念が一時に止まり、一塊の屍となって横たわった。指先を動かす神経さえなかった。たちまち、洞窟内には硝薬のいやな臭いが充満し、それに、むせかえる煙臭のはい込んでくるのが、厚い層となって感じられた。彼女達はもう最期だと思った。それにしては意識もはっきりしている。死というものが、はっきり凝視できない。そのうち、目も口も開けられなくなり、喉がさされるように痛くなる。その苦しさの中で師を呼ぶ声、友を呼び合う声、幼児の泣き声が聞こえた。それに、兵隊の怒号がまじる。初め、死を直感して、恐怖と孤独の壁に仕切られていたお互いの感情が、漸く、加わってくる苦痛によって、狂気に似た激しさで奔流し、お互いの存在をたしかめ合うことによって、恐怖と孤独から逃れようとするあがきに似ていた。信子は必死になって暗中に姉をさがしもとめた。人、人、人が重なり合っている。どうしてもわからない。「外間せんせーい。出ましょう。ここから出ましょう」と、かすれた声。すると、ちがった方向で、「ああ苦しい。玉代勢先生……」と誰か女学生の声がした。それに応じて、あちこちから、東風平先生、新垣先生、親泊先生と……生徒達の師を呼ぶ叫び。頭が重くなってくる。鼻、喉があけていられない。両手で顔をおおっていたが、呼吸が苦しくなっていく。柔い髪が信子の手にふれた。「誰？」「山城道子」二人は無意識に手を握り合って、洞窟の入口を目指して、手さぐりしていた。濛々たる煙が初めて目についた。鬱蒼と洞窟の入口をおおうていた樹木が青白い焔とともにすさまじい勢いで燃えあがっている。その光りが洞窟内にたちこめた白煙を通じて、地獄の業火、……そして、おそろしい熱風。思い出したように二、三発銃弾が飛んできて、それが身辺の岩にはねかえった。生きるのぞみは絶えてしまった。岩や人にぶつかりながら壕の奥へ、奥へ、と這い戻った。その中、気が遠くなり、足がふるえた。誰かの背中が、燐光のような青い光を出して燃えていた。水筒の水でひたしたタオルを口にあてたまま意識を失って行った。近くで幼児の泣声。「お母ア、お母ア、父ちゃんのところへ行く」すると母親らしい声が、「うん、父ちゃんのところへ行くよ。坊やも一緒に」と云っているようだった。女学生たちの濁った頭に誰かの顔、顔、顔が浮かぶ。恐怖というよりも、誰にも知られずに死んで行くような淋しさが皆の胸にこみ上げてきた。最後の学舎の幻がサッとよぎり、それがきえた。それから何時間、いや何日経ったかわからない。何の苦痛もともなわずに意識がはっきりしてきた。白昼の光線がやわらかく洞窟にさし込んでいた。体は別にどこもいたまないが、だるい。そして無性に喉が渇く。水が欲しい。周囲には人がごろごろしている。誰だか確かめる気力もない。洞窟の最期だった。………（生存者の一人、山城信子の手記を辿って知り得た、第三外科の最期の模様である）。同じ洞窟からの生存者、具志看護婦長の話によれば、少くとも数人はその洞窟で蘇生したものがいるが、そこを出てから砲弾の犠牲となったものがあるようだ。彼女自身は、意識を取りもどしてから、一週間、その洞窟内にいた。とにかく、外は死魔が荒れ狂っている戦場である。幸い、海軍用の乾パンや缶詰が洞窟内にあったし、死者の水筒で喉はうるおしていた。死体の重なり合った臭気せまる洞窟内で、——肉が腐れ、蛆の湧くのを見ながら、女が暗い穴の中でたった一人、一週間も暮していたのである。
ある夜、彼女は独り月光の中に飛び出した。方角も定めかねて、うろうろしている瞬間、どこからともなく飛んできた小銃弾に、彼女は大腿部内側を射貫かれた。たおれるとき、四発ほどの小銃弾が胸部近くをかすめて通った。彼女は、気丈にも自らの傷を手当をし、畠の中を這って、安全な所に身を運び、そこでその夜は昏睡したが、翌日、彼女は米兵に発見された。

第三外科は十九日未明を期し、伊原の壕を脱することになっていたが不幸にしてその機を逸し、遂に十八日午前十時（十九日早朝）、女学生三十二人、職員四人（女学生と教師四十二人）、看護婦十七人、炊事婦四人、その他日本兵、民間人多数戦死を遂げた。この壕から奇蹟的に生き残った女学生は、僅かに山城信子、守下ルリ子、大城好子、座波千代子、金城素子の五人である。

戦いおわって一年、あの島を縦横にはしる、白っぽい珊瑚礁の道を、濛々たる砂煙をあげながら米軍のジープやトラックが疾走する。すべておわるべきものがおわって、始まるべきものが始まっている。なごやかな平和と建設の空気に島は包まれてきた。少女たちの死んだ洞窟は、すっかり片付けられ、わずかに所々の洞窟に黒々とくすんだものが見える。島の人たちは、この少女たちの冥福を祈って、その洞窟の付近に「姫百合の塔」を建てた。

二、運命甘受

南風原病院を脱出して、島尻南端の糸洲付近に漸く壕を見つけた女学生の一団は脱出のとき、大多数の患者を処置してきたために、ここまで落ちのびた時は、連れている患者が少なく、比較的閑散であった。そのかわり学徒従軍看護婦としての地位もゆらいできた。また、殆ど食糧を持って来なかったために、一時は、各自の糧食は各自で工面しなければならぬという有様になった。

宵闇が戦場を包む頃になると、四人とか五人とか、組をつくって、彼女たちは、付近の畠に甘藷をさがしに出かけて行った。一晩中、さがし回って、やっと一食分の甘藷を見つけてくることもあった。ある一組が、やっと糧食にありついて、細々ながら、壕の中で炊煙をあげているとき、なお夜の戦場を、艦砲や照明弾の中を、手さぐりで糧食を漁る空しい努力を続けている他の一組があった。この糧食探しを五日ばかりつづけているうちに、高江洲という女学生が砲弾の破片で負傷したので、一時、この危険な仕事は中止になり、ごく安全な時間を選んで、慎重に行われるようになった。

かくして日一日と、戦況は切迫し、早朝と夕刻には定《きま》って、迫撃砲弾が射ち込まれ、その弾着が刻々と近くなってくるように感じられた。

「今日も無事であった」と保ち得た生命を我ながら不思議な気持ちで愛《いとお》しむのだった。

――何時死ぬかも分らない――という気持ちも、大分、落ち着いた、はっきりしたものとなってきた。

ところが、最後の日は意外に早くきた。六月十八日の午後二時ごろ、第二外科の壕の銃眼近くにいた女学生の一人が、洞窟壕の上で、頭上真近く、英語の会話が聞えたと知らせてきたのである。その報せに一同はさっと顔色を失った。いよいよ最後の瞬間がきたのだと、緊張しつつ、恐怖しつつ、相当長いと思われた時間、暗い洞窟の奥で待ちかまえていたが、会話はそのまま遠ざかって行った。その日は、日が暮れるまで、何とも形容のできない気持ちで洞窟の中にしゃがみ、夜になって辛うじて、その洞窟を脱出した。三々五々、組をつくって、夜闇を、迷い歩き、やっと米須付近に新しい洞窟をさがしあてた時は、もう夜明け前であった。

一日でも生き延びよう、いや死ぬ機会を正しく、確定的につかもう、それまでは生きていようという空しい、あがきに疲れきった彼女たちは、新しく見つけた立派な自然壕の中で、ホッと一息ついた。死場所を求めての死の彷徨、それは島尻戦最終段階の歴史的な二日乃至《ないし》三日の緊張した人間行動の記録である。しかし、彼女たちが新しい壕で一息したかと思うと、意外な事態が発生した。

「学徒動員を解除する」という全く思いがけぬ命令が、彼女たちにも伝えられ茫然自失させた。

その夜は明けて、六月の二十日、ある一団の女学生たちが、学友、互いに誘い合いつつ、その洞窟を出て、沖縄最南端の喜屋武岬へと向った。が、途中、あだんの繁みの中で日が暮れてしまって、そこで一夜を明かすこととなった。

ちょうど、月光がさえざえとした晩だった。島尻東端の港川方面では、月光の中空ににぶく光りながら、たえず照明弾がただよっていた。どこで打っているのだろう、艦砲の音が今は間近に、軽い余韻を残しつつ深夜の空気をふるわせていた。

月の光に誘われて波の音が聞える方向に歩いていった。やがて波打際近くの砂浜に出た。喉が無性に渇く。いちずに水が欲しいと思っているとき、ちょうど、そこへ、彼女たちの近くを、二、三人の兵隊が通りかかった。彼女たちの一人は、その兵隊を呼びとめた。

そして、水があったら欲しいと告げた。兵隊の一人が、何も言わずに腰の水筒をはずして女学生の一人にわたし、そのまま、何も言わずに去って行った。その水筒を振って見たら、八分ばかり水が入っていたが、栓を抜いて呑もうとすると、腐っていた。恐らくその兵隊は、「死に水」として、飲まずに四、五日もそれを持ち歩いていたのだろう。六人の女学生たちが、それを分け合って飲んだ。

それは、彼女らの味覚に何とも言えない快い刺激を与えた。その翌二十一日、小銃の音が余りに間近くきこえた。瞬間、彼女たちは、いよいよ最後の時間がきたと、直感した。

海岸に大きな岩が一つあったが、その岩を楯にとり、その周囲を、二、三回ぐるぐる廻った。この滑稽な動作は、しかし、小銃の発砲者の視界をのがれようとする反射的なものであった。彼女らの顔面の筋肉は極度に緊張し、深刻と真剣な表情は、能面のように動かなかった。そして、蒼白な顔面を、時々、一種の痙攣が走った。

岩石の一角に凹地を発見すると、彼女らは持っていた手榴弾を出して顔を見合せた。「自決はまだ早い」と、一人が、もつれる唇を動かした。「この機会を失えば、いつ死ねるの」他の一人が、そう云った。やがて分別らしい落着いた第三の声が聞えた。「生きてさえおれば、死ぬ機会は必ずある」と。

こうして、一、二分早口で押問答していたが、やがて一言も発するものがなくなった。誰も深い沈黙に重く引きずり込まれてしまった。

思えば従軍学徒として応召して以来、ただ軍の命、師の命に一点の疑念も抱くことなく従い、自らの運命を託していた安定感が、学徒動員の解除とともに、彼女たちの運命は彼女たち自らが選ばなければならぬという、運命を選択するための——自由——という重荷を背負わされて、彼女たちは、なすことを知らず、生死について迷わざるを得なかった。

ちょうど、このとき、わずか五メートルと離れていない目の前を、海岸線に沿って、何百とも知れない住民が、捕虜となって、ぞろぞろと続いて、歩いていくのを、岩かげに手榴弾を抱いたまま、見ていた。彼女たちは、死を装って、うつ伏せになり、ただ半眼をわずかにその方向に送っていた。

二、三メートル離れた草むらの中に兵隊が同じようにして、二人、ころがっていた。兵隊はわずかに顔を上げて、虫のささやくような小さい声で、「かまわないから、出て一緒に行きたまえ」「君たちは女だから殺されないよ。きっと助かるよ」と言った。女学生たちは、わずかに頸を振った。

それは決断をはっきり示したものだった。この最後の瞬間に於て、彼女たちは、生きられるかも知れないという不安の中に入ってゆくより、日頃から信仰的にもっていた、運命の肯定を、より単純に欲していた。

死神に魅入られている彼女たちは、自分らの伏している場所から動いて新しい不安の中に突入してゆくだけの力がなかった。

やがて、群衆は去った。しかし、刻々に迫ってくる死期に対する焦燥と恐怖感は、いつまでも去らなかった。彼女たちは再び「自決」について語り合った。「とにかく生きられるだけは、生きて見よう。どうにもならない最後のときは手榴弾を発火させよう」ということになった。

やがて彼女たちは、その危険の場所を去って、あだんの中をさまよった。この沖縄戦最後の一線には、到る所にこうした死の彷徨があった。あるとき、彼女たちは日本刀を持った一人の将校を見つけて、刀で斬ってくれと願った。

その将校は、やや感動の色を面に浮かべていたが、やがて、八人は多すぎる、とその申出を拒絶した。また、あるときは、兵隊を見つけて小銃で射ってくれと、せがんだ。頼まれた兵隊は、弾丸が足りないと、無愛想に答えた。

彼女たちは、それからしばらく、その付近を、小銃弾は落ちていないかとさがし廻った。

彼女たちは、最初の岩から遠くない所を二日もグルグルさ迷っていた。しかし、死ぬ機会はいつでも得られる、という単純な考え方は、彼女たちに死ぬ機会を与えなかった。あるものは、その翌日、あるいは二日後、負傷して倒れている所を、または、急激な米兵の出現に自失したところを、つかまってしまった。

三、女学生の手記

久田祥子の手記により更にあるグループの行動を辿って見よう——。

1

六月十七日、第一外科の古波蔵満子さんたちが伊原の壕の入口で艦砲の直撃をうけて即死したと聞いて、いよいよ悲壮なものがあった。自分もいつおなじ運命を辿るかも知れぬ。どうせ死ぬなら古波蔵さんたちのように直撃をうけて、ひと思いに、コッパ微塵になって死にたいという願いひとつで胸が一杯だった。十九日、米兵が間近に迫ってきた。ずっと逃げ迷っていた防衛隊の連中が、「すぐそこの波平の部落まで来ている」と言って、あわてたようすだった。その日は殊に迫撃砲の射撃がひどかった。夕方、私と同村の伊佐という防衛隊員が膝を負傷して私達の壕の中に這入ってきた。「ぼくは貴女がたの看護をうけて安心して死ねます。私が死んだら郷里の人たちによろしく言ってください。貴女がたも、ここまで来たのだから、とうに覚悟はしているだろうが、おめおめ捕虜にはなってくれるな」と気丈らしく、しかしうめくような声を出した。さいわい、伊佐さんの従妹の運天祐子さんが同じ壕の中にいたので彼は大分安心しているようすだった。膝の繃帯を全部はずして血は流れるにまかせていた。とても水を欲しがっていたが、あいにく一滴もない。甘蔗の皮をむいてさし出したら非常に有難がって、喰べおわると、残りのものを、「これは死ぬとき、喰べるのだ」と言って、自分の帽子の中に入れた。そのとき、第三外科が馬乗り攻撃をうけたという情報があった。もうこんなところには一刻もおれない。救急箱ひとつを身につけてみんなは大あわてした。殺気だって壕をとび出そうとした。「おい、負傷している人なんか、かまっていられないぞ。親でも子でも捨てて行くんじゃないか」生徒達が負傷者のことを、思いまどっているのを見て、引率者の一人である照屋先生は叱りつけるようにどなった。彼は壕の中でもしきりに、戦争は敗けだと、主張して生徒達の心を暗くさせていた。それでも明るいうちは気がせくばかりで、どうしても壕の外には出られない。

暗くなってから二、三人ずつ組をつくって脱出した。私は長い間、壕生活ばかりしてあまり外に出たことがないので、さっぱり方角がわからない。暗夜の中を手さぐりで出てゆき、ただ前の者が歩いてゆく後をつけて行った。小高いところをはい上るようにして横切ってゆくかと思うと、アッという間もなく、大きな弾痕の穴の中に落ち込むことがあった。地形のわからないところを二十分ばかり、走ったり、這ったりしていると、途中で一人の女学生らしい黒い影が横合から飛び出してきた。「誰」女の声だと知って相手も安心したらしく、おさえつけたような小さい声で名前を告げた。第二外科に勤務している玉那覇さんだった。「壕が馬乗り攻撃されて、高江洲美代さんが最期を遂げた」と彼女は告げた。私は彼女の手をとって歩き出した。途端、二、三発迫撃砲の至近弾を見舞われた。私は足を怪我していて、砲弾が身近に飛んでくるたびに、身を伏せるのに不自由を感じた。辛うじて伊原の付近にある壕を見つけて、やっとそこに辿りつくことができた。その壕には軍医や学校の先生、学友十二、三人が細々と蠟燭をともしていた。入口近くの岩の凹んだところには上江洲清子さんがどこか傷ついているらしく、苦しそうに横になっていた。竹沢伍長と生徒三人、それに看護婦四人がいま脱出してきたばかりの波平の壕に戻って、米を運びに行かなければならなかった。その中に私も加えられた。この壕には食糧の準備が全然なかった。米軍は近くまできているが夜間は見つけられることもすくなく、また砲撃もまれである。危険をおかして波平の壕に引返して見ると、三人の女が残っていた。さっき、皆と一緒に脱出する機会を失ったらしい。

棚原看護婦が負傷して起きることもできなかったので、それを見捨てるに忍びなかったのであろう。責任感の強い上原婦長と国吉看護婦が棚原看護婦を前にして坐っていた。そのそばに南風原から吉田看護婦がつれてきた「幸ちゃん」もいた。まだ五つか六つと思われるその子は、すっかり生気を失ってねころんでいた。幼い幸ちゃんを見ると、たまらないほどいたいけな気持ちをもよおした。食糧をもてるだけもって、逃げおくれて残っていた人たちも一緒につれていくことになった。負傷している棚原さんは、戸板にのせて、皆でかわるがわるかついだ。びっこをひきながら担架を持つのは、つらかった。幾度かころびそうになった。迫撃砲弾をさけながら、新しく見つけた壕に舞い戻ってきたときにはもう夜が明けかけていた。壕に着くと何となくざわめいて、不安な空気が漂っている。どうしたのだと事情をたずねると、学徒動員がここで解除されたというのである。今までは絶えず死の危険にさらされながらも、精神はある信念のために緊張していた。それが、今さら逃げもかくれもできない土壇場になって、急に各自おもいおもいの行動をとれということになると、今度は、意味のない犠牲と死の恐怖の中に投げ出されるにすぎなくなる。頼るべき何ものもなく孤影悄然として戦場をさまよわねばならなくなる。今まではりつめていた心、これまでの献身的な行為が水泡に帰してしまう。第一、死ぬことが恐くなった。先生のところに固まっているのもいれば、学友同士、これからどうしようと、ぽたぽた、雫の落ちる暗い洞窟の中でひそひそ相談し合っているのもいた。壕の奥には重傷者がたくさんいた。暗い奥の方から異様な声で、「久田さん、久田さん」と私の名を呼んでいるのがいる。「私も連れて行ってよ。私も連れて行ってよ」と幾度もわめいている。知念芳子さんだった。奥には神田幸子さん、浜元春子さん、石川清子さんたちが頭をならべて寝ていた。彼女たちはひっそりと黙っていたが、そのうちの石川さんが漸く私たちに話しかけた。久し振りに石川さんの声を聞いてなつかしさで一杯だった。「石川さんお元気?」と聞いたものの暗い壕の中では顔など、ちっとも見えなかった。しかし、「ああ、久田さんね、お元気ですか」と言っていた。南風原で逢ったきり、その後ずっと散り散りになって、後退したため、全く生死さえもわからなかったのである。「どう、傷の方はよくなっている」と私が聞くと、「傷はよくなっているけれど、私もうとても行くことが出来ない。あきらめている」と落ち着いて、平生と少しも変らない風だった。そして、石川さんは、自分の側にいた肉親の妹、礎子さんに、その壕を逃げるようにはげました。「仲栄間先生達も出掛けられたというではないの。道もわからないところを、貴女一人でどうして行くことが出来ますか、私のことはもうかまわない。早く皆と一緒に、先生の後を追いなさい」と、行きしぶっていた妹に、さとすように、叱るように、しきりに言っていた。すると妹の礎子は仕方なしに、「私達も明日はどうなるかわからないが、行くところまで行って見るさ」とついに姉のすすめに従って、その壕を脱出する決心をした。「うん、それがいいよ、西平先生にお逢いしたら、もう一度だけお目にかかりたいが、それも出来そうにもないと申し上げてね。ではお元気で、皆んなに宜しくね」と石川清子は従容とした態度で妹に言っていた。何となく頭のさがる思いがした。もうそのとき、彼女は死を覚悟していたのだろう。石川さんに別れてその壕を出ようとすると、与那嶺先生にお逢いした。そして私たちの壕にとび込んで来られた。五月の二十六日以来姿を見せなかった大城静さんも一緒だった。ほっぽり出されて頼るものもなく心細い思いをしていた矢先、同郷の先生にめぐり会ったので勇気百倍した。「先生、私たちの村の人たちは皆んな一緒になって行きましょう」と私がいうと「うん、そうしよう」といわれた。壕は脱出しようとする人や避難してくる人たちでゴッタ返した。壕内は秩序が失われ、女学生や看護婦や兵隊が、我先に出ようと競っていた。おし合いへし合いして私たちも壕を出て、ちょっと行こうとすると、ドドッドドッと迫撃砲の集中をあびせかけられて二、三人怪我をした。すると、みんな出かかった足を引込めてまた、どっと壕内にころげ込む。壕の中では殺気だった兵隊の声がする。「早く出ないか。そんなに大勢の人間で入口をふさぐな」と怒鳴っていた。内からも外からも殺気に迫られた。はき出されるように壕を出たと思う瞬間、また入口の近くでドドッと迫撃砲の振動に会う。引込むと「出ろ、出ろ」とどなられる。こうして、出たり入ったり、入ったり出たりして三、四回、ものすごい迫撃砲の洗礼をうけているうちに、「照屋先生がやられた」しばらくすると、「仲宗根先生もやられた」という声が耳に入った。照屋先生は手をやられていたらしかった。壕の中にたおれて苦悶しているのを、やがて壕を出ていこうとするたくさんの人たちにふまれてしまった。二人、三人と決死の脱出を試みる人が出てきたので、みんなこんどはその後を追って、どっと壕を出たのである。それでも壕の中にはまだ負傷した学友達が残っているので、なんだか後髪《うしろがみ》を引かれるようで思い迷っていると、ちょうど比嘉診療主任、福島軍医、上原婦長、国吉看護婦ら五、六人が、壕を出かかったが、私の姿を見つけて、「さあ、あなた方も出ましょう」と言われ、思わずその言葉に引きずられて、その人たちと一緒に遂に伊原の壕を出た。上原看護婦長も今はすっかり衰弱しきっていた。いつか南風原病院で爆撃により壕が崩れたとき、自ら円匙をもって土をはね、生埋めにされた兵隊、ピクピクけいれんしている兵隊に、ひとりひとり注射をうっていた空爆下の冷静な、真剣な婦長の姿が目に浮ぶ。沈着と責任感の強い糸満出身の勇婦型の若い婦長！　第一外科の看護婦や生徒達を指揮して、いつも真先に甲斐甲斐しく働いていた婦長のあの凛々しい姿はどこへ消えたのか。今は自分自身の体さえ支えることができず、国吉看護婦たちに肩を抱かれて喘ぎ喘ぎ山城の坂を登って行った。

私達はそのうちに婦長や国吉看護婦たちの一行を見失い、ただあてもなく坂を登って行く人たちの後からついて行った。坂を登りつめたら眼下は海だった。海岸から二百メートルもあるかと思われるところに黒い船が浮んでいた。偵察機が頭の上を飛んでいた。このときほど沖縄の狭さを身にしみて感じたことはなかった。ずっと前の方を行く、たくさんの人たちの間にまじって与那嶺先生の姿が見られた。

私達はあだんの繁みへ迷いこんでいった。民間の人たちがあだんの密林に小屋をつくり芋をたくさん集めて避難していた。そこへ私達は足をとどめた。大城静、村田俊子、運天祐子、玉城文、それに上池ツルと私の六人、しばらくあだんの中にかくれて艦砲の音を聞いていた。急に飛行機が超低空をしてきて、頭上のあだんの葉をふるわせながら飛び去った。そのとき、ぱちぱちと耳を聾するような音があだんの木に降りそそいだと思う瞬間、右のお尻に鈍痛をおぼえ、指先をやると生温かいぬらぬらしたものが手にふれた。思わず「やられた」と必死の声を出してしまったが、傷は浅かった。臀部の肉の上皮を機銃弾がかすめたのである。私たちは朝から夕方まで同じ場所にいた。昼中は避難民がおおぜい集まっていたが、日が暮れかかる頃にはその辺りの、小屋の中の人達と私たち六人だけになった。誰かが夢からさめたようにおびえた声で、「喜屋武の岬はどこですか」と側の者にきいていた。「ここですよ。喜屋武は」と訊かれた人は答えていた。その会話がなんとおどけて情けなかったことよ。もう逃げ場所もない。島の果てまで来たのだという実感がひしひしと感じられた。あとは海ばっかりであった。私たちはそこから再び、どこまでも続いているように思われるあだんの密林の中に足を踏みいれしばらくいくと、また与那嶺先生、田場さん達と出会った。みんな逃げるところもなく、海岸近くの同じ場所をぐるぐる廻っているに過ぎなかった。その日の戦いが済んで銃砲の音が途絶えた。なんとなく不気味な、静かな夕方だった。あだんの密生の中にはいろうとする所の岩かげに、南風原の十号室で一緒だった那覇生れの山里幸子さんがいた。山城の方で負傷してここまで来たのだと語っていた。その肩や背中は、傷だらけで皮膚が荒れていた。彼女の話によると、比嘉診療主任や上原婦長などとずっと一緒で、その人たちの最期を見とどけたということだった。――そのとき、仲宗根先生や一高女の平良松四郎先生たちの一行が私達のところに偶然やって来られた。意外な邂逅だった。こういった戦場では二、三時間会わない人もなつかしかった。――まだ生きていたのかと。――私達はさらに喜屋武の南の方に堅固な壕があるときいて、とっぷり日が暮れてから先生たちとその壕を探しに出掛けて行った。仲宗根先生は「おい、どこからか、水をさがしてきて、何とかして飯を炊いてくれ、ひもじくて仕様がないんだよ。壕は探しておくから、それまでに飯をたのむよ」と言われたので、一日中水滴ものまないといって、其処に坐り込んでしまった友達のうちの五人の学友を残しておいて、飯盒を手に提げ、水を汲みに行った。もう月が出ていた。青白い光の中に、山城の丘はかぶさるように迫り、黒々としたあだんの藪が、何か怪物でも、ひそんでいそうな物凄い感じを与えた。私達は一町ほど壕を探しに行かれる先生たちの後をついて行った。膝を没するような原っぱの草の中を押し分けて、しばらくあてもなく歩いていたが、体が急にくたくたに疲れてくるのをおぼえたので、松の木の根っこでやすむことにした。そのとき、私は、もと母校の図書係をしていた城間さんと一緒だった。すぐ近くに、一つの死体が大の字になって月光に照らし出されていた。人間の屍！　自分は急に悲しいような、恐ろしいような気がした。誰にも知られずに草むらの中に捨て去られた屍である。そのとき、それが初めて切実に頭に浮んだ。ここにくるまでどれだけ多くの死体を、もっと悲惨な死体を、見てきたかわからない。しかし、このときはじめて「誰にも知られずに捨てられた屍」ということがはっきりと考えの中に浮んできた。ああ、月光の中の屍よ！　私は思わず合掌したくなった。元気をふるい起してあだんの中を歩き出した。あだんの密生がはげしい所にきた。狭い、通れそうにない所に、丁度一人ぐらい通れる一条の道が開かれていた。高さ三メートルぐらい繁っているあだんの葉かげから洩れてくる月あかりをたよりにずんずん前に進んだ。海岸まで出たとき、急に照明弾が岸辺一帯を昼のように照らし、しばらくすると、急にまたあたりが暗くなって、ただ照明弾の焼け残りがぱちぱちと不気味な音をたててあだんの中に落ちてきた。しかし、照明弾は思い出したように次々と海岸を照らして行った。その中を一個小隊ほどの兵隊が西の方からやって来て、東の方向へ行くつもりであろう。私達の前を通りすぎた。「どこへ行くのですか」とこちらから声をかけても、返事もしてくれなかった。照明弾が上るたびに、その人たちは砂の上に伏せをしていた。ものもいわず、その沈黙の一隊は、急いで通り過ぎた。後からまた、二、三人同じように兵隊がやってきた。そのうちの一人がはじめて親切に「前線突破するのだ」と聞かせてくれた。水を探しもとめていると、ある岩かげで、誰か火をこっそり燃やしていた。よく見ると、それは一人の負傷兵だった。びっこを引きながら、近くに散らばっている木片や木の葉などを拾い集めて、火にくべていた。海岸の水打際に打ち寄せられた小さい魚を焼いているらしかった。「あなた方も一緒に食べませんか」その兵隊は親切に笑顔をつくってそう言った。その人がさし出してくれる焼魚の匂い、ああ、幾月振りかに舌にのせる新鮮な魚肉の味! 涙が出るほど嬉しかった。私は、兵隊といろいろ話をした。彼は伊江島の人だった。自分は、怪我をして不自由そうな彼のためにお粥を炊いてやった。薪らしい薪はなく、火はもえつきにくく、なかなか思うように炊けなかった。私は彼に案内されて彼の知っている岩の上のたまり水を汲んできた。私と一緒だった城間さんはこのとき、その負傷兵と一緒になって前線を突破して国頭の方へ行こうといい出した。自分はそれに同意しかねた。なぜなら、学友を五人も残して、……しかも下級生ばかりを。——彼女達を置いて行く気には到底なれなかった。どうしても帰らなくてはいけない気がした。水を欲しがって、自分が帰ってくるのを待ちわびている彼女たちのことを思うと、とてもそういう気持ちが起らなかったのである。自分は、負傷兵と一緒に、前線を突破して国頭へ行くという城間さんと別れて、もときた方へひとり不安な気持ちを抱きながら引返して行った。みんな心配して私の帰りを待っていた。そのうち壕をさがしに行っておられた仲宗根先生と平良先生も帰ってこられた。飯盒に汲んできた水でお粥を炊いて先生たちにあげると、とても喜んで下さった——。

2

それから私達は、仲宗根先生たちが探し当てた壕へすぐ出発することになった。昼間、あだんの繁みの中で会った与那嶺先生は、どこへ行かれたのか、いつの間にか姿を見せなくなっていた。そこを出発して新しく見付けた壕へ行く途中、平良先生は私達とすこし離れた所を歩いていられたが、しきりに「石川さん、石川さん」と生徒の名前を、声を嗄らして呼んでいた。先生と一緒だった一高女の生徒を一人見失ってしまったということだった。私たちは一列に並んで草の生い茂ったところを、曲りくねってとうとう目的の壕まで着くことが出来た。その壕はすぐ波打際の近くにあった。そこにはすでにいつの間にか平識先生がきていた。先生は崖のような自然壕へ私達を抱いておろして下さった。皆が壕の中で落着いた頃はもう夜が白々と明けかかっていた。そこには、女学生のほかに、兵隊や民間の人たちもたくさん集っていた。その翌日の正午ごろであった。一隻の米船が壕の前の波打際から呼べばとどくほどの近い所の海を二、三回行ったり来たりしていた。口にこそ出さなかったが、壕の中にいる凡ての人達はいいようのない不安に襲われた。ちょうどそのとき、船は、私達のいる壕の真向いで止まった。そのうちだんだん波打際の方へ近く寄ってきた。壕の中にいる人たちは一人として声を発するものがなかった。まるで化石になったように、というよりそのまま化石になってしまいたいというように、岩にへばりついてしまった。その船の中で人の動く姿まで壕からよく見られた。なにか梯子らしいものをおろしている様子だった。そしてがやがやわけのわからないことをしゃべっていたが、やがて「およいで、おいで。およいで、おいで」という声がきこえてきた。初めてきくその声、恐ろしさ、気味悪さでいいようもなかった。そのとき、漸く今まで押しだまっていた人達の間に動揺が起こった。みんながわめき出した。一人が逃げるつもりで崖をよじ登り始めると、みんなその後からついてよじ登って行った。いくら急いでも一人一人しか登れない、そのもどかしい気持ちはたとえようもなかった。崖を登りながら、背に小銃をあてられて、もんどり返るような錯覚にとらわれた。やっと崖をはい上って、あだんの中に逃げこんだ。後の方から今度は明瞭な日本語が追っかけてきた。「病人もつれて行きなさい」あだんの中に赤い紙が束になって落ちていた。それには大きな文字で「命を救うビラ」という見出しがあった。その日は終日、虱を取りながらあだんの中でくらした。夕方になるとまた船がやってきて、「夜はひとかたまりになって、海岸近くに出るよう。出歩いてはいけません。明朝迎えに来るから、九時までに海岸へ出てきなさい」と拡声機を通じて二度も繰り返した。――私たちは兵隊たちに喰いさがるように頼んで、やっと手榴弾をひとつ手に入れた。それは栓のぬけたもので釘をさし込めば効果があると兵隊は教えてくれた。これで心配なく死ねるのだと思った。この親切な兵隊たちと共同であだんの枯葉を集め、飯盒をあだんの枝につるして飯を炊いた。その夜はあだんの中でごろ寝をした。あくる日は昨日いっていたように、朝早くから例の船が岸辺近くやってきて、捕虜収容のための放送をやっていた。やっと昼頃になってから老幼男女戦いに敗れたみじめな人々が、大勢東の方へ東の方へと進んで行った。そのとき、十二、三歳になる可愛いい女の子が列にはぐれてただ一人さ迷い歩いていた。話を聞くと途中で父母に死に別れてしまったという。そして「わたしは捕虜になりたくありません」という、いじらしさ。涙ぐましい感じがした。糸満国民学校の生徒だということだった。仲栄間先生や清原夕さんたちとその日、また一緒になった。仲栄間先生と歩いていた女学生二、三人が前線を突破して国頭の方へ行くのだといってどこかへ行ってしまった。すると、すぐその後から、今まで私たちと一緒だった佐和田さんや下地さんたちも急に思いついたように「前線を突破しましょう」といって、列を去ってしまった。誰も止める者はいなかった。みんな夢遊病者のように離合集散しているにすぎなかった。こんどは私たちの列の中で誰いうとなく前線突破しようといい出すようになった。みんな、心に抵抗を失っていたので、誰かが何かを強く主張すれば、またそれに押されて行くのだった。殊に運天さん、上地さん、玉城さんたちは強硬にそれを主張した。仲宗根先生は「自分はとても貴女方十二、三人を連れて米陣地を突破する気力はない。自身の体も、もてるかどうかわからない。貴女がたを世話することはできそうもないから、四、五人ずつ組をつくって行きなさい」といわれた。「前線を突破しよう。前線を突破しよう」とみんな力んだ。私たちは行き詰って死を見つめていた。前線突破！ その危険は私たちの頭の中にはなかった。ただ万一それが成功するかもしれないというはかない僥倖に、希望をつないでいたのかも知れない。その時、その騒ぎの中で一人淋しそうに取残されている仲宗根先生を私は発見した。先生は迫撃砲で耳の鼓膜をやられ、また南風原を発つときから、赤痢でお腹をこわされていたので随分痩せていた。気の故か、悲痛なその表情を見ていると、影がうすくなっていくように感じられてたまらなくなった。私は急に思い直した。今までお慕いしている先生だ。「よし、この先生とならば生死をともにしよう。決して悔いることはない」と覚悟を決めた。自分はあくまで頑強に学友たちの申出を拒否した。いくらすすめられても頑として応じなかったので、みんな意外だという面持ちをしていたが、やがてそのうちに意中を察したものの如く、押し黙ってしまい、意気込んでいた計画はそのまま立消えになってしまった。あきらめたのである。断念したのである。その日の夕方、前線突破するといって先刻出かけて行った仲栄間先生が、とても駄目だといって私たちの所に戻ってきた。また同じ目的で出て行った学友たちも、二、三人ずつ、東の方から、或いは西の方から私達のところへ帰ってきた。「皆、失敗して帰ってくる。もう駄目だ。女子師範と一高女の生徒は皆ひとかたまりになって、岩に各自の名前を刻んでから死のう。そうすれば、後の世の人が私達をいつかはとむらってくれるだろう。姫百合学舎の名は、いつまでも伝えられるだろう」と仲宗根先生がいわれた。私たちは美しい夢を描いた。嬉しかった。喜んで、そうだ喜んで。……熱いものが頰を伝わった。父母がどこかで生きていたら、あとで泣きながら自分の最期をほめてくれるだろうか——。

仲間幸子と安里さんが、ずぶ濡れになってやってきた。どこかの海岸に出ようと、海にはいって脱出を試みたが、駄目だったという。あまり水が欲しいので村田俊子さんと一緒に飯盒を持って、海岸の岩にたまっている塩分の多い水を汲んで、ついでにその辺に落ちていた豆を拾い集めた。海の中で、浴びている兵隊もいた。もう今日が最後だという切迫したものが、ひしひしと感じられた。その頃はもう誰も平気で、海岸で煙をあげて飯を炊いていた。今日が最後の日になるかも知れぬ、誰の胸にもそういう考えがあった。持っていた米を殆ど全部炊いた。それに豆を煎ってから大きなお握りをつくった。お握り二つずつ持って付近の芝生の上に出た。月は皎々《きょうきょう》と照っていた。幾月振りであったろうか。腹一杯御飯をいただいたのは。——もはや思い残すことはなかった。狂気のように逃げまわったことがおかしく思われた。福地キヨ、山里美代、垣花秀子、田場其枝、清原夕、仲間幸子、玉城文、上地ツル、運天祐子、大城静、村田俊子、安里ヨシ、私、この十三人の学友たちは、月に向って「海ゆかば」を合唱した。明日は喜屋武の海で水漬く屍となるか、草むす屍となるか、永くてあと二、三日のことだと思い、全霊を震って歌った。感慨無量だった。人生わずか二十年。祖国のために死ぬことができるという感激が渦巻いた。それから、なつかしい母校の歌を唄った。いとしい学友たちが、この同じ思いで、たくさん死んで行ったのだ。それから、別れの歌「目に親しい」を合唱した。田場さんはその自慢の美声で独唱を聞かしてくれた。それが終ると、歌い疲れたみんなは月に向っておし黙ってしまった。果しない海の面はきらっ、きらっと月の光をうけて光っている。みんな一言も話さず、ただ月を眺めて、それぞれの思いに耽っていた。明けて二十三日の朝は至って静かだった。ただ小銃の音が、ぴゅんぴゅんと時々聞えるばかりだった。その静かな、そしてうす気味悪いほど平和な海岸を、二、三人の兵隊が前線を突破するのだと話し合ってどこかへ消えて行った。しかし翌日の正午頃、太陽は真上にきていた。あだん葉の繁みの中で、何かざわざわする物音が聞えてきたかと思うと、「耳をふさいでおけ」という人声がする。と、パーンと一発鋭くピストルの音が身近に聞えた。何事かと思って無意識に飛んで行って見ると、一人の兵隊が草むらの中に仰向けになって寝ていたが、その額からは赤い血がたらたらとこめかみを伝わって草を染めていた。その側には、二人の兵隊が、拳銃を握っのだ。「甘蔗をとりに行って腹をやられたのだ。病院もなく治療もできないので、どうせ助からないから殺してくれと、頼まれて殺したのだ」と語っていた。倒れた兵隊は幾度も肩を大きく動かして深く呼吸をしている。「とても苦しそうね」というと「本人はもう意識はないのです。唯心臓が動いているだけですよ。可愛想だからもう一発打ってやろう」と銃先をこめかみにあてた。また、赤い血が噴き出すようにあふれ出た。二人の兵隊は顔の血をぬぐってやり、どこから持ってきたか紺地の女物の着物で頭の上から足先までおおってから、しばらく瞑目していたが、そのまま何も告げずに何処へとなく立ち去って行った。偵察機が飛んできた。非常な低空で乗っている人の裸姿まで見えた。村田さんと二人、とにかく真水を探して来ようと、飯盒を提げて歩き出したが、泉はなかなか見つからなかった。仕方がないのでまた、例の塩水を汲んできた。帰るとき、歩いてゆく左手の方に将校らしい大男が立っている。最後の総攻撃でもするつもりで、敗残の兵を集めているのだろうと思ったが、どうも様子がおかしい。鉄兜も違っている。「今は、親切そうな事をいっているのだよ。――煙草はないからあっちに行ってからくれよう、といっているのだ」四、五人の日本兵が、そう話し合っているのが、手に取るように身近く聞えた。その時、例の大男が初めて米兵だ、とわかった。生れて初めて米兵をいや外人を見た。米人は二人だった。日本兵は十人近くいた。一人十殺を教えられてきた日本の兵隊が二人の米兵と相対していたが、どちらも、どうする気配も見えなかった。一刻も早く皆に知らせてやろうと、私は一目散にあだんの中に駆け込んだ。すると右手の方からも四、五十人の米兵が手に手に小銃を持ってやってくるのが見えた。私はその兵隊たちに見つけられてしまった。彼らは追っかける様子もなく、ゆっくりゆっくり歩いてきて、「出てきなさい、出てきなさい」と声をかけた。絶体絶命！　私は俊子と二人、とある岩の上に腰をかけた。私たちの近くに福地さんが、キョトンとした顔をして、手に手榴弾をもって立っていた。ほかの学友たちはおとなしく米兵のところへ出て行った。お互いに友の名を呼び合う声がする。「俊ちゃん、出て来なさい」「福地さん」「久田さん」……私たちは思わず、その声のする方へ歩いて行った。福地さんも手にしていた手榴弾をあだんの中にかくして繁みの中から出て行った。仲宗根先生が米兵と話をしている。先生は鼓膜を破られていたので鉛筆を取り出して、しきりに何か聞きただそうとしている。その周囲に女学生たちは不安そうにこの光景をうちまもっていた。

「先生、何といっているのですか」というと「親切なことをいっているのだ。水や食物を与えてやるといっているよ」といわれた。生徒は不安そうにたずねた。「先生いつ死ぬのですか」「私がよしという時に死ぬのだ。死ぬのはいつでも死ねる」あとで知ったのだが、私たちが水汲みに行っている間に仲宗根先生たちは自決をはかっていたのだ。米兵が近接したことを知って二、三人の生徒たちが「死ぬのは今です。死ぬのは今です」と先生に自決を迫った。先生も今はいよいよ最後のときと、手榴弾を取り出した。みんなその周囲をまるく取巻いて坐りこんだ。先生はひとわたり生徒たちの顔を見廻したが、その中で二人ばかりおどおどした表情をしたものがいるのを発見して先生の心は動いた。まだ、決心のついていないものがいるな、と心の中で思い、「しばらく待て」といった。そしてみんな心を静めるために瞑目した。そこを、米兵に見つかったのである。……

日本の兵隊十人ばかりと、民間人数十人が米兵に前後左右を警戒されながら海岸近くを足を引きずるように心おもたく歩いていた。砂浜近くの広い草原に出たとき、米兵は一同に停止を命じた。そして、直径五十メートルぐらいの円形を彼らはつくり、その中に一同を集めた。各々銃をかまえて厳重な警戒をしながら「この中に兵隊がいたら、正直に出てきなさい」といった。そのときだった、集団の中にいた一人の兵隊は、いきなり手榴弾を取り出し、素早い手付で石に発火させ、その胸にしっかり抱いて地面に倒れた。

四、草生す屍

1

真壁についたころは、蛙が鳴いて東天が白みかけていた。きて見るとかくれる壕がなく皆途方にくれたが、三日目に漸く壕がみつかり、第一外科は伊原の東南にある壕と、波平部落前方の壕、第二外科は真壁、糸洲に、第三外科は伊原。その外、山城に本部、伊原東南民間壕に少数ずつ収容された。だが患者を収容する適当な壕はとうとう見付からず、陸軍病院は解散の止むなきに至り、患者は即刻、各自原隊に帰れとの命が出た。既に首里は陥落し、軍は算を乱し、なだれを打って島尻に退却しつつある時のことで、たとえ元気な患者でさえ、原隊へ復帰することは不可能だった。解散するときは既に糧食が尽きていたので、病院としては患者に一食も給することはできない。こうして野に放たれた患者は、余力のある者は焼け残った民家に一時の隠れ家を求めたが、多くはそのまま行き倒れてしまった。前線の各部隊が首里を放棄して島尻に退ったため、残った兵力と非戦闘員である住民は、島尻の一角のポケット地帯に追いつめられてしまい、六月中旬、国吉、与座、八重瀬を結ぶ最後の抵抗線が突破されると、ちょうど地引網で追い込まれた魚群のように兵も住民も入り乱れて具志頭《ぐしかみ》、摩文仁《まぶに》、喜屋武《きやん》、真壁の野に、ゆき迷い右往左往した。

勿論生き残った女学生は、数万の住民とともに皆この網にかかって刻一刻と圧縮されて行ったのである。第一外科の真玉橋藤子さんが妹と二人で、六月十日の夕方、波平の部落に水汲みに行った。すると、途中の道端で、モンペを着た一人の若い女が倒れていた。その女は、負傷した腹部を上にして、傷口を毛布でおおい、目ばかりきょろきょろさせていた。傷はひどいらしく、毛布やそれをおさえている手に腹わたがあふれていた。彼女は通りかかった彼女らを見て、「お願いだから水を下さい。水、水、水を飲んだら、死んでもよい」といいつづけた。砲弾の落下がはげしいので、近い波平の部落から水を汲んでくるのに、一時間以上もかかった。再びかえりがけに、かの若い女の倒れていた場所までくると、彼女はもう絶命していた。ふりかえる途端、今さっき水を汲んできたばかりの波平の部落に、つづけさまに艦砲が二、三発おちて、轟然たる大音響と共に、部落の民家の木材や、部落に生い茂っていた防風林が中天に、はね上げられていた。彼女たちが転げるように、その場所を立ち去ると、五分もたたないうちに、頭と腹部に目のくらむような衝撃を感じて、前方にうつ伏せに倒れた。百四、五十メートルばかり前方の芋畠に艦砲弾がおちたのである。ほとんど手も動かせないくらい力がぬけ、瞬間、思考力も消しとんでしまったところへ、体中が飛び上るほど、不気味な音を立てて土砂が背中にふりそそいできた。この辺は、今まで通ってきた所とはちがった、何か特殊な戦場の臭いがあった。砲弾の間を、はっきりと、生命を意識しながらかけてゆくのだが、周囲は何だか断末魔に似た、緊張がのたうち、空気がこおりついている。かけているうちにも、印象的な場面を、いくつも、強く、脳裡に刻みつけた。はいているズボンと一緒に、右足を大腿部からもぎとられた一人の日本兵は、泥んこになって両肘と左足で体を支えながら、畠の中を這っていた。鉄帽の下の両眼は炯々《けいけい》と、おそるべき意志力に燃え、生きるためか、死の苦痛から逃れようとしてか、ただ全身の力を出し切って這っていた。腐臭が一帯の空気を濁し、どことなく生温かい血の臭いが流れてくる。砲弾にけずられ真白くなった、一寸した斜面があった。

その斜面に背をもたせ、両足を前に組んで、坐ったままの形で黒焦げになっているものがあった。と思うと、その附近に砲弾が落ちて、しばらく、その黒い物体は濛々たる白煙におおわれてしまったが、やがて、煙が晴れてくると、また姿をあらわした。依然として真白な斜面を背に坐ったままである。ところが、その時、はっきりとそれが何であるかがわかった。それは鉄帽をかぶった兵隊の死体であった。目も鼻も口も立派にあり、死んでそう長くないらしく、どこも腐敗している様子がない。服もそんなに朽ちていない。ところが、しばらくすると、それが、再び、さっき見たときのように真黒になった。顔と言わず服といわず、鉄帽や靴に至るまで、隙もないくらい蠅がたかっていた。蠅は、形がくずれないうちから、内部の腐臭をかぎつけて、たかるのだ。体が崩れると同時に、無数の蛆がわき、解体してしまうのだ。凄惨は、戦場の、どこへ行っても、つきものだが、ここまでくると、負傷者や死体を見ると、胸をさすように孤独がうずき出してくる。このころは、女学生は、思い思いの服装をしていた。モンペにズックや軍靴をはいたもの、中には軍服、軍靴、戦闘帽をかぶって、まるで女の兵隊みたような恰好をしているのもいた。

摩文仁の線まで日本軍が後退した頃、ある日、本部の山城の壕にいた女学生たちが、壕入口の鉄架の近くに、濡れた学校の書類を干して、日が暮れかかる頃、乾いているか、どうか見に行った。書類は兵隊たちのために、ひきちぎられてあった。ひきちぎって、たきつけにしてあったので、彼女らの一人は、兵隊に憤然としていった。「ここにあったのは学校の大事な書類です。炊きつけなんかに使っては困ります」すると、そこには少尉一人に兵隊が四、五人いたが、ある兵隊は、嘲笑的な口調で「君らは一体戦争は勝つとでも思っているのか。ふん、おめでたいことだ。学校の書類なんか、破ってすてちまえ。のんきな奴らだ」吐き出すように、そういった。その頃、本部の壕に迫撃砲弾が、三発連続で落下し、入口近くにいた十五、六人の者が即死し、二十人以上の負傷者を一度に出したことがあった。ある防衛隊員などは、胸から上を全部、もぎとられ、肉が四散し、目もあてられぬ死に方をしていた。そのとき陸軍病院長の佐藤大佐も戦死した。艦砲も空襲も止み、夕方トンボ機が偵察にくるひととき、位置を移動したり、食糧あさりをする住民が、悠々と地上を歩き、自分たちの姿の露呈するのもかまわぬといった調子だった。その頃、初夏近い夕暮れの空を背景に無数の蜻蛉が飛び廻り、何か平和な時間がただよった。あるとき、女学生のいる壕に、勤皇隊で働いている中学生が二、三人やってきた。鉄帽に巻脚絆だけで、武器一つ持っていなかった。彼らはかくれる壕もないので、探し廻っていたが、途中で兵隊につかまって、弾丸運びや使役に使われたらしく「自分たちは、使われてばっかり、疲れた。疲れた」と罪もなく、ぶつぶつこぼしていた。

六月十八日、病院本部から、兵は適当の位置において、戦闘配置につき、女学生は即時解散せよとの命令が出た。十八日第二外科のある糸洲の壕は馬乗りにされ、夜になって漸く虎口を脱し、第一外科は、伊原東南壕で十九日午前三時解散した。そのとき、奈良県出身の西平教諭は生徒達に、「我々に残された道は、東海岸を通るか、西海岸を通るか、中央突破をするか、この三つしかない。みんな、出身地別に同郷同村のものは固まって、組をつくっていきなさい。そして通過する村々の事情に明るい者が道案内をしなさい。絶対に捕虜になってはいけません」といった。このとき、首里洞窟司令部の参謀室にいた西岡女子部長は、病院本部の山城の壕にきていた。こんな小さい島では何処に逃げても安全な場所のあろうはずがない。彼は軍司令部の壕が危くなると慌てふためいて首里から逃れ再び女学生達と島尻で合流した。彼は、しかも今まで責任をとってきたものの如く、こんなことをいった。「いよいよあなた方の従軍が解かれることになった。自分は残念だが、あなた方と別行動をとる。私は国頭へ行く。西平先生、生徒の方は君に頼む」この口はばったい言葉に、西岡部長の腹心として、彼に最も従順だった西平教諭は口をもぐもぐさせて何かいおうとしていたが、とうとう何もいえなかった。生徒達は西岡部長の裏切りを心から憎み、呪いの眼を、まともに彼に向けて、睨みつけていた。生徒達と別れた西岡部長は、いつも同伴していた女師附属の若い女教員と共に、玉城部落にある、教え子の或る女学生の自宅の壕にかくれるために姿を消した。

2

十九日の午前十時頃、第一外科の女学生四、五人が壕を脱出してあだんの群生した喜屋武海岸の方向を目指してかけていると、途中、彼女らの目前を、畠の中を横切って、住民たちが白旗を手にして、右手の道路の方に走っている。畠の中の一本道に米軍の戦車が止まり、天蓋を開けて、米兵が一人首を出していた。しばらくいくと、甘藷畠の真中に女学生が一人倒れている。かけよって見ると、大桝大尉の妹である（大桝は与那国島出身、ガダルカナルで戦死。個人感状を受く）。太股に機関銃弾をうけていた。「もう、私は駄目、ここから早く逃げて」と、彼女は級友たちに逃げることをすすめていた。彼女たちがそこを去るとき、級友の一人は、持っていた日本刀を彼女の側に置いた。

喜屋武の海岸では米艦から盛んにマイクの放送をしていた。「変な所にかくれないで出て来い」「明るいうちに出て来い。暗くなると危ない」一寸でも位置を変えると、「うごいている人も出て来い」などと声をかけていた。思い思いに壕を出たが、喜屋武海岸では再び教師や級友と落ち合った。

六月二十二日は、快晴だった。教師達が、海岸近くで落ち合い、岩の上に腰かけて一時間ばかり生徒達のことについて語り合った。「とにかくこの辺は火焔放射器で焼かれるに違いない。今晩中に突破しなければ危険だ」と仲栄間教諭がいった。

遠く摩文仁の方向では、砲煙がのぞまれた。それから彼らは、昨二十一日午後二時、同じく喜屋武海岸で、一高女の平良松四郎教諭引率の十人の生徒が、師弟もろとも自決を遂げたことについて語り合った。そのグループの中から生き残った一人の女学生の報せによって、初めて知ったのである。その女学生が、喉が渇くので水を探しに行っている間にこの処置が取られたらしく、彼女は「そんなに急迫したような気持ちを持っていたとは思われなかった」と語っていた。二十三日、午後四時頃、同じ喜屋武の海岸で、兵隊三人と女学生十人が集まって自決を相談した。兵隊の中の班長らしいのが訊いた。「お前たちほんとうに死ねるか」女学生たちは「はい」と口を揃えて答えた。「ほんとに死ねるのか」重ねて彼は訊いた。「はい死ねます」答は同じだった。「ほんとに？　ほんとに？」下士官はくどいほど何遍もたずねた。その度に答は「はい」だった。「そんなら、荷物をかたづけて、円になって死のう。兵隊は中に入り、その他は車座に坐れ」そう言いながら、彼は自分の腕時計をはずして、女学生の一人にやり、しばらく何か考え込んでいたが、急に大きな声で「一寸待った！」といい出した。すると、次の瞬間、今まで優しかった、その下士官の態度が急に変って、物凄い形相になった。「えいっ。女はみんな出ろ。出ないと、たたっ斬るぞ」彼は刀を抜いてあばれ出した。その気勢におされて、反射的にみんな立ち上り、付近のあだんの中にかけこんだかと思う刹那、彼女らの背後で、轟然と手榴弾が炸裂した。ふり返って見るとそこには三人の無残な死体が、砂の上に投げ出されているのが、目についた。

第一外科、第二外科、本部勤務の生徒百余人は解散後、或いは喜屋武海岸洞窟に、或は岩かげ、あだんの繁みの中に、または、遠く摩文仁、真壁の野にさまよい、自決したり、行き倒れたり、多くのものが、文字通り水漬く屍、草むす屍となって、その最後の消息を絶った。女学生、職員合せて百数十人が犠牲となった。彼らは決して戦闘員ではなく、傷つける傷兵をいたわるため、命を捧げたのだが、彼女らが胸につけていた姫百合の校章と赤十字のマークは限りなくいじらしいものであった。

五、壕の精

1

沖縄島の最南端にある伊原の高原地帯の松林の岩蔭に、ひっそりと黒い口を開けている幾つかの自然洞窟壕があった。

その自然洞窟壕の一つである、伊原の壕には、従軍の女学生、看護婦、兵隊、重傷患者、住民男女八十人ばかりの人々がはいっていた。野戦病院が解散し、日本軍が組織的な抵抗を失った頃であった。壕の人々の大半を占めているのは沖縄女師、一高女の生徒達だった。

彼女たちは一人として満足な体をしているものはなかった。上江洲ヒロ子は壕にきてから宿痾の心臓脚気にかかり、絶えず全身を、キリで揉むような、激痛と闘っていた。浜元春子は顔面を負傷し、死んだように横になったきりだった。石川節子は壕にきて数日後、壕の中に落下した迫撃砲弾のために足を負傷していた。石川清子は、南風原を発つとき艦砲で脚部をやられ、この壕に担架で運ばれてきた。知念芳子は頭部を負傷していた。五人は戦争が始まる前何れも寄宿舎の同室で、仲が良かった。手持食糧は少なかったが、始めの中は、病院の衛生兵たちの指揮で、秩序正しい共同炊事が行われた。「人員を数えるから、皆頭を動かさんようにしてくれよ、一、二、三……」と壕内に犇めく人たちの頭数を、ひょうきんな声で、数えていた兵隊も、もういなくなっていた。それはどんなに曇り勝ちな壕の淀んだ空気を陽気に引掻き廻してくれたことだったろう。その共同炊事も五月三十日までしかつづかなかった。

六月十八日、米軍が壕に火焔放射器で攻撃を加えた日から、一時に壕は凄惨な空気に包まれだしていった。

壕は三つの鍾乳洞の岩窟にわかれ、岩壁の下方には、各岩窟の部屋をつなぐ通路があいていた。通路の穴は人間がしゃがんでやっと抜けられる程度の大きさであった。

最後に、上江洲ヒロ子と石川節子の二人が「壕の精」のような不思議な生活を始めた第三番目の壕は、水を湛えていた。火焔放射器の攻撃を受けた第一の壕は、岩肌が焼け爛れ、壕はカラカラに乾いていた。敵襲を恐れた人々は、攻撃を受けたその夜から第一の壕を捨てて次の岩窟内に移った。手当はおろか、喰物とて与えられぬ、重傷者だけは第二の壕へ運ばれた。「軍医殿注射を、注射を、うって下さい」と絶えず口走っていた野戦病院から運ばれた兵隊や、あたり構わず唸り、喚いていた男が、次々と死んでいった。死体は、兵隊が、夜になると壕外に運び出して埋めたり、第一の壕へ運んでおいたりした。敵の幻影に怯える第二の壕では、隣りの第一岩窟から漂い流れて来る激しい死臭に悩まされた。

　六月十八日の昼頃、第一の壕で人の声がした。何かしきりに探しまわるような乱れた跫音が虚ろに響いた。懐中電灯の光に似た青い光線が、さっと、くぐり穴をかすめたりした。「敵だ」――上江洲ヒロ子たちは直感した。その時第二の壕には、北部出身の防召兵四、五人と、住民、七、八人、兵隊四、五人、それにまったく身動きできぬ、上江洲ヒロ子ら五人の傷ついた女学生が、残っているばかりであった。多くの兵隊と、元気な女学生達は、攻撃のあった晩、壕を脱け出してしまっていた。

　恐怖のために石のように硬わばった顔が、じっと息を殺して第一の壕の様子をうかがった。それが余りに長い時間なので、人々の、音のない影絵がフラフラと手足を動かしたように見えた。しばらくすると、隣りの壕の話声は止み、跫音も去っていた。その時であった。突然かん高い、それでいて押しひしゃがれたような、子供の泣声が押しつまった壕の静寂を突き破った。皆、ぎょっとして、声のした方を振り向いた。上江洲ヒロ子も声のした方に、力なく頭を捻じった。――四、五歳ばかりの男の子の、泣く口を、片手でしっかと押えた、一人の兵隊が、訴えるような眼をキョロキョロと、周囲の人々に向けたかと思うと、「しっ、泣くな」と低く叫んだ。「敵が外にいるぞ、殺してしまえ」という声がとんだ。当惑した理性と、混乱した恐怖が、ごちゃごちゃになって壕を包んだかと思うと、ジリジリと殺気が漲った。「誰か、おい誰か手伝ってくれ……皆の……生命にはかえられぬぞ」と叫んだ兵隊は、同時に両手を動かしていた。膏汗《あぶらあせ》がタラタラと兵隊の顔に流れた。上江洲ヒロ子は、じっと瞑目した。そして微かな灯火の中に浮かび出たこの光景を忘れようとして懸命に頭を振った。子供を両手にかかえて、最初、なだめようと兵隊は苦心していた。だが次の瞬間には、男の子は動かなくなって、兵隊の手にダラリとしていた。彼女は、兵隊が腰を浮かせるようにして、革帯にはさんだ手拭を抜きとるのを見ると、瞬間に、目を閉じたのであった——。

男の子の母親は、数日前、「食糧を探しに」と出掛けたまま帰らないので、兵隊は、男の子に、カンパンなどをやっては、なだめていたのに——。

昼になると、決まってきこえて来た、戦車砲らしい音も、この頃では、すっかり途絶え、ただ、飛行機の爆音と、付近で鳴る機関銃の音らしいものが、きこえるだけだった。

夜。兵隊や、防衛隊員が、急がしく飯盒で飯を炊いて喰べているのを見守っていた上江洲ヒロ子が兵隊の所へはっていって、飯を貰って来た。石川節子の足の傷は、膿が止まり、赤黒く黝《くろず》んだかさぶたの下で、傷は快癒に向っていた。彼女だけは、少し食欲を取りもどしていた。「ね、何か喰べなくっちゃ。死んじまうことよ、少しでも良いから、これを喰べて頂戴」と彼女は傍らの友に、喰べ物をすすめたが、石川清子が、少し口にしただけで、他の三人は、黙って微かに頭を振っただけだった。それから、二、三日たって、或日の暁、浜元春子の体は冷たくなっていた。船舶工兵隊の制服に似た、くたくたになったカーキー色の詰襟服と、モンペに包まれた彼女の姿は、何の表情もなく横たわっていた。女学生たちが従軍するとき、大抵、彼女達は母親がつけていた柄の細い紺地の着物でモンペをつくり、それを従軍の前夜につけたものだった。それが、今、泥と血と膿にまみれて彼女達の衰えた体を包んでいる。生き残った四人の者には、友の死が、何の感動もよばなかった。一言の別れの言葉もつげず、誰にも知られずに、若い生命を閉じていった学友の死が耐え難いのではなく、顔面をやられているため、死顔のはっきりせぬ彼女の姿に、何か、安らかな物さえ感じた。この時傍らに臥ていた、もう一人の女学生の口から澄みきった声が流れた。「わらべはみたり……のなかのばら……」——彼女は昏々と睡りながら歌っているようにみえた。岩壁に凭せた両足も、胸の上に置いてある両手も、首も、じっとしたまま歌っている。彼女の魂は、この暗い壕の空気を嫌悪して、明るいシューベルトの曲に魂を乗せて、白日の高原をさまよっているのであろうか。「あっ、芳子さんが、歌を唄っている」上江洲ヒロ子は、むっくりと上半身を起し友の顔をのぞき込んだ。壕内に彼女の唄う旋律が、流れた。頭部の傷が悪化するばかりの彼女は、脳症になっていた。歌うのをやめると、彼女は「水、水、水をください」といった。「よし、よし、今水を上げますよ、まっててね」と上江洲ヒロ子が彼女の耳に口を寄せて叫んだ。彼女はいざって、水を求めるために第一の壕まで匍《は》っていったが、火焔放射器の猛烈な熱気に、カラカラに乾上った壕には、もはや溜水さえなくなっていた。強いて溜水を汲もうとすれば死体のある壕口の窪みにある溜水しかなかった。彼女は、断念して引返し、救急カバンから脱脂綿を取り出し、頭に近い天井の鍾乳洞の尖きから滴り落ちる水滴を、ながいことかかって、含ませた。上江洲ヒロ子は四人の学友の唇にその脱脂綿の水をたらした。――それから幾日か過ぎ、壕には、四人の女学生と、五、六人の兵隊と、防衛隊員しか残らなかった。

唯一の食糧は生米だった。それを嚙むことさえ拒みつづけた石川清子は肉が落ち、皮膚がただ骨を掩うばかりの衰弱した軀を横たえていた。浜元春子の後を追うように、彼女は一週間目の夜、いつの間にか息を引きとっていた。

「お願いですから、兵隊さん、この方達をあっちへ運んで下さい」と、二人が、向い側にいる兵隊に必死となってたのんだが、兵隊達は、ポカンとしたまま彼女達の声に耳をかそうとしなかった。二人の力ではとうてい二つの死体を運ぶことはできなかった。生き残った三人に、こんどは、疲労と、空腹感とが入り混じった、ものうい睡魔が襲った――。

「軍医殿、あそこの患者は破傷風にかかっているかも知れません。早く注射を打って下さい。リンゲル、リンゲルはありませんか。この儘ほっておいたら、いつまでたっても治りそうもないわ、婦長さん、婦長さん、私の足は、歩けなくなるわ……」突然、知念芳子が大声に口走った。「女学生、静かにせんか、そんな大声をたてると敵にきこえてしまう」と兵隊が怒って言った。傍の石川節子が囈言《うわごと》をいう友の体を揺すると、彼女は叫ぶのを止めて、とたんに歌を唄い出した。「わらべはみたり、のなかのばら、きよらにさける、そのいろめでつ……」学校の音楽教室が、彼女のこんとんとした意識にのぼるのか、知念芳子は目を瞑ったまま歌いつづけた。あかと、泥と、涙によごれた彼女の顔が、ちらっと輝いた。上江洲ヒロ子は、もう全身のむくみがとれ、体が少し動かせるようになっていた。彼女は第一の壕に横たわっている男の死体の枕頭に置かれてあった、玄米の入ったバケツを思い出して、運んできた。彼女らはその米を防衛隊員に炊いて貰った。数日振りに彼女たちの胃袋が食糧を受けつけると、微かに、体内に力のようなものが湧いてくるのを覚えた。「何にも食べずにいると、おしまいだわ、これからは何か食べ物を探さなくっちゃ大変だわ」と上江洲ヒロ子がいった。二人の友の死体は結局二人で隣りの壕に運ぶことに決めた。彼女らは、よろめく腰に満身の力をこめて死人を抱き上げようとしたけれども、それは徒労に終った。二人は先ず痩せた方の浜元春子の死体をズルズルと引っぱっていった。石川清子の死体を運ぶとき、彼女の三編みにした頭髪が、岩の尖りに、ひっかかった。凸凹の岩間を、この物言わぬ友は幾度か、彼女の手の中で回転した。そして、うつむけになったりした。「一緒にいたい、一緒にいつまでもいたい、仕方がないのよ、清子さん。かんにんして、かんにんして頂戴」おろおろ声に吃りながら、二人は死体を引っぱった。頭部が岩間にひっかかり、無理にそれを引張ると、無心に睡っているような白蠟の顔が、生きているかのように歪んだ。

友の死体を第一の壕に運びおえて、ホッとした二人は、今朝隣りの年嵩の兵隊がいった、言葉を思い出した。そして、その言葉の意味を真剣に考えるようになった。――「大丈夫だ。米軍は決して女は殺しはせんよ。女学生は何でもないよ。さっさと早く壕をでていった方がいいよ」――

上江洲ヒロ子は声を出して、「お母さん」と叫んだ。国頭に疎開した母や防衛隊員として同じく戦場にある父の事が、ふと浮んだ。母は若しかしたら何処かに生きているにちがいない。いやきっと生きていてくれるに違いない。母に再び会う機会もあるだろうか。――とりとめもない想念が浮ぶ。二人は並んで岩に凭れかかっていた。睡魔が襲う。「わらべはみたり、のなかのばら……」知念芳子が又も歌い出した。――この伊原の深い壕には、たった二人の女学生と死体ばかりが残されたのである。知念芳子は六月二十四日、遂に、シューベルトの曲を歌いつつ息を引きとっていった。

飯を炊いてくれた防衛隊員も、兵隊も、伊原の壕からは姿を消していた。二人は、怖ろしさの余り、第三の壕に移った。くる日も、来る日も、岩床に並んで腰かけたまま、生米を噛んでは、睡った。一切を外部と断った奇妙な二人の壕生活が、闇の中につづけられた。

最早、時間は彼女らの意識から消え去り、ただ昼がきたことを、通路の穴に仄かに差す、外光で解った。二人は毎日、この光線で夜が去って行くことを知り、昼の訪れを知った。激しい孤独感が襲ってきた。「歌をうたいましょう」と、上江洲ヒロ子が提案した。二人の合唱の声が高まり、空洞に響いた。あらゆる歌がうたい尽されると、不気味な静寂が、彼女らを、ひし、ひし、と包んだ。耳を澄ますと地中から湧いてくるような虫の音がきこえた。「ああ、虫が鳴いている」何者かにグイグイ、と手を引っぱられるように二人は起ち上って手探りで、進んだ。壕外の、外気が運んでくる、夜気の中から、細ぼそと、それでも鮮やかな、楽の音がきこえてきたからだった。いろんな障害物を腹匍い、またいで、第二の壕に抜け出た。手や足を岩床になんども打ち当て、摺りむきながら、遂に、二人は第一の壕に出た。「音楽がきこえる」言い合わせたように二人が小声で、驚きの叫び声をあげた。満天に散らばった星が、長い銀河の帯の中にキラキラと光っていた。長いこと触れなかった、夜の大気が、冷たく二人を押し包んだ。茫然として、腹匍っている彼女らの耳に、又も楽しそうな音楽が流れてきた。二人は壕の入口で昏々と睡りにおちた。彼女らの境遇に、何の関係もないような、賑やかな音楽が、風にのって、しばらく流れていた。

2

伊原の壕から、海岸に降りる低地には、米軍が早くも幕舎を築いていた。例の音楽は、初夏の宵を楽しむ米兵の野天映写場から聞えるジャズの音だった。

ある朝、壕外に落ちていた米軍が投じたらしい、日本語の小型新聞を拾った二人は、新聞にある珍しい写真を発見して、怪《け》げんな面持ちに、互いに顔を見合わした。写真の主は、彼女たちの記憶に鮮やかに蘇った、〝〔シャーリー・〕テンプルちゃんの大人になった奇妙な写真〟だった。彼女らは、急に元気が体内から湧いてくるような気がした。「火を探そう、そして、壕に残っている米を炊いて食べよう」翌日二人は、人影を警戒しつつ、壕の付近をしきりに探し廻った。何か、両足でとんとんと、地面を踏んづけていた石川節子が、とんきょうな声を立てた。「火がある、ほれ、ここの地面が温かいわ」上江洲ヒロ子が、飛びつくように、仔細に地上を点検した。誰かが塵を集めて燃やしたらしく、うず高く積もった灰を、棒切れで二人が懸命に掻き分けていると、真赤な炭火がでてきた。彼女らは、壕の付近から板切れや、枯れ葉を、拾い集め、壕内にとって返すや、煙の立つのも忘れて、玄米を炊いた。三日後、二人が、伊原の壕に入ってから四十二日目の暁、意を決した彼女らは遂に伊原の壕を出た。壕の入口に横たわっていた、白骨化した死体や、三人の学友たちの亡骸に合掌した二人は、唯、あてもなく、海岸の方へ向って、歩き出した。高原がやがて海に面した斜面に尽きようとした所で、彼女らは、意外にも戦線で別れた学友にバッタリと出逢った。玉那覇幸子とその弟の中学生だった。「生きていて良かった」彼ら姉弟は水汲みに出たところだった。「私たちのいる壕にいきましょう。あすこの壕には、沢山人がいるから心強い」と、玉那覇幸子は二人を誘った。その壕に、上江洲ヒロ子達がいってみると、暗い壕内には、白骨がうず高く散らばっていた。そこは、玉城村糸数の第一外科壕を、上江洲ヒロ子たちと一緒にでた、南風原野戦病院第三外科の生徒達の這入っていた壕(姫百合之塔)だった。白骨は、女師、一高女の従軍女学生や、傷病兵や、赤十字看護婦の、変った姿であった。白骨と共に、彼女らの不思議な生活が、そこの壕でも始まった。女学生の外に、二人の衛生兵と、生き残りの看護婦二人がいた。壕の外は丁度米軍の塵捨場《ちりすてば》になっていた。

七月初めの夜、彼女らのいるこの壕に、片手のない若い日本軍将校が現われた。そして、間もなくこの将校も、一行の生活の中に、新たに加わった。

その頃、米軍の艦砲や重砲は、最早、完全に沈黙し、日本本土空襲に向うB29の爆音が連日、島をふるわせていた。喜屋武一帯には、投降を拒む日本兵の群れが、まだ、あっちこっちの壕に巣喰っていた。女学生から「片手の中尉さん」と呼ばれている例の隻手の日本軍将校が、或る日、一人の伍長をつれて、「米軍の様子を見にいってくる」と、言い残したまま、その夜は帰ってこなかったが、翌朝例の中尉は帰ってくるなり、「投降しよう」と吐き捨てるように皆に言った。彼は英語ができたので、自ら投降を決して、米軍に投降を申し出たのであった。

八月二十二日昼、上江洲ヒロ子達は、他の将兵達と共に、米軍に投じた。

温かい米軍の保護下に、心身共に疲れ切った彼女達が、安らかな憩いの生活をはじめた頃は、沖縄の攻防戦は終りを告げていた。即ち米第七軍砲兵隊長エドモンド・B・エドワード大佐は「八十二日間に及ぶ沖縄戦闘で、米軍は、総計百七十五万屯《トン》の砲弾を投下した」と発表した。

六、平和への希求（姫百合之塔由来記）

六月二十二日（二十三）、牛島満司令官、長勇参謀長最期の地、島尻最南端、摩文仁山に砲煙しずまり、約三カ月に亙る沖縄戦は遂に終結した。捕虜となった日本兵も、沖縄島民も米軍により一定の地域に収容され、かくも凄惨を極めた島尻の野は人影もなく、十幾万の屍はそのまま風雨にさらされ、亡魂恨み泣き、身の毛のよだつ荒野となってしまった。かくて半年は過ぎた。

戦争のために離散していた、島尻の真和志村の、生き残った村民たちが移動を命ぜられて、摩文仁村米須付近の海岸に一応集結したのは、沖縄戦が終ってから七カ月後の一九四六年一月二十五日であった。それまで、全島のあちこちの米軍の収容所や、部落に散らばっていたが、米須の海岸に集まったときは、村民の数はわずか八千人ばかりであった。まるで悪夢から醒めたあとのように、見交わすお互いの顔には、まだ、戦争の恐怖が抜けきらない表情と、九死に一生を得たもののみが知る、泣きたいほどの生命感とがよみとられた。

いまさらのように、生きて親しかった人たちの顔を、ふたたび見ることができた、言いようのない感激が、誰の胸にもあった。それとともに、誰の胸にも、親しい者たちと死別した悲しみがあった。その親しい者たちが、死んで行った生々しい印象がまだ消えないとき、そうした人達が骨となり、腐肉となって、死屍を曝している戦場、——島尻の南端に集まった村民たちの脳裏には、まだまだ硝煙のめまいするような匂いと、さまざまな、無残な死体と負傷者たちの映像が、昨日のことのように、はっきりと残っており、また、おのおのが経てきた苦難の月日の思い出が、重なり合っていた。まったく過ぎてみれば一瞬の悪夢のようなものであった。

真和志村民が米須の海岸に集結する二日前の一月二十三日、当時の糸満地区隊長ブランナー大尉は、金城和信を村長に任命した。その翌月二日、彼は、皆の胸にありながら、誰も、はっきり表明しえなかった意志を直ちに村民に訴えて、その共感を得た。

即ち、現在魂魄《こんぱく》之塔として知られている事業に着手することを最初に提言したのである。それは、沖縄戦が終末を告げた時分から鬱々として、彼の胸にあるものだった。一生を教育界に捧げてきた彼は、多くの若い男女学徒が、無辜の老幼男女が、狂信的な思想に躍らされた前途ある青年たちが、無情の戦野の風に白骨を曝し、名もなく朽ち果てようとしている悲運を見て救われざる霊魂たちのために敬虔な祈りを禁じ得なかった。直ちに、助役辺野喜英長以下村の有志達の同意を得て、魂魄之塔建立に着手したのである。この魂魄之塔は工程日数約一カ月を以て完成した。工事は奉仕作業で労務延人員千八百七人であった。魂魄之塔は米須付近に散在していた、日本兵、沖縄島民、——沖縄戦で戦没した凡ての人間の骨や遺骸を集めて合祀したものである。魂魄之塔を建立するにあたっては、このことをまず村の代表者たちに諮り、それから村民に相談したところ、男女悉く欣然として同意したので、早速納骨隊というものが組織された。初め各人が叺《かます》を二つ宛持って骨を拾いに行ったが、死体の多くが、五、六カ月以上、経過していたにも拘らずミイラとなり、生前の形をそのまま存していたため、収容困難となり、あらためて担架をつくり、それによって運んだ。当時は自由に道を通ることさえ禁じられていたので、死体を拾い集めた地域は、米須の学校付近の約半里の周辺に限られていた。納骨された霊は全部で二千八百余柱であった。その頃米須一帯の地は路地に垣根に、渚に、洞窟に、叢に、無数の屍がそのまま横たわっていた。村民は消息を絶った我が子、父、夫、兄、弟、妻の最期を見とどけようと、屍を見ると、朽ちた服を裏がえし、ポケットをさぐっては遺品をしらべた。

一九四六年四月七日ブランナー大尉が糸満地区隊長を辞めてアメリカに帰国するとき、同隊長送別の名目で合祀祭を行った。当時は、ことさらに戦死者を祀るということが、アメリカ軍の手前はばかられたのである。

合祀祭はその日の午前中村民だけで祭礼を行い、午後は村民が芝居をやって死者の霊を慰めた。魂魄之塔が完成すると直ちに姫百合之塔建立に着手した。

姫百合之塔は、沖縄戦で死んだすべての女学生の霊魂を供養するためのものであるが、その中でも犠牲の多かった沖縄県立第一高等女学校と、女子師範が、その昔から姫百合学舎と呼ばれていた所から名づけられたもので、野戦病院の看護婦として従軍した女学生たちが、殊に集団的に陣没した、最後の激戦地、伊原の自然壕跡に、それは建てられることになった。

摩文仁は真和志村民にとっては、自分たちの村に帰るまでの一時的な集結場所であったが、沖縄の女子教育の最高学府であった、嘗ての姫百合学舎が真和志村の中にあったことと思い合せると奇しき因縁であった。姫百合之塔は二週間で完成したが、完成後直ちに、真和志ハイスクール生徒を中心に、希望してきた糸満ハイスクールの生徒を加え、それに村民全体が一緒になって、合祀祭を行った。

魂魄之塔建立当時は、第一高女及び女子師範生徒戦没の地である現在の姫百合之塔の位置は判明していなかった。村民が米須に集結すると同時に金城村長夫人は直ちにその場所を捜索した（彼女の二人の娘は何れも姫百合部隊に参加し戦死した）。警察の許可を得て、C・P（民警）を同伴して、二十日近くも足を棒にして捜し廻ったが遂に不明であった。

ところが生存者の一人、伊良波文子が看護婦として知念村百名のアメリカ陸軍病院に勤めているということを聞き出して三月中旬、米須から百名まで行ってくわしいことを訊きだした。それによって漸く第三外科の壕が判明した。その壕の跡に姫百合之塔が建てられたのである。

米須付近には、野戦病院の壕が四つあった。本部、第一外科、第二外科、第三外科である。各壕に女学生が配置されてあったが、ほとんど全滅したのは第三外科の壕にいたものである。第三外科の生存者はわずかに五人であった。

米須付近まで退却してきたとき、兵隊も女学生も四散していたのを、先ず第一外科の壕に全部集まり、そののち、本部、第一、第二、第三、の各壕に配置された。

第三外科壕は井戸状の、上から地下にはいって行く自然の鍾乳洞で、降りて行く途中に岩の突出があり、それへ坑口から三本の松材を渡し、更に岩の突出から洞窟の底の方に、松材の橋をかけて、出入していた。

一九四五年六月十八日、第一外科の壕から五十メートル前方に米兵が現われたということが報知された。第一外科と第二外科の壕は近かったので、互いに知らせ合って、その日のうちに壕を飛び出して避難した。第三外科の壕は第一、第二の壕から百五十メートル許り離れていたため通知することができずに、翌十九日〔十八日か〕に至って初めて米兵が近くに来ていることを知った。脱出することに決し、最後の分散会を催した。各々得意の十八番を演じ、最後に音楽担当の東風平教師の音頭で、「海ゆかば」を合唱し、終って各自荷物をまとめた。

第三外科の壕にいて、女学生と運命をともにした教師は、次の諸氏である。東風平教師、親泊千代教師、奥里書記、新垣教師、玉代勢教師。——生存者の語る所によって、その夜の光景を想像すると全く鬼気迫るものがある。敵味方が二、三百メートルの近接距離をもった最前線で、夜明けの脱出を企図して壕内の奥深くで演芸会をやる！　夕方、艦砲が途絶えた折に残敵の掃討にきた米兵は、夜陰と共にズッと後方に退ってしまったのだろう。その機会に脱出しようとすれば一晩中艦砲の集中射撃が行われて壕を出ることができない。結局、一定時間砲声が止む明け方を利用して脱出するより方法はなかった。女学生たちは、一人一人立ち上って歌を唄った。それが陰惨な洞窟内であればあるほど、舞台は一層悲劇的だった。亡びゆく姫百合学舎の最後のはなやかな一場面であると同時に、それは純情な乙女たちの哀感に満ちた挽歌であったに違いない。ことに、上間道子という生徒の浪花節は感銘を与えた。上手に浪曲を歌ったというからには、歌う人の心境は澄み切っていたであろう。また、それを感銘を以て聞いた人たちの心境も澄み切っていただろう。この浪曲によって一座の気持ちは悲壮的になり、最後に「海ゆかば」の曲を歌ったときは、クライマックスに達した。

姫百合之塔即ち当時の第三外科の壕の所在地は、知念村百名のアメリカ病院に戦後看護婦として、勤務していた伊良波文子に訊きただすことによって、当時の真和志村長夫人が探しあてたわけだが、後日、第一外科壕の生存者上江洲ヒロ子の話によって全滅直後の模様がわかった。村長夫人は第三外科の壕を発見すると、壕内に残っている女学生の骨灰を集めて、遺族に配った。その後、壕の付近にある骨を集めて壕内に入れ、又、村の農夫が耕作をやるとき畠の中から出てくる骨をこの壕に入れた。姫百合之塔の工事が完成するころ、真和志村の移動の話が持ち上ったので、移動せぬうちにというのですぐ健児之塔建立にとりかかった。健児之塔は、当時摩文仁の壕で男子師範の生徒が自決した場所に建てたが、その主旨はむしろ沖縄戦で斃れた凡ての男子中等学生の霊魂を慰めるところにあった。紅顔の青少年たちが今は安らかにねむる健児之塔は、約一週間の工程を経て建立された。その他、後に医療団によって、女学生以外の従軍看護婦之塔が建てられた。従軍看護婦百四十四人は、或いは女学生の指揮者となり、或いは同僚として最後まで労苦をともにしてきたものである。その後、更に二高女同窓会により高嶺村国吉前方丘陵に「白梅塔」が、首里高女同窓会により首里校舎跡に「瑞泉塔」が建てられた。各々、従軍して戦争の犠牲となった女学生たちを祀るためである。真和志村は一九四六年四月四日、豊見城村の嘉数に移動したが、移動に際し、姫百合之塔と健児之塔にそれぞれ追悼歌を刻んだ。

いはまくら固くもあらむ安らかに
ねむれとぞ祈る学びの友は
（姫百合之塔）

みんなみの岩の果てまでまもりきて
散りにし龍の子雲わきのぼる
（健児之塔）

沖縄本島の最南端、四面の海を指呼の間に示すことのできる猫額大の土地に、日米何十万の兵と、非戦闘員たる二十数万の島民が入り乱れ、地上、空中、海上より、絶大な鉄の物量がたたきこまれ、自然に対する人工の最大の破壊と、人間の殺戮が行われ、悲惨きわまりない地獄図絵をくりひろげたことが、世界戦史上嘗てあっただろうか。アメリカのある雑誌にこんなことが書いてあった。――「荒涼たるあの絶壁は、普通の絶壁に見えるかも知れない。然し、そこで起ったことは種々の歴史に書かれ将来の幾世の人達に読まれるであろう。あの絶壁の峭壺に蹲った人たちの経験は将来の偉大な小説文学を埋めるであろう」と。――嗚呼！　かくして米兵が「太平洋のゲティスバーグ」と称えた、さしもの鉄の暴風の猛威は止み、あまたの傷をうけたまま、ふたたび島は平和にかえった。

鉄火と轟音の交響楽の中に、幾万の行動は花火の如く散り、消え、荒々しい旋風は静まったのである。そして、今は寂しい海辺に、人知れず建つ墓標のみが、永遠にあのふたたびあらしめてはならない悲劇の記念碑として残ることになった。

第六章　北山の悲風

一、北へ北へ

1

米機動部隊が沖縄列島の水域にあらわれたとき、沖縄島の中、南部の住民は沖縄本島の北部に疎開させられた。日本軍が沖縄本島の中、南部に陣地を構築し、そこを主戦場と決めたからだ。十月十日の大空襲で那覇市民が、不意打にあって、色を失って逃げ廻ったことがあったので、今度の疎開は割に組織的に行われた。疎開事務にたずさわる国頭地方事務所を名護町の東江《あがりえ》国民学校におき、日本軍部隊への食糧供出と、疎開民の地域割当にあたった。疎開事務所の一部は、名護から久志《くし》村へ行く途中の北明治山の県有林の山中にも移された。そこに那覇の図書館から散逸のおそれある郷土関係の文献が送られたり、非常用糧食が馬車で運ばれたりした。

疎開者の荷物は嘉手納までは汽車、そこから新垣、平尾バス、首里市営バスで名護の疎開本部に送られた。軍用トラックも一部動員された。疎開用の山と積まれた梱包と一緒に、老幼病弱者をのせたこれらの自動車が、山腹や海岸線をぬって、低空してくるB24の機影をさけながら、必死の輸送をつづけた。一九四五年三月二十四日正午、艦載機の編隊が名護町の上空に姿を現わしロケット砲をうち込んだ。

やがて機影は去り、税務署の庁舎が焔をふきあげているのを見ながら、付近の山に難をのがれていた人々が、瞬時にして変貌した市街にもどってきた。瓦石や木材が散乱し、市街は目も当てられない惨状を呈していた。——突如、第三高女の講堂から天井をつき破って火柱が中天にはしった。

またきたッ！ 浮足だった人々の見上げる青空には、しかし、それらしい影は見えない。誰かが「時限爆弾だろう。大したことはない」と云った。

その日から、空襲が連続して行われた。また、読谷《よみたん》海岸に打ち込む艦砲の轟音が地響きのようにつたわってくる。

北部の山中や部落の要所要所、避難民が通過しそうな個所個所には、食も持たずに追われてきた人たちのために、「炊出し」所が設けられてあった。それは県庁の指揮で組織的に作られたものであった。

沖縄が戦場化することが必至となると、県庁では住民の日本本土への疎開を行ったが、海上が危険となり島外疎開が打切られると、北部疎開計画が立てられ、各町村の疎開先が国頭郡の各村に指定され、何村の何百人は北部の何村へ、というふうに、受入人員も確定されていた。県庁は費用を投じて、国頭地方事務所を通じて、北部の山林から避難民の小舎をつくるための木材を伐採させた。それで、いきなり米機動部隊が島を包囲して艦砲をうならせ、艦載機を放ち、陸戦隊の一部を揚陸させるようになっても、尻に火のついたあわてかただったとはいえ、割に統制された疎開が行われた。避難地区と指定された北部各村の山林中には避難小舎がつくられ、集団疎開の受入れの準備がしてあった。ところが、中部地区が戦場となるや、島は南北に両断され、県庁や軍司令部との連絡が絶たれ、疎開事務にあたっている末端の機関まで、機能を失って、統制がとれなくなった。

ことに中部の上陸地点付近、読谷村や北谷《ちゃたん》村あたりから逃げこんでくる難民のほとんどは、着のみ着のままであったが、もうその頃からは北部は地元民や避難民がごった返し、これらの一物ももたない難民たちのための疎開事務も円滑にいかず、「炊出し」も混雑のどさくさに、いつしか消え、難民たちへの食糧補給は乱脈となった。

ちょうどその頃、空からはビラが撒かれた。警察官や警防団員が、血眼《ちまなこ》になって、そのビラを拾い上げていた。住民に告ぐと題したところは赤インクのプリント刷で、次のように書いてあった。

――「近い内に激しい戦いがこの島で行われます。戦場の近くに残っている皆さんは日本軍へ向って射つ米軍の小銃の弾、大砲の弾や、ロケット弾や爆弾をさけることはできません。それで早く安全な所に逃げなさい。また、落下傘部隊にも気をつけなさい。

自分の家に帰るべき安全な時がくれば米軍の司令部は皆さんに知らせます。米軍はできるだけ皆さんの命や財産や家等に損害のないように気を付けています。

私達は皆さんがもとの平和な暮らしができるようにしたいのです。それで出来るだけ早く戦争の行われる所をさけて、各々の家に帰ってもよいと言う知らせが、あるまで待っていなさい……」

四月六日、名護に艦砲が打ち込まれ、翌七日、米兵が北明治山の線まで進出したと報ぜられた。こうなると疎開民のみでなく、地元民も、あわてだした。

五月の初め頃、山中にこんな宣伝ビラが落ちていた——。

「君達の選ぶべき道は次に述べること以外にない。

一、無益な抵抗をしながら君の若き青春を捨て何の楽しみもなく、この世を去ってゆくこと。

二、米軍のところへきて食物と水を与えられ、そして負傷したところを介抱して貰うこと。

よく考えて見よ。死と生命と、どっちを選ぶか……」

しかし、住民はさかんにぶち撒かれるデマに惑わされて、米兵に対する極度の恐怖感におののき、難を逃れるため、野を駆け、谷を越えて、山中の奥深くわれがちに雪崩をうって避難行を続けていった。

2

米軍上陸二カ月前から、沖縄戦が終了するまでの五カ月間、「天皇の写真」と共にさまよった一団の人達があった。

御真影。——その北部疎開については、十月十日の那覇の大空襲があってから、色々取沙汰されていたが、翌年一月初旬頃から、全島各中等学校、国民学校の校長又は教育界の代表者達によって、名護の北方約三里、稲嶺国民学校に集結されていた。

その頃、追い立てられるような不安の中に、疎開を急ぐ避難民たちは、よく北部山中や海岸よりの道路筋で、頸《くび》から白い紐を吊し、両手で御真影を捧持している、沈痛な面持ちの人達に出会い、道を避け、うやうやしく、それを見送ったものだ。

その沈痛な面持ちの人たちは、それから五カ月間、その御真影を風雨から守り、戦禍から救うために、その沈痛な表情から解放されることがなかった。

二月上旬、県当局は御真影奉護の常任委員を任命した。御真影の保管については、県当局や軍から色々指示があったが、彼ら委員に対しては、いざという場合の処置が委されていて、戦況に応じて適切な判断をなすために、彼らはだんだん欠乏してゆく食と戦いつつ、あらゆる方法をつくして、奉護所を守らねばならなかった。

三月七日頃、奉護所は稲嶺国民学校から、羽地《はねじ》村源河川の上流約三里の山奥に遷された。

その頃、山の麓は、避難民でお祭りのような雑鬧《ざっとう》をきわめていた。

この方面への米軍の砲撃は、午前九時に始まり、零時にはピタリと止み、午後一時から四時までつづく。また時々米兵の山中掃討がある。夜、奉護所に寝ている委員たちの耳に、遠く太鼓を叩くような高射機関砲の音がきこえることがある。特攻機の来襲だ。御真影奉護という特別任務を与えられている彼らも食糧の点では他の避難民と同様であった。

奉護所では毎朝皇居遥拝を行っていた。四月二十九日の天長節には拝賀式を行い、声高く「君が代」を歌った。周囲の状況が危険になると委員の中には、昼中、御真影を持って山中を逃げ歩き、夜間奉護所にかえってくるものもいた。

委員達のどの顔も蓬髪長髯、まるで山賊のようであった。

この頃海岸近くでは米軍に保護された避難民たちが、村をつくっているという噂がきこえた。

六月二十八日、新里委員が情報連絡に行ったが、大本営発表の情報として第三十二軍が潰滅したことを告げた。一座寂《せき》として声なく、暗然となった。三十日、ついに最後の断を取ることに決定した。壕内に壇を設け、全島各離島の、各学校の御真影を、その上に奉置し、型の如く式を行い、「君が代」が歌われ、委員の一人が、最初の一枚に点火した。

先ず委員長が嗚咽すると、それに誘われて委員たちは皆哭《な》いた。遠くの谷で、艦砲がごうごうとすさまじく鳴りわたっていた。

二、山岳戦

1

本部半島の付根に位置する名護町、ゆるやかに彎曲した、白砂の海岸線と、形のよい緑の山に抱かれた街は、約一万の人口を擁し、北部第一の都会であった。

戦争の暗い予感が、ひしひしと、街を包んでいた。――一九四四年九月、平和な島に、初めて、死の刻印を捺した十月十日の大空襲の直前のある日、世にも奇妙な恰好をした、将兵の一団が、人目を避けるようにしてこの街にはいってきた。重油に黒くまみれた服、頭部を白い繃帯で巻いた者、腕を首に吊した者、皮膚という皮膚が青黝《あおぐろ》く膨れ上り、焼けただれ、火傷で、水泡のできた顔。ただ痛々しく、疲労を湛えた眼が、力なく光っていた。戦わずして敗残の姿と化した、将兵の一団は、海上の危難で死をまぬかれ、やっと、目的地の沖縄に着いた。

六月二十九日、軍用船富山丸は、四千五百人の独立混成第四十四旅団の兵員と、器材を積んで、沖縄へ向う途中、徳之島海域で、米潜水艦の攻撃を受け、約四千人の兵員を失い、辛くも死を免れた宇土大佐以下五百人が、沖縄に辿りついたのであった。――九月十日、名護町の県立第三中学校に、この生き残りの将兵で固めた、宇土大佐の率いる、国頭支隊本部が置かれた。米潜水艦にやられた時に、装備した、武器弾薬と、多数の兵力を喪った部隊は、今は旅団とは名ばかり、頭も手足も抜けた、弱り切った手負いの連隊にしかすぎなかった。

第三十二軍の作戦首脳部では、主兵力を中、南部の複廓陣地に匿《かく》し、地形を利用して敵に当ろうという作戦方針を決めていた。山岳重畳の北部国頭地帯に、主兵力を配して長期持久戦を策した場合、米軍は、山岳地帯の日本軍を相手にしないで南部地帯を一気に占領してしまい、日本本土を衝く足場にするにちがいない、と睨んだのである。そんな作戦方針を決めていただけに、崩れ去った第四十四旅団の残った兵力はそのまま国頭支隊として再編成し、北部一帯の守備に就かせることになった。——第三十二軍は支隊本部の編成に当って、住民を戦力化することに着眼し、国頭地区各村から、兵籍にあった下士官兵約八百人を現地召集して、補充部隊に充てることになり、他に青年義勇隊員約二百人、防衛隊員約四百人、中等学校生徒で組織する鉄血勤皇隊員約四百人を加えて、やっと、合計三千人の山岳部隊ができあがった。支隊長宇土大佐の下には、三個大隊が編成され、井川少佐の率いる一個大隊八百人が、伊江島守備のために本部《もとぶ》半島を離れて同島守備に就き、佐藤少佐の率いる約八百人が半島の主要陣地に配された。尾崎少佐の率いる同じく一個大隊は中、南部を守る鈴木混成旅団と、美田部隊に編入され、北部を離れたが、他に、独立工兵隊、独立機関銃隊、飛行場設定隊等が配備されていた。国頭支隊本部には直属の、重砲を有する平山中尉の指揮する特別重砲隊があり、中川中尉を隊長とする電波探知器隊、清末大尉の率いる連隊砲、それから西銘中尉の指揮下に国頭特別警備隊があった。それに、通称暁部隊とよばれる、海上特攻隊、船舶工兵隊、沖縄根拠地司令部派遣の白石、鶴田、山根各隊の魚雷艇、特殊潜航艇隊が運天港に配備され、支隊に配属されていた。

三月初め頃、東支那海に突出した本部半島の中心を占める山岳地帯には、宇土大佐の率いる国頭支隊が山中の谷間に、或いは中腹に、陣地構築を始めた。北部住民の中から狩り出された防衛隊員は、宇土部隊本部、井川、佐藤両大隊、平山隊その他の隊へ配置された。彼らは、戦闘開始までは主として壕掘り、糧秣運搬等の使役に使われた。かくして全兵力は山中の陣地に移った。陣地は、何れも、標高四百尺近い呉我《ごが》山、嘉津宇《かつう》岳、真部山、八重岳一帯の山々につくられ、全軍の頼みの綱とされていた平山隊の重砲二門は、八重岳の下方、テンダ川の芭蕉敷に布陣した。虎の子の重砲は海上に浮ぶ伊江島を睨んで据えられ、同島に足場を求めようとする敵に備えた。

羽地村仲尾次出身の宮城盛徳兵長は支隊編成の時、補充部隊の一員として中島隊に編入された。三月上旬、支隊本部の戦闘指揮所は八重岳に置かれた。彼は経理将校の中島大尉の命令で経理の事務に従っている中に、軍の意外な戦略が解ったような気がした。支隊全員の糧秣補給と管理に関する軍の肚が一兵長の仕事にも鮮やかに投影したのであった。というのは、「米軍が上陸して北部に迫った場合、戦闘の結果羽地一帯の山は、或いは敵の後方と化するかも知れぬ」ということだった。羽地真喜屋に集積してある八カ月分の糧秣の中三カ月分は、多野岳に移せという第三十二軍司令部の命令である。――「戦争もはじまらぬ前に、軍は陣地拋棄《ほうき》を既に作戦の中に含めているのであろうか」敵の後方と化した場合は守備軍はゲリラ戦に移り、ゲリラ部隊の活動に備えて食糧の一部も多野岳に運べというわけである。西銘中尉の率いる特設警備隊員は、多野への糧秣運搬に従った。隊員は苦心惨憺のあげく、この糧秣を肩に担いで運び終えた。それは三月中旬だった。

　四月五日、米軍は名護世富慶《よふけ》海岸に上陸した。上陸後数日を俟たずして名護、田井等の線を結ぶ半島の狭地一帯の地域をまたたく間に遮断し、八日早くもその前哨部隊は、今帰《なき》仁《じん》村呉我海岸を突破しつつ湧川、呉我部落付近に進出していた。同じく、名護西北方の、屋部海岸に上陸した、戦車を伴う米軍部隊は、白銀橋付近を通過して、伊豆味の線に到達していた。これより数日前の五日、半島の住民は恐怖に戦く胸を押えつつ、山中の壕や谷間に潜みかくれていた。本部町一帯の住民と、近傍部落の住民は、三月二十二日の空襲で街や部落の建物一切が潰されてしまったので、その後殆ど伊豆味、伊野波、渡久地《とぐち》一帯の山中を根城に、野宿と、壕生活を始めていた。――防衛隊は、「糧秣がすくなくなったから、各自で自活せよ」と命令が出されたため、中には、各自の家族に合した者もいた。山住いの住民は、砲弾のために吹き飛ばされたり、切り裂かれたりする、恐怖はまだ深刻ではなかったが、迫りくる敵の幻影に、たえず脅かされた。ウロウロと山中のジャングルをさ迷い歩き、或いは親族や、家族同士で、固まり合いながら、谷間に犇めきあっていた。間もなく、住民の耳へ、「伊豆味と呉我の中間に敵が進出したそうだ」との情報が伝わり、それを裏書きするように、鋭い砲声がきこえた。戦車砲を山中に射ち込んできたのである。世富慶に、上陸した米戦車は、一気に伊豆味に進出し、そこからも激しく砲を射ち込んできた。三方から米軍の上陸を迎え、背面に敵を受けた本部町民は、慌てふためいて、伊野波にある鬱蒼としたジャングルに、取囲まれた、テリー山の、巨大な、洞窟の中へ逃げ移った。本部半島の西北の、伊江島、水納《みんな》島、瀬底《せそこ》島の海峡には、米艦隊の群れが屯ろしていたが、突如、その中の一部が動き出したかと思うと、十二日朝、本部港内に、侵入を開始して、その日の昼までには、大胆にも、漁港の岸壁に、小艦艇を横付けして、上陸を行った。山中の住民にも、それが、手に取るように、眺められた。上陸した米軍は、渡久地東方の役場に、悠々と、宿営準備を始め、澱粉工場の建物付近には、素早く、砲が据えられた。

十三日午前十時頃からは、伊江島と、水納島付近の艦隊から、射ち出す、大小の艦砲弾が、伊豆味山の、右側一帯の、山脈を目がけて、終日、唸り、どよもす炸裂に続いて、濃霧のような、砲煙が、白く、濛々と、山嶺や、谷深くたちこめた。陸上からは、伊豆味方面の、戦車砲が、トーン、トーンと、間歇的に、射ちだした。屋比久大城森にある、海軍陸戦隊の有する、二基の加農砲《カノン》は、伊江島付近海上の、艦砲に対し、細ぼそながら、火を吐いた。忽ち物凄い、返礼が、海上から注がれそのまま、沈黙してしまった。山中には、日本軍と、米軍斥候とが、渡り合う銃砲声が、響きわたり、轟々と、谷に谺《こだま》した。

名護、屋部、両海岸に上陸した米軍は、本部に上陸した一隊と合し、四月十六日、八重、真部両山一帯を、包囲し始めた。これより一日前の朝、本部半島一帯の山頂や、山腹からは、海を掩う米艦船に取りまかれた伊江島の淡い姿が望まれ、島の中央部に、鋭く切りたった三角形の伊江城山《ぐすくやま》が、のどかな表情を湛えて海上を見おろすかのように屹立していた。頂辺のあたりに綿雲が千切れて漂っていった。空は低かった。だが良く見れば、米機の群れが遠く、伊江城山上空を旋回しており、島の中央部にやってきては、黒い粒のような爆弾を投下していた。乱舞する米機が陽にキラキラしたかと思うと、ドドドドと物凄い轟音が、半島にも伝わってきた。間もなく島全体が、砲煙の中に包まれ、海峡からは火の塊りが、幾条にも降り注ぎ、間断なく艦砲の爆音がひびいて島は身ぶるいするかのように見えた。伊江島上陸の準備砲爆撃だった。その日、対岸の本部半島では住民と日本軍将兵が入り混ざり刻々縮まる米軍の包囲網の中にあって、うめき、苦しみ、深い山中の密林をさまよいつづけていた。

伊豆味の、とある日本軍陣地付近に、さも疲れきったように足を引き摺りながら巻脚絆に戦闘帽を被った一人の中年の男が現われた。首から白い布でくるんだ薄目の四角な箱ようのものを吊し、骨ばった両手で大事そうに抱えていた。壕の入口に佇《た》っている歩哨の姿を発見すると、彼はホッと安堵の色を浮べ、「しばらく休ませてくれ」と歩哨に頼んだ。「君は、どこからきたのか」と歩哨がきいた。男はただ訴えるように、おずおずと目を輝かすだけで、おし黙っていた。――「地方人は、軍の陣地に入れるわけにはいかない」と歩哨は答えた。半ば、鋭い、警戒がこもっていた。だが、歩哨が断ったにも拘わらず、男は、不得要領に、なおも、そこを動こうとはしなかった。避け難い、災厄は、日本軍隊と、住民の間に、錆び付いた桶の箍《たが》のように、いたるところの山中に、一種のわなとなって、設けられていたのだ。男は本部国民学校々長照屋忠英だった。山中を、さまよう中に、迫撃砲弾で、妻が死に、単身、「御真影」を抱えて、途方に暮れていた。日本軍の、陣地に、行きさえすれば、或いは、無事に、奉護の責務を果すことが、できるかも知れぬ――と思った。彼は、ひどい聾だった。照屋校長が、すっかり、諦めて、そこを立ち去った直後、急に、迫撃砲弾が、陣地付近に射ちこまれた。歩哨の注進に、陣地が、騒ぎ出した。「怪しい、と思ったら、確かに、あの男の仕業だ、スパイだ」照屋校長は、背後から拳銃弾を蜂の巣のようにあびせられた。彼はよろよろと立ちあがった。「誤解だ」……苦しい息を絞って叫んだが、声にはならなかった。血塗《ちまみ》れとなって、住民のいる谷間まで匍《は》ってきた。「誤解だ、私は誤解されたんだ」と、いいながら息絶えた。彼は、スパイと睨まれ、迷妄の犠牲になったのである。

2

琉球松や、椎の木が鬱蒼と生え、蔓草や、荊棘や、蘇鉄に掩われた、谷の深い八重岳は、険阻な密林だった。山は、万に近い、日本軍将兵や、住民を呑んで、横たわり、頂辺は、辺りの山々の群を抜いて、屹立していた。険阻な中腹に、宇土大佐の指揮する、国頭支隊本部の壕陣地があり、谷間や、緩やかな低地には、俄造りの、山小舎があった。藁編みのむしろで囲まれた、掛小舎には、三人の女に、かしずかれて、宇土大佐が、不自由のない、戦陣生活を営んでいた。戦争とは云え、大佐の小舎には、艶めかしい、女の持物が、散らばっていた。大佐は、毎日、ござの上に、恰幅のいい体軀を、無理に、押し曲げるようにして、坐っていた。「おい熊田、陣地が敵に暴露されるのは、怖いなあ、その時は、お終いじゃないか。……北、中飛行場も、あっけなく陥ちるし、俺には、見透しがついたような気もするよ」と、大佐は傍らの副官に怖じ気づいた目付きで話しかけることがあった。「飛行機のすくない戦争って、苦しいものですね」熊田は、そう答えて、大佐の心中を察し、それから互いに黙ってしまう。そんなことがたびたび繰りかえされた。

燃えさかる、重油の波間を泳いだ、悲運の旅団、その中から、生き残った大佐。火傷の、傷痕が、癒えたかと思うと、北部山中の、守備に、廻された、この中老の上官が熊田には何か知ら不びんにも、思われたのである。宇土大佐は、最高指揮官として、同じく、この島に、やってきた、牛島中将とは、陸士の同期生であった。「仕方がない時は、玉砕だ。肚を据えたら、戦さは、なんとかできる。のう熊田」と、彼は奇妙に、響く声で、高笑いした。――酒気を帯びると、玉砕を叫ぶ、宇土大佐にも、一つの期待があった。それは、支隊直属の平山隊の重砲だった。「俺の任務は、伊江島を守ることだ。伊江島に、手を掛けようとする敵を、妨害するには、平山の砲以外には、絶対頼めぬからな」と、口癖のように部下にいった。その重砲は、平山大尉の指揮で、八重岳の芭蕉敷に、布陣していた。砲二門に、兵力約二百人だった。

国頭支隊本部のある八重岳は、四月十一日、米軍の包囲に陥ちた。今まで、静寂の底に沈んでいた山麓は、急に騒然となった。ザザザザザと、樹立の梢を、慄わせながら、米戦闘機が山頂すれすれに飛び廻り、あちこちに、機銃掃射を行った。機関銃声が、絶え間なく響きわたり、米軍との間に、小規模な歩哨戦が開始された。宇土大佐は、戦闘指揮所が、危険に瀕しつつあることを感じとると、熊田副官を呼んで、急遽本部の移動方を命じた。「本部がやられたんでは話にならぬ、各中隊を指揮するにも、真部山付近に本部を移そう」

――決心がつくと、彼は、戦闘をしばらくの間、中止する旨を各山々にいる麾下中隊に、通報させたが、混乱して連絡は、旨くとれなかった。宇土大佐の肚の中では、暗夜の山中を、中隊をすぐって移動させることは、到底至難の業であり、できれば各中隊が、戦闘をやっている間に、隠密裡に本部を移すことが得策だという考え方があった。それで、いざ本部を纏めて、出発という時、これを伝えきいた、各中隊、ことに、中島隊から不満の声が、湧き上った。遂にこの騒ぎのため、本部の移動は中止された。

芭蕉敷の砲陣地からは、平山中尉の、いきり立った声が本部の電話に、ガンガンと響いた。「攻撃を開始して良いか。絶好の攻撃時期がきたと思いますが、本部ではどういう考えですか。こちらは、射ちたいです」と、砲撃開始を促す電話が、ひっきりなしに、本部の壕へ知らされた。が、宇土大佐は言を左右にして、はっきりした返事を与えなかった。芭蕉敷の陣地では、将兵が歯ぎしりして、命令の下るのを、いまか、いまか、と待ちあぐんでいた。――苦心惨憺、あの重い砲を、せっかく、山中まで、運び込んで置きながら、みすみす一発も射たずに、敵の餌食になるとは、一体どうしたことか。それに、今射たなければ、機会は永遠に去ってしまう。平山隊長の苦慮と、焦燥も、そこにあった。「首里の軍司令部に、砲撃開始をうかがっているが、通信が旨くいかぬので、今すぐ、どうと、こちらも命令を出す訳にはいかぬ。――それにあの砲は、十四、五発も射つ間に、陣地が暴露する危険がある、射つのは待て」といったような生半可な返事が、芭蕉敷の陣地に知らされるだけで、依然として二基の砲は、沈黙を守らされてしまった。その後、平山隊の砲陣地は、米軍の発見するところとなり、集中攻撃を浴びて一発も射たずに潰滅し去った。十二日昼、陣中の反逆行為と称する騒ぎが、八重岳の陣地で持ち上った。上半身を裸になった一人の下士官が、何か喚き散らしながら、炊事場に暴れ込んだ。「宇土大佐は女とばかり壕に引っこもって、それで一体戦争ができるのか。あんなつまらぬ上官は、日本軍隊の恥だ。生かしてはおけぬぞッ」と叫ぶと、手にしていた手榴弾を、炊事場に叩きつけた。手榴弾は炸裂しなかった。わあっと、女達が逃げ出した。下士官は、清末大尉に属する歩兵砲班長の松田伍長だった。彼は、酒でひどく酔っていた。そこへ、騒ぎをききつけて、八重岳守備隊長、瓜生中尉が駆けつけた。「何をする、松田伍長ッ。その態《ざま》はなんだッ」と怒気を含んで、叫んだ。将校の叱責を浴びて、彼は流石《さすが》に面を伏せるようにしたが、「宇土大佐殿の行動は、あんまりです、あんまりです」と、呂律《ろれつ》の廻らぬ舌でいった。「たとえ、酒を呑んでいても、松田伍長の上官に対する反逆行為は、許されんぞ。おい、宮城兵長。貴様ら、こいつを銃剣で突けッ。突けというのに、解らんのか」と、傍に立っていた宮城兵長に命じた。兵長はしばし躊躇した。松田伍長は、よろめく体を、ぐっと、自ら踏みこたえるように、押し黙ったまま軀を折るようにして、立っていた。「よしッ、お前達が突かなければ、直々、俺がやる」言い終らぬ裡に、瓜生中尉は、日本刀を抜き放つと、突如、立っていた松田伍長の肩さきへ、一刀深く斬りつけた。松田伍長の苦悶する姿を避けるように、「俺の手にかかったからは、極楽だ」と云い放つと、瓜生中尉は蒼白になった顔を、ひきつらせながら、そこを立ち去った。瓜生中尉は、僧侶の出だった。

三、真部・八重潰ゆ

屋部海岸に上陸した米軍は、十五日以来、真部山、八重岳一帯にかけて、激しい攻撃を加えてきたため、支隊の各中隊は、支離滅裂になった。陣地壕も、次々に占領された。真部山では、佐藤少佐の率いる六中隊志垣中尉が、鉄血勤皇隊の三中生とともに奮戦したが、装備とて満足でない守備軍は、わずかに米戦車砲に対し、爆雷攻撃と、手榴弾で応じた。米軍は、昼は海空と相呼応して、山中の日本軍陣地を攻撃し、夜になると遠く後方に退いて、出撃してこなかった。各隊に配属された防衛隊員も、鉄血隊員も、竹槍と急造爆雷と、それに三、四人に一挺宛渡された小銃だけだった。

県立第三中学校三年生で固めた約百五十人は、機関銃隊と擲弾筒隊と、通信隊に、配備されていた。真部山には、他に上級の五年生が、約五十人参加していた。三月二十七日、同校配属将校の谷口中尉の指揮で、七百人の生徒を、四個中隊に編成し、宇土支隊に配属された。この学生兵達は、最初は各自の希望で、従軍することになっていたが、真部山で、隊編成に取りかかった時は、おのずと半強制的なものとなっていた。米軍が上陸すると、下級の一年は解散を命ぜられて自由行動に入り、父兄と共に行動した。少年兵達は、鉄帽なしで、白線のはいった学帽に、金釦《ボタン》の制服をつけたままで従軍した。唯一の武器である小銃は、二個中隊に約二十挺と、軽機関銃二挺だけだった。

山中に入り込んだ米兵は、尾根伝いに、或いは谷間深く縫って、日本軍陣地の方に迫り、急霰のように、迫撃砲や機関銃を射ち込んできた。火焔放射器で密林を焼き払い、なぎ倒しながら肉迫した。赤い火焔の舌が草をなめ、樹木を焼きつくし、谷川には半身黒く焼け爛れた日本兵達が水を呑もうとして匍いずってきた。山稜地帯の深々とした空気は、砲弾のためにビリビリと引き裂かれ、山は炸裂の音と煙に掩われ、種々の轟音が一度に混ざり合い重なり合って、谷にとどろき、山中の人々の胆を冷した。血気にはやった鉄血勤皇隊員は、このさなかに、壕を飛び出すと、尾根に這い上っていき、小銃で射ち合った。彼らのいる尾根の向うには、狭い小谷の低地をへだてて、大きな山の斜面が、突如として現われたかのようにのしかかってきた。その斜面へ、数十人の兵隊が現われた。敵とも、味方とも、判別のつきかねる距離だった。「友軍だ」と、叫び声があがり、勇気づいた隊員達は、なおも山頂の敵へ、小銃を射ちつづけた。数秒の後、斜面の友軍は、彼らの頭上へ、恐ろしい程の早さで迫撃砲を浴びせかけた。友軍ではなく、米兵だった。

急造爆雷で、米戦車を攻撃しにいった三人の鉄血勤皇隊員は、藪の中にかくれて、知らずに近づいて来る戦車に、爆雷を投げたが、発火しなかった。しまった、と思うと同時に、火焔に追い立てられたと感じながら、彼らは無我夢中になって陣地へ逃げ帰った。いずれも大きな火傷を負っていた。

山の壕には、運び込まれた負傷兵の呻き声が満ち、生温かい血の匂いが、漂った。夜になると、各隊の壕から斬込みの兵隊が、三人、五人と、出て行った。斬込みに出かける兵隊は、出発前に斬込用にと残した酒を、あおり、手榴弾だけ携えていった。八重岳は石が多く、岩層のあい間あい間に掘られた壕は、砲弾のために崩れ、犠牲を出した。夜になると、きまって山頂の米軍から放つスピーカーの大声が、「皆さん、早く投降しなさい」と、山中に鳴り響くようにきこえた。

四月十六日、八重岳の中島隊の森山少尉は、宮城盛徳兵長と上地兵長を連れ、酒を呑んでから陣地を出た。森山少尉は、頭のはげ上った予備少尉だった。彼らは、谷間伝いに勝手知った山道を、星の光を頼りに、古我知に出ようとした。自棄の斬込みを敢行しようというのである。丘の上に登り詰めると、前方で重機が鳴った。真赤な曳光弾が走り、空にチカチカと、交錯し合った。「射ち合っているな」闇の中で、森山少尉のふるえ気味の声がきこえた。「古我知の友軍陣地から、射っていますね」と、宮城兵長が答えた。冷えびえとした山の冷気が、双方の銃声で切り裂かれてふるえ、それが前方の山に突き当り、三人の頭上へ襲いかかるようにして、はね返ってきた。「さっき、うちの隊から、あそこへ、斬込みにでかけましたが、あれですね」「さっぱり、見当がつかぬ」森山少尉が言い終らぬ中に、三人は前方の斜面に、仄白く浮いた人間の一団を発見した。三人がはっとなって、息を殺して前方を透して見ると、女の声もきこえ、人影がモヤモヤと動いていた。「何処の隊の者だ」森山少尉が小声で、鋭く叫ぶと、「本部だ」と、闇の中から、声が飛んできた。宇土大佐や熊田副官の本部の将兵に混じって、病院の看護婦や負傷兵達もいた。宇土大佐が、夜間、本部とともに、真部山を後退する途中だった。彼らは、闇の山中に道を見失い、悩んでいた。それから森山少尉らは、八重岳に帰って見ると、壕は空っぽだった。中島隊もその夜、羽地村の多野岳を目指して発っていた。密林の間に、つないであった三十頭近くの軍馬は、出発前に処置したものと見えて、何れも死んでいた。壕の奥には、微かにローソクが灯り、取り残された重傷者達が、呻いていた。森山少尉らは、結局中島隊の後を追うことになった。彼らは、草の上に倒れている塊りを、足で蹴った。すると、死体と思った人間が、むくむくと起き上った。鉄血勤皇隊員の、三中生たちだった。「う、、、」と唸って、彼らは上半身を起こして、きっと身構えした。疲労と空腹のため、陣地に帰りつくことができず昏倒し、睡りこけたのだった。傍らには、爆雷の箱が置かれてあった。同じ恰好の少年達が、あちこちに死んだように、寝ていた。「おい、こんな処にいつまでもいると、殺されてしまうぞ」夜明けとともに、中島隊の三人は、三中の生徒とともに八重岳の麓にかくれた。明るくなった山頂には、機関銃の音がした。山頂には、逃げおくれた海軍の陸戦隊員が、未だのこっていた。海軍の兵隊は、何れも運天港にいた白石、鶴田、山根の各特攻船隊や、特殊潜航艇隊の残兵達だった。これらの海軍部隊は、米軍が上陸せぬ前の三月中旬、空襲を受けて全滅し、その後は陸軍と共に地上戦闘に加わっていた。

森山少尉らの一隊は、昼中、八重岳の麓の密林に潜み、暮色が垂れかかる頃出発した。八重岳に残っていた兵隊は、その日、米軍の攻撃を受けて全滅した。

四、国頭分院の最期

真部山の深まった谷の中に、松材と藁で出来た、かなり大きな、三角小舎が、ひっそりと建っていた。渡口精一軍医大尉を長とする、野戦病院国頭分院だった。この病院には、見習士官の大城軍医と、四人の従軍看護婦、それに県立第三高女生十人と、衛生兵達が、三百人近い患者を抱えて、苦闘していた。真部山周辺が、米軍の重包囲に陥ってからは、夜になると、手のつけようもない重傷者達が、次々と、担架で運び込まれてきた。先に入院していた、船舶工兵隊の軽傷患者たちは、重傷者がきたので、やむなく、退院を命ぜられた。退院命令を受けた軽傷患者達は、それでも跛をひきひき、渡された銃を杖につきながら、すごすごと谷間の病院を、名残り惜しそうに、去っていった。最早、退院患者達の行くべき処はなかった。徴用で従軍した岸本久子看護婦は、めり込むような、めまいと闘いつつ、砲弾で手足をやられた重傷患者の切断に立ち合った。それが、徹夜で五日間もぶっつづけにつづいた。切断中、死ぬ患者が多かった。

女学生達は、断たれた足や、片腕を、肩に担いで死体埋めを手伝った。つい四、五分前、一人の患者が死に、それを埋葬したかと思うと、ホッと一息つく隙もなく、「あっ、患者が死剛を起こしています」と、慌てて女学生が報告した。死剛を起こした患者を別の場所に移すと、急に隣りの患者が呻いて、息を引き取った。だが、不思議にも、谷間の病院の患者達には、一匹の蛆虫も湧かなかった。

十六日、朝から、野戦病院の付近は、ごうごうたる弾の中に、包まれてしまった。渡口軍医大尉は、小舎の後方の壕へ、患者達を急いで移すよう命令した。独歩患者は、急遽退院を命じ、動けぬ重傷患者には、モルヒネ注射が打たれた。岸本久子が被服を取りに行くと、彼女のそわそわした態度に患者達が気付いて、「私達も連れていって下さい」と泣き声で嘆願した。病院解散が、電流のように、患者達に伝わったのだ。急に、騒々しくなった壕の中は、「痛い、痛い」と泣き叫ぶ声や、「便所に行きたいから連れていってください」と喚く声が満ちた。岸本久子は、自分の持物を慌てて纏め、急いで壕を出ようとした。すると、「つれていって、看護婦さん、俺を連れていって……お願いします」と、一人の患者が、必死となって叫び、キリキリと歯がみしながら、上半身を起し、追い縋ってきた。蒼ざめた、兵隊の白い眼が、恨めしそうに、光った。彼女の脳髄は、クルクル空廻りするように、自分の行動を決する判断力を失ってしまった。

患者達の枕頭には、握飯と、乾パンが、残された。

外に出ると、小舎は、半ば潰され、砲煙が渦巻いていた。裂け散る閃光の中に、迫撃砲が、狂い廻り、砲弾の炸裂音の中から、金切声で、互いに名前を呼び合う、女学生達の声がきこえた。皆、散り散りに、谷間を匍うようにして、退いていった。岸本久子は、やっと歩ける程度の顔見知りの軍曹を、肩で支えながら、二人三脚のように、もつれながら谷間を縫っていった。山頂では、間もなく夜が明けた。一つの山を越すと、中腹の林を、仲間の看護婦たちが独歩患者に肩を貸しながら、麓へ麓へと、下っていくのが見えた。越した山は、八重岳だった。再び道が谷間に下ると、そこで久子は、凝然として、前方に視線を釘付けした。百メートルと離れない、疎林の間にある、白い、開いた、墓の口から、赤い銃火が迸っているのを発見したからだった。「あっ、自分達を狙っている」咄嗟に、無意識に、彼女は軍曹の軀を引き倒すようにして共に伏せた。生温かい物が彼女の顔を流れた。軍曹の苦しい息の下から、何かの節が流れた。軍曹は、「海ゆかば」の節を、細く歌い出した。その歌声がめいるように、急に細まっていくと、彼女は、添うように声を出して歌った。まだ生きている。混沌とした意識の中から、彼女は、自分もやられたと思った。頭部と、どっかの腕が、足が、しびれていった――。

微かな硝煙の匂いが、彼女の鼻孔に感じられた。「私は生きている、兵隊は死んだ」彼女は、涙が自分の頰を伝って流れるのを感じた。軍曹が最後の力を絞って、起き上ろうとしたが、がっくりと、そのまま谷川に転がり落ちていった。彼女がはっと眼を覚ました時、自分の腕を、太い手が、摑まえているのを感じた。「脈を、ああ、脈を取っているな。敵は、殺しはせぬのだ」再び彼女は意識が遠退いていった。岸本久子は昏倒しているところを、米兵に発見され、牧港の米海軍病院に運ばれたのであった。

五、さ迷う兵隊

敵の包囲の中に、混乱した国頭支隊の各隊は、十六日夜から、しだいに、八重岳、真部山一帯の山中陣地の拋棄《ほうき》を始めた。

宇土大佐は、同夜本部を纏めて真部山を出発した。地上戦闘に参加していた海軍部隊も、宇土支隊本部の撤退を知り、八重岳の山頂を下って伊豆味西北方の山中に潜み、夜に入ってから、中島隊に合した。兵員を纏めたら、敗残の佐藤大隊は犠牲者が多く、わずかに護郷隊の木下隊と、学生隊が纏まっているに過ぎず、他は平山重砲隊の崩れや、通信隊の残員が、うようよと烏合の衆を形成しているだけに過ぎなかった。

全員約一千人だった。それも大抵は、負傷者だった。急拵えの担架には、負傷兵がうめき、鉄血勤皇隊員は、級友同士で傷ついた者を替りばんこに背負って隊列についた。十七日の夜、この大部隊は、暗夜を利して伊豆味山の裏を通過した。機関銃、小銃、弾薬等の重い荷物は捨てた。今帰仁村の呉我山の部落を突破して、茶園の山で、夜が明けた。中島隊の中に加わった、海軍の一部には、「中島という隊長は、主計らしいな」「こんな隊にいたって碌なことはないよ」と中隊の命令に服さぬ者も出てきた。

翌十八日、羽地まで行くのに、いくら夜とはいえ、長蛇の大部隊が、無事に通過できる筈がない。「まあ、三分の一位が無事に着けば成功だ」というような不吉な囁きが、隊列に波のように伝わっていった。

十九日、朝、呉我山の山中に昼を過ごした隊列は、再び行動を起したが、途中、鉄血勤皇隊や護郷隊の木下隊は、勝手に行動を開始し、隊列から抜け出た。古我知の山中にはいると、――「薬草園」を突破しよう――と称して、なかなかゆずらぬ将校達の群れの中にあって、当惑した中島大尉が、マントで袖びょうぶをして、マッチを擢り、しきりと地図を案じた。その時、名護出身の将校が「地形は俺の方が詳しいから、コースを決めるのは、俺に任せろ」と言い、それで道をビーマタにとった。隊列が闇の中をビーマタと覚しい地点に差しかかると、突然、前方の暗闇から、激しい機関銃音が湧き起こり、不意を衝かれた隊列は、敵弾に晒されて右往左往した。隊列はそのためまた後方へ逆戻りしなければならなかった。ビーマタには、米軍が陣地を造って駐屯していた。

二十日、夜、死傷者を始末するいとまもなく、古我知山を出発した。すべて夜間に限られた山中の行軍は、隊列の間に、疑心暗鬼を生み勝ちであった。「ビーマタに部隊を誘導したのはスパイの仕業だ」「うっかり、道案内を任せるな」といった声が、隊列から響いた。「まだか、羽地はそんなに遠いのか」という叫びもきこえた。その時羽地村出身の宮城兵長が「呉我を通って仲尾次に出るのが最も近くて安全です」と中島隊長に告げた。だが、役場には、その時既に米軍が入っていた。隊列は、米軍の陣地の見える川に沿って、急に道路に出た。仄白く道路が眼前の闇の中に浮いていた。皮膚をしめらす夜気は、うすら寒い朝の光を含んでいた。夜の地表にうごめき、傷ついた獣のような大縦列は、縮まっては固まり、ばらばらに延びては縮んだりして進んでいった。隊列が中断すると、遥か後方で、轟然たる爆裂音が起こり、一瞬炸裂の火が隊列を照らし、再び闇の中に呑まれた。「何んだ、今の音は」という声がおこり、やがて「海軍のひもつき爆弾を誰かが誤まって発火させたのだ」という事が遥か後方から伝わってきた。先頭止まれの伝令が走り、「小休止」となった。隊列の兵隊は、重い食糧を背負ったままくずれるように地上へ寝た。憔悴と疲労と不安の苦しい呻き声があたりを掩うた。この惨憺たる隊列に、こんどは、思いがけなく、迫撃砲弾が注ぎ込まれた。呻き苦しむ重傷者や死体を残して、隊列は又、無言の行進を起した。不意打の砲撃に後方の隊列が崩れ、またも中断してしまった。隊列は約五百人に減っていた。

二十一日、昼、大工又の山中に潜んだ部隊は、久しぶりに炊さんに取りかかった。神経の鋭く尖った武器のない兵隊達は、散りぢりに樹木の蔭で食事の火を焚いた。

宮城、上地両兵長が、連絡の使命を帯び、護郷隊の油井小隊のいる場所をさがして谷間を歩き廻っていると、岩蔭に坐っている一団の人々を発見した。宇土大佐と熊田副官、榎木原曹長の数人だった。宇土大佐の本部は、既に十七日の昼、真部山を発つと、中山（名護）にはいったが、そこで樹蔭で昼寝しているところを、俄かに米兵に拳銃で射たれ、大佐は指を負傷したが、翌十八日の昼間、羽地の古我地山中をさまよい、迫撃砲に追われつつ十九日、薬草園を抜け、二十日、中島隊のいる大工又に着いたところだった。中島隊の二人の下士官を発見すると、一寸驚いたが、彼は、さり気なく鷹揚な態度にかえった。「支隊長殿っ」と宮城兵長が叫ぶと、宇土大佐は慌てて片手で制し、「いつ来たか、中島大尉と来たのか」「中島大隊はじめ只今大工又のちょっと離れた同じ山中に宿営しています」と答えると、彼は安心したらしく「そうか、それはよかった」というと急に威儀を正した。「支隊長命令、君達は今日から、部隊本部付を命ずる。いいかね、中島がきているなら、ここへ中島を呼べ」といった。宇土大佐は、階級章を隠すようにして擬装網を肩から深く纏い、将校マントで前を強く掩うような恰好で立っていた。彼の頰は、ひどくこけていた。護郷隊の油井少尉外数人の隊員は大佐の前に呼び出された。宇土大佐は、八重岳の顚末を短く説明すると、再び急に改まった調子で油井小隊の者に訓辞をした。「八重岳の戦闘は苦しかった。だが、俺としては無事任務を果したつもりだ。今後は、部隊の残力を挙げて敵の後方撹乱をやる。支隊長は後からいくから、宇土と協力するようにと、村上大尉に伝えてくれ」といった。油井小隊からは、便衣を着た二人の兵隊が、連絡のため出された。護郷隊長村上大尉は、羽地の多野岳に陣取っていた。宇土大佐の本部を含む隊列がそこを出発する時のことだった。空腹にたまりかねた上地と宮城両兵長が、山に近い一軒の民家を覗いたら、一人の老婆がいて、ありあわせの豚肉と黒砂糖の塊りをくれた。それを貰い二人が民家を出ると、宮城兵長はふと、宇土大佐のことを思い出し、「齧ったものだが、この黒砂糖を宇土大佐殿にやろう」と云った。二人が差出した黒砂糖を物珍しそうに手に受けとると、宇土大佐は歯がたの痕のある黒砂糖の塊りを素早く頬張り、「有難う、糖分が欠乏しているからな」と笑った。

——隊列は、中島大尉の指揮で再び隊伍を整え、夜が来ると、例のように暗夜の行進に移った。羽地大川を渡ると、目的地の多野は近い。——その頃からは、勝手に脱落していた兵隊達がいつの間にかぞくぞく隊列に復帰していた。そのため兵員は元通りの約一千人近くを数えるようになっていた。二十二日、夜明けとともに宇土支隊は、疲れた足を引摺りながら多野岳に到着した。

八重、真部を手放してから一週間目、敵の目を逃がれるようにして、戦闘力の全く欠けた敗残部隊は、あたかも宇土大佐の観念しきった手足のように、ゾロゾロと五里の行程を突破、新しい悲劇の地点に辿りついたのであった。

六、護郷隊《ゲリラ》

1

北部には、大本営の直接指導を受けて行動する予定の、二つの隠密部隊がいた。——米軍上陸の前年一九四四年十一月十五日、平服をまとった五人の若い男が、多野岳を始め、北部一帯の山々に潜入して、ひそかに実地踏査を行った。村上、岩波両大尉に、菅江、木下、竹中、油井の四少尉で、何れも二十四、五代の青年将校たちだった。村上治夫大尉は、陸士第五十三期の出で、他は何れも、幹部候補生上り。六人は沖縄につくまで、ゲリラ戦術と、スパイ戦術の特殊教育を受け、初め第三十二軍軍司令部の情報部に属して、部隊編成と、陣地選定の準備に取りかかっていた。

隠密部隊だけに、隊編成は、現地で行うこととなっていた。軍隊教育を受けた優秀な下士官と、土地出身の青少年達を義勇隊員の名目で募り、羽地村、多野岳に、四個中隊からなる第三遊撃隊を編成して、村上大尉の指揮で布陣した。第四遊撃隊（三個中隊）は岩波大尉の指揮で、本陣を恩納《おんな》村、恩納岳においた。第三遊撃隊は、兵力約六百人、第四遊撃隊は、約五百人だった。防諜の意味から、これら二つの遊撃隊は、護郷隊と名づけられた。

「自分の郷土は、自分の手で護れ」というのが、軍の沖縄人に与えた大義名分であり、義勇隊に志願した青少年達は、村上大尉の指導と相俟って、この使命に生き、青春の若い血を無謀に燃やしつくしたのだ。初め、本部伊豆味西北方タナンガの山に陣を布いていた頃、村上大尉は、隊員の少年達を集め、山中の陣地に、寺子屋を開いて、少年達を教育した。「俺は、君達に、軍人精神ばかりを吹きこむのではない。立派な人間にしてやりたいばかりに教育しているのだ」と、口癖のようにいい、少年達を抱きかかえるようにして、一緒にごろ寝をした。第三遊撃隊は間もなく、多野に移った。秘密陣地である多野岳の陣地が完成したのは、米軍上陸二カ月前の一九四五年二月上旬だった。

米軍が上陸すると、第三遊撃隊は、多野岳の陣地内に鳴りをひそめた。多野から、程遠からぬ羽地や、久志両村の間の、ヒトツ岳には、遊撃隊に属する無電通信の剣隊があった。北大尉の指揮するこの無電班は、山中の地中深く横穴を穿って潜みかくれていた。これは、大本営に、沖縄戦の終末を見とどけ、最後のキイを叩く、特殊な責任を持ち、村上大尉との間には、終始極秘裡に連絡が保たれていた。

四月八日、米軍は多野岳に迫った。米軍は、多野を臭いと見てか、絶えず上空からの探索をつづけたが、それまでは、北部地区にいる日本軍の所在は米軍にとっては、はっきりと摑めなかった。米軍は、昼は猛烈な砲爆撃を加え、夜になると、潮のように山を引いていった。八日には、早くも、源河《げんか》林道、仲尾次《なかおし》部落の後方、川上林道、伊差川林道の四カ所に、米軍斥候が侵入を始め、川上部落の後方で、遊撃隊の一部と、これらの米軍との間にこぜり合いがはじまったが、遊撃隊の任務が主として敵の通信機関、弾薬集積所の破壊という、後方撹乱にあるだけに、ゲリラ部隊と、米軍との正面切っての戦闘は行われなかった。便衣を着た護郷隊員は、唯一の武器である爆雷を携えては、ひそかに陣地を抜け、米軍物資集積所の大浦湾の物資破壊や、許田のドラム缶集積所を襲って、炎上爆破を企てた。

一方、上陸と殆ど同時に、第三遊撃隊からは菊地少尉が、単身ひそかに、伊平屋《いへや》島に潜入した。彼は伊平屋国民学校に、旨く教師として化けこみ、そしらぬ顔で宮城先生と名乗った。米軍が、伊平屋に、若し、飛行場を設定するような時は、時限爆弾を用いて、これを破壊する目的で、彼は待機していた。その頃、第三遊撃隊の本部には、沖縄新報社北部支社の全員が加わっていた。北部へ疎開した南部住民の大半と、北部住民へ、小型新聞を発行し、戦況ニュースを伝えるためだった。

羽地村伊差川の銅山跡に、平版印刷機を持ち込み、いざ仕事を始めようという時米軍の攻撃を受け止むなく上地一史記者と座安監査役、比嘉良吉、伊差川昌永の四人が、ガリ版新聞の発行を企て、後で村上隊本部付近に屯して剣隊の無電情報と、宇土部隊や、遊撃隊の提供する、北、中、南部の戦況を、山の住民に伝え、多野岳が陥ちてからは、ザラ紙に複写したニュースを配り、日本軍や、住民が下山する七月四日の前日まで、この陣中新聞をつづけた。

2

多野陣地は二十二日、全面的に、敵に暴露された。山中に多くの避難住民や、宇土部隊の将兵が入りこんだからである。その中には、中部読谷山村の飛行場から撤退してきた、飛行場特設第一連隊長青柳中佐以下、連隊の将兵もまじっていた。宇土部隊は、防衛隊に解散を命じ、彼らの持っていた武器弾薬を取りあげた。中島大尉は、羽地山中に分散してあった食糧を、山中の将兵に分配した。玄米八百袋、乾パン三百五十缶に、わずかの副食物だった――。

遊撃隊の村上大尉は、宇土大佐の兵隊がぞくぞく、山に入りこむために生ずる、住民との微妙なあつれきと、北部守備全軍にひびの入るのを極度に怖れた。

羽地山中に貯えた軍の食糧に、飢えた住民がたかり、さらにこれを宇土部隊の将兵が奪い合うような騒ぎが、山中いたるところに、演じられていることを知った村上大尉は、部下の照屋軍曹を呼んで「敗残兵立入るべからず」と大書した貼紙を、本部近傍の立木の幹へ貼りつけるよう命じた。宇土大佐を中心に、今後の邀撃態勢を一応打ち合わせたものの、宇土部隊の将兵は既に敗残兵も同様だった。

二十三日朝から、トンボが、盛んに多野頂上上空を低く飛び、爆撃が繰り返され、迫撃砲弾が射ち込まれた。

迫撃砲や、艦砲が射ち込まれるたびに、山中の樹々は、裂け飛び、散髪されたように、幹や枝を払われ、山腹の陣地小屋は、上空に露出してしまった。

第三遊撃隊本部の山小舎は吹っ飛び、残った常鎮（既教育兵をそう呼んだ）が、銃と、手榴弾と、竹槍を携げて斬込みにでかけた。

七、敗残

1

宇土大佐は熊田副官と諮り「兵は源河開墾で食糧の増産を図り、長期持久に備えて現地自給せよ」の命令を発し、将兵には三日分の糧食を渡した。砲撃の白煙のうず巻く山中に、急に雨が降り出した。灰色によどんだ雨雲が、濃いガスとなって、深い谷間に漂い出した。カビの生えた深山の腐葉土の匂いに、こんどは人間の腐臭が重なって漂った。晴れ間には、ホッとした住民が陽を求めて、しらみとりに夢中だった。山中には忽然と市があちこちに出現し、放れ馬を屠った肉の売買が行われた。遠く南の空が赤く燃え、艦砲の音がドシンドシンときこえた。雨はやみ、また、ひとしきり降った。濡れそぼった住民は、子供の手を引き、老人をかばいながら、砲撃を避けようとして、おのおの、谷間に固まった。多野岳の頂上には、しだいに米軍の陣地ができ始めた。山中は昼になると、けたたましい銃砲声が轟きわたり、思わぬ近距離から、機銃弾がほとばしった。狼狽した住民は、砲弾に追われ、山中の谷間を、将兵とともにさまよい歩いた。この騒ぎの中に、宇土大佐は、多野岳を抜け、もっと北へ退がろうと決めていた。各隊からは、「固まらずに、隊別に行動した方がよい」という意見が出たが、宇土大佐はこれを押えた。「また後退か」「情ない。俺達はいつになったら一つ処に落ちつくんだ」将兵は、戦況のはかばかしくないことに、憤懣に駆られ、不安に虐《さいな》まれつつ、ただ食糧を漁るのが仕事になっていた——。

頂上では、戦闘が行われ、日本軍は、わずかに、擲弾筒で応じた。死傷者が続出した。夜になると、残余の兵力をまとめて、各隊は整列をおえた。重傷者は、山中に残すことになっていた。宮城兵長は経理部の機密書類を焼き、公金を谷間に埋めた。部隊が整列しようとすると、死体が足に絡まった。死体は、整列の場所をあけるため、抱えて藪の中に投じられた。兵隊達が持ち切れぬために捨てた米が、谷川の底に白くうずまった。谷をふるわせて、手榴弾の炸裂する音がきこえた。「何だ、敵襲かァ」「違います。重傷者が、手榴弾で自爆しました」これらの声が密林にうつろに響いた。濡れた隊列が徐々に動き出すと、地上に倒れた兵隊が、傍らの米袋を指差しながら、手榴弾と交換してくれと眼で力なく嘆願した。木の根に転び、立木に頭を打ち、暗黒の斜面を辿り落ちながら、一歩一歩前に進んだ。行進ではなく、谷にうごめき、はいずり廻る、傷ついたけものの彷徨に似ていた。しぶく雨の中に、うっすらと夜があけかけ、急に朝の寒気が襲った。夜明けの光線が隊列を、ほんのりと浮かした。隊列は久志村の三原の山辺にはいっていた。二十四日の未明だった。この時、宇土大佐は前夜隊列から離れ、一日先に本部とともに多野岳を発っていた。

三原についた宇土の将兵は、枯枝や、落葉を掻き寄せ、飯を炊き始めた。山が深く、樹々を深く掩われた麓だった。付近には、多数の住民もいた。久し振りに、日本軍隊の集団を眼のあたりに見て、狂喜した住民は部隊の後について行こうと焦り出す者もいた。同日夜、隊列は三原を出発、源河部落を経て、二十五日には有銘《あるめ》の山中まできた。有銘の山中につくと、宇土大佐は、「部隊がやってきたからもう大丈夫だ」と付近の住民に触れ廻らせた。喜んだ付近の農家からは、二頭の豚と、野菜類が本部に供出された。——淡い希望を燃やして住民はもう、増産を始めていた。米軍は、北部山中に潜む日本軍の残兵掃討を開始したらしく、三原の山にも斥候が入り込み、そのために、何かにつけ住民達と接触しようとする日本軍隊との間に、悲劇がかもされた。三原に入り込んだ三人の米兵が、住民と話しているのを、怒った伝書鳩隊の准尉が、てっきり米兵と通じたものと思いこみ、海岸近くの小舎に住んでいた那覇から避難してきた親子づれを、拳銃で射殺した。

有銘の山を捨てた部隊残兵は、二十七日、福治又山中に入った。その時の宇土大佐らの陣容は、恩納岳から敗走してきた県立農林学校生徒達で固めた約二十人の鉄血勤皇隊を指揮する同校配属将校の、尚謙少尉や、海軍の残兵などを合わせて約八百人ぐらいだった――(恩納岳に陣取っていた、岩波大尉の第四遊撃隊は、陣地が遠く隔絶されていたため、多野多野の友軍とは、一切の連絡をたったまま四月十五日、米軍の包囲に逢い、遂に潰滅した)。

その日の昼頃、ちょうど、谷川べりで、飯を炊こうとした時だった。一時に疲労が襲ったのか、部隊の将兵達は、青草に燻る煙が、木立を縫うて静かに立ち昇るのを、放心したまま眺めていた。飯盒の炊け加減を気にしつつ、腐ったような上衣を脱いで、しらみを潰している兵隊もいた。トンボが、つき纏うように、上空に動かずに、じっと止まっていた。尚少尉は軍刀を股に挟んで、のけざまに倒れて寝ていた。窪地の樹間に、生徒達も寝転っていた。その時だった。突然パシッと、立木の幹を裂いた一弾が飛び込んだ。次にはドドドドという音に変っていた。機銃弾が、不意打ちに飛び込んできたのだ。むっくりと起き上る隙もなく、硝煙が渦まき、迫撃砲が破裂した。麓の林がふるえ、砲弾がごうごうと谷を埋め、はねかえってきた。静かな光景が、一瞬にして、地獄と化した。肉体が、死体となって散乱した。他の処では擲弾筒で応戦したが、間に合わなかった。この騒ぎをよそに宇土大佐は山奥へ一人で逃げ込んだ。米兵の攻撃が止み、暮色が迫ると、山中では将校達が集まって会議を開いた。作戦主任の山本中尉は、「こうなっては、戦闘のしようもない」と力説したが、宇土大佐はその説を斥けた。一日おいて、二十九日、部隊は辺土名《へんとな》を目指して落ちて行った。多野岳までできた時、山本中尉は悲痛な声で「安和海岸には、食糧を積んだ日本の機帆船が着いたそうですから、急いで自分がいって、食糧の補給を講じます」と云い残して、姿を晦ました。彼は再び帰って来なかった。真部山の陣地構築の時、構築作業が進まぬといって、出動した労務者達を牛馬のようにこき使った激しい気性の彼は、宇土大佐の煮え切らぬ態度に居《い》た堪《たま》らず、独りで自由な行動を決したのである。

多野岳には、米軍の使ったいろいろな遺棄品が転がっていた。数日前まで、米軍が駐屯した証拠であった。これを発見して、米軍部隊が近くにいる、と察した宇土の将兵達は、前進を諦め、福治又にまたも引返した。ここでは、弱り切った宇土大佐が、とうとう山本中尉の主張した「分散行動」を採用したので、一班を約二十五人ずつで構成し、今後は全部隊将兵が、山中に自治を求めてあてどもなく分散することになった。宇土大佐は、宮城、上地両兵長を含む地理に明るい沖縄人の兵隊を本部にまとめた。「時機到来までは、できるだけゲリラ戦で敵に当り、自給自足しよう」と敗残の将兵達は、島の北端、東《ひがし》、久志、大宜味《おおぎみ》の各村山中へ移動を開始した。

宇土大佐の本部一行は、三十日、川田を越し、東村慶佐次《げさし》の山中に入った（彼らは、終戦時までこの山中の地点に匿れていた）——。

本部は、矢張り二十五人。宮城兵長は本部情報係、上地兵長は、食糧蒐集係だった。宇土大佐は、山小舎の中に、相変らず女と一緒にいた。女はふとしたことから大佐と知り合い、ずるずると大佐の世話を焼くようになっていた。「時を稼ぐんだ」と、大佐は、部下の顔を見るとこともなげに云いつづけた。頬は黄色にくぼみ、目は絶えず怯えて光っていたが、全身のどこからか、永い軍隊生活で得た人を威圧する力がまだ滲みでていた。

宮城兵長が、第三遊撃隊に情報連絡に出かける前、大佐の小舎にちょっと立ち寄ると、紙片に、何か書きつけたものを渡された。「平山隊は、辺戸《へど》岬の米軍電波探知機隊に斬込みを敢行したが、戦果は未確認なり。国頭支隊は、本部半島を転進後、村上隊と協力して、各地に遊撃戦を展開中なれど、目下支隊は山中にあって、食糧の窮乏に悩んでいる。飛行機、若しくは潜水艦による糧秣補給を至急図って貰いたい」——とあった。「これを村上に渡し、大本営へ報告するよう頼んでくれ」といって、大佐は引っ込んだ。宮城兵長は、それを伝えたら、村上大尉がどんな顔をするだろうか……と思った。宇土大佐に対する信頼感はすこしもない。部下は大佐をみくびり、面従腹背の態度をとっていた。「それも、大佐が腰抜けだからだ」——住民から貰った食糧を斬込みの戦果だと偽って、残りものの缶詰二、三個をやると狂喜してそれを喰べていた大佐の顔を、宮城兵長は思い出して苦笑した。そればかりではなく、大佐は「女の所在がわかったら、ここに連れてきてくれ」と、真部山で別れた女のことをしきりに気にして頼み込んでいた。ばかばかしい、今となって情報などと厳しい命を下す宇土大佐に反感を募らしながら、宮城兵長は思案に暮れていたが、そうだ、妻子に逢おう、と決意を固めた。彼は源河に避難しているという家族の無事な姿に、一時も早く接したい希望に駆られつつ、多野岳へ、夜の山を急いだ。しかし途中、決意が鈍って考えあぐんだ挙句、結局彼は情報連絡の任務についた。

村上大尉は、多野の陣地を捨てて以来、独り源河川上流の炭焼窯の中に、人目をさけるようにして閉じ籠っていた。

大尉は、入口に待っている宮城兵長に「まあはいれよ」と、例の屈託のない大声をかけた。「情報連絡は、御苦労だったなあ。君みたいな男が宇土大佐の部下じゃ全く惜しいよ。どうだ、護郷隊にこないか」といって笑った。彼は拳銃を傍らにおき、莫蓙の上にあぐらをかいていた。彼は手足の露出した部分にできた疥癬に、宮城の痛々しそうな眼がそそがれているのを意にもくれず、意外なことを宮城兵長に語った——。

宇土大佐が、四月十七日、真部、八重の陣地を抛棄していらい、北部守備軍の国頭支隊と、南部の軍司令部との通信は、まったく途絶えていた。わずか三十余里を距てて、北、南部の戦争の様相は、戦線を伝わってくるとりとめもない風聞に頼る外はなかった。青柳中佐の伝えた北、中飛行場以南の模様は、知りたくても知られず、唯デマとなって北部住民や軍隊を一喜一憂させるだけにすぎなかった。村上大尉は、多野から敗走の時、通信用の暗号写しを失っていたため、北部の状況を報告する用件もかねて、暗号写しを貰い受けるために、部下の決死隊を首里の軍司令部へ派遣した。今帰仁《なきじん》村出身の諸喜田兵長以下若い護郷隊員七人は、住民の着る芭蕉布の着物をつけ、久志村安部海岸から、刳舟で出発したが、途中、海上にウヨウヨする米艦船の群れの中を乗りきって、八人の者は首里の軍司令部の壕へ到着。再び海上を漕ぎ渡って、一週間目には無事に帰ってきた。この決死的な連絡によって、意外な話が齎《もたら》されたのである。それは、「国頭支隊長の宇土大佐を罷免し、支隊は直ちに、青柳中佐の指揮を受くべし」ということであった。

村上大尉はながながと宮城兵長に語り伝え、例の命令書を示しながら、「これだよ」といい、宮城兵長の目前で命令書を焼き捨て、微かに微笑を湛えた。そして「宇土大佐には口で伝えよ」と、云った。宮城兵長は、この命令と、南部の情報を得てすぐ東村の山へとって返した。たとえ、軍司令官の命令とは云え、直接に宇土大佐へ彼の罷免を告げることは、酷だと考えたので、熊田中尉に伝えることにした。苦戦に喘ぐ軍司令部の怒りが、宇土大佐の行動を、指揮官にあるまじき一種の怠慢と見做して、処罰となって現われたのは当然だが、これを伝える勇気は彼にはどうしても湧いてこなかった。

軍司令部の処断を知った宇土大佐は、最初いかにも腑に落ちぬといった妙な顔をした。五月二十四日のことであった。傍らの比嘉軍医が、「村上大尉は、青柳中佐の指揮下に入ったそうですが、われわれは一体誰の指揮に従いますか」といった。「村上は俺の部下だよ」と彼は一声嘯《うそぶ》いた。――十一月一日宇土大佐は、軍装に威儀を正し、刀を吊って山を降りた。田井等地区米軍政官メリス大尉に投じた。

五十の坂に近い、中老の中島茂白大尉は、七月頃、上地兵長と兵隊数人を連れ、東村慶佐次海岸からひそかに、刳舟で沖縄を脱出した。大本営へ、沖縄戦の情況を伝える、という目的であった。剣隊長北大尉は、山中で米兵に狙撃され、無電班は潰滅した。

2

本部半島の北端を占める今帰仁村は、四月一日、米軍上陸と同時に、全村民は、裏手の山の壕に避難した。村役場は、付近の壕に連絡員を置き、各避難所と連絡した。村内には、その頃、伊江、宜野湾、西原を始め、南部からの避難民がどっと入りこんでいたため、村では本部町に集積しておいた食糧営団の疎散米を、約二日間に亙って運びこみ、疎開者に配った。だがそれは、三日とは続かなかった。四月十日、米軍戦車が、今泊海岸に現われた。呉我、伊豆味の山稜地帯に陣を布いていた日本軍は、しだいに米軍の包囲を受け、既に七日には、伊豆味の山中にいた護郷隊から多数の犠牲者を出した。八日にかけて日本軍は、殆ど八重岳に移動をはじめていた。米軍は、部落近い海岸線一帯にかけて、戦車を繰り出したので、非戦闘員である住民は、伊豆味山中の谷の隘地に、しだいに押しつめられていった。米軍と、日本軍との間に挟まれた住民は、二進《にっち》も、三進《さっち》もできぬ破目に陥っていた。

本部半島地区の、戦闘らしい戦闘は、かくして四月二十日までに終りを告げた。米軍は、山中の住民に「早く山を降りて、生産に従事せよ」と命じた。五月二日、ついに米軍は、各部落の区長達を玉城《たまぐすく》区の民家に集め、村の生産と復旧の計画を建てさせ、一日もそれを急ぐようにと命じた。その頃、運天港《うんてん》にいた海軍特殊潜航艇隊の渡辺大尉は、数人の部下と共に、夜になると米軍の目を逃れて、部落へやってきた。山中に匿れている兵隊は、大抵、住民の着物をつけ、藁の帯をしめていた。渡辺は陸戦隊の黒い庇帽を被り、日本刀を吊っていた。彼は村民に、喰物をせびって歩いた。そして、「米軍に通じる奴は、国賊だ。生かしてはおけぬ」と脅し文句を吐いては、山へ引き上げていった。五月十二日の夜だった。警防団長をしていた謝花喜睦の家族は、庭先で、謝花を呼ぶ大尉の部下らしい声をきいた。謝花は誘われるままに連行されていったが、遂に帰らなかった。翌朝彼は、畑の中に死体となって、転がっていた。死体は、日本刀で斬られた痕があった。次いで、村の通訳を務めていた平良幸吉が、同様に、何者かのために斬殺された。戦闘が終り、ようやく、ホッとした村民にとって山中の日本兵が、今度は、新しい恐怖の的となりはじめた。渡辺は村民の殺害リストを作って持っていた。彼の姿は、米軍と日本軍兵隊との間に板挟みとなって苦しむ住民を尻目に、毎夜のように住民地区へ現われた。

終戦も間近い七月十六日、同村玉城区出身与那嶺静行と彼の妻と、弟静正が呼び出されて斬殺された。つづいて長田盛徳、玉城長盛の二人が、依然として彼の殺気を帯びた日本刀につけ狙われたが、間もなく米軍の手によって、村民が羽地、久志に収容されたために、二人はやっと難を逃れることができた。渡辺の殺害リストには、五月二日、米軍の命令で開かれた区長会議に連なった人々の名前が並んでいた。戦雲が吹き払われた南島の星空の下を吹いた、北山の悲風であった。

八、武士道よさらば

1

沖縄戦が終了して旬日余、七月三日に護郷隊は解散し、隊員は、米軍保護下の部落民の中に潜入帰順し、残る将兵は、村上隊長の許に残った近藤軍曹を除いて、北部山中の各所に、散ってしまった。沖縄戦の全般的敗北を知り、すでに任務継続の無意味を知った彼は、組織を解き、生死を選択する自由を部下に与えた。彼自らは山中に小屋を作り、農耕を計画し、平常と変ることがなかった。当時、北部山中では、宇土部隊の敗残兵による住民殺害、食糧奪取等の事件が多く、それらの敗残兵に対する住民の感情が悪化していた時だったので、村上隊長に対する若い隊員たちの命がけの奉仕が、戦争終了後まで続いたことは異例であった。沖縄が蒙った犠牲と、戦争中の軍隊及び軍人の行動に対する反感が明瞭な形を取って、住民の中に現われだしてからも、隊員たちは終始、村上大尉に対する思慕と友情を失わなかった。

その頃、名護の東江原の山中には、村上大尉と近藤軍曹の他に、浜田という、警察官上りの若い男がいて、彼が土地の事情に委しい所から、山を降りて、色々情報をたしかめた。浜田が村上大尉と行動を共にしたのは、一九四五年七月末、即ち、沖縄戦が終了してから、翌年一月三日、村上大尉が山を下りて、屋嘉の収容所に向う、その前日までであった。また、嘗ての隊員たちは名護付近だけでなく、遠く宜野座あたりからも、山中の悪路をやってきて、何くれと面倒を見るし、彼と語ることを愉快として二、三日逗留するのもいた。彼自身また、変装して、ひそかに各隊員の家を訪ね、彼らを激励し、希望をもてと言い、青年の赤心と熱情を吐露して将来を語り合った。山小屋の中では、彼は、戦友の剣隊の北大尉及び須貝少尉の遺髪と、戦死した部下隊員の遺髪、それから戦没者名簿を供える神棚をつくり、朝夕、それに礼拝し、食事する毎に一膳を、神棚に供えることを欠かさなかった。

八月中旬のある日、その頃まで、まだ一ツ岳に無線機をもってひそんでいた剣隊との連絡に出掛けた近藤軍曹が、意外な情報を村上に伝えた。ちょうど、部落に降りていた浜田が、山小屋に帰ると、村上は沈痛な調子で、「浜田、驚いてはいけないよ」と言った。「驚きません」と答えると、「もう戦争は済んでしまったよ」と一言、押し黙ってしまった。それから、近藤にも、浜田にも、彼は何も言わなかったが、何か、考えに沈み、一人で懊悩しているようであった。そして時々、「おい、下界に降りてみよう」と言い、下山して部落を訪ねたり、嘗ての隊員たちと会ったりして、気が晴れればれとすると山小屋に帰ってくるのだった。或る日、彼は浜田にこんなことを言った。
「俺は、軍の戦争に対する責任というものを、随分考えた。また、これからの国家は、平和的に建て直さなければならぬと思っている。しかし、ただ自分には割り切れぬものがある。理窟ではどうにもならぬものがある。自分はいままで、何につけても思い切りの良い処置を取ってきた。こんなに悩むのは初めてだ。どうして俺には決心がつかないのか」と言って彼は暗然とした。

2

終戦の年の十月二日、宇土大佐は、山中各所の部下残兵に連絡、伊差川に集結を命じ、軍装で部隊降伏を願い出た。

話はさかのぼる。――北部駐屯の米軍は、名護岳の北方、東江原付近の山中に、なお降伏する意志のない日本軍の一将校がいることを知った。また、その人物の風格も伝えきいて、何とか苦心して彼を説得し、下山させようとした。掃討などと手荒いことはせず、また、山中に幾ら残兵がいるかも分らず、そのために、こちらに犠牲を出してはつまらぬことだし、それに、山中に放置しておけば、食に窮して、降伏にでる時がくるかも知れないが、あべこべに、彼らを自決に追い込むことになるかも分らぬ。そこで、なるべく、米軍としては、彼らを安全地帯に誘導するために武力を用いず、道義的方法を取ろうとした。

このために米軍は、気長な根気強い方法をとった。

最初、彼らは、その日本の残兵のいる山の麓の民間部落にきて、宣撫工作をやった。付近の住民をつかまえて、煙草やチョコレートをやり、住民に親切と愛嬌を振りまいては帰る、そんなことを何回もつづけた。時々住民を使って、村上の所へ煙草をもたせてやることもあった。また山麓の各所に、竹に置手紙を挟んで立てて置いたりした。そんなことを執拗に繰り返した。それには、そのつど、いろんなことが書かれていた。

日本がポツダム宣言を受諾したこと。これ以上反抗的態度を取ることが徒労であること。自己の将来と、国家の将来のために、降伏することが唯一の、また賢明な道であることを、縷々と親切に書き述べたのや、もう、日本軍が軍事的行動を放棄して軍隊を解体した以上は、降伏することが不名誉ではなく、寧ろ正しいことで、これからは軍人としてよりも、日本国民の一人として物事を考える方がよい。それに日本の優秀な青年が死に果てたら、一体、誰が今後の日本を再建するのか、と言った文句で埋まっていた。

終戦の翌年、一月三日のことである。その日の昼食を終えて、村上大尉と、近藤軍曹と、浜田の三人は、山小屋で、しばらく、ぼんやりおし黙っていた。腹に物を押し込んだあとの、頭の空っぽな時間が流れた。そのうち、村上大尉は「今晩あたり、一週間振りに、下界(住宅地区)に下りてみようかな」と言って、懐中時計を引出してみた。短針が二時を指していた。最近、彼の態度には、立っても居られないような、焦燥の片鱗がうかがわれ

がいなかった。

の内部で、強烈に彼を苦しめているように見えた。何か、彼の心に変化が起きてきたにち

崩れゆく自己の姿を見つめているような、――簡単にのぞくことのできない煩悶が、彼

た。

今まで、彼は、日本軍人の伝統の最後を守る信念の人として、近藤や浜田の目には映っ

た。日本軍隊の聖書とも言えた操典綱領中の軍の基幹としての将校の典型的な姿を彼の中に見ていた。戦線錯綜し、戦闘惨烈となっても、率先垂範、常に泰山の安きを、部下に思わせた彼であった。また、彼は弱者に対する思いやりに於て、古武士の伝統的美質を具えていた。無私奉公の哲学は、彼に常に、無邪気恬淡な言語動作を与え、危険に臨んでは明朗剛胆であった。

ところが、今の打ちのめされたような彼の姿は、何であろうか。沖縄の戦局が全く絶望的な境地に追いやられたとき、彼の側にいるだけで、何と凡ての不安が、近藤や浜田の胸から払い去られたことか。すべてがつまらぬ杞憂であったかの如く思われたことか。それだのに、近頃、二人にも、とても話せぬ複雑な問題と、対決させられているかのように、一人で苦しんでいる。今まで彼は、如何なる喜怒哀楽も顔色に、それと部下に悟らせなかった。それが、最近の彼の内部の煩悶は、二人にも、それと明らかに気付かれるようになってきていた。二人には、それがはっきり分り切ったもののように思われ、また、さっぱ

り理解できないもののようにも思われた。この青年将校の人格的魅力に愛着を感じていた近藤も浜田も、立場は異にしていたが、何れも、彼よりは年輩で、社会的な常識を持っており、客観状勢に処する態度にも割り切れるものがあった。ただ、近藤は、浜田とも村上大尉とも違って、軍隊イズムを理窟なく受入れていた。彼が身につけているのは、イデオロギーよりも、長い軍隊生活の訓練と規律だった。その点、彼は、村上大尉よりもはっきりした考えを持っていたし、新しい事態に対する頑強な反発心を持っていた。時に、村上大尉の煩悶の理由を、その若いことに帰着せしめ、半ば尊敬と、半ば同情を以て眺めていた彼は、また、屢々窮境に陥った日本の兵隊がこれまでに示した、固い——それを突き破ろうとすれば、彼らを悲劇的な結果に導く——壁を持っていた。その固い壁が、村上大尉にあっては、ぐらついていた。彼も長い、規律と訓練の生活を通ってきたが、彼はまた、日本軍隊の伝統に対する信念とイデオロギーを持っていた。彼を今まで守ってきた思想の壁が突き崩された、終戦の詔勅をきかされたあの日から、彼は今までの思想と共に人間的に敗北すべきか、更に生きるための新しい思想的武装をなすべきか、それを解決せねばならなかったし、その思想は、今まで武器や制服と一緒に与えられた団体の伝統的イデオロギーではなく、彼自らの内部から引き出さねばならぬものであった。この典型的な日本軍人の内部では、日本軍隊に対する信仰の、最後の堅塁が崩壊しつつあった。と同時に、新しい思想が導かれるまでの、錯雑したいろいろの思想的経路や矛盾が横たわっていた。

この一週間、彼は山小屋の中に閉じ籠ったきりだった。日本が戦争に負けて、更に新しい年を迎えたという事実が、深く彼の心を動かしていたにちがいなかった。が、今日は昼食を済ますと、珍しく、部落に下りて見ようかと言いだした。彼が、何か解決できない問題にぶつかると、すぐ、その問題を一応放棄して気分転換をはかる、いつもの癖を、浜田も近藤もよく知っていた。彼が「さあ、一寸《ちよつと》、明るいが出掛けて見ようか」と腰を浮かそうとした時だった。小屋の裏の林の中で入り乱れる足音がした。「薪取りかな」と思って、小屋からでていこうとしたら、今まで三、四回村上大尉のところへ使者をやって、下山を勧告していた木村大尉と、日本兵二人に、バッタリ顔を合わした。「村上さん、久し振り」と、軽く挙手の礼をして、木村大尉の一行は勝手に、小屋の入口に坐り込んだ。「村上さん、貴方は日本本土の状況を十分御存知ないようです」と木村大尉が切り出すと、ムッとした村上は語調を荒げて、「おい、知らないのはお前達だ。俺から話してきかそうか。俺とお前達とは見解に大きな差異がある。何度話しても同じことだ。帰れ、帰れ」

村上は、炊事場でゴソゴソしていた近藤軍曹に、「近藤、うるさいのが来たから帰してくれ」と言い捨てて腰を上げた。木村大尉はとりつく島がなく、手持ち無沙汰な恰好で坐っていたが、意を決して、懐中から一通の封書を取り出した。「村上さん、これは八原さんからです」八原さんと言われて、村上大尉は注意を向けてきた。複雑な感情で彼は、手にした封書を眺めていた。「高級参謀殿は生きておられたのか」吐き出すような嘆息が、彼の口からもれた。急いで開封すると、二回、短い文章に目を通し、しばらく目を閉じた。

貴殿達の敢闘に不拘《かかわらず》、終戦の詔勅が下った。これは冷厳なる事実だ。現在の日本は幾多の人材を必要とする。御詔勅を体し、更生する日本の再建に努めることこそ益ありと思い、貴殿の下山を俟つ。

八　原　大　佐

村　上　大　尉　殿

彼は、急に肩の重荷がとれたように感ずると同時に、全身の力が抜けていった。「村上さん、私達はこれで帰りますが、実は米軍宣撫班の方も来て居られ、今裏の林の中で待って居りますが、折角ですから会って下さいませんか」村上は無感動でうなずいた。「会うことは会うが、何回会っても同じことで、当分山を下りることはできぬ。然し、逃げかくれはせぬ」「それでは、会うだけは会って下さい」と、木村大尉は、この好機逸すべからずと思い、早速、裏の林の方へ向って、手を高く挙げた。村上大尉は小屋に入り、独立隊長章をつけた制服の上衣を着けて出てきた。かさかさと落葉を踏みながら、一人の米将校と二世の通訳が近づいてきた。いずれも身に寸鉄を帯びていない。「この方は村上さんです」「村上さん、この方は米軍宣撫班の係将校です」木村大尉が紹介すると、村上大尉は軽く目礼した。米将校は絶えず、微笑を浮べている。「村上さん、貴方は東条さんと同じように有名な方です。私よく知って居ります」片言混じりの日本語で、そう言って、彼は村上に握手を求めた。相手の男が、紅頬の、まだ少年のような感じのする、意外な若さに、米将校は、少なからず、好奇と親愛をこめた面持ちだった。「村上さん。この将校は貴方のことを心配して迎えに来られたのです。それで、今とは言わないが、二、三日中に山を下りて下さい。その間の食糧は与えるからと言っています」二世通訳が米将校の意志を伝えた。「どうです。何か条件があれば条件を、理由があれば理由を話されたら」木村大尉はすかさずそう言った。黙って聞いていた村上大尉は何か意を決したように、「宜しい。そんなら条件を付す、君の方で通訳してくれ」その意を二世から聞いて、米将校は微笑して「OK、OK」と頭を上下にふった。「そんなら、言うぞ——。

一、余の部下が七十余人戦死して、まだ父母の膝下に帰っていない。その遺髪を届けるまで、余を自由の身とすること。

二、余は多くの沖縄の人々を戦死せしめた。余は、日本に帰らずに骨を沖縄の土地に埋めたい。シビリアンとなって、此処で何か自身で出来る仕事を一生やってみたい。

三、以上を果すために余に生活できる最小限の農耕できる土地を与えて貰いたい。

以上三カ条だ」

村上大尉は、端正な態度で、米将校と通訳に交互に、悪意のない、が、毅然とした意志の持ち主であることを物語る、大胆率直な、視線を送りながら、ゆっくり話した。「よく解りました。しかし、自分一個人で、それを決定することは出来ない。今日は一応帰って、貴方の意志を隊長に話してみる」と、一語一語、熱心に通訳の言葉に、入念に耳を傾けていた米将校は、そう言って、更に「明日隊長と一緒に来て、また相談する」と付け加えた。「その相談は何時、何処でやるか」と、村上大尉が訊き返した。「それは明日の今頃、貴方の希望する場所で」と、米将校は答えた。

「それでは、明日の二時頃が良い。ここで待っています」双方相談がまとまった。山は淋しいほど静かであった。米将校の一行を帰した村上大尉は、今日の経緯を、ゆっくりと考え直した。すると、心が次第に重くなった。今まで知るまいと思っていたこと、知りたかったこと、解ってもどうにもならぬと考えられたこと、などが、彼に最後の決意を迫っているのだ。

暮れの早い冬の山は薄靄に煙って、静寂そのものだった。小屋から林を抜けて、一町程下りると、羽地大川の上流、小さい峡谷にでる。村上大尉は毎日、この峡谷に下り、小川で身を清め、それから東江原の部落にでて、散策の後、山小屋に帰るのが日課だった。

夕色が樹間にたちこめる山の斜面の林を、彼は降りていった。水浴を終って、段々畑の荒れ果てた一千坪位の耕地を抱く、東江原の部落を見下す、急坂の途中で、足をとめた彼は、これが、この土地を見る最後になるかも知れぬと思い、彼は奇妙な感情に襲われた。

戦争が酣《たけなわ》だった頃、戦闘の邪魔になるくらい此処に蝟集していた住民たちの姿が、彼の眼に浮んだ。「そうだった」ふと、彼は屋嘉収容所から、木村大尉と一緒に米軍宣撫班についてきた、一人の兵隊の顔を思い出した。「ちょうどこの辺だったな。あいつを、俺が、ぶんなぐってやったのは」食糧強奪！ 食糧のことで、自分があんなに心配した住民は、今は、米軍の保護下にある。

小屋にかえると、夕食の準備に忙しい近藤軍曹を呼び寄せて、彼は棚の中から、剣隊の北大尉、須貝少尉、並びに部下隊員の遺髪を取り出し、静かに合掌した。

「近藤、お前は明日山を下りるか」村上大尉は居ずまいを正した。「隊長殿と一緒に行動します」「近藤、もう隊長も部下もないよ。お前と俺とは同じ一個の人間だ。お前は一個の人間として、自由に行動してよい。ただ、希望があれば言ってくれ。また、この際自分達はどうすべきか、お前の考えていることを聞かしてくれ。軍隊では俺が上位だったが、社会のことはお前がうわ手だからな」「隊長殿は生きられるつもりですか」「勿論、生きる。御詔勅に副うには生きねばならない」「隊長殿は今日のことをどう考えますか」「自分の要求したことが通るとは思わぬ。しかし、何とかの返事はあると思う。彼らも約束を守るはずだ」「隊長殿は、一度日本本土に帰って、日本の実状をごらんになって、それから、沖縄に帰って、この土地で骨を埋める考えはありませんか」「それが出来れば最上だ。おそらく、そんなことは不可能だ。俺が今第一に知りたいのは、日本本土の実状だ。第二に沖縄の運命、第三にお前と俺の運命だ。勿論、お前のことは、俺が生命にかけても、かばってやる。だが俺は戦犯をのがれぬだろう。職業軍人だからな。だが、近藤、今日の米軍将校の態度は好意的だったな。ひょっとすると、三つの要求のうちの、第一ヵ条はきいてくれるかも知れんぞ。八原参謀殿からの手紙を見て、俺は心の重荷を下ろした。参謀殿も屋嘉に居られるのだ。近藤、俺が今まで苦しんできたのは、国民に対する軍人の責任だ。今まで国民に凡ゆる犠牲を強要しながら、自らは絶えず優越を感じていたわれわれ軍人のことだ。だが、近藤、今、やっと分かったよ。われわれはこのまま死んではいけないかも知れない。国民に対する責任を、死によって脱れようとするのは、反って安易な考え方だ」村上大尉は、自問自答しているようであった。「近藤。戦捷を信じて死んでいった北大尉以下の人々と、われわれとどちらが幸福だと思うか」「それは立場によって異なります。つまり、死んだ人々の立場、生きて苦しんでいる人々の立場、遺家族の立場、いろいろあります。しかし、勝利を失ったことは、すべてを無意味にしました」過去何カ年、日本軍の将校だった村上大尉は、静かに瞑目した。「とに角、明日の準備もあるから、これ位で話は止めよう。すべては、明日の午後二時に解決する。俺はこれから下界にいく、明日のお客たちのために、一寸、御馳走を準備しておこう。これから食糧を探してくる。それに、名護までいって、通訳を頼んでくる。君は、小屋の中を片付けてくれ」

翌日は晴れ渡って、多野岳の山頂が小さく、くっきり、青空に稜線を喰い込ましていた。

早朝から起きて、村上、近藤、浜田の三人は、せっせと動いた。今まで陰気で暗かった、山小屋入口の灌木が伐採され、落葉ははき集められて焼かれた。山小屋の神棚には、北大尉以下の遺髪が携帯できるように、準備されていた。近藤軍曹は自ら、料理にかかっていた。村上大尉が頼んできた通訳というのは、彼が今まで親しくしていた、名護の比嘉さんだった。正午頃、山小屋に来てくれるように相談してあった。十時頃、準備ができたので、軽い朝食を済まして三人は、ほっとした。村上大尉は軍装にしようと考えた。しかし、軍刀、拳銃はいらないので裏の小山に埋めた。そして最後の時がきたらと、保管しておいた、上装の衣服を取りだし、その上衣の胸に独立隊長章をつけ替えた。「近藤、どうだ、トランプをしないか。時間まで待遠しい」「隊長殿、若し、今日おとなしくやってくると見せかけて、急に襲撃でもされたらどうしますか」「近藤、心配するな、彼らはきっと約束を守るよ。近藤、俺は最近、しきりに、童心に帰ろう、かえろうと努力しておる。決して相手を疑わないことだ。自分は偽らざる気持ちを彼らにつたえた、ただそれだけだ。近藤、最近俺は、馬鹿に人が恋しくなったよ。誰かと話をして一日過してみたい気がする。下界だとか、雲の上だとかいう言葉が、何となく淋しくなってきた。八原参謀の手紙と、米将校の態度が、ふと人恋しさの気持ちをかり立てたのだ」と彼は太い溜息をついた。「近藤、俺たちがこうして山中にいる間にも、周囲の世界は著しく変ってきているのだ。われわれが守っているのはもう旧殻なのだ。その旧殻を脱しきれないばかりに、俺達はこの山中に、今まで居たのだがね。今のわれわれを、誰も料理できないのだ。自身で料理しない限りは、天下一の料理人は、自分の心以外にはないのだ。恥かしいが、俺は陸士入学以来、憂国の士を気取って一人で自惚《うぬぼ》れてきた。それが、今では、間違っていたことがわかった」村上大尉はそれだけ言うと、話を打ち切り、横になった。

間もなく小屋の左側から、人の足音がして、通訳の比嘉さんが顔を見せた。比嘉さんは、ニコニコしながら近づいてきた。「やあ、どうも御苦労さんでした」「もう十二時近いですよ。すぐ来る筈です」「この通りすっかり準備しましたよ」「近藤、何かあるだろう。比嘉さんに、軽い食事を摂って貰っては」「いや、私はごらんの通り腰弁です」「北大尉のものはすぐ準備してくれ。われわれは米将校がきてからだ」

比嘉さんは、いろいろと最近のエピソードを話した。英語を知らない人の失敗談が主だった。村上大尉と近藤軍曹と浜田は微笑してきいていた。やがて、一ねむりしましょうといって、村上大尉は横になり、近藤軍曹はトランプで占いをし、比嘉さんは、終戦後発刊された、小型の「うるま新報」の拾い読みをしていた。

「ハロー、ハロー」と声をかけながら、彼らがやってきたのは、午後の三時近くなってからだった。大体昨日きた人数で、通訳の二世も、木村大尉の顔も見えた。

「村上さん。約束の時間におくれてすみません。実は隊長さんを案内する積りで待っていたんですが、隊長さんが本部に行かれて、都合が悪かったです。でも隊長は、きっと都合の良いように取り計らうから宜しく話をしてくれとのことで、私たちばかりできたのです。貴方の昨日のお話は、隊長独断では決しかねる、軍司令部に伺って、きっと条件が入れられるようにするから、その旨伝えてくれとのことだったのです」

「馬鹿な。馬鹿な。子供みたようなことを言って」と、炊事場で何やら、ガチャガチャ、いわせながら近藤軍曹が独りで、プンプンしていた。「それで、貴方は私を、どうしようと仰っしゃるのですか」村上大尉の質問は冷たかった。「貴方が山を下りて、直接、貴方自身で隊長にお話した方が有利だと考えます」

近藤軍曹は、まだプンプンしている。村上大尉は比嘉さんをかえりみて、二世の通訳に、間違いありませんかと、きいた。「米将校の方のお話と間違いありません」と比嘉さんが答える。村上大尉は静かに立ち上った。

「近藤君、俺は信ずる。昼食は止めだ。早速、準備をしろ」近藤は唯、大きい力に引かれる如く、大尉の言うままに動いた。

間もなく、戦死者の霊を抱いた村上大尉の一行は、米軍将校に案内されて、黙々として、谷川に沿い、小さい山道を下りていった。

第七章　住民の手記――板良敷朝基記

一、山

1

ぬっと突き出した顔！　その瞬間、心臓を締めつけられるような衝動を覚えた。その男は光線を背にしているので、内部からは一時顔の見分けがつかなかった。彼は無言のまま、暫らく中の様子を探っていた。

「何んだね、爺さん！」

米兵でないのを見てとった当山さんが、安心して訊きただした。

「やあ、皆さん達者かな、なかなかいいところだ。だが、ここは水窯だから大雨になったら棲めないよ」

「竹の葉を、うんと積んであるから大丈夫さ」

「桟敷にしなさい、垂木《キチ》を伐って来てな」

「われわれが這入《はい》ったときから、ちゃんと桟敷にできていました。その上へ竹の葉を積んであるのです」と、私が側から口を挿んだ。

「そうそう、ここは部落の者が這入っていたからな」

「で、その部落の人はどうしたのです？」

「ここも危くなって来たんだ。上まで米兵が来たんでな」

そこは山嶺の林道から大分下っており、相当奥まっているので、大丈夫だと思っていたが、部落の人が立去る位なら、やはり危険地帯になっているかも知れない。もう直き雨期に入るし、雨を凌ぐのに恰好の場所だと思っていたが、危険だとすればどこかへ移らなければならない。

彼は見事な体格をしていた。部厚い胸を紺地の着物で窮屈そうに包み、顔一杯の髯の中から子供のようなくりくりした両眼が覗いていた。

「爺さん何か情報はありませんか？」と、私が訊いた。

「情報か、わしを見るとみんなそれを訊くんだ。いくらでも知っとる、まあ後で話そう。実は牛肉を持って来たんだが買うて貰うかな」

爺さんは草叢の中から、大きな肉の塊を取り上げて眼の前に示した。

「爺さんは肉屋さんですか？」

「そうじゃない、山の中で牛を飼うのは面倒だから、潰したんじゃ」

「ありがたい。買うよ、斤いくらだね」と、当山さんが出て来て言った。内儀《おかみ》さんや子供達も後からぞろぞろ出て来た。

「馬肉が十四、五円だから、二十円でよいじゃろう」

私が注文すると、爺さんは早速腰から山刀を抜いて無雑作に肉を切りにかかった。

こうして炭焼窯に引籠っていると、外の模様が分らなくなる。今では食う以外の事といえば、情報を聞く位のものである。取引が済んだので、私が口を開いた。

「砲声が途絶えたようですが、一体本部の戦はどうなっていますか?」

「日本軍の負けらしいね」

「やはりそうでしたか。伊江島周辺の米艦の様子からして、どうも危いと思っていたんだが――」

「奥間桃原《とうばる》の模様はどうかね、爺さん!」と、今度は当山さんが訊いた。

「辺土名《へんとな》まで米軍で一杯だ。とても入れやしないよ」こう言って彼は懐から何やら小さい品物を取り出した。

「昨日部落へ下りて行ったら米軍に摑まってな、あんな怖ろしい目に逢ったことはなかったよ。わしはてっきり殺されるものと思ってな、地べたに坐り手を合せて許しを乞うたんだ。すると彼らはわしの肩を抱えて起たせ、一生懸命なにか言うのだがわしにはさっぱり分らない、それから一人の者がこれをわしの掌に握らせたのだ。強いて渡すものだから、取って逃げて来た訳さ。人に見て貰ったが、これはお菓子だというが、ほんとかな?」

われわれは恐る恐るその品物を検《あらた》めてみた。成程、それはチョコレートである。彼は品物を大事そうに懐に納めると、残りの肉を棒に刺して発ちかけた。

「わしはもう行く。みんな気をつけてな」

宇土部隊が負けたのかと思うと心細くてならない。皇軍の精鋭ともあろうものが、僅か一週間そこらで負けるとはどう考えても納得がいかない。

漢那《かんな》で焼き肉を食ってからこの方、一度も肉にありついたことがないので、その生肉を見ているうちに、爺さんがもたらして行ったあの不吉な情報もいつの間にか忘れていた。

味噌は高貴な食糧となり、益々節約を強いられ、その中に含んでいる塩分が今では重要であった。塩を切らして既に五日、われわれはそれを手に入れるために八方手を尽してみたが、どうすることもできなかった。海岸は米軍に陣取られているので、海水を汲んでくることもまたできなかった。

折角手に入れた牛肉も味を付けることができず、一升炊きの蒸し鍋に水を一杯入れ、何回にも分けて炊き、その日は煮汁だけを啜ることにした。それは呑み下されるしろものではなかった。ひどい臭いが鼻を突き、甘酢っぱく、嘔吐を催してならなかった。

砲声は間断なく遠雷のように轟いてくるが、それもいつしか狎れっこになっていた。飛行機の爆音は一瞬も耳を離れず、偶《たま》には米軍の斥候隊が撃ち出す小銃の音が身近に聞こえたりした。

その他の音といっては、淙々《そうそう》たる川の響、鶯や名も知らぬ山鳥の声、樹々のざわめきなどで、人声といっては、時偶《ときたま》鬱蒼とした山奥から木霊《こだま》してくる幽かな子供の泣声のみで、周囲に人の気配は全く感じられなかった。一体避難民たちはどこへ散ったのだろう、われわれの知らぬ間に、どこか安全な場所へ落ちのびたのではないか、ひょっとすると取り残されたのではないかと怪しまれる程、われわれの居場所は静安そのものであった。

心細くなった私が、朝食後当山さんに話しかけた。

「様子を索《さぐ》りに行ってみましょうか？」

「わしもそう考えているところだった。それに牛肉でも馬肉でも買って米の足しにしなければ」

「なかなか求め難いでしょう」

「いや、川沿いを行けば行き当るだろう。たしか比地《ひじ》川沿いの楠山には北谷読谷《ちやたんよみたん》の連中が相当かたまっているという話だったから、あそこまで行ってみよう。馬肉なら、きっとあると思うが――」

話が決まると二人は早速身仕度をし、内儀さんや子供たちには、帰って来るまで近くの灌木の中にかくれておるように言いつけ、窯を出て行った。

四、五日来牛肉を食べ続けて来たので、足許は割合しっかりしていた。久し振りに山路を歩くので緑したたる樹々は見る眼も鮮やかで、流石《さすが》に初夏の息吹きが全身に感じられた。登り切って青空が頭上一面に開けたところや、奔流を眼下に見下す絶壁の頂上に立ったときなどは、心も晴々として一《ひ》とき戦争を忘れることができた。

さて、すぐまた身辺の危険を感じ、全身を緊張させる。聞き狎れぬ物音にはっとし、踏み外した自分の足音に肝を冷やし、立ち止ったり、岩蔭に隠れたり、耳を澄ましたり、眼を見張ったりして進んで行くうちに、われわれは一人の青年に行き当った。

彼は和服であったが、その様子からして防衛隊らしく見受けられたので言葉を掛けた。

「何か情報はないかね」

「別にないです。あなた方はなにか知っていませんか？」

彼の反問には答えないで更に問い返した。

「宇土部隊が負けたということだが、それはほんとか？」

「そんなことはない。僕も宇土部隊の者です」

その真面目そうな青年のぶっきら棒な言葉使いに満足した私は、信頼の念をこめて更に訊いた。

「全体本部戦はどちらの勝なんだ」

「われわれは米軍に相当の損害を与えた。これからゲリラ戦です。山岳戦なら絶対に負けない。われわれは命令を待っています。いつでも集結するようになっているのです」

成程やりそうなことだ。山岳戦なら南方でも相当の成果を挙げており、宇土部隊がそのために玉砕せず健在であるということは、われわれをして深く喜ばせた。

二人は宇土部隊の健闘を祈って青年に別れを告げ、なお西に向って進んだ。

暫くして轟々と響く比地川の本流に出た。水流は極めて疾く、ともすれば足を取られる程である。川の両岸は椿が咲き乱れ、その間を鶯が鳴き渡り、水は清く冷たく、空は広く明るく、戦塵で汚れた体は清新な山気ですっかり清められたような気がした。

途中避難民の群にも度々逢った。彼らは川岸の岩蔭や洞窟などにひそひそと暮していた。そして、一様に乞食の装をし、憔悴の色が全身を包み、避難民特有の憂鬱な顔付きをしていた。

この穴居人たちは、恐らく戦争がどうなろうと今では問題にしていないのではないか？　彼らは勝敗も鉄火も意に介しない程、疲れ、飢えているのである。そして側に餓死に瀕している者が出ても、それを省みてやることができない。しかもそれが当り前である。他人の不義理不人情を責め恨むゆとりさえなくなるのが、また、せっぱ詰った人間の姿である。若しも、われわれの前に共通の危険が一時に殺到して来るならば、或いはその衝動に駆られて、勇気、犠牲、克己などという高尚な精神も働くであろうが、目前焦眉の危険もなく、じりじり迫って来る飢餓の前では、いかに逞しい精神の持主でも動物的にならざるを得ない。これが飢えた人間の姿であり、またわれわれ避難民の姿であった。

やがて二人は目的の楠山に着いた。そこは名の示すとおり、楠が亭々として群生し、その間に竹葺きの掘立小舎が点々と建ち、北谷読谷あたりの連中が住んでいた。珍しいことには、馬も四、五頭つながれていた。

「どうですか、皆さん」と、或る小舎の前で二人が声をかけた。

頭がつかえる小舎の中は、物の見分けもつかない程真暗で、竹の簀編《すあみ》の上に、人や荷物がぎっしり詰っていた。彼らの落着き具合からして、大分長く居ついているらしく思われた。

中から、髯だらけの男が出て来た。

「どちらからですか? 那覇の方らしいが」

「那覇の者です。一里位奥からやって来ました。あなた方はどちらですか?」と、当山さんが言った。

「宜野湾です。北谷読谷の連中も大分います」

「長いことになりますか?」と、私が訊いた。

「四月十三日、比地部落で米軍の包囲を受け、その晩に部落を脱出し、それからずっと、こちらです」

「われわれもあの晩に桃原部落から出て来ました。ところで、ここは米軍は来ませんか?」

「何べんも来ます、向うの平地までね。しかしここまではやって来ません。小銃をパラパラ撃ってすぐ帰って行きます」

「怖くはありませんか?」

「多勢ですから大丈夫です。しかし馬を見つけられたら大変でしょう。みんなそれを心配しています」

ここで当山さんが、用件を思い出した。

「この辺で馬を潰しませんでしたか?」

「度々潰しています。山では飼料がないし、いざというときには邪魔になりますからな。すぐそこの川まで行って見なさい。だが大方頒け口が決まっていますよ」

二人が発ちかけたところへ、三十四、五の和服の女が手に瓶を持って走って来た。女はいきなり私の前に桃色の液体の入っている、その瓶を突きつけて言った。

「傷にききますか、ちょっと見て下さい」

二人は返事に困って、そのまま、鬚男が教えてくれた場所へ行った。

それは見る人をして、恐怖を催させる光景だった。

一頭の馬を樹の枝に縛り上げ、十人近くの鬚男たちが、川岸に足を辷らしながら形相物凄く、手に手に庖丁を握り、血潮を浴びてせっせと皮を剝いでいるところであった。

皮を剝がれた馬は全身朱肉色に変り、したたり落ちる真赤な血は川岸の水を染め、それが、すじを引いて奔流の渦に消えていくのである。

一人の男が、腕を伸ばして首を切り落した。その男は、両腕は勿論、頭の天辺から足の先まで返り血を浴び、この世の者とも思えぬ恰好になった。岩の上に落ちた首の中から、鈍い光りを放つ眼が不気味に空を仰いでいた。

髯男たちは、荒仕事が一通り済むと、血糊にべたついた庖丁や手足を洗いにかかった。先程から彼らの形相に多少怖気づいていた二人は、この機会を捉えて交渉を始めた。屋根師の当山さんも、流石に遠慮深く切り出した。

「みなさん、大変ですな」

「これでも食わなけりゃ干上ってしまうさ」と、毛脛を洗っている藁帯の男が応えた。

「もうちっとの辛抱です。それまではお互い頑張りましょう。こんな生活がいつまでも続いたら、たまりませんからね」

「そうだよ。ときにお前さん、東海岸が開いているという話を聞いたかな」

「ちょっと耳にしました。気早い連中は出発したということですが――」

実はその話は二人とも初耳であったが、彼らへの追従から、当山さんが出たらめを言ったのである。

その男は、更に続けた。

「こちらからも若い連中が、三日前に発ったんだ」

その言葉で俄かに胸のときめきを覚えた私は、

「で、その人たちは帰って来ないのですね」と、せきこんで訊いた。

「そうなんだ」

「なら、開いているかも知れません。駄目なら帰って来る筈ですからね」

私の言葉に興味を覚えたのか、みんながこちらに視線を集めた。

「いや、捕虜になったのかも知れんさ！」と、着物の男が吐き捨てるように言った。

「そんなことはない。とにかく後二、三日すればはっきりします」

「全く、これ以上は辛抱できん。こんなところでは死ねんよ。わしは、どうしても郷里で死ぬつもりだよ」と、後から白髪の老人がしんみりと言った。

彼らはまた仕事に取りかかった。そこで、当山さんが周章《あわ》てて用件を持ち出した。

「みなさん、実は肉を分けて戴こうと思いましてな、どうか救けると思って売って下さい」

彼らは一様におし黙って仕事を続けるので、形勢悪しと見て取った当山さんは、哀れっぽい調子で続けた。

「子供たちを多勢抱えましてな、食べさすものがないのです。大人はなんとか我慢できるが、子供たちが可哀想なものですから――」

「こちらも多勢なんでな、全部、約束があるんだ」と、ややあって、藁帯が無愛想に答えた。

「そう仰しゃらず、どうか少しでも恵んで下さい。金は上げます」

「今時、金は要らんよ」と、首切りの男が言った。

取りつく島もなくなった二人は、そこに蹈《かが》んで持久戦で行くことにした。その手は度々成功した経験があるので。

二人が動きそうもないのを見て取った老人が、うるさそうに言った。

「お前さんたち、是非要るなら足を持って行きなさい。肉は駄目だよ」

「足だって、相当肉がついているからな」と別の奴が付け足した。

馬鹿に重たい馬の足を担いだ二人の姿は、実に珍妙に見えるだろうと思うと、自ら苦笑を禁じ得なかった。

陽が中天に上った頃、二人は足を引きずりながら、炭焼窯に帰って来た。

夜の山は平安である。あれ程乱舞していた飛行機も遠のき、今は遠雷のような砲声と、時偶豆を煎るような銃声が聞こえるばかりである。

眼を見開いても、何も見えはしない。色彩も起伏も遠近もない、空ろな世界である。この死のような闇に包まれていると、色々の念が際限なく深みに下りて行く。

そのうち、一つの考えが胸を充たした。楠山で聞いた話は事実だろうか、若しもそれが事実であるとすれば、ぐずぐずしている訳にはいかない。海軍は海上殲滅戦を主張していたし、陸軍は水際殲滅を主張していたではないか！　そして、日本本土の版図に属することの沖縄の敗北は、即ち日本の敗北であると、長参謀長も言っていたではないか！　明日は詳しく情報を聞きに行こう……。

もう眠れなかった。空想は空想を生み、果ては、日本軍に誘導されて国頭街道を、島尻に向って進む避難民の姿を眼前に描いて見たりするのであった。

2

一日二食にしても米はどしどし減って行き、後十日あるかなしかになっていた。悪いことには、子供たちが愈々食い盛り、大人たちの分まで侵さんばかりになったことである。大人も子供も同じ量だが、彼らは恐ろしい速度でかきこんでしまい、大人たちが食べるのを、妙な眼付で睨むのだ。

一体に、食糧が逼迫してくると、食う速度が早くなるようだ。これは、人間が動物に近づきつつある証拠で、他人の様子を窺いながら食うところは、犬猫と少しも変わらない。

それでもわれわれはまだ、飢餓生活までには行っていなかった。やがては飢餓生活が始まるであろうという恐怖心が、すでに飢餓が始まったかのような錯覚を起こさせた。大人たちのこの感情が、ひとたび敏感な子供たちに悟られたが最後、もう始末がつかなかった。

彼らはしょっ中《ちゆう》食物のことに気を奪われ、いくら与えても満足しなくなった。

今やわれわれには、二つの不安が同時にやって来た。一つは例の食糧のことである。日本軍来援の確報を聞かない限り、最低二十日の食糧は確保しておかなければ危険である。しかし、どこから持ってくるか？　山の中には食べられるものといっては何一つない。そうかといって、海岸線は遮断されているし、前やったような米陣地侵入の危険を、再び繰返す勇気はない。それではこの窯の中で餓死を待つか、それは未《ま》だ未《ま》だ早い。なんとか打つべき手がある筈である。もう一つの不安。それはあの牛肉売りの爺さんが残して行った不吉な話、それから昨日秋子たちが聞いたという足音、昨夜の銃声――これらは一体、何を意味しているか、即ちこの場所が刻々危険に晒されつつあるということではないか。

長い思案の末、東海岸行きが頭に浮んだ。救急袋の中から地図を取り出して、相談を始めた。

「ここにじっとしている訳にはいかない。食糧は無くなるし、危険は刻々迫っているようだし」

――と、私が先ず口を切った。

「確かにそうだ、どこかへ行こうか」と、当山さんが応えた。

「それがいいわ」と、すぐに秋子が賛成した。

「今われわれのおる東西の線が、ざっと四里はある筈です。地図から見ても、ここが一番幅の広いところです。中央には与那覇《よなは》岳があって、そこは森林地帯ですから、隠れるにはもってこいの場所です。東海岸に出ると、高江、新川、安波の部落があって、僕もまだ行ってては見ませんが、とても辺鄙な部落だということです。そこまでは避難民も行っていないでしょう。どうです、行って見ましょうか、二日はかかると思うが――」

「いや、四日はかかる、子供たちがいるからな。すぐ出発としよう」

気早な当山さんは早速、子供たちを促して、出発の仕度にかからせた。

われわれの荷物は次のとおりである。軍隊毛布三枚、配給のスフ毛布一枚、アルミ製の蒸し鍋一個、桃原侵入の際、部落から盗って来た舶来の鉄製鍋一個、米袋一包み、蓋付籠一個、木製朱塗の飯椀、陶器製茶碗など各々若干、一升入醤油瓶一個、ブリキ製の壺二個、水筒一個、おしめや銘々の着物類を包んだ風呂敷包み一個、以上の他に銘々の救急袋。

これらの荷物を五個に分けて梱包し、担いだり背負ったり頭に載せたりする。

私は、毛布類に要らなくなった自分の外套やシャツを巻きこんで背負うのであるが、瘦せて弱った体にはなかなかの重量である。当山さんは米袋を肩に載せ、子供の手を執り、当山さんの長女の秋子は茶碗その他を籠に詰めて手に下げ、次女の豊子は風呂敷包みを頭に載せる。三女の安子は鍋、お内儀さんは末の子を懐に抱え、七つと五つの子は手ぶらである。

こうしたいでたちで手に手に杖を持って出発が始まった。当山さんは以前山で暮した経験があるので、先頭に立って先導の役を勤めた。彼は山に対する特別の才能があって、山の地理は獣のように詳しく、どんな深山に入っても迷うことはなかった。川の流れ、山の起伏、樹木の状況、星などを利用して方向を判断した。水を求めるときは、どんなにかすかなせせらぎも聞き分けることができた。星一つない夜の山路でも、灯りをつけさせることをしなかった。彼の説明によれば、人間の眼はどんな闇にも狎れるそうであり、灯りに頼ったが最後、眼が駄目になるというのである。寸尺も弁じない闇の中に落ちこむことがあると、彼は顔を地面に近づけて前方を窺うのであった。

こうして奥に入って行くに従って、路は益々険阻になって行き、その頃からぽつぽつ避難民の群に会い始めた。

男たちは髪も髯も伸びるに任せてあるので、すぐには年齢の見当がつかなかった。疲労と飢餓とで顔は土色になり、落凹《おちくぼ》んだ眼窩の中から、熱病患者に見られるあのぎらぎらの両眼が突き出ていた。服装は大抵和服で、それも酷いぼろである。長い避難生活を重ねている裡に、自然そうなったのだが、一面、万一のためにできるだけ老人らしく、且《か》つみすぼらしく見せようというのである。

女も亦《また》酷い恰好をしていた。振り乱した髪の上に荷物を載せ、痩せ細った体をよれよれの着物で包み、前後に子供たちを擁している姿は、見る目も哀れであった。

もっと哀れなのは老人と子供で、腰の曲った老人たちが、杖を頼りに一歩一歩よろめいて行く様は悲惨であった。子供たちと来ては、すぐに猿を連想させる装いをしていた。そして事態も何も解し得ない彼らは、米軍に見つかったら殺されるものだという恐怖心から、ただ無暗に人々の後をついて行くのであった。

人々は同情心という感情を失って行った。目前にどんな酸鼻を見せつけられても、何らの反応も示さなくなり、却って己の恙《つつが》なさに満足を感ずるようになった。斯《か》くて彼らは飽くなき自己主義者になったのである。

私は今、彼ら避難民たちの姿の中に、ありありと自分の姿を見てとることができた。

私は今更自分の軀を見廻した。膝のところは両方とも大きな穴が開いて膝坊主が顔を出し、尻の破れは手拭でつくろうてはあるが、周囲には既に新しい穴ができている。シャツは胸のところが裂け、肋骨がはみ出ている。私も亦一個の避難民にしか過ぎなかった。

われわれは兵隊たちとも会ったが、彼らも亦避難民化していた。殊に防衛隊と来ては武器一つ持たず、無帽素足の者が多く、彼らが兵隊であるという見分けは、その軍服と、荷物らしいものを持っていないということで識別がついた。

陽が大分西に傾いたので、炊事かたがた塒《ねぐら》を捜すために、われわれは谷底に下りて行った。

そこは沼沢地で、あちこち水たまりができ、その鏡のような水面に暮色で黒ずんだ樹々の影が映っていた。米を研いでいる者、身をふいている者、布切を洗っている者、枯枝を拾っている者、坐ってぼんやりしている者、約十数人の避難民がそこに屯していた。

やがて、塒も見つかったので炊事にかかった。

山で寝る気持ちはどんなものであるか、塒を捜すという表現が、この場合いかに適切であるかが解る。普通水平面に寝なれたわれわれが、山の中で、それを望むことは困難な事であった。

勾配や凸凹面では、寝ていても疲れる。横に辷ったり、下にずり落ちたりして、一晩中もそもそしなければならない。九人の人間が一塊《ひとかたまり》になって蠢《うごめ》き合っている様は、まるで犬ころである。

それでも、どこに寝ているのか分からなくなる程熟睡することもあるが、そういう折、はっと目醒めたときの恐怖はまた忘れられない。軀を押し潰しそうに見える樹の影、木の葉の隙間から覗いている星の光りが、朦朧とした意識を生々しい現実へ引戻すのである。

やがて、悲しい朝が来る。目醒めると同時に避難の行程を思い煩い、飢餓の不安に押しひしがれる。そうした気持ちの裡に荷拵えを済まして当てもない行進を始める。朝食昼食夕食の区切りもなく、落ちつくところで一日の食事を摂るのであるから、行進中は大方一日一食で済ますことが多かった。

子供たちにも差迫ってくる飢餓が分ると見えて、いつからか食物のねだりを遠慮するようになった。その話になると、みんなが不機嫌になり、当山さんなどはすぐに癇癪を起こすので誰も口に出すのをはばかるようになった。それでも子供たちは、あまりの飢《ひも》じさに歩きながら泣き出すのである。そういうとき、不愍の情は怒りの情に錯倒してしまって、我が身をかきむしりたいような衝動に駆られるのであった。

その日の日没少し前、海の見える宏大な丘陵地帯まで行き着くことができた。

やわらかく線を引いたような稜線は、南北に長く伸び、灌木が繁茂していた。林道も案外広く、一見して、計画的な植林地だと分った。

丘陵の前方は縹渺たる大洋が展開し、海上には幻のような白色の米艦が遊弋《ゆうよく》していた。空も覗けない密林の中から匍い出て来たわれわれには、その光景が劇《はげ》しい感覚となって迫った。われわれには色彩も形態も問題ではなく、遮蔽物のない遠景こそ、長い間待っていたものである。今それが恣《ほしいまま》にかなえられたので、われわれはその前に呆然となり、果ては眩暈すら感じたのである。

海岸が見えないので、水際は断崖になっているらしく思われた。われわれは何よりも先ず潮水を汲まなければならないと思い、大急ぎで山を降りて行った。

そこはやはり、断崖になっていた。驚いたことには、すぐ眼の前、呼べば応えられる距離のところに、米軍の小型砲艦が一隻碇泊していた。そのあまりにも平和な光景に、われわれはなんの怖れも感ぜずに見とれていた。

潮鳴りは耳に楽しく、きつい海水の匂いがわれわれのノスタルジアをそそった。

「腹一杯、あの潮水が飲みたいな！」

「どうにかして汲めないか知ら」

「あんなに沢山の潮水！」

「今に飲ましてやるよ」

そのとき、突然、物凄い轟音が耳を聾した。咄嗟に地面に俯伏せになった。澄み切った空気の中を、あの山この山に木霊して、やがて消え、あとはまた、元の静寂に返った。

すぐ前の砲艦から撃ったのである。間もなくまた一発！

「目標はこちらじゃないらしい。ぶっそうだから引返そう」

われわれはもと来た路に引返した。

そして海の見える赤土の上で、静かな一夜を明かした。

翌日は高江の部落に下りて行った。山の襞にぽつりぽつり建っている民家は丹念に焼き払われ、その周囲の段畠には甘藍《かんらん》〔キャベツ〕が残っていた。われわれは長いこと野菜らしいものを食べていなかったので、まだ巻いていないその甘藍の葉をちぎって口に入れたがすぐに吐き出した。苦くて食べられないのだ。

そこから少し行くと、藷《いも》畠があった。非常な期待をもってほじくって見たが、藷は入っていない。ほじくられた後らしかった。次々と猫の額ほどの段畠をほじくって行ったが、藷はどこにも無かった。ひどい絶望感に捉えられながら、われわれは尚も下へ下りて行った。

やがて、橋の望まれるところで足を停めた。橋の上に人々が蠢いている。ここへ着いてから、初めて見る人影である。

「橋の上に人がいるようですよ」と、私が言った。

「多勢のようだ、停っているらしい」と当山さんが橋から眼を離さずに言った。

突然、バーンと銃声がしたと思った瞬間、ピュンと弾が耳をかすめた。パーン、パンパン、ヒュッヒュッと、足下に弾が殺到する。「危い！　逃げるんだ！」ダダダ、パンパンパン。「間隔をとれ！」「姿勢を落せ！」シュッシュッ、ピュンピュン。弾道があまりに低い。ザッザッと弾が叢に食い入る。「当らんぞ、もう少しだ！」「秋、大丈夫か！」「無理だったら、荷物を捨てろ！」

背中の荷物に押しひしがれつつも、急坂を懸命に駆け上った。子供がどうしようが、誰がどうなろうが、ただひたむきに突進した。

やがて銃声は止んだ。足を停める。心臓が早鐘のように鳴っている。後になった連中が次々と転げこんで来た。みんな無事だった。「とんでもないところへ来たもんだ。無事でよかった。比地山へ引返そう」と、当山さんが喘ぎ喘ぎ言った。

炭焼窯が妙に懐かしくなった。遠い旅でふと家を想い出したときの、あの感情である。

「炭焼窯に帰りましょう」と、私が言った。

子供たちの眼が、嬉しさに輝いた。

3

炭焼窯は元の儘だったが、その辺の空気には変化が起こっていた。物音は多くなり、避難民の往来は繁くなり、何かが起こっている気配が感じて取られた。

果して重大な噂が、人々の間に広まっていた。それは、中頭《なかがみ》を守備する石部隊の一支隊が遂に国頭境に進出し、目下石川あたりで激戦を展開しており、一方浦添東西の線において洞窟にたて籠った日本軍は、亀甲戦術と称し、自らは出撃することなく、米軍の来襲を待って出血作戦に出ており、この作戦に引っかかった米軍は甚大なる損害を蒙り、国頭占領の米軍はその陣地を放棄して、中頭戦線へ繰り出して行ったというのである。

その証拠として、事実東海岸が空いているということを、偵察に行って来た多数の兵隊や避難民たちが証明するようになった。

斯くて避難民の群が、続々と山を下りて行った。或はばらばらに、或は隊伍を組み、夜となく昼となく続いて行った。そして、一人として帰ってくるものはなかった。

四月の二十六、七日頃、大雨が降った。その雨の中をびしょ濡れになって進んで行く避難民の姿は、見送る者をして、じっとせしめぬものがあった。

四月二十九日は天長の佳節に当り、日本軍が何らかの行動に出ると噂されていた待望の日である。からりと晴れ上った上天気の日であった。われわれの手持食糧はぎりぎりのところまで来ており、いくらきり詰めても後一週間あるかなしかのところだった。とに角、海岸線に出るまでの食糧があればよい、後は途々《みちみち》藷を掘って食べよう。こう話が決まったので、出発することになった。

戦争の終局が目前に迫っていることを、固く信じ切ったわれわれには、も早《はや》、飢《ひも》じさも米軍の斥候も問題ではなく、一気に頂上の林道に出た。

喜如嘉《きじよか》山のあたりで、米軍の架設した電話線を発見した。米軍陣地に踏み込んだのではないかと不安に駆られ、大急ぎで通り越そうとあせったが、その樹々に架けられた不気味な数条の電話線は、高く低く、われわれの向う先々、どこまでも続いているかに見られた。三叉路のところで、われわれは思わず立ちすくんで了った。すぐ目の前に真赤な血を含んだ止血帯が捨てられてある。血の色合からして使用後間もないらしい。そこから約十間位行くと、そこに小銃の薬莢が散乱していた。緊張の裡に更に二十間位進んだとき、われわれはそこに恐るべきものを目撃した。

路のすぐ側に、一人の兵隊が戦死していた。俯伏せの姿勢で両脚をきちんとつけて真直に伸ばし、右手を斜下に置き、左手を頭の上にかざし、頭の周辺の叢にはどす黒い血潮がかかっていた。

初めて見る戦死者の姿である。こんな森林の中にたった独りで死ぬなんて――身を野晒《のざらし》になしてこそ……それは嘘だ。何も知らない彼の家族は、今頃どこで何をしているのだろう。不愍の情が惻々として胸に迫るのだった。

山に深く入ってからは、あの不気味な電話線は見られなくなったが、路は次第に狭くなり、生い繁った木の枝葉が、行手を遮って行進を困難ならしめた。

その日の午後、太陽が大分西に傾いた頃、或る川に出た。川の両岸は避難民、兵隊、鉄血勤皇隊、護郷隊の連中が一杯たまっていて、夫々《それぞれ》炊事を始めていた。われわれもそこでその日の行程を打切り、適当な場所で荷物を解き、一日の食事を摂ることにした。

食事の最中、新たに川原に降りて来る一団の兵隊を認めた。それは十四五人からなり、将校が多く、佐官が交っているように見受けられた。

その一団がわれわれの前を通過するとき、将校の一人が、誰にともなく言った。

「兵糧が無くては戦はできん、藷を徴発にじゃ」

彼のいかめしい階級章と指揮刀に、尊敬を払いながら、私は訊ねた。「何か、情報はございませんか?」「あるよ、一つ、久志まで道が開いた。二つ、島尻の南部海岸に友軍の一個師が逆上陸に成功。まあ、そんなものかな」

彼は兵隊に命令の伝達でもするような調子で、こう言った。そして付け加えた。「もう少しの辛抱じゃ」

高級将校を含む、この権威ある将校の言明に、どうして疑問を挿むことができよう。天一号作戦、大本営の直接指揮、雄渾なる大作戦が将に展開されんとしているのだ！　恐らくは神機ここに到来し、奔流の如き総攻撃が始まったのであろう。われわれは感極まって遂に落涙して了った。

人間というものは実に不思議なもので、どんな悲惨な状況下にあっても希望を失わない。いよいよ駄目だと解っても尚僥倖をたのむ。自分に悪いことからは遠ざかり、よいことには道理に合わなくても近づきたがる。それはよいことにもなり悪いことにもなった。若し、われわれから希望や僥倖をたのむ心を取り去ったならば、あれだけの困苦に打ち克つことはできなかっただろうし、反対な事態を率直に認める冷静さと勇気があったなら、あんなにまで苦労せずに済んだかも知れない。

一個師逆上陸の報を聞いた瞬間から、身内に異状な力が張り渡るのを感じた。この吉報に喜び勇んだわれわれは、一刻も早く島尻に行きたい気持から、翌日は未明に起きて炊事にかかった。腹拵えをし、弁当を持ち、夜昼ずっと歩き通す考えである。

戦争終局の見透しがついた今、もう何も恐れることはない、堂々と行進して行くのだ、あたかも凱旋式に行くような気持ちになった私は、今まで納《しま》ってあった国民服の上衣、戦闘帽、巻ゲートルを毛布の中から取り出して身に着けた。

珍しく朝から胃の中に食物が入ったこととて、四肢は元気を取り戻し、一路南を目指す足取りは軽かった。

さしも険阻を極めた山路も、昼頃になって随分楽になった。そこからは路幅もぐっと広くなり、視野がきき、峨々とした山嶺が重畳として連なっている絶景を一眸《いちぼう》にあつめることができた。

「助けて下され、助けて下され！」と、突然足下から女の悲鳴がした。その声はわれわれの立っている左側の崖下から洩れてくるのだった。声のした方へ近づいて行き、見下すと、林の中に人の蠢いているのが見られた。

「どうしたんだ！」と、われわれは声をかけて見た。

「どうかお待ち下され、救けて下され」

声の主は、喘ぎ喘ぎ、草叢をかき分けて姿を現わした。

それは六十四、五の、色白で肥満型の老婆だった。振り乱した頭髪は殆ど真白で、着物はぐっしょり濡れ、起つこともできないのか、両手を前に伸ばし、泳ぐようにしてにじり出て来た。

「水を下され！　水、水」これだけ言うと、後はぜいぜい喉を鳴らした。

当山さんが水筒を持って下りると、その後に続いた。

木の葉をち切《ぎ》って水筒の水を移して与えると、老婆はぶるぶる震える手で受取って、一息に飲みほした。

「もう一杯下され」更についでやる。すぐまた、「もう一杯」いくらついでも飲み飽かない様子なので、当山さんが言った。

「もうないよ、婆さん」

山の頂上には水は無い。そういう場所で水を切らそうものなら、ずっと谷底まで下りて行かなければならないし、疲れ切った者には容易な業でない。われわれは以前にもそういう経験があるので、水筒の水をすっかり空にする訳にはいかなかった。

「このとおりお願いします、どうかもう一杯。わたしは自分の小便を飲んでいるのです」

と、いくらか元気な声で掌を合せて言った。

「あれば飲まして上げるんだが、すっかり空だよ」

老婆は幾度も掌を合せて、すがらんばかりになった。

「それでは御面倒だが、汲んで来て下され。このとおり――」

「こんなところに水は無いよ」

「あります。あります、すぐそこにあります。水の音がします」

老婆は必死になって叫んだ。恐らく発狂しているかも知れない。秋子が上から声をかけた。

「お父さん、握り飯を上げたら？」

「そうだ、持っておいで、一つだけ」

その間に私が訊いた。

「一体どうしたんですか、婆さん」

「わたしは、ここにこうして、五日になります。何も食べていません。息子の馬鹿奴、すぐ迎えに来るからといって、わたしを置いて行ったのですじゃ」

「息子さんと二人きりだったのですか？」

「孫共が四人ついていますのじゃ」

「婆さんは那覇の方らしいが、那覇はどちらですか？」

「松下です。司令部の前の――」

「お名前は？」

老婆は名前をいい、「あの辺ではみんなが知っていますのじゃ」

そこへ、秋子が握り飯を持って下りて来た。当山さんがそれを受取って老婆に与えた。

「これをおあがり、一ぺんに食べてはいけないよ。すぐ嘔吐するからね、少しずつ二日位で食べなさい」

「後からもどしどし避難民がやって来るから、水でもなんでも、呼びかけて、貰ったらいいですよ」

と、私が付け足した。

「ありがとうございます。お礼を申します」老婆は握り飯をおし戴いて、幾度もお辞儀した。

これが戦争なのだ。子を生かすためには、親を捨てなければならないこともあろう。親を、子を、兄弟を殺させる悲惨事、これが戦争の実体なのだ。怒りと悲しみが一時に胸に迫って来て、またもわが身を掻きむしりたい衝動に駆られた。

戦争には悲惨と犠牲は付きものだ。弱い神経でどうして生き抜くことができよう。今は何よりも自分の生命を考えなければならない。こう心の中で繰り返しながら歩いて行くものの、すぐ、また死にかかった老婆の姿が眼の前にちらつくのである。

明日か明後日かは、あの林の中で息を引取るだろう、しかも真暗な夜。最後に老婆は息子や孫たちの名を呼ぶだろう。しかし、誰が答えるだろう? 夜鳴鳥が!

誰も口を利かなかった。小さい子供たちまで心を痛めたのか、或はおびえたのか、悲しげな顔付で親たちにくっつきながら歩いていた。

山は次第に黄昏《たそが》れ、樹々は一面に黒ずみ渡って来て、遠方の山々は淡い影をなし、そのやわらかい稜線の上には、薄紫に染った空が拡がっていた。

すっかり夜になったが、足を停める訳にはいかなかった。

進むに従って山の落伍者たちも増え、そこここの繁みの中から人の呻き声が洩れて来たり、屍臭がただよって来たりした。それらに脅かされながら、われわれは悪夢の中を行くようにして、どしどし先を急いだ。怖ろしい夜であった。

その翌日の正午頃、われわれは名も知らぬ部落を眼下に見下す峠に出ていた。足下には湖のような田圃が拡がり、田圃の中央を川が流れ、川添いは並木が続き、上手側には点々として人家が残っていた。

嵩江の部落を眼にして以来、初めて見る人里なので、非常ななつかしさを覚えた。しかし、この平和な田圃には人影一つなく、寂々として淋しかった。われわれはそこで荷物を解いた。

やがて食事も済み、曇って来る空模様を気にしながら、ぐずぐずしていた。

そのとき、子供たちが突然叫んだ。

「あ、兵隊だ！　兵隊だ！」

胸をどきつかせながら起ち上り、子供たちの指差す彼方を眺めると、銃を担いだ兵隊が四、五人、川添いを緩慢な歩調で進んで来るのが見られた。

「防衛隊だろう」と、暫くして当山さんが言った。

「そうらしい」と私が応えた。

「丁度よい、ここにやって来るようだから、情報を訊いて見よう」

われわれは安心し、かつ食後の腹ごたえにうっとりとなって、円坐していた。

誰が最初に発見したか知らなかったが、あッと叫ぶ声を耳にし、頭を上げた瞬間、われわれはすぐそこに異様な装いの米兵を認めた。

驚愕したわれわれは荷物を取る間もなく、素手の儘、すぐ側の繁みの中へ逃げ込んだ。灌木に頭をぶっつけ手足を取られ、着物を破り、転びつつ懸命に駆け上った。

当山さんと私とは一緒だったが、他の者はどこへ逃げたか分らなかった。

暫く胸の静まるのを待った当山さんが、木の上に登って偵察し、降りて来て言った。

「荷物を掻き廻して調べている。米袋を散らされたらもうお終いだぜ」

荷物の中で目ぼしいものは米袋だから、きっと荒らされるだろう、と思うと、ぞっとした。

われわれは長い間、息をころしてじっとしていた。

やがて雨が降り出した。暫くは木蔭でどうやら凌げたが、ついにどしゃ降りとなり、大きな水滴が木の葉からぽたぽたと落ちて来て軀を濡らし始めた。

今頃妻子はどうしているだろう。沖縄戦のどういう場面に、自分を置いて想像しているだろう。この哀れな姿を妻が見たとしたら、どんな顔をするだろう。それから島尻に残して来た同僚たちを想った。ひょっとすると、彼らは今頃日本軍の後方で安全な生活をしているのではないか、島尻の後方では百姓たちは畠を耕しているという噂もあるではないか、こう思うと俄《にわ》かに胸のときめきを感じ、自分だけとり残されているような心細さを覚えた。島尻！　島尻！　どうせ死ぬなら郷里近くで死にたい、懐かしい同僚たちと一緒に。

当山さんがもう一度木の上に登り、そして降りて来て言った。

「米兵はいなくなったが、荷物はばらばらになっている」

「米袋はありますか？」

「はっきりしない」

「行って見ましょうか？」

「まだ早い」

それから尚長い間じっとしていたが、やがて糠雨になったので、それを機に出て行った。荷物は全部拡げられ、ぐっしょりと泥水を吸いこんでいた。気にしていた米袋は、元の場所にその儘だった。

二人が荷物を調べているとき、お内儀さんや秋子たちが濡れ鼠の姿で戻って来た。彼女らは寒さに慄えつつも、米袋の無事を喜ぶのだった。

「あ、兵隊が！」と、またも安子が叫んだ。

もう驚かなかった。それほど疲労していたのである。それでも、姿勢を下げて安子の指差す先を眺めた。

煙る霖雨の中を、着剣して銃を肩にした四、五人の米兵が、部落に入って行くのが見られた。

「見つからんように注意するんだ。こちらには来ないようだから大丈夫」と、当山さんが声をひそめて言った。

「久志まで道が開いているというのに、こんなところを米兵が歩いているのはおかしいですね」と、私が言った。

「敗残兵ではないかな?」

「敗残兵にしては落着いていますよ」

「いや疲れているのだろう」

「早く逃げましょう」と、お内儀さんが側から心配して言った。

泥水を含んで重たくなった荷物をそそくさと取纏めると、われわれは銘々、担いだり背負ったりして、元の道へ引返して行った。

4

路を踏み迷ったわれわれは、丸二日というもの、深傷《ふかで》を受けた獣のように山中を駆けずり廻っていた。迷路に入って三日目の朝、われわれは遂に見覚えのある路に出ることができた。

「人が死んでいる!」

「どこに?」

「あそこ」

子供の指差す先を見ると、黒い塊が路の側の赤土の上に転がっている。

た。

「見に行くな」と言う父親の声にもかかわらず、子供たちはその黒い塊の方へ走って行っ

「生きてる、生きてる！」と安子がこちらに手招きして叫んだ。「あッ！」思わず私の口から叫び声が洩れた。

見よ、前に見たあの老婆ではないか！　何んたる失策、凡ては徒労であったのか！　当山さんが痛々しげに言った。

「えらいことになったな、こんなに後戻りして了《しま》ってさ」

それから二日目の夕刻、われわれは平良《たいら》湾を望見する地点に出ていた。地図を頼って見ると、川田部落の真北に当る山中にいることが分かった。その儘行けば平良部落に出るかも知れないと考えたので、夜の山を押し切って進むことになった。

途中、幸いにも山男に会った。彼は土地の者らしく、地理をよく知っていて、われわれの質問に対して次のことを教えて呉れた。

即ち、海岸線は大手を振って通れるようになったこと。海岸線に出る前に一つの道路を横断しなければならないこと。その道路に出るまでが大変で、膝を没する湿地帯を通過し、茶園に出、そこからすぐ道路に出るが、初めての人にはそこが最も難関で、幸い道案内を商売にしている者がいるから、それを利用すること。道路は日中は米軍が往復しているから、晩か未明を選ぶこと。

すっかり暮れ切った頃、われわれは男が教えて呉れた湿地帯に出た。膝を没する程でもなく、路を間違ったのではないかと思い、マッチをすって見たがやはり人の通った足跡が無数に印されていた。

そこをやり過して暫く行くと、今度は流水の遅い小川につき当った。そこから先は路が無く、その小川が路になっているらしかった。

川底に泥が溜っていて、進んで行くうちに泥は益々深くなり、両足がずぶずぶめりこみ、進むのに困難を来《きた》した。膝まで没したときは、その儘全身沈むのではないかと思われた。

夜中頃茶園を発見した。そこを少し行くと田圃のわきに小舎が立っていた。小舎の中には珍しく灯がともっていて、男が一人坐っていた。

早速案内を乞い、事情を話し、連れて行って貰うことになった。

もうすぐ夜明けらしく、空はぼんやりと白みかかって来て、微風が面を撫でていた。

道案内の男を先頭に、暫く田圃の畦道を行き、それから林の中を流れている小川に入った。うねうねと曲折し、いつ尽きるとも知らないその流れの中を、膝まで漬かりジャブジャブ音を立てて進んで行った。

やがて土の上に上った。男が初めて口を開いた。

「すぐ道路に出ますから、音を立てんように気をつけて下さい」

男の声に全身を緊張させてのしのし歩いているうち、夜はほのぼのと明け初め、周囲の模様が眼に映って来た。

われわれは道路寄りの耕地を歩いていた。四、五十間先にほの白い道路が浮いているのが見えた。そこを突破すればもう安全地帯に入るのだと思うと、急に胸騒ぎが始まった。

「急いで下さい。わたしはここで引返しますよ」妙におびえた声でこう言うと、案内の男はわれわれをそこに残してそそくさと後ろに消えて行った。

ぐっと道路に接近し、数分間様子を窺っていたが、あたりは死んだようにひっそりしている。

「行こう！」

当山さんの声と同時にわれわれはさっと道路に走り出た。幅員僅か四、五間の道路が非常に大きく眼に映った。土堤伝いをどしどし駆けて行くうち、山に入る路を右手に発見したので、一斉にそこへ飛びこんだ。

息を切らしつつ更に深く入って行くと、路の側に避難民の一団が休憩しているのに出会った。われわれの慌ただしい姿を怪訝そうに見ていた。その中の一人が起ち上って言った。

「どうしたんだ！」

「道路を突破して来たんだ」

と、当山さんが息を切らしながら言うと、その男は、

「米兵なんかいないよ。道路を真直ぐ行った連中もいるんだから」と言った。

われわれはがっかりし、かつ安心した。

「もう直《じ》き波之上祭ですね」

「そうだなあ、後一週間位じゃないかな」と、当山さんがうっとりとした調子で答えた。

「父ちゃん、波之上祭までには那覇へ帰れる?」と、男の子がくっついて来て言った。

「大丈夫さ、是非那覇で迎えなければね」

ドロンドロンという太鼓の音、花車、武者行列、神輿かつぎのワッショイワッショイ、それらのものが眼の前にちらついて、なぜか心が浮き浮きしてならなかった。

五月の太陽が頭の上に赫々と照り、樹々の新緑は飽くまで鮮やかに、あたりは草いきれでむっとしていた。

「ああ、有銘の部落が見える!」

すぐ眼の下に入江のような平地が展開し、その平地の真中を小川が流れ、川に添って真白な道路が続き、道路に沿って民家が点々と散在していた。

「潮水が飲めるわ」

「野菜も食べられるさ」

「藷もあるわ、ああ、藷が食べたい」

「そう、そう、もうたすかったよ。途々藷を掘って食べつつ那覇へ行くのだ」と、当山さんが顔をほころばせて言った。そして続けた。「有銘には親戚がいるんだ。昔廃藩のとき田舎落ちした大叔父の子供たちだ。学校新当山といってな、昔はそこで寺子屋見たようなものを開いていたそうだ。すぐ訪ねることにしよう」

部落は避難民でごった返していた。路ばたの家は大方床板や壁板を剝がれ、柱だけで屋根を支えていたが、その中にぎっしりと避難民が詰っていた。そこは山から下りて来る連中の中憩《やす》みの場所になっていたのである。

間もなく、当山さんの親戚の家を捜し当てた。

その晩はわれわれのために山羊が屠られた。その美味さといったら実に言語に絶し、見栄も恥もなく、只もうむさぼり食った。

「いくらお食べになってもかまいませんが、偶に脂を摂りますと軀をこわしますから」と、主人から注意を受ける有様だった。

夜——われわれは久し振りで屋根の下に寝る楽しみを味わうことができた。やわらかな床板の感触、それは固い凸凹の地面に寝続けて来た者でなければ解することのできないものである。

その感触を楽しみつつ、背中の温もりが床板に伝った頃、私は深い眠りに落ちていた。

翌朝——いつも未明に起きなれているわれわれではあったが、雨戸の隙間から強烈な日光が射してくるまで眠り続けていた。

さて、眼を開こうとしたが、どうしても開かない。どこにどう寝ているかさえ思い出せないその朦朧とした意識の中から、習性になった切迫感が甦って来て、愈々起き上がろうとあせって見たが、四肢が釘付けにされたように動かない。やがて、周囲に人々の声を聞き、当山さんの太い掌が自分の肩を激しくゆすぶったとき、私の意識はやっと現実に返った。しかし、一旦起きて坐った私の軀は、動揺する船の中で平衡を失ったもののようになり、一度開いた眼は、強烈な光に再びつぶってしまった。

どうも調子が変だと思い、その儘じっとしていると、やがて姿勢は安定し、眼も開くようになった。

驚いたことには、みんなの顔が腎臓病み見たように腫れ上っていたことである。

「あなたの顔は腫れていますよ」と、私が吃驚して当山さんに言った。

「君の顔も腫れているよ」と、彼は指を差して応えた。

「どうしたんでしょう。屋根の下に寝たせいですかな？」

「脂のせいだよ、昨日食った山羊の。栄養が利き過ぎたんだ」

避難民の群は既に出発を始めていた。烈しい太陽の下を白い埃を立てて蟻の行列のように陸続と進んで行く彼らの姿が、われわれの胸を躍らせた。

昼頃になってわれわれはその行列の中に加わった。久し振りに踏む街道は坦々として長く広く、それが一歩一歩島尻に続くのだと思うと、焼けつく暑さも荷物の重さも意中から消え、只嬉々として進んで行った。

宜寿次《ぎつし》の部落に入ったとき、道路の真中に一杯蛆にたかられている避難民の屍体を見た。そこから少し行って又一個、それは死んで間もないらしく、道一杯に手足を伸ばしている様は人の通るのを遮っているようであった。そんなのを見てもわれわれの感情は動揺しなかった。われわれ自身の幸福に酔っていたのである。

日没少し前、われわれは物淋しい山間の部落に入っていた。そこで一泊するつもりで一軒の家に入って行った。その家は主人家族の他に、既に多勢の避難民が入っており、納屋には負傷した兵隊達が入っていた。

われわれが例の細々とした食事を摂っていると、奥の方で六十位の禿頭の老人が、主人を相手に話しこんでいた。

食事を済ました私が、その老人に話しかけた。

「久志まで通れるそうですが、事実ですか？」

「事実です、ひょっとすると今時分金武《きん》まで通れるかも知れません」

その返事に満足した私は、次々と質問を発した。彼はこんなことを言った。

「島尻に日本軍が一個師逆上陸しましてな、これは権威ある将校から聞いたのですから信用してよろしいでしょう。もう一つは、ヒットラーが戦死したことです」

ヒットラーの戦死は初耳だった。彼の戦死はドイツの敗北を意味するものであり、勿論日本にとっていいことではない。しかし、こういう不利な情報まで入るのだから、一個師逆上陸の説も事実であろう、と考え、甚だしく意を安んじた。

避難民の群は真昼の海岸道路を蜿蜒《えんえん》として続いて行ったが、米機は不思議にも掃射を浴びせなかった。そこで避難民たちはこう言った。

「われわれに眼をそそぐことができなくなったのだよ」

米軍の引払った跡には、夥しく缶詰の空殻が焼き捨ててあったり、埋めてあったりした。中には実の入ったものも交じっていて、避難民はそれをほじくって歩いた。そしてこう言った。

「この周章《あわ》てようはどうだ！」

われわれが大浦に達したとき、道ばたに骨組みばかりの一軒屋があって、そこで避難民たちが炊事をしていた。その家の向いは海岸に続く広い畠があって、そこは米軍の駐屯所になっているらしく、テントの材料やら縄などが散乱していた。

避難民たちは、そこから藷を掘っていた。われわれもその中に加わった。石のように固くなった地面に棒を打ち込み、それを撥ね起こすと、大きな藷がごろごろ出て来た。一時間そこらで砂嚢袋の一杯も取れた。

われわれはその藷を海水で炊き、反芻動物のような早さで詰めこんだ。

こうして道草を食いながら辺野古《へのこ》に来た。われわれはそこで進行をストップした。

部落には民家がそうとう残っていた。そこは四方から押寄せて来る避難民で混雑し、さながら市場の観を呈していた。

家という家は、足の置き場もないほど人や荷物でぎっしり詰り、更に納屋家畜小屋まで占領し、あふれたものは軒下や木蔭に陣取っていた。

その避難民の渦の中から、いろいろの情報や噂が拡がっていた。一番はっきりしたことは、この部落が終点になっているということで、次の久志部落は、まだ米軍が駐屯しており、そこには捕虜が多勢収容されているということであった。奇妙なことには、そこでは生命も食糧も保障され、製糖さえ始まり、人々は安楽な生活をしているということであった。にも拘らず、避難民たちは飢えにさいなまれつつ、道の開くのを今日か明日かとまちわびていたのである。

蝗群《こうぐん》の襲来にも似たこの避難民の大群は、部落全体を踏み荒し、口に入れられるものはなんでも食べ尽して了い、今や恐るべき飢餓が始まっていた。

忽ち食糧の奪い合いが始まった。あちこちで摑み合いが始まった。道ばたでは年寄や子供たちがぱたぱたと餓死して行った。或る者は絶望の余り捕虜になるのを覚悟で前進して行き、或る者は後に引返して行った。それでも避難民の群は後から後から押寄せて来て、部落は一層混雑を極めて行った。

二日目の午後、米軍の小型自動車がやって来た。逃げ場を失ったわれわれは海岸に向って走った。幸い右手にこんもりと繁った岬が突き出ていたので、そこに逃げ込んだ。銃声は聞こえなかった。

暫くして又自動車の音がした。トラックである。そのトラックは一旦部落で停車した後北上して行った。

それから約一時間後、先に行った小型自動車とトラックが前後して帰って来るのを見た。そのとき、道路の上には避難民が四、五人歩いていた。驚いたことには、彼らは逃げる気配を示さないのだ。トラックは彼らの前で停った。どうなるかと息をころして見ていると、運転台から米兵が降りて来て、その避難民たちを助けて乗せたのである。

「どうしたことだろう」と、解しかねた私が呟いた。

「捕虜になるんだよ」と、当山さんが前方から眼を離さずに答えた。

「不幸だ、戦争の結末もつかない裡《うち》に」と、私が言った。

晩になってわれわれは部落に帰って行った。

避難民たちの話によると、米兵は彼らに危害を加えなかったばかりか、家々を覗いて菓子や煙草を置いて行き、子供を抱いたりしていたともいう。その話に私が怪訝《けげん》な顔をしていると、当山さんがこう言った。

「手なんだよ。今にごっそり連れて行かれるさ」

翌日は果して、多勢の避難民がトラックに積まれるのを、例の岬から目撃した。トラックは次々にやって来ては積んでいった。

愈々危険が身に迫って来たのである。こうなれば引返すか、或は山のコースをとって進むか、二つの中《うち》一つを選ばなければならない。その前に一応山の模様を調べて見る必要があると思ったので、われわれは午後になって山の入口まで行った。

そこにも又、避難民や兵隊がうようよしていた。われわれはその兵隊たちに情報を訊いた。

彼らの話によると、恩納山には青柳中佐の指揮する組織的な一個大隊がいて、東海岸を占拠する目的で行動を続けており、国頭の兵隊たちは、その大隊に合流するつもりで金武山の突破を企てているが、米軍の警戒が厳重で困難を極めている、ということであった。すっかり食糧を切らし、気力を使い果たし、前進することも後退することもできなくなった兵隊や避難民たちは、川べりや土の上に、放心したもののように、坐ったり寝ころんだりしていた。

「駄目です、引返しましょう」と、力なく私が呟いた。

当山さんの唇元に絶望の微笑が浮んだ。

「とうとう行きつくとこまで来たね」

それから長い沈黙の後、彼は言った。

「明日まで待って見ようか」

翌朝、久し振りで間近に砲声を聞いた。砲声を聞くと、衰えていた身内に俄かに元気が甦って来て、死んでなるものかという勇気が湧いて来た。長いこと、正確な間隔を置いた炸裂音が近くの山に聞こえていたが、間もなく火の手が上ったらしく、物凄い音が付近に起った。

やがて、火は道路近くまで拡がった。熱風は部落を吹きまくり、熱灰は海岸や道路や家や人々の上に降りかかって来た。

「もう一刻も猶予できません、引返しましょう」と、私が叫んだ。

山火事に昂奮したわれわれは、一気に大川部落まで引返した。そこから歩調は乱れた。絶望と飢えと疲労とで、足は鉛をはめたように重かった。

斯くて飢餓が待つ山へ――。

二、飢餓

1

途々あれ程期待をかけてきた天仁屋《てにや》部落も、飢えた避難民で満ち溢れ、食糧あさりの困難さが偲ばれた。

ところで、われわれが持ち合せている食糧といっては、メリケン袋一杯の藷きりないし、今更引返す訳にもいかず、かといって他に行くあてもない。すっかり途方に暮れたわれわれは、路ばたに坐り込んだ儘、長い間呆然としていた。

思案の末、やっと私が口を開いた。

「愈々飢餓生活ですね――だが、そこらの畠を御覧なさい、黙って餓死を待つ訳にはいきますまい。いざとなったら……」私は言葉を切った。暫くしてまた続けた。「――ここは確かに安全地帯です。部落民や避難民の様子で分ります。先ずここを根拠地として食糧あさりに出掛けることです」

「ここまで来た以上、もうどこにも身動きできんよ」と、言って当山さんは寄って来て、私の痩せた肩を優しく抱いた。そして続けた。

「君には苦労をかけて済まん。もう少しの辛抱だ。お互い力を協《あわ》せて頑張ろうよ」

彼の優しいそ振《ぶ》りと言葉とは、私をしてむしろ不安にした。強情で一本気の彼が、今までにそんな態度に出たことはなかったし、彼が急にこう優しくなったのは、結局自信の喪失を示すものである。

天仁屋の小学校は既に兵隊や避難民で一杯になっており、且つ恐ろしく不潔なので、その隣り部落の海岸寄りのスクナ部落に行き、部落入口にある半潰の製糖小屋をわれわれの棲家にすることにした。

その日より本格的な飢餓生活が始まったのである。始めの日は藷の輪切りと藷の葉の水煮で腹を満たし、次の日は半里先の海岸から海水を汲んで来て美味しい藷雑炊ができた。四日目に手持ちの食糧はすっかり無くなり、五日目には丸一日部落を駆け廻って、やっと十斤の藷を手に入れることができた。

女の晴着や背広服が、藷十斤と替えられるのを見た。布団は藷二十斤の値打しか無かった。殆ど何も持っていないわれわれには、そういう真似もできず、僅かに持っている金は紙切れに等しく、何んの価値もないことを知った。われわれは間もなく、わずかな藷の輪切りを汁の実にし、藷の葉を主食としなければならなくなった。

一週間目に雷鳴を伴う豪雨がやって来て、小舎は雨水が流れこみ、荷物も着物もすっかり濡れて了った。

われわれは雨のやむのを待って、小舎を出た。ちょっと行くと路ばたに一軒屋が立っていて、中には避難民が入っていたが、その中に割りこんだ。普段なら断られるところを、子供たちの濡れ姿が同情を引いたのか、誰一人文句を言う者はいなかった。

その家は、農家にしては割合に大きく、南向きに十畳の客間と八畳の居間があって、ずっと縁側を繞らし、居間の一角には農家特有の広い土間が付いていた。この二つの部屋の後ろ側には四畳半ずつの二間があって、東側の部屋は物置になっていた。母屋の西側には山羊小舎と豚舎が前後して並び、庭は狭く、庭と路との境は土垣が盛られ、そこは竹が生い繋っていた。

家主の家族は山奥の避難小舎に移っているので、家具類は何一つなかった。そのがらんとした十畳と八畳の部屋に、防衛隊が七、八人、避難民が五、六人ゆっくり入っており、後ろの一部屋にも避難民が五、六人ひそひそと住んでいた。

十畳の間に陣取っている防衛隊の連中は、読谷飛行場の守備に当っていた者たちで、服装は兵隊だが、武器は何一つ持っていなかった。最初から持っていないというのである。

彼らは何《いず》れも中頭の出身で、三十から二十代の若者たちであった。

われわれが割り込んだ八畳の間には、那覇で洋服屋をしていたという、五歳ばかりの女の子を抱えた若者夫婦――夫は防衛隊から逃げて来た者で細君のモンペを着けていた――と、同じく那覇の者で、海軍部隊に勤務していたという十八歳位の娘と、その老母などが住んでいた。

われわれがすっかり落着いた頃、例の如く防衛隊の連中との間に、情報のやり取りが始まった。彼らの話は一通り知っていたが、その中にはわれわれの未だ聞いていない意外なものが一つあった。

斜視で美里訛りの蒲助と呼ばれている三十位の兵隊が言った。

「二三日前、日米両軍の間に休戦協定が結ばれているのを知っていますか？」

事の真否を穿鑿する能力は、既にわれわれの頭から消えていた。

その言葉に、私は飢えた獣が餌食に飛びつくように肯いた。

「道理でここへ着いてから砲声も銃声も聞かない――ところで、それはどういう意味の休戦なのだい？」

「勿論」と、彼は得意になって言った。「わが方の勝利です。あの海上に右往左往している米艦を！」

「そうだ、ここから見えるあの多数の米艦は一体何を意味しているんだ」

斜視の眼が、異様な輝きを増した。

「この島を千何百隻という米艦が包囲しているが、その米艦の彼方を更にわが連合艦隊が包囲しているのです。戦わずして勝つ戦法を採ったのですよ。つまり補給路を完全に遮断した訳です。後一カ月もしたら、米軍は海陸共に立枯れです。米艦が狼狽するのも当然ですよ」

われわれは飢《ひも》じさも忘れ、しきりに感心し、且つ歓び且つ勇み、家中は勝利の話題で賑わい、時間のたつのも知らなかった。

翌日はからりと晴れた上天気の日であった。

午後、部落の区長がやって来て一同に告げた。

「この家に兵隊さんが七、八人入りますから、十畳の方をすぐ空けて貰います」

彼が言い終ると同時に、剣の音をがちゃつかせながら、美々しい恰好をした将校、下士いない官、兵の一行がやって来た。

その一行は、中尉一人、曹長一人、軍曹二人、上等兵二人、外に階級章のついていない鉄血勤皇隊に属する紅顔の少年二人からなっていた。

いずれも武装で身を固め、軽機一挺、銃五挺の外、弾薬、手榴弾などを携えていた。

その物々しい恰好に萎縮した防衛隊の連中は、こそこそと山羊小屋に移って行った。

中尉は五十ばかりの肥満型の男で、四角な顔をし、頤の下には脂肪のたるみができ、鼻下には泥鰌髭を蓄え、左頰には大きな黒子《ほくろ》が一つくっついていた。全体としてのっぺりとした感じを受け、いかにも好々爺《こうこうや》らしく見られた。

すっかり整理が付くと、中尉は、仕切りのないわれわれの部屋に向って挨拶を始めた。「皆さん、これからお世話になりますよ。自分は美津という者です。先ず、自分は自分たちの任務を皆さんに告げておきたい」九州訛りを匂わせたやさしい口調である。「自分たちは宇土部隊に属するものである。わが部隊は、広汎な森林地帯の新陣地に拠って、これからゲリラ戦を始めるものである。無論長期戦を覚悟しなければならない。それには食糧が最も大切である。あなた方も非常にお困りであろう。そこで、自分の任務の中には、食糧を兵隊や避難民に秩序よく分配するということも含まれている。自分はこの地区の担当者として命令を受領しておる者である。どうか御協力願いたい」大体こういう意味のことを、老人らしくゆっくりと話して聴かせた。

2

一日一日、日が経つに従って暑さは本格的となり、暑さと共に避難民の飢えもまた募って行った。

こうして戦争がいつやむとも知れなくなると、部落民はあるだけの食糧を山に運び去り、今や食糧と名の付くものは金で求めることは勿論、物と交換することすら困難になった。こうなると、盗むより他に途は無かった。兵隊くずれや避難民の中から、部落民の避難小舎に押しかけて行って強盗を働く者が出た。畠は毎晩のように荒らされ、同じ畠が二度も三度も掘り返されて行った。

食糧の逼迫は、美津隊の連中にも押し寄せていた。前には区長の家に集荷されていたものが、今ではこちらから一軒一軒貰いに行かなければならなくなっていた。その藷も指先位のものになり、後には一人二斤乃至一斤に減ることもあった。勿論蒲助一行の防衛隊は、とうの昔に配給停止を喰っていた。

五月も末になると、毎日のように雷鳴を伴う豪雨が降り続いた。

遂に背に腹は代えられなくなったわれわれは、藷盗みを始めたのである。われわれは昼間、藷の入っていそうな畠を物色しておき、夜中豪雨を衝いて盗《と》りに行った。全身泥んこになって盗って来る藷は、大の男二人でしても、やっと風呂敷に一杯しかなかった。それだけでは九人の家族の腹を満たすことは、もとよりできなかった。

人々は眼に見えて衰弱し、餓死者が出始めた。

最初に斃れたのは乳児であった。乳の止った哀れな母親は、飢えに泣き叫ぶわが児に、蒸し藷をくだいて湯にとかした藷湯というものを呑ませるが、それは却って乳児の胃腸を害《そこな》うだけで、結局どうにも手がつけられなくなるのである。

土くれのように黄色くしなびた乳児は、いつからか泣く元気を失い、やがてひたひたと眠り続ける。そしていつともなく、冷たくなるのだ。

その、死児を胸に抱えた母親たちが、路上をうろうろしているのが毎日のように人の眼に留まった。母親でさえ餓死の一歩手前を彷徨しているのだから、わが児の死に目に逢っても何んの感動も示さない。最悪の事態に直面した人々には、感情も麻痺するもののようであった。

乳児たちの次に、年寄たちが餓死の虜になった。手足や顔の青ぶくれした彼らが、杖をつき、息を切らしつつ路傍をさまよっている姿は、人間の最も悲惨な姿であった。そして、彼らもまたぽつりぽつり人々の眼から消えて行った。

かくて、部落入口の森の中腹には、それら悲惨な最期を遂げた人々の安息所を示す、棒材や板片が無数に立ち並んで行った。

「こうなったからにはわしら二人を頼らず、みんな鶏見たように拾って喰べなければいかん、じっとしている間にな」

或る日、当山さんが、子供たちにこう言って聞かせた。

それからというもの、彼らは外に出て行って、喰べられるものはなんでも拾って来た。藷のくず、蛙、蝗、とかげなど、そして銘々竈に行ってはそれを焼いて口に入れた。

「わしらは米軍なぞ怖くはないのだ。怖いのはお前たち避難民だよ。人の物など盗って喰わずに、何故捕虜にならんのだ。今度見つけたら、この部落から追い出してやるからそう思え！」

いつものとおり鶏を真似た私が、畑の畦道を歩いていると、夜中にすっかり掘り起こされた藷畑の片隅に、小藷が二つ三つ覗いていたので、それをほじくっているところを、部落の男に発見されたのである。

「こんなちっぽけな藷、貰ってもかまわないじゃないですか。飢えている子供がいるんですから」

「お前らにやる藷なんてない！　そんなことをされた日には、こちらが飢えて了うじゃないか。大体お前ら、人の物を盗って喰うというのが間違っている。ソテツを採ってくればよいじゃないか。今度見つけたらただは済まさんからな」

形相物凄く睨んでいるので、身動きもできず、私はじっと蹲《うずくま》っていた。そこへ、老婆がやって来て男の加勢をした。

「お前さん、青年たちを集めて来てこの男を追い出しなされ」男にこう言うと、今度は私をじろりと見下した。「お前さん、アメリカのところへ行くがよいぞ、なんでも喰べさせて呉れるそうじゃ」

なんたる暴言！　これが同胞の言葉であろうか。激しい怒りがこみ上げて来て、一瞬起ち上って摑みかかりたい衝動に駆られた。しかし、こらえよう、どんな屈辱も生き延びるためだ、こう自分に言い聞かすと、無念の涙がはらはらと頰を伝って落ちて来るのだった。

その晩、寝る前に、私が当山さんに相談を持ち出した。

「もう藷盗りはやめましょう」

「何を言う、それをやめたらわれわれは死んじまうじゃないか。金でも売らん、物とも替えんじゃ、盗るより他ないよ」

実を言うと、その金も物もわれわれには無かったのである。彼は続けて言った。

「こうなったら、黙って飢える訳にはいかんよ。いいや、盗ってやるんだ。かまうことはない」

「正直で生きる方法があります」

「正直？　一体正直不正直と言うのはな、平和時の言葉さ、こういう時には只、力あるのみだ。自分らは腹一杯喰っておいてさ、われわれに飢えて死ねという奴らこそ、悪党で罪人で、そして大泥棒だ」

皮のたるんだ頬をひきつらし、憎悪に充ちた眼を光らせて口走る彼の形相に怖気づいた私は、暫く黙っていたが、やがてまた勇気を出して言った。

「盗もうたって、もう藷はないですよ。それでも彼らは、夜中に火を焚いて警戒しているんですからね」

今度は当山さんが黙る番だった。それに力を得た私は続けた。

「ソテツを採りましょう。もう人々は採っていますよ」

「ソテツか、厭だよ。この軀でソテツが採れるというのか、俺は足がふらふらして一歩も歩けないよ。それに道具が要る。採って来たにしろ、喰べるまでには死んで了うさ」

「そんなことはありません。やって見ましょう、元気を出して、子供たちのために」

「君が何と言っても俺は反対だ。盗って喰うんだ」

「もう少し真面目になりましょう」

と、腹を立てた私が怒声で言うと、側から豊子が父の肩を持って言った。

「お父さん、あたしソテツなど喰べないわ、中毒するから」

「お前には喰べさせせんから安心するがいい」

私が本気になって怒ったので、座は白け、ソテツの話は終りになった。

われわれと同じ部屋の娘と、その老母は乞食みたようになり、老母の手足は既にむくみが来て、「この手足を御覧なされ」と、人の顔を見るたびにそれを出して見せるのであった。

洋服屋は細君にどやされては盗みに行き行きしていたが、この家族はまだまだ長持ちしそうであった。

奥の部屋に陣取る老人は病みついていたが、食糧のストックもあるらしく、且つ防衛隊から逃げて来た渡嘉敷という青年を、毎日のように食糧あさりにやっているので、他の者よりは割合元気な声を出していた。

われわれの方では、遂に秋子が寝こんで了った。胃腸を害《そこ》ねたために、水のほか口に入れなくなり、坐ることすらできなかった。そしてヒステリックになった彼女は、突然叫びだすのだった。

「厭だ、厭だ！　こんなところで死ぬのは厭だ。どこか連れて行って頂戴！　米軍のところでも、弾の中でも、ねえ、早く連れて行って、でなけれゃあたし、このまま餓死してやるから」

そして彼女は顔を覆って泣き出すのだった。

「しっかりするんだ。こんなところでへたばっては、今まで苦労して来た甲斐がないじゃないか。最後の五分間という言葉があるんだ」

「厭！　厭！　連れて行かなければ、あたし一人でも行く！」と、叫んで手足をばたばたさせるのだ。

若い娘の肉体は不思議なもので、長い飢餓生活の後にも、そう衰えを見せず、一週間というもの水のほか何一つ口に入れていないが、声も割合しっかりしていた。

こうした暗澹たる空気の裡に、幾日かが過ぎて行った。

或る日、私が食糧あさりから帰って来ると、お内儀さんが変に改まって話しかけて来た。

「あんたには、今日まで大変お世話になりました。御恩はいつまでも忘れません。わたしたちは米軍に降参することにしました。あんた一人なら生き続けることができます。この儘では、共々に餓死するより他にありません。そうなったら、奥さんにも申訳ないし赤ちゃんが可哀想です。あんたはどうしても生き延びなければいけません。誤解しないでね、わたしたちは明朝ここを発ちます。今更別れるのはしのびないのですが、今は已むを得ません。どうか納得して下さいね」

想像もしなかっただけに、私は前後も忘れて叫んだ。

「何を仰しゃるのです！　降参なさる？　捕虜になる？　そんな馬鹿な話が。いいえ死ぬも生きるも一緒です。私は厭です」

「落着いて下さい。みんなが生きるためですよ。あんたは若いから、降参するには危険が伴います。ですが、わたしたちは女子供ですから、米軍も酷いことはしないでしょう」

お内儀さんの意外な冷静さに狼狽した私は、すがらんばかりになって言った。

「考えなおして下さい！　頑張って下さい！　辛抱して下さい！　ねえ、お願いです」

「辛抱に辛抱ができないのです。秋子があんな調子では。このとおり、お願いします。どうか聴き入れて下さい」と、言って彼女は床板に手をついた。

成程、秋子を救う力は私にも無い。こう言われて見れば、返す言葉も無かった。

少し冷静さを取り戻した私は、うつろな目を周囲に向けた。そこに、父親や子供たちの冷やかな横顔を見た。彼らは相談の上だな、突如、こみ上げてくる怒りに軀が慄え出した。彼らはしめし合せて俺を捨てようというのだ。成程どんづまりになると、肉親以外頼られるものはない。と悪く考えめぐらした私は、苦々しく微笑して答えた。

「勝手になさい。僕の家族に逢うことがあったら、どうぞよろしく」

「短気をなすっちゃいけません。きっと生き抜いて下さい。わたしたちのこの気持ちは、いつかは分っていただけます」

怒りの動作も荒々しく出て行こうとする私に、当山さんが起ち上って初めて口を利いた。

「どこへ行くんだ」

「ソテツを採りにですよ。だって明日から、僕には喰べるものがないのだから」

3

翌日の未明、当山さんの家族は発って行った。

孤独！　寝ても醒めても只一人、身の上にどんなことが起っても、これからは誰もふり向いて呉れる者がいないのだ。と思うと心細さを通り越して、空怖ろしくさえなるのだった。

ふっと、老母や妻の面影が眼の前をよぎる。飢えに苦しむ者には肉親を想うゆとりさえもなくなるものである。それが今、一人身になって初めて切々と胸に甦ってくるのであった。

十月十日の空襲の際、繁多川の薄暗い洞窟の中で、頭を手拭で巻いて人々の渦の中に踊っていた小さい老母の姿。二月十五日、大信丸の甲板に、産まれ立ての赤ん坊を抱いて泣いていた妻の姿。彼女らはあれからどうなったのだろう。叫びたいような感情で胸がうずく。彼女らと逢うまではどうしても生きねばならない。涙に頰を濡らしつつ、心の中で固く誓う私であった。

当山さんの家族が発った翌日から、私は忙しく軀を動かした。先ずソテツ採りに全力を挙げなければならなかった。近くの山はすっかり採り尽されていたので、一里先の嘉陽浜まで行った。浜の近くに立っている学校は、兵隊や避難民で充ち、ソテツの加工でさながらソテツ工場の観を呈していた。それらの人々に立ち混じって、海岸に面した断崖によじ登り、懸命に伐り出したが、弱り果てた軀では半日で僅か二、三十斤しか採れなかった。それを担いで険阻な山路を、一歩一歩蹌踉として帰って来る頃は、日はとっぷり暮れているのであった。

ソテツを食糧に加工するには、次の道具が要る。伐り出す鋸、皮を剝いだり中味を削ったりする山刀、貯える籠、これだけは是非揃えなくてはならない。幸い、鋸と山刀は防衛隊の連中から借りることができ、籠は蒲助に教えて貰い、五個作っておいた。

ソテツ地獄という言葉がある。この植物の中には猛烈な毒分が含まれていて、十分に処理しないと中毒するのである。この島では、飢餓の度毎にソテツで死ぬ者が出ている。ソテツ地獄という言葉は、そこから出ているようである。

ソテツを伐って来ると、先ず葉を落し皮を剝ぐ、そうするとどろどろの粘液を出す真白な中味が現われる。そこが食糧になる部分で、それを二、三分《ぶ》位の厚さに削って行き、その板餅の形をしている削り屑を、二日位からからになるまで天日に干し、次にそれを籠に詰めて一昼夜流れに漬け、そして引上げて来てそのまま重石《おもし》をかけて醱酵を待つのである。大体一週間位すると蛆虫が湧くまでになるが、その時まで待たないと毒が消えない。味はさらさらないが、多少のもちみがあって、飢餓生活者には立派な食糧である。

採って来たソテツが醱酵するまでの約十日間と云うもの、私は恐ろしい飢餓に襲われた。頭は痛むし、目眩はするし、耳鳴りはする、急に軀を動かすと眼先が真暗になり、その真暗の中にキラキラ光るものが見える。

日が経つに随って、声は細くなり、手足が慄え、動悸がし、身動きするのが懶《ものう》くなる。

この頃になると、大して苦痛もなくなり、飢《ひも》じいと云う感覚も薄れる。そして記憶力が鈍り、日にちを忘れ、人の名を忘れる。

こうした肉体的な変調が始まると、生命を左右するものは意志力であるということが分かる。一歩一歩死に近づきつつある肉体に対して、私の魂は生きよと命じる。私はよろよろと起き上って行っては、藷の葉を煮て喰べた。

その頃、部落は物騒になっていた。飢えた兵隊たちが銃を撃ち出し、米軍の襲撃と思い違いした人々が山に逃げこんだ頃を見計らって、彼らは家々や畑から食糧を盗んで行った。謀られると知りつつも万一をおそれる人々は、銃声を聞く度に逃げ出すのだった。或はまた、斬込又は偵察に行くと称しては部落の者から強制的に食糧を出させ、その食糧のある間山中を徘徊していた。やや温和《おとな》しいのになると、人々の歓びそうな嘘の情報を製造し、それを押し売りして糊口をしのいでいた。

やがて、私のソテツも喰べられるようになり、いくらか元気を取り戻したときは、既に足の甲が腫れていた。あと長くはもつまいと思うと、流石に淋しかった。

それでも私は、ソテツ採りを止めなかった。すっかり暮色に包まれた山路を、重い荷物に押しひしがれながら帰って来るときなど、あまりのつらさに思わず、「お母さん！　お母さん！」と呼ぶのだった。初めは口の中で、それから声に出し、終《しま》いには大きな声で。すると、山の彼方から、「おかあさん、おかあさん」と、木霊が応えるのである。大人と云うものは、結局大きくなった子供である。苦しみも絶頂に達すると、最初に想い出すのは母である。母の名を呼ぶことによって、どれだけ大きな慰めと力を得るものか。「初子！　初子！」と、今度は妻の名を呼んでみる。憐憫の情がひしひしと胸に迫って来た。若しも自分がこのまま死んで了ったら、あの若さで……ああそんな無情なことは私には堪えられない。

子供！　面影さえ記憶に残っていない私の子供、自分の子の顔も見ずに、どうして死ねよう。死ぬもんか、絶対に死ぬもんか……。

「お母さん！　初子！　坊や！　きっと生き抜いて見せます。どうか私の生命に加護を垂れて下さい」

私の両眼からは温かい涙が止めどもなく落ちて来るのだった。

無為に過ごしている美津隊の食糧は、今やわれわれ以下になっていた。美津中尉の顔には深い苦悩の皺がより、突き出ていた太鼓腹は落ちくぼみ、無精髯は頤《あご》を覆い、一日中陰鬱なため息ばかりついていた。

「御馳走じゃのう」と、言って私のソテツ汁を覗く美津中尉の顔には、羨望の色が浮んでいた。いい気味だ、徒食する者の運命だ、飢えるがよい。悪鬼のそれにも似た、侮蔑の笑いが私の口を歪め、復讐の快感が身内にうずくのをどうすることもできなかった。

六月の末、この僻遠の山地にも、沖縄戦の末期を予知せしめる何ものかの気配がただよっていた。

兵隊たちの動きが俄かに活発になり、あちこちで、何事か囁き合っている彼らの姿が見受けられた。今までばらばらの行動をとっていた彼らが、隊伍を組み始めた。海岸に行くと、兵隊たちが岩蔭に坐ってじっと水平線を眺めている姿が、人々の眼を引いた。

そのうち、本土への海上脱出を決行する兵隊たちが現われ、実際に天仁屋《てにや》浜に陸揚げしてあったくり舟が、いつの間にか消えて行った。

或る日、二つの話題が伝わって来た。その一つは南部戦線の戦況で、首里が陥《お》ちたこと、中頭を守備していた石部隊が島尻の山部隊と交替したこと、師範、一中、一高女、二高女などの生徒が眼醒《めざ》ましい戦果を挙げつつあること、奥大尉の指揮する空挺隊が読谷飛行場に強行着陸し、米軍を混乱に陥入れたこと、日本軍は相変らず挺身斬込を敢行し、ために米軍の死傷一日二千を下らない、ということなどで、それがいつ頃の戦況であるかは不明であった。そこで、一日二千の死傷を与えているならば、あと二十日で四万の米軍は全滅するんじゃないかなどと、俄かに喜ぶ者もいた。

もう一つの話題というのは、久志山中に立て籠って、鉄血勤皇隊、護郷隊を指揮している村上大尉が、或る下士官の射殺を部下に命令したという話である。その下士官というのは、度々われわれの眼にも留っていたが、東北訛りの大男の伍長で、どこから手に入れたか、常に米軍の軍帽を被っていた。その男が、最近しきりに島尻の玉砕をふれ廻っている由で、斯《か》かる悪質なデマを飛ばす奴は生かしておけないと云うのである。

丁度その日の夕方、一人の男が入って来た。その男は御多分に洩れず、頭髪も髯も伸びるに任せ、暑いさ中に袷のぼろ着をまとい、背中には荷物の入った砂嚢袋を負っていた。彼は度の強い眼鏡を光らし、懐かしげな表情で私の方に寄って来た。誰だろう？　思案する間もなく、彼は私に元気な声を掛けた。

「僕だよ！　神山だよ！」

「やあ、珍しい。どうしてこちらへ？」

「生徒がこちらにおるのでね、食糧をねだりに来たんだ。鉄血勤皇隊も解散してね、今まで名護山に籠っていたんだが、飢えちゃったんだ」

彼は三中の教師である。その元気な動作、声からして飢餓生活をして来た人とは思われなかった。われわれは長い間語り合った後、彼の出して呉れた藷をゆでて夕食を共にした。

翌日から神山は、天仁屋部落にある教え子の家に寝泊りすることになったが、彼は別れるときに手榴弾一個を私の掌に握らして呉れた。武器を持つと人間は強くなるものである。それを手にした瞬間から、私の身内には今までに曾《かつ》て無かった勇気が漲《みなぎ》り渡ってくるのを感じた。悲惨な最後から救われるのだ。これさえあれば一瞬の裡に生命を断つことができるのだ。と思うと、私の軀は歓喜で慄えるのだった。

神山の来訪を受けた翌日の正午、聞くも恐ろしい情報があった。それは或る兵隊が写し取って来たもので、私は路上でそれを読んだのであるが、紙片には次のことが書いてあった。

一、大田少将の指揮する海軍部隊は、六月十五日小禄方面において最後の斬込を敢行せり。

二、牛島中将の指揮する陸軍の主力は、六月二十二日島尻の南部において最後の斬込を敢行せり。

青天の霹靂であった。今日まで、日本軍が不利になりつつあることは、内心凡そ想像していたところであったが、それでも、大本営で何らかの手を打つに違いない、と云う果敢《はか》ない希望と僥倖を恃む切ない気持が胸中深く巣喰っていたので、この意外な情報を眼にした刹那、くらくらと眩暈を催し、手足が慄えた。再三再四読み返しては、自分の眼を疑って見たが、紙片に盛られた文字はどう見ても動かせない事実であった。

久志の三原山中には、剣隊と呼称されている通信隊がひそんでいて、本土との連絡を執っており、沖縄新報社に属する上地報道班員が、この隊と連絡して報道を続けていると聞いていたので、直接彼のところへ訊きに行こうかと考えて見たが、軀が持ちそうにもないので断念した。その代り、天仁屋の一民家に、嘉手納警察署の新城署長一行が避難していて、二、三度訪ねたことがあったので、その場からすぐ行って見ることにした。

新城署長の一行は相変らずソテツの製造を続けていて、庭も部屋の中も、ソテツで足の置場もない程だった。署長は私の徒《ただ》ならぬ顔に仕事を止めて出て来た。

「どうしたのですか?」と彼は眼尻に皺を寄せて言った。

「只今、重大な情報を見て来ました」

「ああ島尻の悲報ですか、聞きました」

前から悲観論者で飢餓態勢論者だった彼は、別に感動する様子も見せずに応えた。

「あれは事実と考えられますか?」

「事実でしょう。完全に日本軍の敗北ですよ。羽地では、米軍に捕えられて行った避難民たちが、役所を作って行政を執っているそうです。今に知事も任命されますよ」

署長の言葉を理解する能力は、私には無かった。それを聞き流した私は思いつめて言った。

「われわれはどうすればよいでしょう」

「わたしにも分りません。とにかく、餓死しないためにソテツを採ることです」

必死になっている私に、彼は例のソテツ論を始めるのである。こうなれば自分自身で解決するより他になかった。日本軍の敗北と云う大きな問題を前にして、一体自分はどうなるのか、どうすればよいのか、と私は思い悩むのだった。そして、崩壊して行く足下を見て狼狽した。

いよいよ美津隊の出発の日が来た。その朝、刀、毛布、雑嚢と一緒に軽機、小銃、弾薬などを毛布に包み、裏の沼に沈めて来た。

身軽く装った彼らの帯革には、それぞれ手榴弾がくくりつけられた。

すっかり身仕度が済んだ頃には、いつ連絡が行っていたのか、下士官、兵などが七、八人駆けつけて来て加わっていた。

やがて部落の人たちが別れに来た。斬込に行くと云う兵隊たちのために、彼らは、米、酒、醬、味噌などを持ち合せて来た。そして、涙を流す者もおり、合掌する者もいた。

午後、出発の時間が来たので、兵隊たちは前の道路に整列した。美津中尉は庭に降り立つと、私の前に寄って来た。

「色々お世話になりました。では……」と、言って挙手の礼をした。

「後に続く者のあることを心に留めていて下さい」と、感極まった私が、思わず言って了った。

整列した兵隊たちの先頭に立った美津中尉は、見送る一同に注目、挙手の礼をし、そして発って行った。

4

空には米軍のトンボ機が、ぶるんぶるんと飛んでいた。

心中ひそかに疑っていた日本軍敗北の報も、美津隊の出発によって愈々決定的と観られ、人々の間にはようやく動揺の気配が見え出した。

米軍が近くこの部落を捜索する、その前に部落民は白旗を掲げて、汀間《ていま》部落へ下山投降しなければならない、こう云う噂が耳から耳へ囁かれて行った。

部落民の中には、早くも軒に白旗を掲げる者が出た。それでも下山を逡巡している裡《うち》、美津隊が発ってから二日目の昼、米軍が部落入口まで来て威嚇射撃を加えて行った。それに狼狽した部落民は、遂に投降の肚を決め、白旗を手にして次々に下山して行った。

時季が過ぎたせいか、ソテツも澱粉質が少くなって最初の味は無く、軀は愈々衰弱するばかりであった。その頃、食物の夢と妻子の夢を見た。

山に入って三日目の朝、私が流れで飯盒を洗っていると、神山が近寄って来て、暫くもじもじしていたが、やがて言いづらそうに話し出した。

「僕らはもう食糧がないよ。そこでちょっと君に相談があるのだがね、山口と僕とは鉄血勤皇隊に関係していたから、米軍に発見されたらどんなことになるか分らん。そこで二人はこれから剣隊に行こうと思うんだ」

「僕も連れて行って呉れ!」と、私が飛びつくように叫んだ。

「そこだよ、実は僕も山口に頼んで見たが、君は軍籍がないから駄目だと云うんだ。剣隊は秘密部隊だからな、一般人を連れて行く訳にはいかないのだ。ほんとに気の毒だが納得して呉れんか」

「分ったよ、では行き給え」

と、あっさりした私の返事に、彼はおどおどと次の言葉を捜す様子であったが、やがて、

「一人で、ほんとに大丈夫か？」と、おどけた問いを発した。

「僕のことは気にせんでよいさ。どうせ僕は自決しなければならない筈だ。ところでお願いだが、遺書見たようなものを書くから、戦争が済んだ後、若し僕の家族に逢うことがあったら渡して呉れんか」

「そんな心細いことを言わずに、生き抜くんだよ」

「食糧もないのだ。現在僕に残された途は、捕虜になるか、餓死を待つか、自決するか、この三つの中《うち》一つだ。十分考えて見たい。とにかく、手紙は預って呉れんか」

「よろしい、書き給え。だが無茶をするなよ。君が変な考えを起こしたんじゃ、僕も別れづらくなるのだ」

「気にするな、生きるよ、必ず」

と言って、私は神山を前にして、長い手紙を書いた。もう内容どころか、一言でも多く書き残したい気持ちから、紙一杯書きなぐって行った。

手紙と一緒に、遺品として名刺入と万年筆と体温計とを神山の手に渡した。そして彼は、山口中尉と共に私の所から去って行った。

かくて私は、鬱蒼たる密林の中に、たった一人になったのである。

二人に別れた私は、山の斜面にある部落の者が捨てて行った避難小舎に棲家をかまえた。そして、飢餓の裡に四、五日は過ぎた。

部落は既に米軍が占領しているので、下りる訳にはいかず、現在の位置を動けば、そのまま行き倒れるより他にない。体力はじりじりと衰えて行き、水を飲みに行くにも激しい疲労感を覚えるようになった。

食糧を口にしなくなってから二日、今では空腹感も薄らぎ、ただひきずり込まれるような倦怠感が私の四肢を襲った。若しもそのまま寝たきりで餓死を待つとしたら、どんなに安楽に死ねるだろうかと思われる程だった。

もう家族の将来を考えるゆとりは無くなっていた。今は自分一個を処理するだけでも荷が重いのである。あれ程生き抜くことを誓って来た私も、ことここに至っては最早《はや》どうすることもできず、今更身の無力を感ずるのであった。生きることがいかに困難であり、死ぬことがいかに容易なことであるか！　ともすればなげやりになろうとする自分を叱りながら、私は生きる途を考えて見た。

捕虜！　思っただけでもぞっとする。第一、それは信念の崩壊ではないか、信念を失った後にも尚新たに生きる途があろうか、それは不明である。多くの青年たちは、この信念の故に嬉々として死んで行ったのではないか、そして、二人の弟！　彼らは今もどこかで闘っている。彼らは多くの青年たちがしたように、皇国の不滅を信じ、悠久の大義に生きるためにいずれ死を選ぶだろう、いや既に死んだかも知れない。ここで若し、自分が捕虜になるとすれば、弟たちに愧《は》じるところはないか。——ここで私は第一の障壁に突き当った。そして更に思考を続けて行った。

しかも戦争は、まだ終ってはいない。本土に疎開させた老母や妻子は、これからも長い間闘い続けるであろう。——ところが、自分は捕虜になって彼女らの苦悩を傍観する。——これからも長い間闘い続けるであろう。ここで私は第二の障壁に突き当った。しかし、以上の障壁は自分一個に限定された問題であるとして、問題をもっと拡げて考えて見る必要はないか。

若しも今、日本が降服したならば、——それは最早《はや》、時日の問題であるが——一億国民は玉砕するだろうか。否！　それではその日まで待つとしたら、——それでもやはり弁疏にしかならない。結局は個人の意志の問題になってくる。つまり、これまでよってもって来たところの人生観、信仰の域にまで高められた信条を放棄し得るかどうか、と云う最初の問題にかかって来た。それは依然として不明であった。

ここまで思考を纏めて来た私は、弱り果てた者の常として、最も易き途を選んだのである。もう逃れる途はない。死のう、これより他に採るべき途はないのだ。今や一切の苦悩から解放されるときが来たのだと、こう判断したのである。

そこで今度は、死ぬ方法に就いて考えて見た。それは最も簡単に解決がついた。手榴弾でぽっくりとやれば、それで万事は終る。苦痛を感ずる時間などある筈はない。それよりは、死ぬ場所と時が大事だ。誰にも見られない場所、時は早朝、そしていつ？　ここまで来てちょっと決心がつきかねた。それは気が向いた時にしよう。その前に場所を選んでおかなければ——私の悲壮な計画はここで打切られた。

いつしかあたりは暗くなっていた。怪鳥の不気味な鳴声が、おどすかのように耳に響いていた。

私は手さぐりで周囲から枯葉を掻き集め、ポケットからマッチを取り出した。中味は三本しか残っていなかった。

最初の一本は点いたかと思うと間もなく消えた。二本目はいくらすっても発火しなかった。いよいよ最後の一本である。いかにもそこに自分の運命を見るような気がして、胸騒ぎがしてならなかった。

パッと勢いよく点いた。軸に程よく燃えついたのを見て安心した私は、それをゆっくりと、枯葉に持って行った。ちょうどそのときである。ふっと、かすかな風が入って来て、火は忽ちの裡に消えて了った。またも胸騒ぎが始まった。何の意味だろう。私は長い間考えあぐむのであった。既に死を決した今となっても、なお何者かの指図を待っている自分ではなかったか！

七月十一日！　砲撃によって火を発した山は、まだぶすぶすくすぶっていて、白い灰が霖雨のように木の間を洩れて降っていた。

山が砲撃を受けたのは、昨日だったか一昨日だったか、憶い出せない程、私は疲労し切っていた。

いよいよ最期の時が来たのだと判断した私は、ポケットから家族の写真を取り出して千《ち》切《ぎ》り捨てた。彼らの写真を自分の肉片の裡に埋めるのが忍びないのだ。

死ぬ前に何か喰べて見たい。しかし、何もない。せめて水でも腹一杯飲んでおこうと考えた私は、軀を起こして、木に摑まりつつ谷底へ下りて行った。

すうっと軀が宙に浮いたと感じた次の瞬間、私の軀は凸凹の地面に俯伏せにぶっ倒れていた。ダッと鈍い音を聞いたのと、周囲が真暗になったのが一緒だった。私は失神したのである。

それからどの位経ったのか分らなかったが、眼を開いたときには、眉間にひどい痛みを感じた。顔を上げると、生温かい血が鼻すじを伝って流れて来る。それを掌で払っているうちに、顔も手も血糊でべとべとになった。

谷底の流れに下り着いた私は、そこで顔を洗い、水を飲み、そして元の場所へ匍《は》い上って来た。

さて、私は腰に手をやって見た。瞬間、アッと思わず叫び声を上げた。手榴弾が無いのだ。恐怖に取りつかれた私は、死物狂いになって軀をさすり廻した。無い！　谷底へ駆け下りて行った。そこにも無い！　息を切らして匍い上って来る。また下りる。匍い上って来る。どこにも無い。どこに消えたのか、私は倒れていた。

かくて、私は死の手から見放されたのである。

疲労困憊その極に達し、一挙手一投足にも生命の消耗を感ずるようになっていた私には、そのままじっと餓死を待つ以外の方法で、自分の生命を絶つ力も気力もなかった。

私は最前までの、死の決意を思って慄然とした。あれ程思いつめていた死が、今や怖るべきもの、奇怪なもの、嫌悪すべきものとなったのである。私はその眼に見えぬ死の魔手の前から、漸次あとずさりを始めたのである。

然《しか》らば、死を理由づけたあの思考はどこから来たものか、武器のもつ魔力によるものではなかったか、自分はその魔力の虜になっていたのではないか——私は再び慄然とした。じっとしておられない、息詰まるような衝動から醒めると、今度は人々に対する言い知れない懐かしさが胸に湧いて来た。「みんなと一緒に生き延びるのだ！」と、ひとり言って見ると、周囲が急に明るくなり、自分を取りかこんでいる草木までが、何か知ら意義あるもののように眼に映ってくるのだった。

私は部落の入口に立っていた。

その男は私を見つけると、担いでいる荷物をそこに捨てて走って来た。

「お前さん！　とんでもない。今頃なにをぼやぼやしているのです。部落には誰一人いません。わたしは荷物を取りに来たのです。与座署長さんも学校の先生さんも、みんな降りられたのですぞ」

「与座署長も……そうでしたか……」

万感胸に迫った私の両眼から、大粒の涙がとめどもなく落ちて来た。そして終《しま》いには、おいおいと声を上げて泣き始めるのであった。それは実に、二十九年の生涯に対する訣別の涙であった。

「もう泣きなさるな。あなた一人が悲しいんじゃない。生きておればいつかはよいこともあります」と、言って彼は痛ましそうに私を見ていたが、やがて語調を改めて言った。

「あなた、汀間まで歩けますか？　その毛布と飯盒はお捨てなさい、兵隊と間違えられてはいけませんからね。ああ、あなたは飢えていらっしゃる。ちょうどよかった。ここに藷があります。いくらでもお上り下さい。そしてわたしと一緒に行くのです」

泣けるだけ泣いた私は、男から貰った藷を腹に詰めると、やがて、その頼もしい男の後ろについて山を降りて行った。

太陽の光が、さんさんと、二人の上に降っていた。

【完】

附録　戦闘経過概要

1

沖縄戦の火蓋は一九四五年三月二十三日に切って落されたが、それに呼応して沖縄作戦の一環として同作戦を容易ならしめるために、米軍は日本本土の航空基地を盛んに叩いた。殊に二十三日は、米空軍による台湾爆撃、九州一円、および名古屋市の空襲が猛烈に行われた。同日、日本軍の硫黄島失陥以来懸念されていた米軍の来攻が現実となった。すなわち、米軍機動部隊が沖縄諸島近海に出現し、主として沖縄本島南部に砲爆撃を加え、二十五日、一部の兵力を慶良間列島に揚陸して、全力をあげて列島中最大の沖縄本島に対する本格的上陸が企図された。

米軍は上陸作戦の一翼として、マリアナ基地からB29を繰り出し大挙して九州地区を襲い、沖縄と本土との作戦的連繋を切り離し、沖縄を孤立化させ、本土待機軍の沖縄戦参加の戦意を挫折させるとともに実質的に不可能ならしめたのである。沖縄島の日本軍所在部隊は上陸軍を迎えて一発の応射もなく、不気味な静寂を保ち、島と海と空は、米機と米艦船と、その爆撃と砲撃に包まれ、日本軍は予想以上の圧倒的勢力に呑まれてなす術を知らないのか、あるいは驚天動地の一策を蔵しているのか――。

白昼堂々たる米軍の上陸ぶりも華やかであったが、沈黙を守る日本軍守備隊の態度も、嵐の前の静けさにも似ていた。かくして太平洋戦争における最大決戦の幕が劇的に開かれた。この不気味な様相の中にやがて二十七日を迎え、その朝まだき、のちに「神風特別攻撃隊」と呼ばれた、日本軍特別攻撃飛行隊の約十機が、最初に慶良間列島海域の米艦船群に対し、体当り攻撃を加えた。

二十九日には、この作戦に参加した英国の太平洋艦隊の一部が、主として奄美大島、先島列島方面を攻撃した。また、沖縄島に対する艦砲射撃も一日数千発という熾烈さを加えてきた。

三十一日の朝は、南部西岸首里丘陵の前面に横たわる、神山島に米軍が上陸、翌四月一日の午前七時頃から、主力部隊を、約千五百機の航空機と、千四百隻以上の大小艦船の協力の下に、本島西海岸の嘉手納方面に揚陸、島尻南端の港川方面では、艦砲射撃と上陸用舟艇による牽制的な陽動作戦がくりかえされた。

この日、首里の軍司令部にいた日本軍司令官牛島中将と長参謀長は、副官を一人従えて洞窟を出、首里城外の園比屋武御嶽《そのひやんうたき》の石垣上にあがって、双眼鏡を手にし、前面の牧港方面の海上を埋めて寄せくる上陸用舟艇を眺めながら、「むこうから、あがってくるつもりかな」と、司令官が頭をかしげた。長参謀長は「まさか、馬鹿じゃあるまいし」と司令官の疑惑を即座に否定するという風に、のんびりした会話を交わしていた。また、洞窟司令部の中では通信兵が電話にしがみついて、昂奮を無理におさえつけたような落着きのある声で、しかし時々電話が遠いと急に狂気のように上ずった声になって前線からの情報を受けとっていた。「おい、港川だな。艦砲は依然、……。なに、おい、聞えんぞ。なに、舟艇群が海岸線一帯に……陽動作戦らしい？　すると上って来んのだな……」全島の戦況は手に取る如く、この洞窟内の「耳」に伝わってきた。

上陸二日目の四月二日には、読谷山《ゆんたんざ》飛行場と嘉手納飛行場が、その手中に落ち、更に美里村の桃原や東海岸の泡瀬一帯にも、その進出を見た。また、一方、嘉手納方面では、北谷から残波岬に至る間、米軍はどしどし兵力を増強してきた。最初に上陸軍を迎えたこの方面の橋頭堡に対する、日本軍によるゲリラ的夜間戦闘で、十人内外の沖縄婦人がはじめて斬込隊に参加したことを、内外の報道が伝えていた。

また、米軍は上陸第一歩、まず執拗な手段で北・中両飛行場を押さえ、急速に資材を揚陸して飛行基地の整備に努力していたので、この方面に対する夜襲斬込みもしばしば繰返された。

沖縄島最初の上陸部隊は、第二十四兵団と、海兵隊第三水陸両用部隊で、前者はレイテ島に、後者はルソン島に上陸した部隊で、この二つで米第十軍を編成し、軍司令官は、アッツ島やキスカ島の攻撃軍の指揮官であった、サイモン・ボリヴァ・バックナー中将であった。

四月四日には、米軍は北谷の島袋付近から更に大山や宜野湾の線まで進出し、五日には、沖縄本島で一番狭い幅一里位の石川地峡を遮断して、沖縄島を完全に南北に両断してしまった。更にその一隊は丘陵を越えて北上した。同日、米軍は北部沖縄に、住民保護の目的で軍政府を設置した。

その頃、上陸地区の戦闘の模様は、日本軍陣地に対する艦砲射撃、日本特攻機の米艦船群への突入、陸上においては日本軍陣地前面への、戦車を先頭にする米歩兵部隊のねばり強い進出、それに対する日本軍の攻撃は、夜襲、斬込み、戦車に対する肉薄攻撃等に終始した。上陸第一歩、米軍は、一日三哩平均前進したが、八日頃からは、日本軍の強力な抵抗をうけて、大山、津覇の線に釘付けにされ、一日、二百ヤードから四百ヤード程度の前進しかできないという状態となり、前線の血闘は苦難とはげしさを増した。

四月九日、米軍は本部《もとぶ》半島の半分を制圧し、更にその翌日、運天港と津堅島を占拠した。細長い島の中央部を走る丘陵にのぼれば、島の両方の海が見える。

この頃の戦況の全般的様相は、すばらしいドラマをおもわせるものがあった。慶良間列島の島々は、山火事を起して火煙に包まれている。島を取り巻く艦船からの砲撃は一刻も止まず、それが目と鼻の先に眺められ、ドドッと砲撃するたびに軍艦は後ずさりをし、入れ替り立ち替り異った軍艦が前方にのり出してきて砲撃するさまは、身の危険を忘れて見とれるほど壮大な光景であった。それから雲をついてくる特攻機の影、影、影！　海と空をおおう響音と弾幕！　撃墜、あるいは艦船の炎上、あちらにもこちらにも遠望される火柱、火柱！　大黒煙！　ねぐらにかえる雀のように隙間なく空をおおう米機！　それはすばらしいドラマであった。四月六日の夕刻頃、残波岬の西方海面、糸満西南方海面の数カ所で艦船の炎上がみとめられた。このとき、米艦船に体当り攻撃を行っていた日本特攻機は、「疾風《ハヤテ》」と称する新型戦闘機であった。

陸上での戦闘において、八日に至り、米軍は、はじめて戦車約百五十輛と五千の兵力をもって猛烈な砲爆の掩護下大挙して、大山南方二粁《キロ》の嘉数《かかず》の日本軍を攻撃し、彼我《ひが》の間に砲撃、斬込みの死闘がつづけられた。

一方、大山南方八五高地では、同高地の奪回をめぐって、寸土を争う肉薄戦が行われた。その前、戦車百三十輛、歩兵約五千の米軍が名護湾に上陸、八日の夜は、米軍が神山島に長距離砲を据え、首里陣地を連日攻撃した。神山島に、西岡少尉を長とする日本軍の斬込みの一隊が、刳舟に坐乗し、厳重なる海上の警戒網を突破し、隠密裡に逆上陸をし、米砲兵陣地を攪乱した。沖縄海域の血闘は、悪天候の中に、急角度に高潮した。

2

四月十一日早朝、米軍第二十四兵団の一個連隊は、那覇北方の日本軍要塞陣地に殺到した。牧港飛行場の東方三粁《キロ》の日本軍陣地をめぐる血戦は、勝敗を決せぬまま二日間も続いた。このとき日本軍は自動火器を存分使用し、各種砲火を米第一線に向けてきたが、殊に榴弾砲、加農《カノン》砲の活動が活発であった。これから数日後、首里戦線の前哨戦としての、沖縄戦における日本軍地上部隊の最大の反撃が行われ、特攻機の来襲がはげしくなってきた。十六日、米軍戦車約八十輛、兵力約一千が伊江島に上陸、十八日、同島の戦闘において米従軍記者アーニー・パイルが戦死した。十九日に至って米軍の行動は急に積極化し、第二十四兵団の第七師団、第二十七師団、第九十六師団の兵力をもって、地上砲兵と、戦艦、巡洋艦その他の綜合的集中砲撃の掩護下、牧港一帯の日本軍防禦陣地に対し大規模兵力による攻撃を開始した。すなわち、米軍は東海岸の津覇南方から我如古《がねこ》を経て嘉数に至る、東西約六粁《キロ》戦線に一万の兵力を繰り出し、死闘旬日、ために付近の全部落は潰滅し、無残な残骸を残すのみとなった。日本軍は深さ六粁《キロ》半にわたる特火点陣地と、洞窟を利用した防禦線により、米軍の進出を阻止、米軍は砲兵隊を集結し、艦船空軍相呼応してこれに猛砲爆撃を加え、日本軍も重砲を以て応酬した。二十二日、城間を米軍は占取し、那覇から二哩の牧港地方の日本軍防禦線を突破した。

二十二日以後、米軍の進出は著しく、二十五日までには、首里東北約四粁《キロ》の翁長の東北方高地から西原南側城間の北方を連ねる線までに出た。那覇東北約六粁《キロ》の港川付近海上からは、小舟艇で兵員資材を揚陸した。二十六日午前六時頃、仲間、前田、幸地の線で新たに両軍の均衡が破れ、米軍は地上砲火、艦砲射撃で日本軍主備陣地を攻撃した。同十時頃から戦車を伴う有力な歩兵部隊を以て進出、戦線の一端は嘉数、我如古の線から、西と南に二、三粁《キロ》のびて行った。二十八日頃からは天候が回復し、初夏らしい碧空がのぞまれた。

日本特攻機の来襲もこれにつれて活発化した。陸上戦闘では米地上部隊が本格的行動を起した。二十八日朝から米軍は幸地《こうち》以東の地区でひた押しの攻撃を開始、前田以西の地区では前田、仲間、城間の線に進出したが、日本軍はなおも縦深陣地に拠ってこれを阻止しようとした。それから数日間、戦闘は一時頓挫していたが、米軍は兵員資材の補給を行ったのち、五月二日に至り再び、東海岸、中央高地帯、西海岸の三正面を中心に猛烈な攻撃を開始し、有力な火焔戦車の掩護下、押寄せる米軍と、既設主陣地にこれを迎える日本軍との間に、一進一退の激闘が展開された。四日、戦車を伴う米軍の一部が首里東方約四粁《キロ》の我謝に進出、西海岸方面では首里西方約三粁《キロ》のところに進入した。この頃から天候は再び崩れ、日本軍は専ら夜襲戦法により米軍に斬込みを行った。かくして首里の日本軍司令部は、いずれも西南方三、四粁《キロ》の至近距離まで米軍の進出を許し包囲されてしまった。十日朝、米軍は西海岸で、舟艇約六十を以て安謝《あじゃ》川を渡河、前田南方高地の奪取を企図した。

四月一日上陸以来、米軍は一週間余にして本島の最狭部を横断、北、中両飛行場を手中におさめ、攻撃の重点を南部地区に向けた。東海岸方面より第七師団、西海岸より第二十七師団、中央突破に第九十六師団約三万の兵力を投入して日本軍主陣地に迫った。物量蓄積と陣地構築の周到の準備を整えて、三次にわたって本格的攻撃を加え、浸透作戦を試みたが、米軍は主力を上陸地点に温存し、前線の戦闘部隊を試みにやり、出血を避ける戦法に出た。五月三日、四日は首里前面の米軍に対して日本軍は総反攻を加えたが、六日に至り再び原態勢に帰った。次いで米軍は十二日朝から全面的な攻撃を開始し、浦添村沢岻《たくし》北側高地に有力な部隊をさし向け、更に戦車四、五十輛、歩兵約二千の力で真嘉比《まかび》と泊一帯の高地へ浸透し来り、日本軍との間に紛戦が演じられた。かくして陸上戦闘はいよいよ急調子となり、局面は更に転回した。すなわち、米軍は那覇、首里両市の北方と我謝を結ぶ東西十粁《キロ》の全戦線に第七師、第七十七師、海兵第一師、海兵第六師計四個師の全兵力を投入した一方、北、中両飛行場からの基地空軍の協力下に日本軍主陣地帯に対し全面的な総攻撃に出た。殊にその攻撃の主力は、首里、那覇の中間地区を指向し、同市北方に隣接せる泊部落周辺においては、戦車群を先登《せんとう》にする米軍の強力な浸透作戦が行われ、那覇市北辺の丘陵地帯で、再び戦線は犬牙錯綜した。

十三日、天久方面の米陣地に日本軍は斬込みを行ったが、十四日、米軍が再び攻勢に出て、那覇の一角安里に突入、首里の平良町北方高地及び末吉付近にも突入した。十七日には、遂に米軍は首里東北一粁《キロ》の高地を占領した。しかし、この方面の戦闘において過去十日間に米軍が拡大した侵出距離は二百米《メートル》から二千米《メートル》の間であった。

米軍は十七日、首里市石嶺町の近くの高地を獲得したが、一方、浦添の「チョコレート高地」では、同高地の西南傾斜地を奪回にきた日本軍を撃退した。

この間、米軍による仲西飛行場の制禦、那覇の北方泊高地に対する砲撃等が数度の白兵戦の間隙を利用して行われていたが、五月十七日には、第六陸戦隊が安里川を渡河して市街中心地区に突入した。十九日、那覇の「シュガー高地」はマリーンの二つの部隊が、兵員の大半を損耗して漸くその山頂を奪取して二時間保持したが、押し返されてしまった。このとき蛸壺戦術と塹壕戦が巧妙に行われた。米軍は目指す首里那覇両市を完全に制圧することはできなかったが、強力な抵抗を徐々に排除しつつ首里市の中央部から二千ヤードはなれた地点まで進み、米第十軍は大体首里を包囲する隊形をとった。二十一日、首里の北西の「シュガー高地」は、十一回にわたる奪取戦ののち、米軍の手に帰した。米軍第一線部隊は、二十一日まで首里市石嶺、大名、末吉および那覇方面では真嘉比、安里を結ぶ線に釘づけされたまま、白兵戦を演じていたが、一方、東海岸では地上砲撃の掩護下に戦車を伴い、運玉森《うんたまむい》の東側の日本軍陣地内に浸透、更に与那原に進出し、首里を後方から挟撃しようとする意図に出た。二十二日、更に米軍は波状的に攻勢を取り、各第一線陣地の奪取戦に躍起となった。すなわち、各戦線とも重砲、迫撃砲、艦砲の一斉射撃をやり、戦車をくり出し、日本軍の陣地前二、三百米《メートル》の間に迫り、零距離射撃を行うという状態だった。那覇の第六マリーン師団は、日本軍那覇守備隊を狭い地域に押し込め、与那原方面でも一寸刻みの浸透がなされ、折しも激しい雨の中を困難な戦闘が続けられた。三月十八日以来、五月二十一日までの沖縄の地上戦闘並びに海上掩護作戦において、米軍はすでに、戦死八千三百十人の犠牲を払い、戦傷は二万二千を越えている。しかも第一級空母「フランクリン」をはじめとして有力艦の大損傷は決して少なくない。米軍は科学的優勢を利して空母航空兵力を基幹とする異例的な水陸両用攻撃兵器を生み出したが、日本軍は、集中砲火の中で決して尋常な手段では対抗せず、少なくとも米軍側の最初の希望を修正せざるを得ない異例的な逆襲法に出た。地上における決死的洞穴作戦と、空中における神風攻撃との結合によって米軍の犠牲はますます大となった。これは、東京への道のはるかなものを思わせるものである、と米紙は報じた。

いよいよ陸上戦闘が那覇、首里の前面に移行し、米軍はあらゆる兵力をここに注いで猛攻を加え、日本軍は最後の主備陣地守備に必死となった。戦車による陣地施設の徹底的破壊を試みた上で、歩兵砲部隊を進出させるという用意周到な本格的機械化物量戦の挙に出た米軍は、一方、地上戦と合せて本島周辺の艦船群の動きを活発化させた。ところが五月二十四日の夜、奥山道郎大尉の指揮する日本軍特別攻撃空挺部隊の「義烈隊」「飛竜隊」が月下に、北、中両飛行場に強行着陸し、米航空機、軍需品集積所、飛行場施設等を爆破、米軍を混乱に陥入れ、全員玉砕した。これは、十八日以来、那覇首里を結ぶ主戦場一帯が砲煙に包まれ地上戦闘が凄絶化しつつ、米軍の最前線部隊が首里、那覇の郊外に接近してきたのに、業をにやした日本陸軍航空隊の最後の切札戦術であった。悪天候の間、待機していた「振武隊」を中心とする日本軍各飛行部隊は、晴天の訪れと共に沖縄戦場にぞくぞく飛来した。二十四日夜半戦闘機隊の掩護下に、まず飛竜爆撃隊が出撃、伊江島基地を主目標にして、北、中の飛行場を急襲、少数機による波状攻撃を続行し、三基地を制圧し、奥山隊長の指揮する義烈空艇隊が、北、中両飛行場に強行着陸を敢行した。この基地航空撃滅作戦に引つづき二十五日黎明、更に飛竜特攻隊が進展、敵艦船に突入した。それと呼応して、同時に、日本の空軍基地からは、飛燕、破邪、山吹、九段、葉隠、悠久、降魔《ごうま》、天誅、桜花など振武特攻隊の各隊が、一斉に飛び立った。

このとき日本軍は、新兵器による新たな攻撃方法を発表した。すなわち、神雷特攻隊がそれである。三百三十二人の決死搭乗員が、翼下から飛び出すロケット弾に乗って米艦船群に突入したと報じた。更にその効力を、攻撃機の腹下に収めて艦隊上空に至り、噴射推進式の「人間爆弾」が人体の堪えうる最大速力を以て艦船に突進、一噸といわれるその炸薬を以て、一発で空母、戦艦を瞬時に轟沈せしめるものだと、日本側は発表した。

一方、陸上戦闘では、首里、那覇両市の中間安里付近の米軍に、日本軍は、数日来降りしきる豪雨を冒して、斬込みによる肉薄攻撃をつづけた。

米軍は、東海岸では二十四日夕刻、同方面に若干南下して雨乞森付近に侵出、強硬に南下を企てた。西海岸では二十三日、日本軍は安里川を渡った米軍を安里まで撃退したが、しかし二十四日の朝来、同方面の米軍は兵力を増加し、その一部は正午頃与儀西方地区に滲透し、各正面とも彼我至近距離で対峙し熾烈な戦闘が行われた。

日本軍守備部隊は同地帯の既設陣地や地形地物を巧みに利用して白兵戦を繰り返し、一方米軍は二十一日夜から北谷、嘉手納両地の中間に新たな増援兵力の揚陸を開始した。また十九日頃から、南部主戦地区、知念岬、奥武島、喜屋武《きやん》、糸満などに対しても、間歇的ではあるが艦砲射撃を行っており、米軍は日本軍主陣地の背側をうかがう企図を見せた。有力な後続船団が相次いで沖縄近海に到達し、陸上戦闘の経過に一段と拍車をかけるように見えた、米軍上陸以来まさに五十余日、文字通り寸土、尺土を争う激戦が展開され、米軍は優秀な火力と絶対優勢の兵力量に物をいわせ、日本軍陣地を次々と突破しようとすれば、日本軍は既設陣地帯に米軍を誘導して反撃を加えようとした。戦線の状況は、米軍は攻撃の重点を与那原《よなばる》、運玉森、大名、五十七高地および安里方面に集中し、第一線に対してはさらに新兵力を投入、決戦段階に入った。

3

上陸以来の米軍のとったコースは、西部海岸では大山より嘉数《かかず》、城間《ぐすくま》、安謝《あじゃ》、天久を経て安里《あさと》部落に、中部地区では宜野湾から我如古《がねこ》、前田、安波茶《あはちゃ》、経塚を経て首里北側の地点に、また東部海岸においては津覇、小那覇、我謝《がじゃ》を経て与那原南部地区に侵出した。西部海岸においては大山より安里まで九キロ、中部地区では宜野湾から首里北側高地に至る間約六キロ、東部海岸では津覇より与那原まで約六キロ、この狭小な地域に侵出するのに米軍は約四十数日を要した。

この間、首里の最前線においては日本軍は榴弾砲と加農砲《カノン》の射撃を極めて巧みに、かつ大規模に使用し、その砲火の激しさは実に物凄く、狭隘な第七師団の陣地に五分間に二百六十三発という多量の砲弾を集中した、と米紙は報道した。

米軍は、五月中旬頃那覇、首里の北側我謝の線において態勢を整えたのち、まず本島西海岸方面に攻撃の重点を指向し、那覇に対しては西方海岸より猛烈な艦砲射撃を加え、那覇、首里を結ぶ日本軍主陣地を強行突破し戦局を一挙にして最終段階にもたらさんと企図したが、日本軍守備隊の砲撃により、その進撃はひとまず那覇東北の安里部落付近で一応頓挫した。東海岸方面の攻撃に主力を傾注し出した米軍は、二十一日朝以来運玉森を経て与那原に侵入した。那覇、首里を結ぶ陣地線は依然として膠着状態をつづけたが、日本軍は地形を利用して構築した複郭陣地と準備された火砲を以て徹底的抵抗を試み、米軍は補給が可能であるという戦略上の根本的差異を利用して徐々に要線への滲透を行い、徒らに犠牲を重ねる正面攻撃を排して、新兵力を以て新たな戦局面を切り開こうとした。東方に新たな攻撃重点を指向し、まず突破口を作り、これを逐次拡大してこの方面から西に進み、那覇、首里地区の背後に出てこの方面の日本軍陣地を孤立せしめ、北正面の米軍と相呼応して那覇、首里地区を狭撃しようとした。

その頃から日米両軍の対峙線はW型を示してきた。すなわち、東西の海岸線に主力を注ぐ米軍は与那原南から侵入を企てるものと、安里方面から那覇市郊外の壺屋町一部に侵入したものがあるが、地上戦の進行速度が意外に遅いのに業をにやし、首里市北側と那覇市東北方の両軍対峙線付近に艦砲射撃を続行して地上部隊を掩護した。また義烈空艇部隊の奇襲でその機能を梗塞されていた中飛行場は、二十七日午後から一部使用を再開したが、米軍基地空軍の基軸となっていた北飛行場の復旧はその後数日を要した。

天候は二十四、五日から悪化したが、二十八日には豪雨となり、各戦線は泥濘の中で苦闘した。

その頃、米軍艦船は著しく減少し、嘉手納沖に大中小輸送船三十五隻、慶良間周辺に空母二、戦艦二その他九十五隻、糸満沖に大小艦船十二、三隻が認められるのみだった。五月二十八日、首里の日本軍司令部は、南部に後退し、地上戦闘はとみに急迫した。五月三十一日には米軍部隊は那覇市内に侵入し、陸戦隊が那覇の東方千二百ヤードの国場《こくば》川と古波蔵の部落に前進した。更に首里城跡にも突入、首里城内の国旗掲揚場には星条旗が掲げられた。

東海岸の与那原付近から南下中の米軍部隊の一部は、同地南方三キロの稲福付近に侵出した。

那覇、首里を結ぶ要線は堅固な複郭陣地であったため、米軍は約半月にわたって幾度となく猛攻を加えたが容易に突破できなかったのを、三十一日以来は米軍の那覇、首里両市侵入、更に東海岸からこの右翼陣地の背後をうかがうようになり、日本軍は最後的重圧を加えられ戦力の差異は顕著となった。六月三日頃の対峙線は那覇南部より国場川を連ね、東海岸においては稲福を結ぶ線であった。また、米軍は知念半島を遮断した。この頃から戦線は雨期に入り、天候は次第に悪化し、山野は泥濘におおわれた。

米軍は小禄飛行場占領を企図し、四日早朝から那覇西南方地区に一部の新上陸を行い、また那覇東南方の真玉橋《まだんばし》方面から相呼応して小禄方面に侵入した。東海岸方面の米軍は三日夕刻頃から与那原東方五キロの垣花、富名腰《ふなこし》付近まで滲透してきた。

六月六日、米軍は那覇飛行場を占領、全線にわたって更に南下した。その後小禄飛行場を中心とする洞窟戦闘はつづけられ、六月十三日、ついに大田実少将以下の海軍陸戦隊の殆ど全員が戦死した。

首里、那覇、小禄が落ちて日本軍の組織的抵抗はここに終った。米兵は「これから厄介な仕事がはじまるぞ」と語り合った。というのは掃討戦のことであった。これまでは殆ど戦闘員だけの闘争であったが、これから南部島尻地区に入ると、敗残兵と化した日本軍と逃げ場を失った沖縄住民が狭隘なポケット地帯に追い込まれ、ゲリラ戦をくり返す日本軍少数部隊の各所における蠢動のために、砲爆撃による住民の犠牲が甚だしく、六月以降、日本軍降伏までの約二十日間は、沖縄戦最大の生地獄を現出した。米軍は、主として残敵掃討、日本軍への降伏勧告、住民救出を目的としたが、それは米軍の想像を絶した困難な仕事であり、彼らは「あの熱狂者どもを狩り出すのには、ほんとに手を焼いた」と語った。

六月以降の米軍の南下コースを辿れば、那覇飛行場を攻略した米陸戦隊は六月七日小禄村字具志南方に、第一師団は兼城村字武富の西の高地に、偵察隊は糸満北部九百ヤードのところに到着、第九十六師は高嶺村字与座まで進入した。かくして日本軍は数平方哩のポケット地帯の中に追い込まれてしまった。六月九日、米陸戦隊第一師団は小禄南方から糸満の南東国吉の分水嶺に前進した。一方、日本雷爆隊による攻撃により伊江島飛行場は連続爆発をおこし火災を生じた。十日、陸戦隊は、八重瀬陣地を攻撃、他の一隊は与座部落西方陣地を攻撃した。十一日、バックナー中将は日本軍司令官に無条件降伏を要求した。十二日、八重瀬陣地の一部は米軍の手中におちた。この日、阿南陸相は島田知事宛、沖縄島民に謝電を送った。

六月六日以来、米軍は具志頭《ぐしかみ》、富盛《ともり》、世名城《よなぐすく》、糸満北側の線にも侵出、逐次戦線を拡大しつつあったが、十六日には米軍の侵出線は東海岸仲座南側から八重瀬嶽南麓の線を連ね、十七日には日本軍は八重瀬嶽南方八百米《メートル》、一五七、六高地およびその南側地区を奪回した。また大里南方約五百米《メートル》付近の一高地では白兵戦が行われた。

十八日、バックナー中将戦死し、十九日、歩兵第九十六師のイアスレイ代将が戦死した。二十日、バックナー中将の後任にヨセフ・スチルウェル前印緬支派遣米軍司令官が、米第十軍司令官として新たに任命された。

二十一日、島尻戦線中央部では二つの拠点（一つは新垣、真栄平《まえひら》各東北側台地付近から摩文仁を経て小渡に至る拠点地域と、いま一つは真壁村北側の八一高地から西海岸の真栄里の線以南の本島西南端地区）で決戦がつづけられた。島尻南部地区の戦線中央部を突破し、内部に滲透した米軍を迎えて、日本軍は、新垣、真栄平の北側高地東南方において摩文仁を中心とする一帯の地区、西部において真壁村北側より西に真栄里に至る一帯の台地で、拠点を守っていた。

十九日、日本軍司令官牛島中将は、陸軍大臣に次のような訣別の打電をした。

「大命を奉じ挙軍勇戦敢闘茲《ここ》に三個月、全軍鬼神の奮戦力闘にも拘わらず米軍の攻勢を粉砕する能わず、事態正に危急に瀕せり、麾下部隊本島進駐以来現地同胞の献身的協力の下に鋭意作戦準備に邁進し来り、攻勢軍を邀ふるに方っては航空部隊と相呼応し沖縄防衛の完璧を期したるも、万、不敏不徳の致すところ事志と違い遂に負荷の重任を継続する能わざるに至れり。上、陛下に対し奉り、下国民に対し真に申訳なし。事茲に到れる以上残存手兵を提げ最後の一戦を展開し阿修羅となりて最後の奮戦をなさん存念なるも唯々重任を果し得ざりしを思い長恨千歳に尽るなし。最後の決闘にあたり既に散華せる麾下将兵の英霊と共に皇室の弥栄を祈念し奉り皇国の必勝を確信しつつ或いは護国の鬼となり、或いは神風となりて天翔り必勝戦に馳せ参ずべき所存なり。茲に従来の御指導、御懇情ならびに作戦協力に任ぜられたる各上司ならびに各部隊に対し深甚なる謝意を表す。

遥かに微衷を披瀝し以て訣別の辞とす。

秋を待たで枯れゆく島の青草は皇国の春に甦らなむ

矢弾尽き天地染めて散るとても魂がへりつつ皇国護らむ」

そして、二十三日未明、牛島軍司令官、長参謀長が摩文仁八、五高地で自決、沖縄戦は八十余日にして閉幕した。

この地上戦闘において米軍の死傷約八万、特攻機による米艦船の撃沈破六百隻と、日本大本営は発表。米軍は、日本軍の戦死、九〇四〇一、捕虜四〇〇〇、米軍側戦死、一二六〇、負傷三三三〇八と発表した。太平洋島嶼作戦中最高の犠牲を払っていることは争われぬ事実であった。しかし、この他に日本特攻機による米艦船の撃沈破に伴う戦死傷者、および特攻機搭乗員の犠牲、更に現地住民の驚くべき犠牲——直接間接の犠牲を加えれば、この三カ月足らずで沖縄海域に流された血は類例のないもので、島の赤土をいよいよ赤く染め、海中の珊瑚の色を更に血ぬるものではないかと疑われるくらいだった。大体、戦後、沖縄民政府社会事業課が調べた沖縄住民の戦死者数は、確実なものだけで極く内輪に見て、左の如くである。

一般人	四七、一八四人
現役兵	四、五七五人
応召兵	八三六人
防衛兵	九、〇一九人
勤皇隊	七〇八人

護郷隊　　　　　　　　　一六人
　　　　計六二、三三八人

となっているが、これには、女学生の戦死者も、餓死者、栄養失調による病死者も計算されておらず、また鉄血勤皇隊以外の学生隊の戦死者もあり、右の数字は甚だ大まかなもので、十万をはるかに越えると見られている。

沖縄戦日誌

一九四四年（昭和一九年）

一〇月一〇日 ◆午前六時四〇分、米機動部隊艦載機による初の空襲、夕刻まで五波にわたり延九〇〇機が来襲、大規模な焼夷弾攻撃により那覇全市は県庁ほか一部を残し灰燼に帰す。沖縄の人的損害約七八五人（死亡三三〇・負傷四五五）港湾、船舶、飛行場、航空機、軍需物資、弾薬等に甚大な損害をこうむる。◆県庁を普天間に移す。

一二～一六日 ◆連合艦隊司令長官豊田副武大将は一二日「基地航空隊捷二号作戦発動」を下命、沖縄を空襲した米機動部隊に対し台湾沖航空戦を展開。

一一月一七日 ◆第三二軍司令官牛島満中将は大本営決定により麾下の第九師団（武部隊）の台湾転出を決める。昭和一九年一二月中旬から翌昭和二〇年一月上旬にかけて移動を完了。

一九四五年（昭和二〇年）

◆米軍機、連日少数機をもって一月中旬迄偵察銃撃つづく。

一月一二日　◆未明より夕刻にかけ米艦載機約九〇〇機が奄美、宮古、八重山、沖縄本島を攻撃、沖縄本島には延七〇〇機が来襲。戦死一一五、負傷一一四、航空機損害一〇、輸送船一、機帆船一八が沈没、民間人死者六〇。

三月二三日　◆米機動部隊沖縄近海に接近、午前七時一五分より夕刻にかけ延三五五機来襲。

二四日　◆米艦載機沖縄本島を襲う。延六〇〇機。◆戦艦を含む米艦隊沖縄本島南部に約七〇〇発の初艦砲射撃を行う。◆県下女子中等学校生徒、従軍看護婦として各陸軍病院に入隊、正式に軍属となる。

下旬　◆島田知事警察警備隊を編成。

二五日　◆島田知事県庁の首里移転を命令。◆米艦載機未明より延五一五機をもって沖縄本島を攻撃、沖縄本島周辺の米艦艇は四群四四隻を数え、本島南部及び慶良間列島に艦砲射撃。

二六日　◆連合艦隊司令長官並びに第一〇方面軍司令官天一号作戦発動を下令。

二七日　◆運天港所在第二七魚雷艇隊は残波岬北方で米巡洋艦二隻撃沈、駆逐艦一隻を大破。わが軍は魚雷艇一隻沈没。◆米軍渡嘉敷島に上陸。

二八日　◆渡嘉敷島と座間味島で住民が集団自決。（当時の守備隊長は赤松大尉―渡嘉敷島、梅沢少佐―座間味、両島の自決者は約七〇〇人―厚生省調べ）

二九日　◆米軍慶良間列島全域を完全に占領。◆日本軍魚雷艇隊再出撃、米巡洋艦一隻、駆逐艦一隻を撃沈。わが軍の未帰還魚雷艇二隻。◆英国艦隊奄美、先島を砲撃、米艦隊の沖縄砲撃本格化。◆沖縄女子師範、県立第一高女、南風原陸軍病院で卒業式を挙行。

三〇日　◆米艦隊港川方面に対し夜半から砲撃開始。◆運天港の日本軍魚雷艇基地は米軍機二〇〇機による攻撃を受け壊滅す。

三一日　◆午前八時、米軍砲兵隊は那覇西方一〇粁《キロ》の神山島に無血上陸に成功、首里日本軍司令部を砲撃。

四月一日　◆米第五一機動部隊司令官ターナー海軍中将の「上陸開始」の命により戦艦一〇隻、巡洋艦九隻、駆逐艦二三隻、砲艦一一七隻、計二一〔ママ〕九隻の艦艇が艦砲射撃を開始。

◆午前八時三〇分渡具知海岸に上陸を開始。◆同時刻頃、米第二海兵師団が港川上陸陽動作戦を展開。◆同一〇時三〇分に上陸米軍が中飛行場を、同一一時三〇分には北飛行場を占領、この日沖縄本島に上陸した米第一〇軍は総数五万。

四月二日　◆米第七師団第一七連隊中城高地を確保、米第九六師団島袋、棚原の戦線を確保。

三日　◆米第三二歩兵連隊久場崎を占領。◆北飛行場東方に配置されていた郷土防衛召集兵で組織する第五〇三特別警備工兵隊八〇〇人は上陸以来の戦闘で全滅す。

四日　◆米軍、大山、神山、野嵩、添石の線に進出。

五日　◆米、四個連隊を以て石川地峡を分断、沖縄本島を完全二分す。◆米海軍軍政布告（いわゆるニミッツ布告）を公布『米軍占領下の南西諸島に対する日本国の行政、司法権を停止』した。◆牛島司令官、八日の夜を期して攻勢に転ずることを決定。

六日　◆第一次航空総攻撃（菊水一号作戦）を展開、一〇日までに特攻機二三〇機が出撃し米艦艇六隻を撃沈、二〇隻を撃破す。◆戦艦大和を旗艦とする計一〇隻編成の海上特攻隊は午後三時二〇分山口県徳山の錨地を出撃し沖縄へ向う。◆米軍津堅島に上陸、山崎小隊が応戦撃退す。◆米軍、上陸用舟艇一四隻をもって名護町幸喜に上陸、北に向って進撃開始。

七日　◆午後〇時二八分、戦艦大和を旗艦とする海上特攻隊は徳之島沖で米軍機の攻撃を受け、戦艦大和をはじめ五隻が撃沈され、行動不能におちいった駆逐艦二隻は自沈、三隻に損害を受け壊滅す。

八日　◆船舶工兵第二六連隊の西岡小隊長は刳《くり》舟を出し神山島へ斬込みを敢行、火砲三、機関銃二を破壊、米兵一〇を殺傷、西岡小隊長以下五人が生還す。

九日　◆第三二軍牛島司令官は次期攻勢を決意、第六二師団と第二四師団をもって殺傷攻撃を計画す。◆米軍、嘉数高地に対し猛攻、以後争奪戦続く。

一二日　◆第二次航空総攻撃（菊水二号作戦）展開、四八二機（うち特攻一一二機）が出撃、米駆逐艦一を撃沈、戦艦二、駆逐艦一〇を撃破。

一三日　◆牛島司令官は夜間攻撃の失敗により戦略持久の防備強化を命ず。

一五日　◆米軍砲兵三個大隊水納島に上陸。◆米軍本部半島八重岳の日本軍を包囲、混戦となり激戦の末日本軍主陣地の一角を占領。

一六日　◆菊水三号作戦を展開、四四七機（うち特攻五一機）が出撃。◆米軍早朝より伊江島西岸に上陸を開始。◆米軍本部半島を制圧、国頭支隊長（独立混成第四四旅団第二歩兵隊長）宇土武彦大佐は戦況を判断し多野岳への転進を全部隊に命令、同夕刻八重岳を放棄。

一八日 ◆アメリカの従軍記者アーニー・パイル伊江島で戦死。◆米軍航空機六五〇をもって空襲北正面の主陣地に対し陸上と海上より砲撃、地上軍は牧港から伊祖付近に侵入、日米両軍混戦状態となり激戦つづく。

一九日 ◆米軍早朝より嘉数地区に猛砲撃、正午より攻撃前進を開始。

二一日 ◆伊江島地区隊長井川正少佐は夕刻七時最後の総攻撃を命令、果敢な突撃を敢行し井川少佐以下将校全員が戦死、日本軍伊江島守備隊の組織的抵抗終る。この最後の突撃には住民、防衛隊、女子救護班、女子協力隊も参加、伊江島の全戦闘を通じ住民一、五〇〇人が戦死した。◆城間、伊祖、安波茶地区で死闘展開、嘉数、棚原、西原高地で米軍の攻撃を阻止。米軍東部海岸で和宇慶西方一キロの高地を占領。つづいて夕刻には同高地の東方につらなる全稜線を占領。

二三日　◆日本軍六二師団（石部隊）は仲間、前田の線を撤収。

二六日　◆米軍猛攻、仲間、前田両高地の争奪戦続き、前田の一角が崩れ、三二連隊主力は首里北方へ移動。◆鈴木首相は現地軍将兵及び官民に対し、その勇戦をたたえ感謝の放送を行う。

二七日　◆島田知事繁多川の県庁壕に未占領地域市町村長、警察署長を招集し緊急会議を開く。◆海上挺身第二七戦隊一二隻は嘉手納沖の米艦艇を攻撃し、戦車、自動車を満載した一万トン級大型貨物船一、駆逐艦一を撃沈。

二九日　◆日本軍総攻撃を決意、五月四日を期し決行ときまる。

五月三日　◆日本軍逆上陸部隊を東海岸と西海岸に送る。西海岸逆上陸部隊は攻撃成功後全員戦死、東海岸逆上陸部隊は与那原を出て伊波に向ったがその一部は上陸成功後全員戦死す。

三〜四日　◆菊水四号作戦を展開、六九九機（うち特攻六五機）出撃。

四日　◆日本軍総攻撃。

六日　◆島田県知事を総帥とする「沖縄県後方指導挺身隊」を行政機構として編成。

一一日　◆菊水六号作戦を展開、三三二機（うち特攻六四機）出撃。

一二日　◆米軍総攻撃を開始、全戦線にわたって激戦展開、真和志村真嘉比、泊周辺で戦車隊を先頭に強力な侵透作戦実施。

一三日　◆那覇北方天久方面の米軍陣地に日本軍が斬り込み。◆米高速機動部隊九州を空襲。

一四日　◆米軍那覇市安里に突入、海兵隊首里北西寒川高地を占領、末吉付近にも進出す。

一五日◆松川付近の台地で日米両軍が戦闘。

一七日◆米軍首里、石嶺及び浦添村阿波茶高地を占領。

一九日◆米海軍糸満、喜屋武、奥武、知念岬に対し艦砲射撃。

二〇日◆米軍首里包囲態勢をとる。

二一日◆石嶺、運玉森、那覇、与那原に進出した米軍は首里挟撃態勢をとる。◆米軍増援部隊北谷、嘉手納に上陸。

二二日◆この日より二八日まで豪雨つづき各戦線とも膠着状態となり砲戦つづく、両軍の距離二〇〇メートル乃至三〇〇メートル。

二三日◆奥山大尉指揮の義烈空挺隊、北・中両飛行場に強行着陸、米軍機、施設を破壊、二七日までに全員戦死す。

二四日　◆菊水七号作戦を展開、二九〇機（うち特攻九八機）が出撃、米艦一を撃沈、九隻に損害を与えた。

二五日　◆島田知事南部へ下る。◆沖縄新報発刊不能となる。

二七日　◆菊水八号作戦、特攻機六〇機をもって米艦一隻を撃沈、七隻に損害を与えた。

二八日　◆第三二軍司令官牛島中将首里を放棄、南部へ下る。

三〇日　◆米軍首里城に突入、星条旗ひるがえる。

六月三日　◆菊水九号作戦、特攻機二〇機が出撃し米艦一隻を撃破す。

四日　◆台風来襲米艦三六隻沈没破損す。◆米軍小禄方面に上陸す。

六日　◆小禄飛行場米軍の手中に帰す。◆第三二軍参謀神直道少佐大本営連絡のため防召兵六人を伴い国頭より刳舟で出発。

◆沖縄方面根拠地司令官大田実海軍少将は六日夜、沖縄県民の献身的作戦協力について海軍次官あてに次のように電報した。

『沖縄県民ノ実情ニ関シテハ県知事ヨリ報告セラルベキモ県ニハ既ニ通信力ナク、三十二軍司令部又通信ノ余力ナシト認メラルルニ付、本県知事ノ依頼ヲ受ケタルニ非ザレドモ現状ヲ看過スルニ忍ビズ之ニ代ツテ緊急御通知申上グ。

沖縄本島ニ敵攻略ヲ開始以来陸海軍方面防衛ニ専念シ県民ニ関シテハ殆ド顧ミルニ暇ナカリキ。シカレドモ本職ノ知レル範囲ニ於テハ県民ハ青壮年全部ヲ防衛召集ニ捧ゲ、残ル老幼婦女子ノミガ相次グ砲爆撃ニ家屋ト財産ノ全部ヲ焼却セラレ僅ニ身ヲ以テ軍ノ作戦ニ差支ナキ場所ノ小防空壕ニ避難尚砲爆下……風雨に曝サレツヽ乏シキ生活ニ甘ジアリタリ。而モ若キ婦人ハ率先軍ニ身ヲ捧ゲ看護婦炊事婦ハモトヨリ砲弾運ビ挺身斬込隊スラ申出ルモノアリ。(中略)本戦闘ノ末期ト沖縄島ハ実情形……一木一草焦土ト化セン。糧食六月一杯ヲ支フルノミナリト謂フ。沖縄県民斯ク戦ヘリ。県民ニ対シテ後世特別ノ御高配ヲ賜ランコトヲ。』

九日　◆米軍八重瀬岳の南東端を確保。◆島田知事警察警備隊の解散を命令。◆第三二軍司令部付森脇弘二大尉は沖縄作戦報告のため大本営に向う。

一〇日　◆米軍司令官バックナー中将、日本軍司令官牛島中将に対し降伏を勧告。

一二日　◆米軍、日本軍の降伏を勧告し三万枚のビラを撒布。

一四日　◆沖縄方面根拠地司令官大田実少将麾下の海軍陸戦隊は小禄一帯で玉砕、大田司令官は司令部壕内で幕僚と共に自決す。大田少将辞世『身はたとえ沖縄の野辺に朽ちるとも守り抜くべし大和島根を』◆島田知事警部警備隊を解散。

一五日　◆神参謀大本営梅津参謀総長に対し沖縄戦況を報告、ついで航空総軍を訪ね対沖縄航空総攻撃を強く要請。◆森脇大尉大本営に出頭し戦況を報告。

一七日　◆大里南方で日米両軍白兵戦を展開。◆島田知事、牛島中将を陣中に見舞う。

一八日　◆米第一〇軍司令官シモン・B・バックナー中将は糸満町真栄里の高地で戦闘指揮中日本軍の砲弾により戦死。ロイ・S・ガイガー海兵隊少将がかわって指揮をとる。◆牛島軍司令官参謀本部並びに第一〇方面軍司令官に訣別の打電。◆島田知事、荒井警察部長消息不明となる。

一九日　◆第一〇方面軍司令官安藤利吉大将は第三二軍及び配属部隊に対し感状を授与。◆午前九時ひめゆり学徒隊員四〇人米須の壕で自決。◆米歩兵第九六師団イアスレイ代将戦死。◆第三二軍司令部牛島中将以下訣別の宴を催す。◆第三二軍参謀及び司令部将兵二〇人が大本営連絡あるいは遊撃戦の任務を帯びて出撃。

二〇日　◆米軍、バックナー中将後任にG・スチルウェル大将を第一〇軍司令官に任命。

二一日　◆未明午前一時、日本兵残存兵力と学徒隊をもって最後の総攻撃を試みる。

二三日 ◆第三二軍司令官牛島満中将並びに同参謀長長勇中将は午前四時三〇分摩文仁岳で古式にのっとり割腹自決、沖縄戦は両将軍の死をもって組織的戦闘を終了。牛島中将辞世『秋を待たで枯れゆく島の青草は皇国の春に甦らなむ』◆米軍久米島に上陸。◆米軍、敗残兵の掃討を開始、三日間で日本兵九、〇〇〇を殺し、四、〇〇〇を捕虜にす、米軍の死傷七八三。

三〇日 ◆米軍掃討戦を終わる。

八月一五日 ◆大日本帝国、連合国に対し無条件降伏。

二三日 ◆米軍は依然として組織を維持していた国吉駐屯の伊東孝一大尉指揮の大隊に対し日本の無条件降伏を告げ武装解除。

二四日 ◆伊東大尉、米軍司令部に赴き日本の降伏を確認。

二九日 ◆伊東大尉の説得により歩兵第三二連隊（連隊長・北郷格郎大佐）武装解除。

九月四日

◆歩兵第三二連隊第二大隊（志村常雄大尉）は伊東大尉の終戦連絡により米軍に収容さる。

日米損害比較

米軍

	陸軍	海軍	海兵	合計
戦死	四、五八二	四、九〇七	二、九三八	一二、五二〇
行方不明	九三			
負傷	一八、〇九九	四、八二四	一三、七〇八	三六、六三一
戦闘不能者	一五、六一三		一〇、五一八	二六、二一一

	船舶	舶空機
沈没	三六隻	
破損	三六八隻	
撃墜破		七六三機

日本軍

陸海軍		航空機	船舶	
戦死	六五、九〇八	七、八〇〇機	沈没	一六
捕虜	七、四〇〇		損傷	四

沖縄県民

学徒隊		軍関係	住民
男子	七三三	死亡二八、二二八	死亡一四〇、〇〇〇
女子	二四九		
職員	九二		

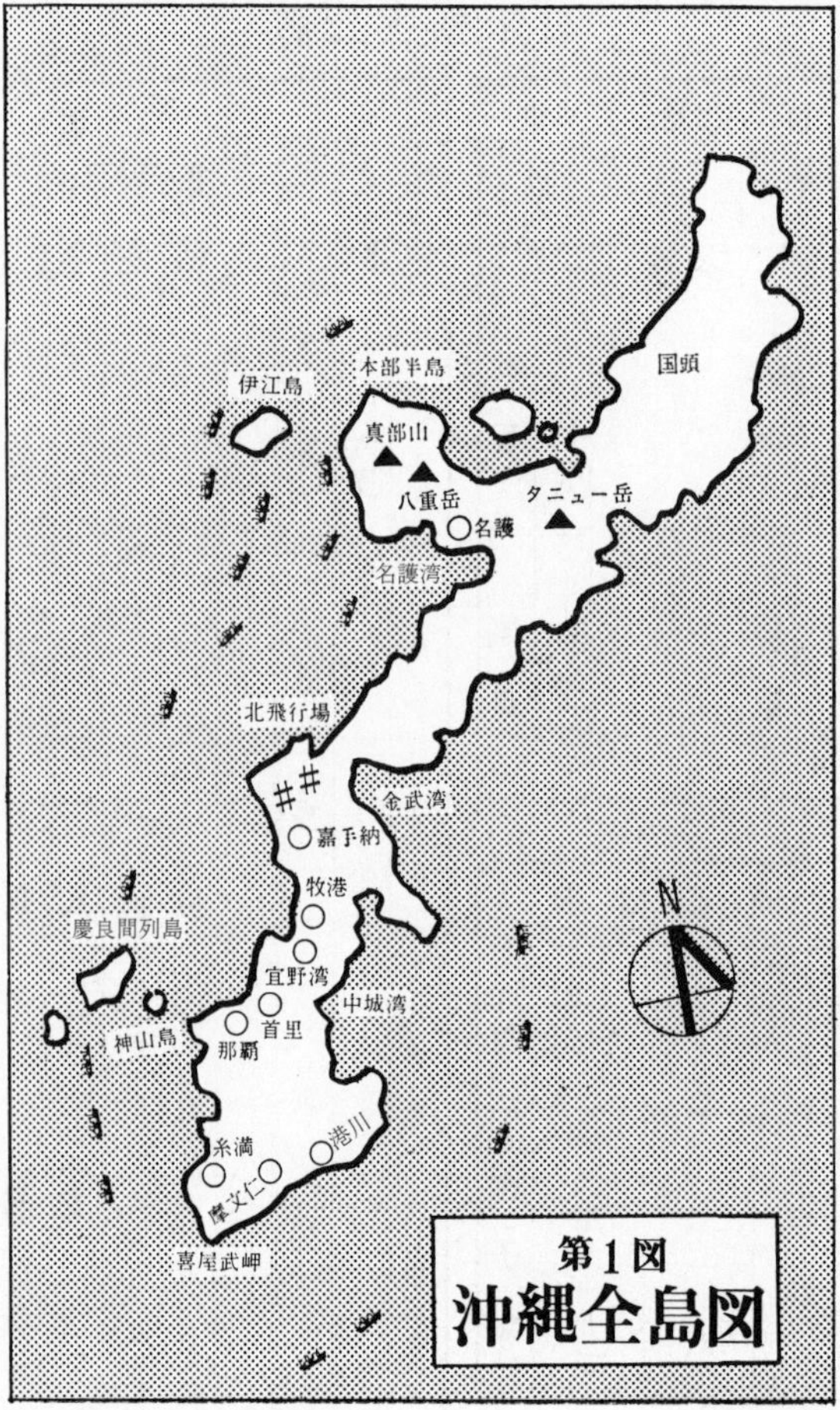
本部半島
伊江島
国頭
真部山
八重岳
タニュー岳
名護
名護湾
北飛行場
金武湾
嘉手納
牧港
慶良間列島
宜野湾
中城湾
首里
神山島
那覇
糸満
港川
摩文仁
喜屋武岬
N
第1図
沖縄全島図

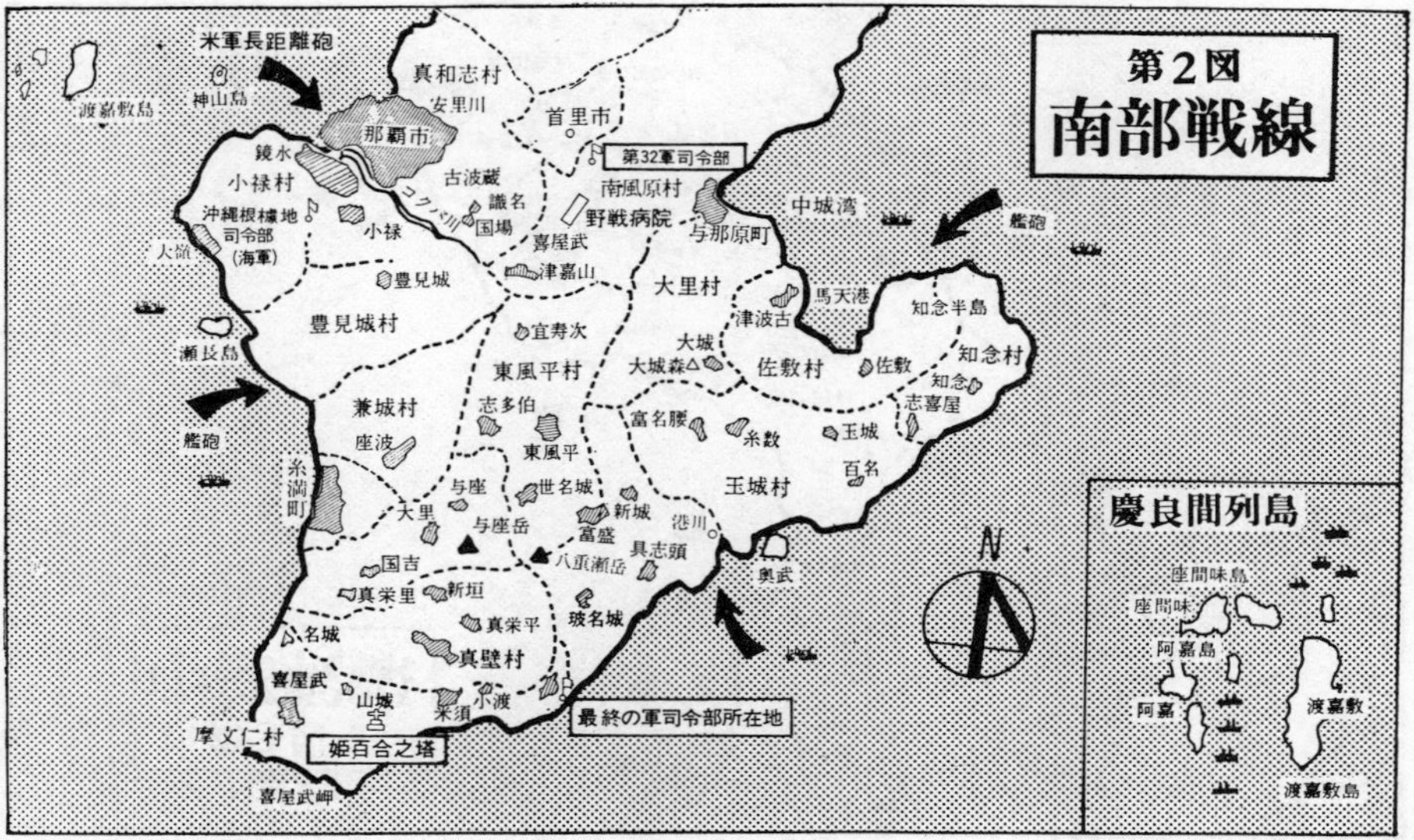
米軍長距離砲
渡嘉敷島
神山島
那覇市
鏡水
小禄村
沖縄根欅地
司令部
(海軍)
大嶺
小禄
豊見城
豊見城村
瀬長島
艦砲
兼城村
座波
糸満町
大里
与座
与座岳
国吉
真栄里
新垣
真栄平
名城
真壁村
喜屋武
山城
米須
小渡
摩文仁村
姫百合之塔
喜屋武岬
真和志村
安里川
首里市
第32軍司令部
古波蔵
コクバ川
識名
国場
南風原村
野戦病院
喜屋武
津嘉山
宜寿次
東風平村
志多伯
東風平
世名城
新城
富盛
八重瀬岳
具志頭
玻名城
与那原町
中城湾
艦砲
大里村
大城
大城森
津波古
馬天港
知念半島
知念村
知念
佐敷村
佐敷
志喜屋
富名腰
糸数
玉城
百名
玉城村
港川
奥武
最終の軍司令部所在地
N
慶良間列島
座間味島
座間味
阿嘉島
阿嘉
渡嘉敷
渡嘉敷島

第2図
南部戦線

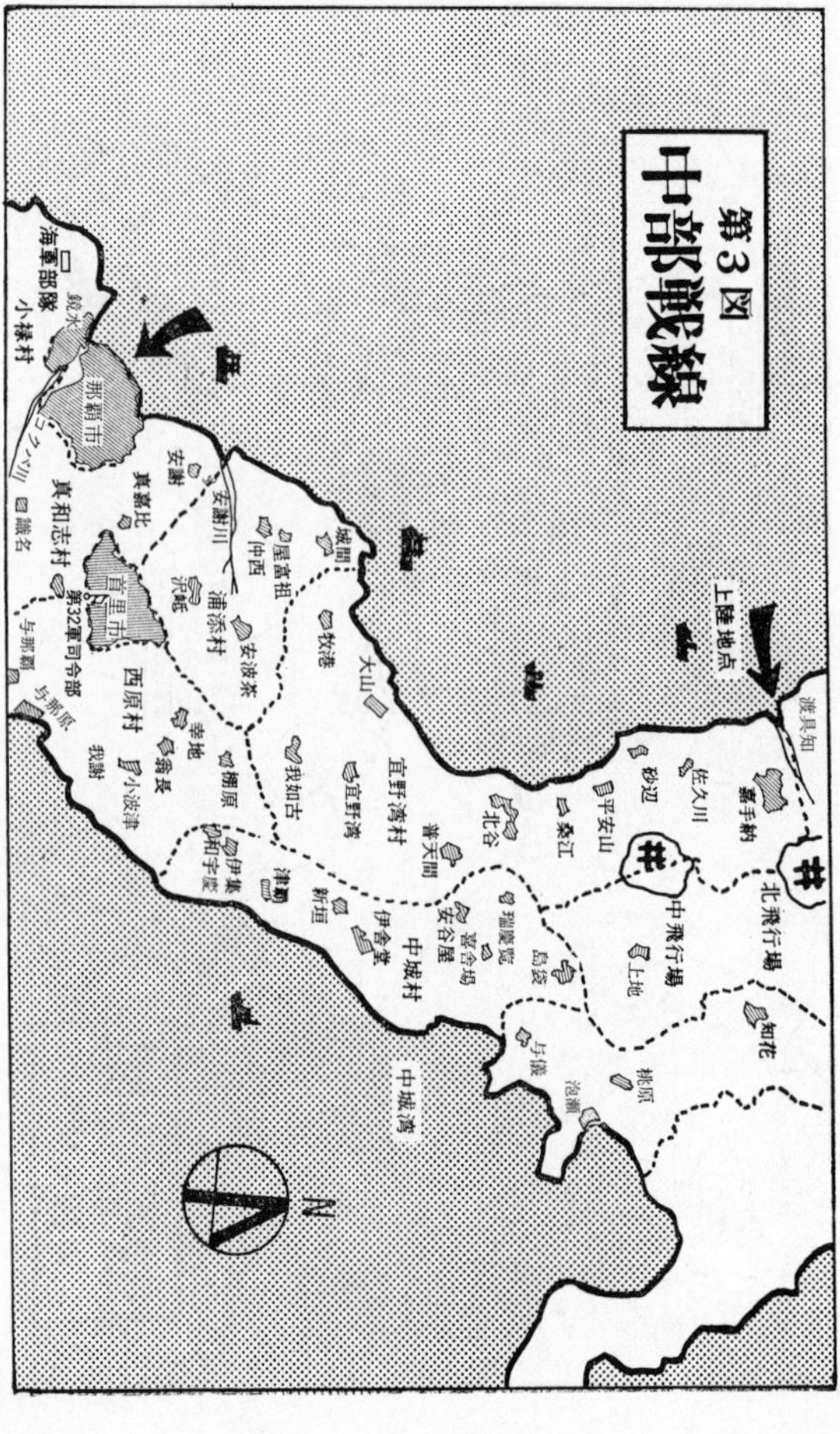
第3図
中部戦線
上陸地点
渡具知
嘉手納
北飛行場
中飛行場
佐久川
砂辺
平安山
桑江
北谷
上地
知花
桃原
与儀
泡瀬
島袋
喜舎場
瑞慶覧
安谷屋
中城村
伊舎堂
新垣
津覇
伊集
和宇慶
普天間
宜野湾村
宜野湾
我如古
棚原
翁長
幸地
小波津
我謝
西原村
大山
牧港
安波茶
浦添村
沢岻
屋富祖
仲西
城間
安謝川
安謝
真嘉比
真和志村
首里市
第32軍司令部
与那覇
与那原
識名
国場川
那覇市
小禄村
海軍部隊
鏡水
中城湾
N

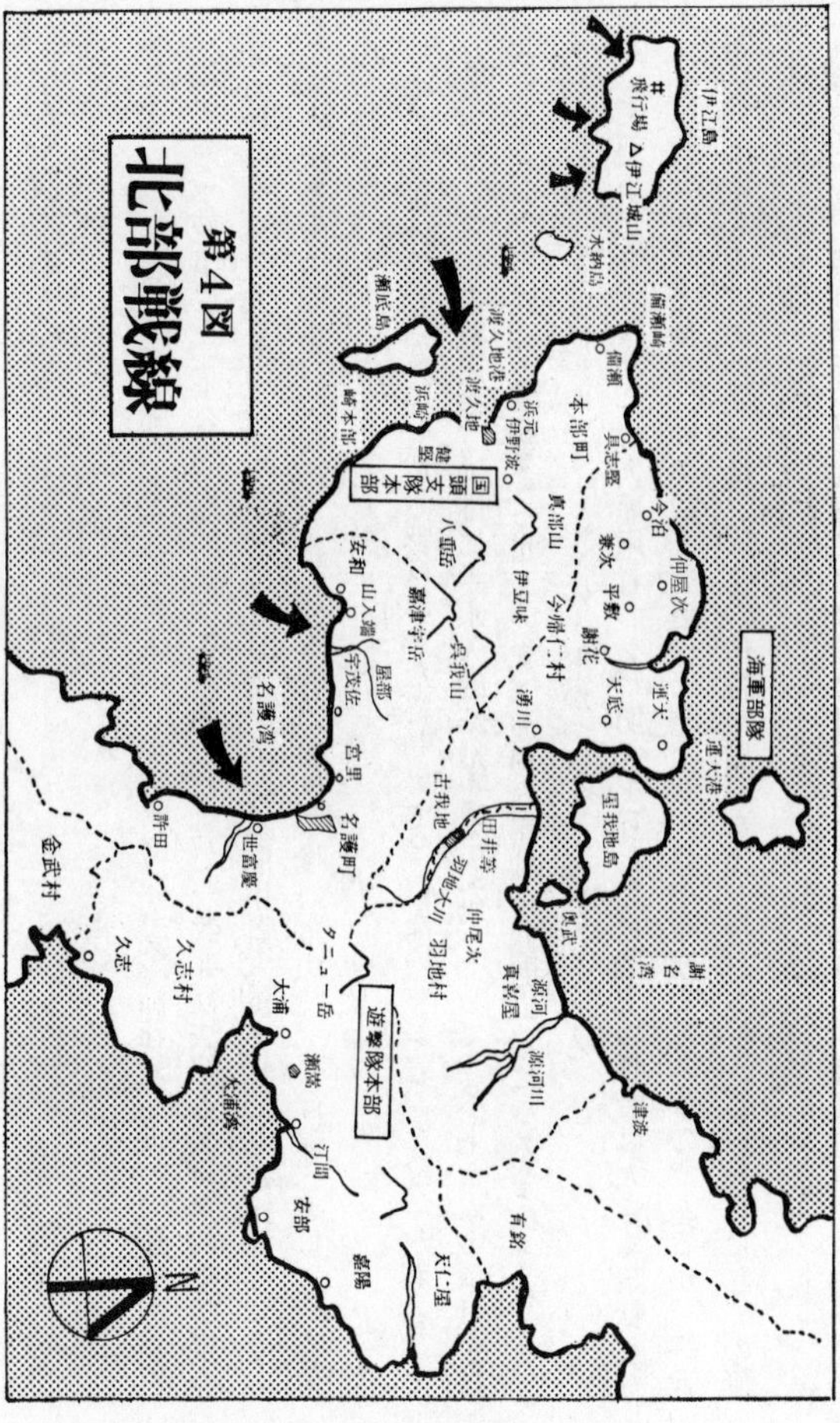
伊江島
飛行場
伊江城山
水納島
瀬底島
備瀬崎
備瀬
具志堅
本部町
渡久地港
渡久地
浜元
伊野波
健堅
浜崎
崎本部
国頭支隊本部
今泊
兼次
仲尾次
平敷
謝花
天底
運天
運天港
海軍部隊
屋我地島
奥武
真部山
八重岳
伊豆味
今帰仁村
湧川
安和
山入端
嘉津宇岳
呉我山
屋部
宇茂佐
名護湾
宮里
名護町
古我地
田井等
羽地大川
羽地村
真喜屋
源河
源河川
津波
許田
世富慶
金武村
久志
久志村
タニュー岳
大浦
瀬嵩
遊撃隊本部
汀間
安部
嘉陽
天仁屋
有銘
N

第4図 北部戦線

二十年後のあとがき

きょう（一九七〇年＝昭和四五年＝一月十一日 沖縄タイムス、朝刊第一面）の新聞をひろげる。トップ記事に『軍大量解雇問題、積極的に対処で一致＝立法院各派交渉。臨時議会招集の動きも』と大見出しが出、アメリカ軍の沖縄人雇用者大量クビ切りに抗して、立ち起こった全軍労の四十六時間スト。労使双方の意見の喰いちがい、平行線。そして、立法院の苦悩——。

「沖縄の戦後は終わった」「否、戦後はまだ終わってはいない」といった論争がある。アメリカ軍は、日本の敗退後、沖縄に半永久的基地を築いた。そして、ベトナム戦争は、この基地が大いに役立った。ところが、いま、沖縄返還は一九七二年にやるという（佐藤、ニクソン会談による共同声明）、一おうのメドがついたかっこうである。

そして、アメリカは、沖縄人雇用者のクビ切りを宣した。歴史の舞台は大きく暗転したかにみえる。そして舞台は別の脚光を浴び出した。一見そう観客はみるのであるが、終戦五年後、上梓した、この記録は、灰色の伏線を引いたまま今日も生々しい記録としての価値を失っていないように見受けられる。

「悪夢のような戦争」を、忘れることなくと書いた、この記録の「まえがき」は、二十年後の今日でも、書き改める必要はなさそうである。

第一章にみられる一場面「揺らぐ常夏の島」「十・十空襲」で描破された首都那覇市は、いま大きく変わった。疎開船や、日本軍の軍艦や、大小の輸送船の出入した那覇港は、一般商港とアメリカの使用する軍港が同居したかたちの港となった。ベトナムの戦場から運ばれた、ベトナムの土のこびりつく、戦車の放列（野積み）をみると、二十年という時間の経過は感じられない。人口三十万の那覇市は、たとえ虚像であれ、観光客があふれ、ショッピングを楽しむエトランジェ？　たちを迎え、ネオンが奇麗だ。私は、それが実像であることを祈りたいのである。

（牧港篤三・記）

三十年後のあとがき

沖縄出身の、すぐれた報道写真家・石川文洋氏が、ベトナム戦争の初期から、全土解放まで身を挺して撮りつづけてきた報道写真を中心に『ベトナム戦争写真集』を編み、それをベトナム全土の学校や図書館に贈る運動があるときいて或る種の感動を覚えた。

沖縄戦（太平洋戦争）を例にとってみると、戦争体験者であっても、戦争の実態というものはよくわからなかった。後で米軍の記録した写真や映画によってそれを補完するようなものであった。ましてや、戦争を知らない人たちに、戦争の実態をわかってもらうことは実に至難なことである。

戦後、幾多の戦争体験記や実録のたぐいが続々と刊行されたものの、俗にいう戦無派や、これから生まれてくる世代に戦争の悲劇を語りつぐことは、並たいていのことではない。だが、そうした体験を継承させてゆくことがきわめて重大であるだけに徒労に終わってはならないと考える。

本書は、版を重ねながら、今日なおその存在のたしかさをわたくしたちに感じさせるのである。本書の存在価値を問う前に、なぜ「二十年後のあとがき」に加えて、いまここに三十年後のあとがきを記さなければならないか。そこに沖縄が立たされている情況があり、抜き差しできない大きな意味が含まれているのではないか。

あの戦争から、三十一年という星霜が経過している。その間、沖縄を取り巻く環境は激しく、そして目まぐるしく変転した。だが、終始一貫して変わらぬことは、米軍基地の存在であり、復帰と同時に自衛隊の駐屯、基地の再編強化であり、片時とて去らない戦争への恐怖である。

この記録の「まえがき」は、三十年後の今日でも書き改める必要はないのである。

（牧港篤三・記）

五十年後のあとがき

『沖縄戦記　鉄の暴風』が書かれたのは戦後も五年目（一九五〇年八月十五日初版発行）、住むに満足な家もなく、衣服も米軍の軍服を仕立てなおしたもので、喰い物も不足がちであった。資料らしい資料もなく、頼りになるのは、悲惨な戦争を生き抜いてきた、人々の体験談をきくのが唯一の仕事で、私は大田良博記者と「公用バス」と称する唯一の乗物機関（実はトラックを改装したもの）を利用して国頭や中部を走りまわったことを憶えている。語ってくれた人数も多いが、話の内容は水々しく、且つほっとであった。もっと時間が経過すれば、人々の記憶もたしかさを喪っていたことであろう。

戦争体験は、昨日のように生まなましく、別の観念の這入りこむ余地はなかった。こんど第一〇版を出すに当って、私は少し念入りに、この本を読み返してみた。五十年の歳月がすぎ去ったというのに、私の脳裡に生まなましい、戦場の光景が甦ってきた。そして「沖縄戦」が何んたるかを改めて認識する思いがあった。

一九九三年四月、天皇夫妻が沖縄を訪れ、全国植樹祭をとり行った。沖縄のアメリカ軍は、この期間中は、県道一〇四号越え実弾射撃演習を中止したが、植樹祭後待っていましたといわんばかりに、またぞろ射撃演習を再開したのであった。

沖縄戦中、男子師範学校生徒（鉄血勤皇隊員）で戦線に駆り出された大田昌秀氏は、いま沖縄県知事である。

大田知事は今年も、渡米し沖縄の米軍基地問題についてアメリカ政府に直訴することになった（これで五回目）。その内容は、米軍施設・区域の整理縮少促進、那覇港湾施設（那覇港）の返還、米軍演習の廃止と航空機騒音の軽減、米軍人の綱紀粛正の徹底などだが、とりわけ地域住民を不安におとしいれている米軍人による民間人の殺害事件が多発していることなど、沖縄の現実は、米軍基地を抱えて、苦しい思いをしていることと同時に、自衛隊の新たな基地P3Cの施設など沖縄戦以来、沖縄は未だに戦争を引きずっている感じである。

五〇年目のあとがきを書くに際して、沖縄は、沖縄人は片時も戦争の恐怖から解放されてはいないのである。

これから『鉄の暴風』を読んでいただく読者諸兄は、米軍の基地の再編強化につながる、過去の「沖縄戦」を、追憶の形ではなく、現実のものとして想像し把えることが可能ではないかと考えるのである。

（牧港篤三・記）

解説　新聞人が遺した警鐘を、いま再び打ち鳴らす――戦後八〇年を目前に

石原昌家

日米最後の地上戦となった沖縄戦の終結八〇年を目前にし、『沖縄戦記 鉄の暴風』（沖縄タイムス社）が、ちくま学芸文庫として出版された。

いま、琉球弧（南西諸島）の島じまは、中国を仮想敵として、戦場化前夜の様相を呈している。一九四四年の沖縄戦直前そのものだ。

前線も銃後もなく、住民を巻き込んだ地上戦の死地をくぐってきた沖縄の新聞人たちが、住民の視点で「これが沖縄戦だ」、とただちに書き残した記録が東京から発信され、全国で読めるようになった。

沖縄戦再来への危機意識が日本全国と沖縄との間では大きな隔たりがある今日、全国民に沖縄と状況認識を共有させる一助となるよう、『鉄の暴風』が時代の要請として再登場した。

一九四五年三月二三日から四か月近い砲煙弾雨のなか、目をそむけたくなる暴虐・凄惨

な光景が限りなくくり広げられた沖縄戦の渦中にいた新聞人は、それを「鉄の暴風」と表現した。勝ち戦をしていた米軍でさえ、「ありったけの地獄をひとつにまとめたようなもの」であった、と米兵の言葉として米国陸軍省が記録している（『沖縄――日米最後の戦闘』潮書房光人社）。

地上戦を免れた台湾で一九四一年六月に生まれた私は、四六年一一月半ばに沖縄へ引き揚げてきた。荒廃した首里で、難民のような生活を送ることになった。大学の教員として住民の沖縄戦体験の聞き取りを始めたのは一九七〇年だった。『鉄の暴風』第二版が出版された年だった。

あれから五〇年余の現在、私のぼう大な聞き取り証言をふまえてそれを精読していくと、あまりにも広範囲な戦場光景を短期間で詳述していることに感嘆し、まずは、その取材プロセスを詳細に知りたい思いに駆られた。さらに、表現力豊かな新聞記者が実際に見聞きしてきた場面の、息をのむような描写に圧倒された。同じ場所を聞き取りして、文章化もしてきた者としては、戦争のむごさを伝えるうえで、体験者本人の豊かな表現力が、伝えたいことの深刻さの度合いを深めるようにも思えた。

『鉄の暴風』誕生の経過

一九五〇年六月二〇日の沖縄タイムス紙二面に、「／「鉄の暴風」／本社編の『沖縄戦記』

／凄惨な実相描く熱涙の記録／ちかく朝日社より出版／」、という見出しにつづき、〈この戦記は沖縄住民の動きに重点を置き、沖縄の人々がこの戦争に於て、如何に苦しみ、又戦争がもたらしたものは何であったかをありのままに伝えるもので、今迄試みられた所謂戦争記録文学とは全くその内容を異にし、凄惨な沖縄戦の真相を綴る血涙の記録である〉との紹介記事が載った。

それから二三年後、沖縄タイムス社高嶺《たかみね》朝光《ちょうこう》社長が語るには、「沖縄戦の戦記は、これからも多く書かれるだろうが、首里の壕から島尻への逃避行に砲煙弾雨をくぐって九死に一生を得た新聞人として、その体験を記録しておくのは当然の責務であるということと、また、沖縄戦は沖縄人によって書かれることで、平和への道標になり得るというのが、私たちの考え方だった。それで市町村や一般にも協力を呼びかけて手記、日記類などの資料収集に三カ月を費やし、牧港篤三、太田良博の両君が取材、執筆に当たって同年（一九四九）十一月には脱稿した。「鉄の暴風」のタイトルも豊平（良顕監修）君らが考えた」（高嶺朝光著『新聞五十年』沖縄タイムス社、一九七三年四月、三八〇〜一頁）「ジャーナリストの戦争責任は、私たちみんなが同等に負わねばならなかった。ただ私たちは軍部に無力ではあったが、進んで戦争熱を煽ったのではない。厳密にいうと沖縄の指導者みんなが戦犯であり、さらに戦争被害者にもなったわけであるから、その反省に立って、やり直したい――と私は豊平君と話したことがある」（三七一頁）。

厳密にいうと沖縄の指導者はみんなが戦争犯罪人だというのは、沖縄戦体験を語るうえで、重要な指摘だ。沖縄南部へ追いつめられた住民が米軍への投降を決意したとき、まずは身近にいるかも知れない、沖縄の区長などに知られるのが怖かった、という私の聞き取り証言が頭をよぎった。

取材にあたっては、本書の「五十年後のあとがき」で牧港篤三元記者が振り返っている。「衣服も米軍の軍服を仕立てなおしたもので、喰い物も不足がちであった。資料らしい資料もなく、頼りになるのは、悲惨な戦争を生き抜いてきた、人々の体験をきくのが唯一の仕事で、私は太田良博記者と「公用バス」と称する唯一の乗物機関（実は〔米軍〕トラックを改装したもの）を利用して国頭や中部を走りまわったことを憶えている。語ってくれた人数も多いが、話の内容は水々しく、且つほっとであった」。

その取材にとりかかったのは、戦闘終結三年一〇か月目の一九四九年五月だった。米軍の直接占領下におかれ、廃墟の中で飢餓線上をさまよっていたわが家の生活体験に照らすと、生き延びた新聞人が本書編纂を決意し、ただちに行動に移していたことは、じつに驚異的である。

永遠平和を希求

その執筆動機は、今日、世界平和を願うすべての人たちへのメッセージになっている。

まえがきで、住民側から見た沖縄戦の全般的な様相を、生存者の体験と正確な資料を収集し、沖縄戦がもたらしたものが何であったかを伝えることと、「いわんとするものは、もっと、深いところにある」とつづき、「「民族を越えた、人間としての理解と友情」われわれは、それを悲願し、永遠の平和を希求する」、と高らかに表明している。

その三年後の一九五三年一二月二〇日、そのことば通りに、いまだ戦禍が残る沖縄の那覇市で高校生をはじめ各界各層のひとびとが参集して、「戦争絶滅」「人類共栄」をスローガンに掲げ、琉球大学学長胡屋朝賞《ごやちようしよう》を会長、経済界の稲嶺一郎を副会長として、「世界連邦建設琉球同盟」を結成している。戦前、世界三大聖人と讃えられた賀川豊彦《かがわとよひこ》が前年の五二年に沖縄入りして、世界連邦の必要性を説いて回った。沖縄の各界各層がこぞってそれに賛同し、ただちにその組織が結成されたのは、「永遠の平和を希求する」という『鉄の暴風』まえがきでの記述が、死地をくぐってきた人たちの総意だったのであろう。

一九五三年一二月二一日付沖縄タイムスが結成大会を詳細に伝えている。後の沖縄県屋《や》良朝苗《らちようびよう》知事の開会挨拶のあと、同年八月コペンハーゲンの世界連邦大会で「世界は一つ、国々がてんでにひとりで生きた時代は去った。すべてが救われるか、はたまた亡びるかの時は来た」と紹介された詩が朗読され、大会は進行した。

〈「本同盟は戦争の絶滅を図り、人類の共栄を目的とし、その達成のため▽世界連邦建設に必要な琉球内における運動の展開▽同じく必要な国際運動への参加▽同じく必要な調査研究その他必要な事業を行う」とここに明確な方針をうち出した〉。評議員五十名、理事三十五名という大組織の顧問四名のなかに『鉄の暴風』編纂を決断した高嶺朝光沖縄タイムス社長が指名されている。大会宣言文は、全米世界連邦建設同盟会長を通じて、国連、米国大統領、ソ連首相へ送付されることになった。なお、日本の国会でも一九四九年一二月二〇日に結成された世界連邦日本国会委員会のもと、衆議院（二〇〇五年八月二日）、参議院（二〇一六年五月二五日）において、「世界連邦実現への道の探求」に努めることを全会一致で国会決議している。『鉄の暴風』執筆者が一九四九年に発した「永遠の平和」の希求は、いまだ戦争が絶えない地球上で人類が生存できる一条の光だ。

「軍官民共生」の内実

わずか四か月余の取材で、じつに多岐にわたるテーマが本書には盛り込まれている。したがって、ここで取り上げられるのは限られてくる。

高嶺朝光沖縄タイムス社長の「厳密にいうと沖縄の指導者はみんなが戦犯」という自己反省は、今日、戦場化の危機をもたらしている日本・沖縄の指導者への警告として受けとめたい。当時とは異なり、今日の指導者は、我々自身が選出している仕組みだから、我々自身が将来世代に問われることにもなる。沖縄各地の自衛隊のミサイル基地化を止められなかった現状下で本書を読むにあたり、一九四五年に地上戦闘に突入したとき、日本軍は非戦闘員（官民）に対して、どのような具体的方針を持っていたのか、それを知ることは沖縄戦における住民被害を知るうえでも、今日の沖縄を見すえるうえでも重要だ。極秘と押印されている牛島軍司令官の「沖縄県民指導要綱」のなかに、その方針が明確に示されていた。一九四四年一一月一八日、牛島満第三二軍司令官が発した第一方針は、「軍官民共生共死の一体化を具現」（極秘　報道宣伝防諜等に関する県民指導要綱）であった。共生共死とは、共に戦い、万一の際には軍事機密を知る住民も軍と官と共に死ぬことを前提としていた。その方針こそが、沖縄戦で軍官民に多大な被害を生じさせた元凶だった。

しかし、本書が伝える軍と官との内実については、軍官一体には程遠かったようである。「（沖縄への）守備兵力の増強とともに、中央軍部の無理解に悩みつつも、現地軍将兵の自棄的な行動は、やがて、非戦闘員に対し、強圧的態度に出る将兵が、数を増し、行政面を握るはずの、沖縄県庁の機能は、形ばかりとなり、役人は、現地軍に聊《いささ》かも頭が上らず、役人対軍人の無言の反目は、意外に激しく、何かにつけて小競合《こぜりあ》いを演じ、住民を顰蹙《ひんしゅく》させた」（本書五〇頁）。この指摘は、沖縄戦中の日本軍と沖縄県庁との関係を語るうえで、基本とすべき認識だ。

一県一紙の沖縄新報社高嶺朝光社長が「沖縄戦は沖縄人によって書かれること」という言葉には深い意味があるようだ。

軍司令部壕内の沖縄人スパイ視

牧港記者は第三二軍首里軍司令部の壕内で、軍司令部情報主任益永大尉が「警察も、新聞記者も、否、沖縄人はみながみな、スパイだ……」（一四八〜九頁）と沖縄人の兵、役人に憎悪の悪罵を浴びせていたと特記している。沖縄人スパイ説の発信元が軍司令部だったことをふまえると、沖縄戦記録は「沖縄人によって」と、あえて強調している背景がわかる。第三二軍司令部の八原博通高級参謀はその手記で以下のように記している。「戦闘開始後間もないある日、司令部勤務のある女の子が、私の許に駆けて来て報告した。「今女スパイが捕えられ、皆に殺されています」「軍の命令（?）で司令部将兵から女に至るまで、竹槍で一突きずつ突いています。敵愾《がい》心を旺盛《おうせい》にするためだそうです。高級参謀殿はどうなさいますか?」私は、「うん」と言ったきりで、相手にしなかった」「「スパイ」事件はときどきあった。二世が潜水艦や落下傘で、沖縄島に上陸して活動しているとか、軍の電話線を切断する奴とか、そしてこの女スパイのように、火光信号をもって敵と相通じるとか。しかしこれまで真犯人はついぞ捕えられたことはなかった」（『沖縄決戦』読売新聞社、一八六〜七頁）。

この惨殺された女性はおそらくユタ（巫女）と思われる記述も八原高級参謀は残している。本書では、このような沖縄人スパイ虐殺事件が各地で発生していたことを報告している。

る。

壕明け渡しを命じられた島田知事一行

沖縄戦突入以前からの軍と官の対立は、地上戦突入後、修羅場の戦場で顕著に現れたようだ。

米軍を沖縄へ釘付けにする第三二軍牛島司令官の作戦のため、首里決戦をさけて摩文仁《まぶに》へ司令部壕は撤退した。五月二五日、沖縄新報社の高嶺朝光社長、豊平良顕編集局長ら一行も南下することになった。本書執筆者の牧港記者も負傷しながら砲煙弾雨のなかで運を天に任せることがいわば取材活動だった。すでに南下した島田叡《あきら》知事一行らに合流するため、東風平《こちんだ》志多伯《したはく》をめざした。やっと見つけた島田知事一行の壕は、軍が明け渡せと知事に迫った(一四七頁)。壕を追い出された島田知事一行は、兼城村の大城壕へ逃げ延びた。同じく沖縄新報社の一行も後を追うように壕を探し求めて彷徨した。県庁の島田知事一行とは別に伊芸徳一《いげいとくいち》中頭地方事務所長一行が、最後の県庁壕となる伊敷の轟の壕を目ざしていた。

四月二七日に着弾音に怯えながら壕内で最後の市町村会議が開かれ、戦時行政から戦場行政に移行した県庁は後方指導挺身隊と組織変えしていた。だが、砲煙弾雨のなかで住民同様に被弾死し、ひたすらスパイ視する日本軍の目をかすめながらの逃避行だった。本書では、伊芸徳一一行は、六月二日に伊敷・轟の壕にたどり着き、翌三日には島田知事一行に再会したこと、荒井警察部長ら警察関係者、幼児を抱えた飢餓状態の避難住民、敗残兵グループの存在など詳細に記されている。私は伊芸元事務所長や避難住民らから日本兵が住民から食料を強奪したり、幼児を殺害したりの悪行の数々の証言を聞き取りしてある。本壕内の官民が餓死寸前に米軍に救出されたことは、米軍撮影の映像にも残されている。本書によると、「警察警備隊に解散を命じた島田知事は六月十四日午前五時、荒井警察部長」らを伴って轟の壕を出発したとある(一七五頁)。この時点で官選知事のもとの沖縄県庁はすべての機能が消失した。

本書には、その他朝鮮人軍夫、司令部壕内での朝鮮人女性の存在、伊平屋島での陸軍中野学校出身の特務教員の暗躍、北部山中での宇土大佐、村上隊長率いる護郷隊(ゲリラ)、男女中等学校生徒の鉄血勤皇隊・女子看護要員(軍の正式名称は「衛生勤務要員」)、義勇隊などが触れられていて、地上戦に突入したら想像を絶する状況下に人間がおかれることが描かれている。私には数年がかりの取材執筆としか思えないものすごい分量である。

政府に絡めとられる沖縄戦体験

①「集団自決」(殉国死)か強制集団死か

日本政府による沖縄戦体験の捏造、教科書検定問題、歴史修正主義による沖縄戦体験の歪曲など、絶えず沖縄戦体験の真実が問われ続けている。本書執筆者の一人の太田良博元記者が、慶良間《けらま》諸島での日本軍の指示・命令等による住民の集団死事件について言及している。それは日本軍の直接的な住民虐殺と並んで、住民を死に追いやった間接的な住民殺害の事件だった。

それについては、第三次家永教科書裁判の沖縄戦に関する部分の国側証人（第一審）となった曽野綾子氏との新聞紙上での論争が注目された。曽野氏は『ある神話の背景——沖縄・渡嘉敷島の集団自決』（一九七三年、文藝春秋社）で、「集団自決」に軍の命令はなく、住民は「自発的な死」「殉国死・尊敬死」だったとし、『鉄の暴風』を批判した形になっている。その論争のなかで太田氏が次のように明示している。

「／赤松問題では黒白／「集団自決」実は「玉砕」／」の見出しのもと、〈ここで、「集団自決」という言葉について説明しておきたい。「鉄の暴風」の取材当時、渡嘉敷島の人たちはこの言葉を知らなかった。彼らがその言葉を口にするのを聞いたことがなかった。それもそのはず「集団自決」という言葉は私が考えてつけたものである。島の人たちは、当時、「玉砕」「玉砕命令」「玉砕場」などと言っていた。「集団自決」という言葉が定着した今となって、まずいことをしたと思っている。この言葉が、あの事件の解釈をあやまらしているのかも知れないと思うようになったからである。〉と述べている（一九八五年五月一一日付け「沖縄タイムス」、土俵をまちがえた人——曽野綾子氏への反論(1)太田良博）。

沖縄タイムス太田元記者は、本書で住民の凄惨な集団的な死に対して、「集団自決」という言葉を造語して、使用したことを悔いている。それは沖縄戦体験の認識を決定づける重要な指摘である。

日本政府厚生省（現厚労省）は、一九五二年三月、琉球政府創立直前、米軍占領下の沖縄各地で遺骨収骨状況調査という名目で、地上戦の状況を聞き取り調査している。当然、発刊二年目の『沖縄戦記　鉄の暴風』は必読書だったはずだ。それから五年後の一九五七年、軍人軍属等を対象にした「戦傷病者戦没者遺族等援護法」（軍人恩給法に替わって一九五二年四月三〇日制定、以下「援護法」と略記）を、沖縄は地上戦になった「特殊事情」ということで、住民にまで適用を拡大した。日本軍が住民に要請・指示・命令などでなんらかの関与をしたということであれば、その時点で住民には「国と雇用類似の関係」が生じたということにして、戦闘に協力したことが証明された場合、非戦闘員の官民にも軍人同様な戦闘参加者という身分を付与することにした（つまり遺族年金が支給される）。

厚生省は、住民の沖縄戦体験を二〇のケースに分類した「戦闘参加者概況表」を作成し、遺族に「戦闘参加者についての申立書」を申請させた。「壕の提供」など二〇のケースのひとつに軍人が手榴弾を自爆させ、集団で自決した行為に酷似した住民の集団死にも、「集団自決」という用語をあてた。母親が抱えた〇歳児も「集団自決」による死ということであれば、軍人同様な戦闘参加者という身分を付与して靖国神社に祀るとともに、遺族には「遺族給与金」（遺族年金）を支給している。

太田元記者は、住民に使用した「集団自決」という自分の造語が、日本政府によって住民を軍人同様な扱いにする言葉として利用されているので、「あの事件の解釈をあやまらしてしまっているのかも知れない」とのべているのだ。

いま、沖縄戦体験を捏造している政府の「戦闘参加者概況表」の「集団自決」の項目で「遺族給与金（遺族年金）」を受給している遺族にとって、その用語の使用は死活問題である。それ以外の用語を使用すると、理屈上、遺族年金の支給が打ち切られる。

したがって、沖縄のメディアは今日、先順位者（優先順位第一位）の遺族に慮った形で「集団自決」（強制集団死）と表記している。しかし、単に「強制集団死」と表記しなければ、国が沖縄戦体験を法的に絡めとっている行為を容認することになる。本書執筆者の太田良博元記者が、既述の曽野綾子氏との論争で、自分の造語を「まずいことをした」と悔いている。本書再刊を機に、各新聞社は太田氏の指摘を真摯に受け止める時が到来している。

② 虐殺された住民を軍人扱いへ

本書では日本軍による残虐な住民虐殺事件にも多くのページを割いている。驚くべきことに、日本政府は、日本軍による住民虐殺も「戦闘参加者概況表」の一つの項目に含めている。虐殺された住民の遺族に「戦闘参加者についての申立書」を申請させ、虐殺された当人に戦闘参加者の身分を付与して靖国神社に合祀し、その遺族には「遺族給与金（遺族年金）」を支給している。つまり、日本軍が非国民として虐殺した住民の「名誉を回復」して、その遺族には「経済的援助」を与えているのである。非国民視されて虐殺された夫の妻が、遺族年金を支給されてきたが、一二年前、「母親が亡くなったので、真実が話せる」と、八〇歳になったその息子が私に証言したいと連絡してきた。

遺族にとっては、どれほどの底知れない屈辱を味わわされているのか、計り知れない。虐殺した日本兵の戦争犯罪は免罪にされ、国家の戦争責任も免責されている構図に気づいたのは、つい十数年まえのことなので、私自身、国に絡めとられていたことになる。

つまり、日本政府が「援護法」の住民への拡大という法的手段で、「構造的沖縄迫害」を一九五七年以降、今日まで継続していることに、私が完全に覚醒したのは最近のことだった。

③　島田知事も戦闘参加者扱いへ

島田叡官選知事を扱った映画が世間の関心を呼んでいる。改めて「戦闘参加者概況表」に目を通すと、その「⑨職域関係（県庁職員報道）……県庁職員は昭和二〇年二月七日、長参謀長と島田知事の戦場行政打ち合わせ以来、知事以下軍と一体となり、軍の戦力維持に挺身し、国頭へ疎開、食糧増産、壕内生活の指導、士気高揚の企画・指導を行い、軍の作戦に協力し、島尻南部においては知事以下多数の犠牲者をだしている。また沖縄新報社は緊急戦備下令後、昭和二〇年四月二四日頃新聞発行停止まで軍の報道業務に協力し、その後は一般住民と同様、壕掘り等に協力した」と、本書の内容とは裏腹に、「軍官一体」ということで、遺族が申請すれば知事以下も戦闘参加者という身分が付与されることになっている。沖縄戦において、老幼男女だけでなく、官の戦没者遺族にも「戦闘参加者についての申立書」を申請させることによって軍官が一体だったと、法的に絡めとる意図が明確である。

二〇〇〇年前後、日本は国内戦場を想定した「有事法制」の制定を目前にしていた。それは教科書において、沖縄戦は「軍民一体の戦闘」という記述が歴史修正主義者によって推進されていった動きと連動していた。既述のとおり、沖縄戦の実相を知っていた日本政府は、一九五七年に軍人軍属対象の「援護法」を、一般住民にまで適用を拡大した。そして、〇歳児まで含め、遺族が申請すれば戦闘参加者の身分を付与し、沖縄戦は「軍官民一体の戦闘」だったと法的に巧みに捏造することができた。それが今日、教科書記述に反映されている形だ。

初版まえがきで削除された部分の今日的意義

本書一九五〇年初版のまえがきの最後の部分が、七〇年版以後では削除されている。

なお、この動乱を通じ、われ〳〵沖縄人として、おそらく、終生忘れることができないことは、米軍の高いヒューマニズムであつた。国境と民族を越えた彼らの人類愛によつて、生き残りの沖縄人は、生命を保護され、あらゆる支援を与えられて、更生第一歩を踏みだすことができたことを、特筆しておきたい。

一九五〇年七月一日

沖縄タイムス社しるす

以上がその一文である。

住民の沖縄戦体験に全く無知だった私が、住民からそれを聞き取り開始していくや、「鬼畜米英」と敵愾心をうえつけられていた米兵は、命の恩人だという証言に多く接していた(乱暴されたり、殺害された女性にとっては二度戦争があった、やはり米兵は鬼畜だったという事実もあるなかで)。ゆえに、初版で「特筆しておきたい」という新聞人は沖縄戦の最終段階では、敵軍に住民も兵士も救われたのだという思いを記したのであり、私にはよく理解できた。

軍民雑居状態の沖縄の日本軍部隊から、軍事機密を自然に知悉した住民は、兵士同様、絶対に敵に投降することを許されなかった。迫りくる敵軍との板挟みで、住民は絶対絶命の絶望的状況におかれていた。米軍の本土上陸を遅らす時間稼ぎのため、軍司令部を首里から島の南端・摩文仁へ撤退させ、徹底抗戦する日本軍の盾にされた住民は「沖縄民族皆殺し」にされるところだった、と切迫した証言も私は直接聞いている。

米軍に「生命を保護され」たので、生き残った人びとは戦後生活が営めたのである。

〝国境を越えた彼ら（米軍）の人類愛〟という新聞人の表現は、絶滅の危機から救われた人びとの偽らざる気持ちを代弁していた。であればこそ、一九九五年六月二三日、摩文仁の平和祈念公園に創設した全戦没者刻銘碑「平和の礎」に敵国だったアメリカ軍兵士の戦死者名を刻銘することに、異を唱える人がいなかったのであろう。そこには生きとし生けるすべての生命を何よりも大切に思う共生の思想、「ぬち《命》どぅあたらさる（命こそ大切だ）」・「命こそ宝」という沖縄のこころが投影されている。また、それは当時の沖縄の新聞人のこころをも映している。

ではなぜ、その文面を削除したのか。

クールな新聞人でさえ米軍を「高いヒューマニズム」と讃えたが、まさに時を同じくして朝鮮戦争（一九五〇年六月二五日）が勃発し、さらにベトナム戦争などで沖縄の米軍基地は出撃基地化していった。戦後、占領者意識で生殺与奪の権をもつ米軍は、軍隊の持つ凶暴性をむき出しにした。大戦後も世界各地への出撃が絶えない米軍に生活・生産の場の土地は強奪され、絶えず基地から派生する事件事故に遭遇してきた。ついに一九七〇年一二月二〇日、住民の米軍への怒りが突発的に爆発した。「基地の町」コザで、米軍車両七三台を焼き討ちする「反米軍市民蜂起」（コザ事件）が発生するほど、沖縄住民の米軍への怒りは頂点に達していた。

米軍をたたえた文面の削除には、コザの「反米軍市民蜂起」に通底する沖縄の怒りが伝わってくる。本書第二版が発行された一九七〇年六月というのは、まさに時代の空気を反映していたのである。

二〇年目、三〇年目、五〇年目の本書あとがき（牧港篤三・記）のそれぞれで、再び戦争に巻き込まれる沖縄の状況への警鐘が打ち鳴らされてきた。

その役割をちくま学芸文庫が引き受けたので、東京から全国へ警鐘を乱打することを期待したい。

（いしはら・まさいえ　沖縄国際大学名誉教授）

一、本書は一九五〇年八月十五日に朝日新聞社から『鉄の暴風――現地人による沖縄戦記』として刊行され、その後、口絵などを付し、沖縄タイムス社より刊行され続けた『沖縄戦記　鉄の暴風』を文庫化したものである。

一、文庫化に際しては、最新刷である二〇〇一年九月十三日発行の第一〇版第三刷を底本とし、「ちくま学芸文庫版まえがき」と「解説」を新たに加えた。また、難読の漢字には適宜ルビを付した。地名は現在の読み方に合わせた。

一、明らかな誤記や説明が必要な箇所には〔　〕でくくった編集部による注を付した。

一、本書には、今日の人権意識に照らして不適切と思われる語句や表現があるが、作品の歴史的・資料的価値にかんがみ、そのままとした。

一、装幀は末吉安久氏によるデザインを踏襲し、本文の挿絵は牧港篤三氏のものを使用した。

樺太一九四五年夏　金子俊男

突然のソ連参戦により地獄と化した旧日本領・南樺太。本書はその戦闘の壮絶さを伝える数少ない記録だ。長らく入手困難だった名著を文庫化。（清水潔）

わたしの城下町　木下直之

攻防の要である城は、明治以降、新たな価値を担い、日本人の心の拠り所として生き延びる。城と城のようなものを歩く著者の主著、ついに文庫に！

東京の下層社会　紀田順一郎

性急な近代化の陰で生みだされた都市の下層民。落伍者として捨て去られた彼らの実態に迫り、日本人の人間観の歪みを焙りだす。（長山靖生）

外政家としての大久保利通　清沢洌

北京談判に際し、大久保は全責任を負い困難な交渉に当たった。その外交の全容を、太平洋戦争下の現実政治への弾劾を秘めて描く。（瀧井一博）

独立自尊　北岡伸一

国家の発展に必要なものとは何か——。福沢諭吉は生涯をかけてこの課題に挑んだ。今こそ振り返るべき思想を明らかにした画期的福沢伝。（細谷雄一）

賤民とは何か　喜田貞吉

非人、河原者、乞胸、奴婢、声聞師……。差別と被差別の根源的構造を歴史的に考察する賤民研究の決定版。『賤民概説』他六篇収録。（塩見鮮一郎）

増補　絵画史料で歴史を読む　黒田日出男

歴史学は文献研究だけではない。絵巻・曼荼羅・肖像画など過去の絵画を史料として読み解き、斬新な手法で日本史を掘り下げた一冊。（三浦篤）

滞日十年（上）　ジョセフ・C・グルー　石川欣一訳

日米開戦にいたるまでの激動の十年、どのような外交交渉が行われたのか。駐日アメリカ大使による貴重な記録。上巻は１９３２年から１９３９年まで。

滞日十年（下）　ジョセフ・C・グルー　石川欣一訳

知日派の駐日大使グルーは日米開戦の回避に奔走。下巻は、ついに日米が戦端を開き、１９４２年、戦時交換船で帰国するまでの迫真の記録。（保阪正康）

荘園の人々　工藤敬一

人々のドラマを通して荘園の実態を解き明かした画期的な入門書。日本の社会構造の根幹を形作った制度を、すっきり理解する。（高橋典幸）

東京裁判 幻の弁護側資料　小堀桂一郎編

我々は東京裁判の真実を知っているのか？ 準備されたものの未提出に終わった膨大な裁判資料から18篇を精選。緻密な解説とともに裁判の虚構に迫る。

一揆の原理　呉座勇一

虐げられた民衆たちの決死の抵抗として語られてきた一揆。だがそれは戦後歴史学が生んだ幻想にすぎない。これまでの通俗的理解を覆す痛快な一揆論！

甲陽軍鑑　佐藤正英校訂・訳

武田信玄と甲州武士団の思想と行動の集大成。大部から、山本勘助の物語や川中島の合戦など、その白眉を収録。新校訂の原文に現代語訳を付す。

機関銃下の首相官邸　迫水久常

二・二六事件では叛乱軍を欺いて岡田首相を救出し、終戦時には鈴木首相を支えた著者が明かす、天皇・軍部・内閣をめぐる迫真の秘話記録。（井上寿一）

増補 八月十五日の神話　佐藤卓己

ポツダム宣言を受諾した「八月十四日」や降伏文書に調印した「九月二日」でなく、「終戦」はなぜ「八月十五日」なのか。「戦後」の起点の謎を解く。

日本商人の源流　佐々木銀弥

第一人者による日本商業史入門。律令制に端を発する供御人や駕輿丁から戦国時代の豪商までを一望し、日本経済の形成を時系列でたどる。（中島圭一）

記録 ミッドウェー海戦　澤地久枝

ミッドウェー海戦での日米の戦死者を突き止め、手紙やインタビューを通じて彼らと遺族の声を拾い上げた圧巻の記録。調査資料を付す。（戸高一成）

考古学と古代史のあいだ　白石太一郎

巨大古墳、倭国、卑弥呼。多くの謎につつまれた日本の古代。考古学と古代史学の交差する視点からその謎を解明するスリリングな論考。（森下章司）

ちくま学芸文庫

沖縄戦記《おきなわせんき》　鉄《てつ》の暴風《ぼうふう》

二〇二四年六月十日　第一刷発行
二〇二四年十月十日　第四刷発行

編著者　沖縄タイムス社（おきなわたいむすしゃ）
発行者　増田健史
発行所　株式会社　筑摩書房
東京都台東区蔵前二―五―三　〒一一一―八七五五
電話番号　〇三―五六八七―二六〇一（代表）

装幀者　安野光雅
印刷所　株式会社精興社
製本所　株式会社積信堂

ISBN978-4-480-51244-4 C0121